lt

SKANDI NAVIEN 2022 REISE HAND BUCH SKAND NAVIE 202 REISE HAN BUC SKAN NAVI 202 REIS HAN

LIO-
IO.

#editorial

Susanne Schernewski | Chefredaktion

Liebe Leserin, lieber Leser,

die skandinavischen Länder eint vieles. Man nehme nur die entspannte Lebensweise der Nordeuropäer auf der einen Seite und die überwältigende Natur mit ihren ausgedehnten, üppigen Wäldern, glasklaren Seen und spektakulären Fjorden auf der anderen Seite. Gleichzeitig punktet jedes einzelne Land mit seinen eigenen reizvollen Besonderheiten. Unsere Autoren haben auf ihren Reisen ganz genau hingeschaut und eröffnen Ihnen einen so vielleicht noch nicht gekannten Blick auf Ihr persönliches Lieblingsland. So entführen wir Sie in die dänische Hauptstadt der Schalentiere, lassen gemeinsam die Schönheit der norwegischen Nationalparks auf uns wirken, tauchen in den herrlichsten Seen im wasserreichen Schweden ab, erleben rund um Kuusamo den finnischen Winter und genießen »Südseefeeling« im Badeparadies Island.

Dabei lassen es sich unsere Autoren nicht nehmen, persönliche Empfehlungen an Sie weiterzugeben: Sie haben Lieblingsrestaurants, geeignete Aktivitäten, Shopping- und Hoteltipps für Ihren Städtetrip zusammengestellt und geben mit konkreten Reiserouten Anregung für Ihre nächste Tour Richtung Skandinavien.

Darüber hinaus soll Ihnen das Reisehandbuch Skandinavien auch mit praktischen Hinweisen als hilfreicher Begleiter zur Seite stehen: Anreiseinformationen, Übernachtungstipps, Wissenswertes über die »Geldangelegenheiten« vor Ort und der umfangreiche Serviceteil zur Reisevorbereitung und Orientierung in den einzelnen Ländern runden dieses Buch ab.

Das gesamte Nordis-Team wünscht Ihnen ein gutes Reisejahr 2022!

Ihre

Susanne Schernewski

SKANDINAVIEN 2022 REISEHANDBUCH

#inha

dk
no
se
fin
is
fo
gr

Nordis
DAS IST SKANDINAVIEN

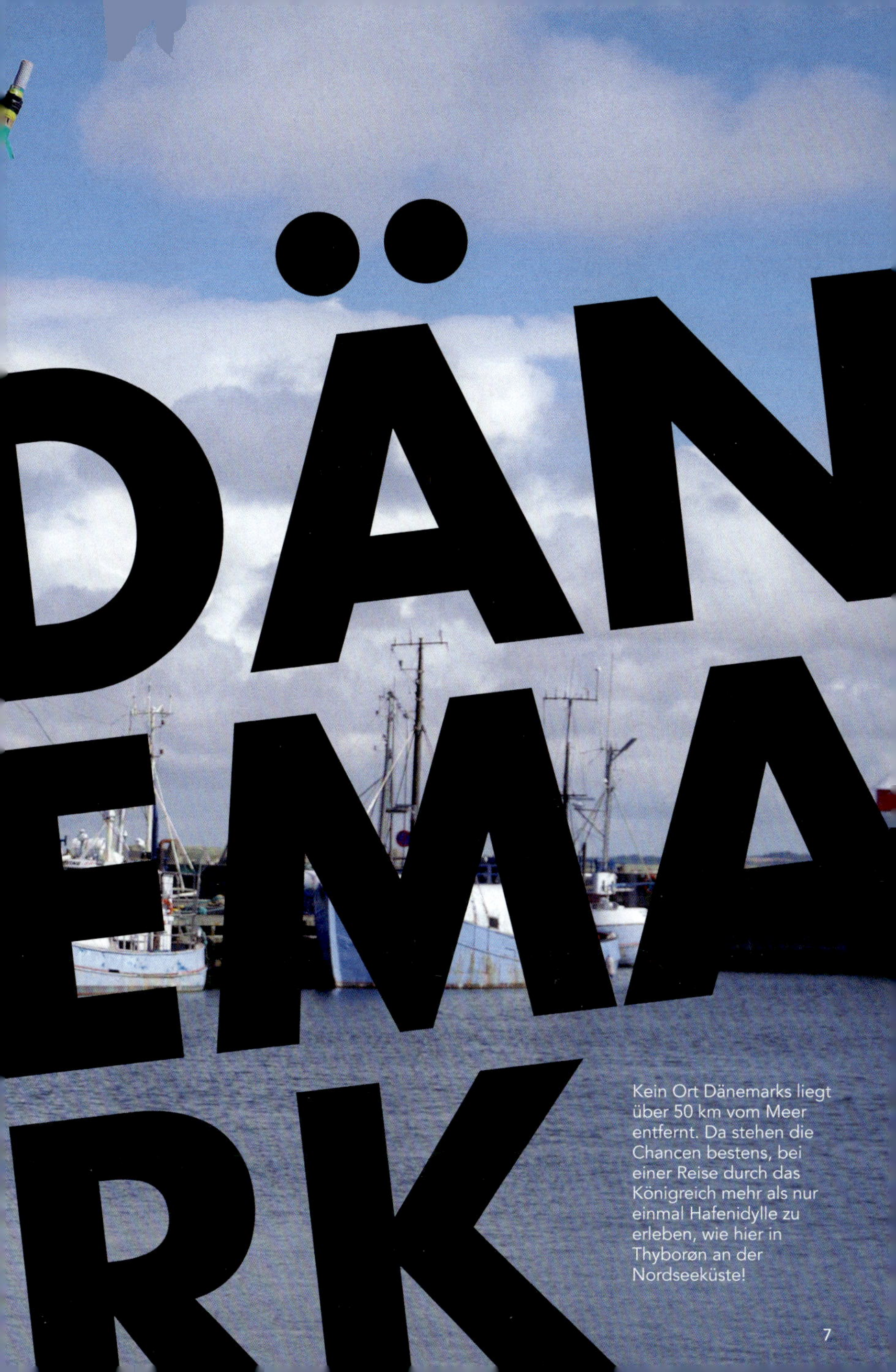

DÄNEMARK

Kein Ort Dänemarks liegt über 50 km vom Meer entfernt. Da stehen die Chancen bestens, bei einer Reise durch das Königreich mehr als nur einmal Hafenidylle zu erleben, wie hier in Thyborøn an der Nordseeküste!

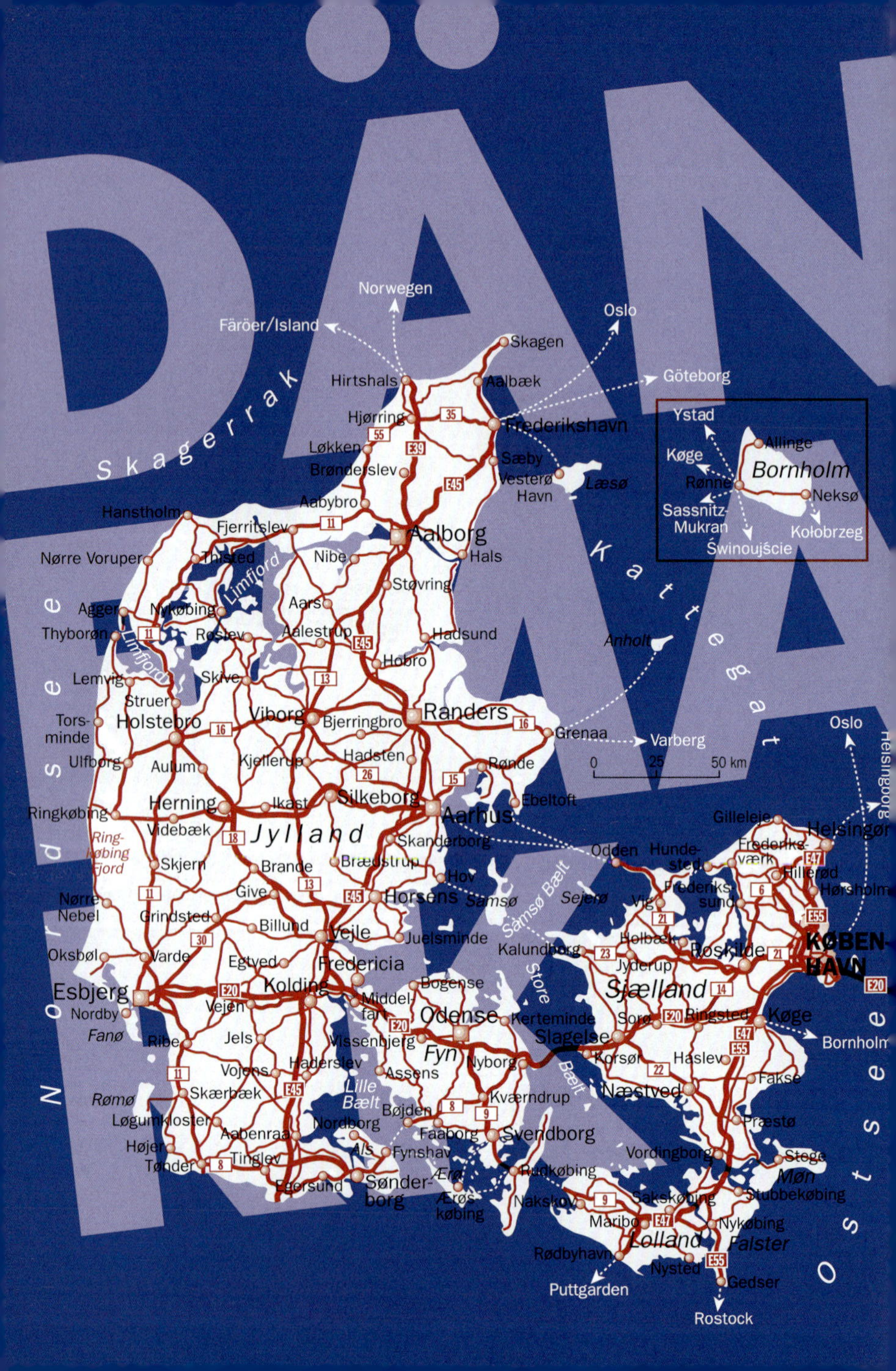
DÄNEMARK
Norwegen
Färöer/Island
Oslo
Göteborg
Skagen
Hirtshals
Aalbæk
Hjørring
Frederikshavn
Løkken
Sæby
Brønderslev
Vesterø Havn
Læsø
Aabybro
Hanstholm
Fjerritslev
Aalborg
Hals
Skagerrak
Nørre Vorupør
Thisted
Nibe
Limfjord
Støvring
Agger
Nykøbing
Aars
Thyborøn
Rostev
Aalestrup
Hadsund
Lemvig
Skive
Hobro
Struer
Tors-
minde
Holstebro
Viborg
Bjerringbro
Randers
Grenaa
Varberg
Ulfborg
Aulum
Kjellerup
Hadsten
Rønde
Ebeltoft
Herning
Ikast
Silkeborg
Aarhus
Ringkøbing
Videbæk
Jylland
Skanderborg
Ringkøbing Fjord
Skjern
Brande
Brædstrup
Hov
Odden
Nørre Nebel
Give
Horsens
Samsø
Samsø Bælt
Sejerø
Grindsted
Billund
Vejle
Juelsminde
Oksbøl
Varde
Egtved
Fredericia
Kalundborg
Esbjerg
Kolding
Middelfart
Bogense
Nordby
Vejen
Odense
Kerteminde
Fanø
Ribe
Jels
Vissenbjerg
Fyn
Nyborg
Vojens
Haderslev
Assens
Lille Bælt
Kværndrup
Rømø
Skærbæk
Bøjden
Løgumkloster
Aabenraa
Nordborg
Faaborg
Svendborg
Højer
Als
Fynshav
Tønder
Tinglev
Ærø
Rudkøbing
Egersund
Sønderborg
Ærøskøbing
Nakskov
Store Bælt
Slagelse
Korsør
Næstved
Sjælland
Sorø
Ringsted
Køge
Haslev
Fakse
Præstø
Vordingborg
Stege
Møn
Stubbekøbing
Sakskøbing
Maribo
Lolland
Nykøbing
Falster
Rødbyhavn
Nysted
Gedser
Puttgarden
Rostock
Gilleleje
Helsingør
Hundested
Frederiksværk
Hillerød
Hørsholm
Frederikssund
Vig
Holbæk
Roskilde
Jyderup
KØBENHAVN
Helsingborg
Bornholm
Ystad
Allinge
Køge
Rønne
Nexø
Sassnitz-Mukran
Kołobrzeg
Świnoujście
Kattegat
Anholt
Nordsee
Ostsee
0 25 50 km
E39 E45 E20 E47 E55 11 13 15 16 18 21 22 23 26 30 35 55 6 8 9 14

#dänemark

#Land

Zum Kongeriget Danmark, dem Königreich Dänemark, gehören neben dem eigentlichen Staat Dänemark in *rigsfællesskabet* (Reichsgemeinschaft) verbunden auch die gleichberechtigten Nationen Kalaallit Nunaat, (Grönland) und Føroyar, die Färöer. In diesem Kapitel geht es ausschließlich um den Staat Dänemark. Grönland und Färöer haben eigene Kapitel.

Größte Städte sind Kopenhagen mit 632.340 Einwohnern in der eigentlichen Stadt und je nach Zählweise ca. 1,35 bis über 2 Mio. Einwohnern im Großraum, gefolgt von Aarhus (280.500/350.000), Odense (180.300/205.000) und Aalborg (117.500/217.000).

Dänemark ist eine parlamentarische Monarchie mit Europas ältestem Königshaus. Staatsoberhaupt ist Königin Margrethe II (geb. 1940, Regentschaft seit 1972), erst 1953 war die weibliche Thronfolge möglich geworden. Die nächsten in der Thronfolge sind ihr Sohn Frederik (geb. 1968, würde bei Krönung Frederik X.), dessen ältester Sohn Christian (geb. 2006, Christian XI) und dessen älteste Schwester Isabella (geb. 2007).

Regierungschefin – dän. *statsminister* – einer sozialdemokratischen Minderheitsregierung ist seit Sommer 2019 Mette Frederiksen. Ihre Partei stellt nur 48 der 179 Mitglieder im Folketing, wird aber in vielen Politikfeldern von vier weiteren Parteien des links-ökologischen »Roten Blocks« unterstützt, während sie sich bei ihrer harten Ausländerpolitik auf Stimmen aus dem rechts-konservativen »Blauen Block« stützt – eine in Dänemark nicht ungewöhnliche Art zu regieren. Bei jeder Wahl werden auch je zwei Abgeordnete dortiger Parteien auf Grönland und den Färöern gewählt.

#Leute

Die Dänen sind ethnisch recht homogen. Es mag Unterschiede geben zwischen bodenständigen Jüten, global orientierten Kopenhagenern und den wegen ihrer singenden Aussprache als »Reserveschweden« gehänselten Bornholmern, aber Volksgruppen mit geradezu nationaler Identität wie Bayern, Katalanen oder Schotten gibt es nicht. Alle Dänen vereint die Liebe zur Nationalflagge Dannebrog. Nur allzu gern überziehen sie ihr Land mit rot-weißen Farborgien, ohne dass es bedrohlich wirkt. Sogar der Weihnachtsbaumschmuck zeigt sich vorrangig in rot-weiß, kleine Flaggengirlanden inklusive.

Traditionsbewusstsein vereint sich eigentlich im gesellschaftlichen Konsens der Dänen mit Toleranz gegenüber Andersdenkenden und Anderslebenden. Aber Grenzschließungen, strengste Ausländergesetze und Rechtspopulisten mit einflussreichen Stimmanteilen im Parlament zeigen, dass Teile der Bevölkerung besorgt sind, in heutiger Zeit die nationale Identität zu verlieren.

Zwei Begriffe dürfen nicht fehlen, will man DIE Dänen beschreiben: Glück und Hygge. Die Dänen liegen seit Jahren auf Spitzenplätzen im jährlichen World Happiness Report der UN. Glücksforscher Meik Wiking erhob die Hygge, die spezielle Art der Dänen Wohlbefinden zu definieren, zum Quell dieses Glücks. Hygge – man kann sich auch »hyggen« – ist aber mehr als dänische Gemütlichkeit, mehr als ein Einrichtungsstil oder die oft angeführte Art, sich in dunkler Jahreszeit Licht zu machen, ob mit Kerzen oder Designer-Lampen. Hygge einer Rentnerwohnung sieht anders aus als Hygge einer Studentenbude oder Hygge im Penthouse eines schwulen Paares über den Dächern von Kopenhagen – Hygge ist keine Katalogware, Hygge ist entspannt leben, Dänisch leben eben.

TEXT & FOTOS #DÄNEMARK: HANS KLÜCHE
(sofern nicht anders gekennzeichnet)

Stopover im Watt

Dänemarks Westküste ist der Deutschen liebstes Dänemark. Um die üblichen Staus vor der Grenze an Sommersamstagen, den typischen Ferienhauswechseltagen, zu umgehen, reist Nordis-Autor Hans Klüche zum Ferienhausurlaub gern mit ein oder zwei Tagen Stopover an attraktiven Orten schon hinter der Grenze an. Er schwört auf den Donnerstag als Anreisetag, da sei an der Grenze am wenigsten los! Für Nordis kann er dann unterwegs gut neue Dinge in Augenschein nehmen, zum Beispiel ein ungewöhnliches Gefährt auf der Insel Mandø und zwei noch junge Museen in Ribe.

Mandø ist auf dem »Landweg« nur bei Niedrigwasser erreichbar, sonst sind die Wege zur Insel überschwemmt. Für Privatfahrzeuge ist die Schotterpiste Låningsvej freigegeben. Der noch etwas tiefer gelegene Ebbevej ist derweil nur für den Mandøbus befahrbar.

Muss man jetzt schreiben »Poul Erik am Lenkrad…« oder »Poul Erik im Ruderhaus der Mandøpigen«?

Weit vor Fanøs Südspitze fährt Mandøpigen, das eigentümliche Mädchen von Mandø, fast dümpelnd an einer lang gestreckten Sandbank entlang. Fixiert man den Blick auf einige der bräsig im Sand liegenden Robben, scheint das Amphibienfahrzeug zu stehen, aber blickt man vorne über die Reling ins Wasser, sieht man eine kleine Bugwelle – wir fahren gegen auflaufendes Wasser. Poul Erik Fredskild am Steuer der Mandøpigen sieht meinen Blick und ahnt wohl, was ich denke: »Keine Sorge! Wir haben einen Jetsteam-Antrieb. Damit könnten wir auch 25 Knoten laufen, viel, viel schneller als hier im Nationalpark erlaubt. Da ist noch viel Luft nach oben!«.

Durch die tiefe Rinne zwischen Fanø und Mandø strömen zweimal am Tag gigantische Wassermassen ins Wattenmeer hinein und wieder zurück, darin Abertausende Fische – ein Schlaraffenland für Seehunde und Kegelrobben, die größten wild lebenden Raubtiere Dänemarks, bis zu 6 Zentner schwer werden die Bullen. Vor ein paar Minuten haben sich zwei, drei Dutzend von ihnen mit viel Gespritze ins Wasser gestürzt und sind auf uns zu geschwommen. Einige sind zum Greifen nah am Boot, starren uns neugierig und mit festem Blick über ihre lang gestreckten Nasen an. Zu einer Kolonie Seehunde halten wir derweil bewusst Abstand – Poul Erik hat beim Blick durchs

#FactsMandø

Die kleinste der drei dänischen Wattenmeerinseln, heute Teil der Großkommune Esbjerg, wurde bei einer Sturmflut 1362 von Fanø abgetrennt; eine letzte Überflutung nach Deichbrüchen gab es 1981. Knapp 8 km² groß, davon ca. 6 km² eingedeicht hinter 9,5 km Deichen, 34 Einwohner (Stand Oktober 2021): eine Kirche, Genossenschaftsladen, keine Schule seit 1994. Für Privatfahrzeuge nur über Låningsvej bei niedrigen Wasserständen erreichbar – 6,5 km liegen zwischen dem Deich bei Vester Vedsted am Festland und dem von Mandø. Am Deichübergang (Sønderrampe) lag von 1864 bis 1920 Dänemarks südlichster Landpunkt an der Küste. Das benachbarte Rømø gehörte damals zum Deutschen Reich.

Neugierige Kegelrobbe beäugt das Amphibienfahrzeug Mandøpigen …

Fernglas zwischen ihnen Jungtiere entdeckt und die sollen nicht aufgeschreckt werden.

Eigentlich wollte ich an diesem Morgen in Ribe shoppen gehen und gegen Mittag mit einem Treckerbus zur Insel Mandø hinaus und später mit Mandøpigen durchs Watt zurück zur Ribe Kammersluse fahren. Aber in aller Herrgottsfrühe kam eine Mail, dass diese Nachmittagstour der schlechten Wettervorhersage zum Opfer fallen müsse – wir haben den 3. Juli, Sommer, wo bist Du? Wenn ich es bis 11.30 Uhr auf die Insel schaffe, könne ich die Robbensafari zum Galge Dyb südlich von Fanø mitmachen. Also rein ins Auto und über den rumpligen Låningsvej nach Mandø. Da wartet das absonderlichste Fahrzeug, das mir seit Langem unterkam. **www.bb-mandoe.dk/turfaergen-mandopigen**

#FactsRibe

Ribe entstand Anfang des 8. Jh. als Handelsplatz und ist damit Nordeuropas älteste Stadt. 860 entstand hier Skandinaviens erste christliche Kirche wohl an der Stelle, an der heute der Chor des Doms steht. Seit gut 1.000 Jahren ist Ribe Bischofssitz, zu Boomzeiten gab es über ein Dutzend Kirchen, neun Klöster und eine Königsburg, die der König, der damals mit einem »Reisehof« durchs Land tingelte, nutzen konnte – davon sind nur Wälle erhalten. Heute stehen über 100 Bauten unter Denkmalschutz, viele aus den Jahren nach dem letzten großen Stadtbrand 1580. Beste Aussicht über Stadt und umliegende Marschen bis hin zu den Inseln des dänischen Wattenmeeres bietet der 1333 errichtete Bürgerturm des Doms mit markant flacher Aussichtsplattform als Abschluss, 52 m bzw. 248 Stufen hoch. Aktuell leben etwa 8.300 Menschen in Ribe, das seit 2007 Teil der Großkommune Esbjerg ist.

… und dieses »Mädchen von Mandø« ist doch wirklich ein Hingucker.

Poul Erik hat schon als Maschinist auf großen Pötten ebenso wie auf Offshore-Plattformen in der Nordsee gearbeitet. Seit er auf Mandø seine Liebe fand, lebt er die moderne Version dessen, was Männer von den Wattinseln über Jahrhunderte machten: Sie verdienten Geld auf See, während die Frauen für Haus und Hof sorgten. Jetzt hat Poul Erik seinen Traum eines eigenen Schiffs verwirklicht: Selbst entworfen, konstruiert und in Zusammenarbeit mit einer kleinen Werft in Holland gebaut. Basis dieser modernen Variante einer Wattschute ist ein Schiff, wie es auf Muschelfarmen zum Einsatz kommt, nur hat Mandøpigen Räder. Damit bietet Poul Erik Robben- und von Oktober bis April auch Austernsafaris an. Zudem macht er »Ø-hop-Touren« zwischen Rømø, Mandø und Ribe am Festland, bei denen Fahrräder mit an Bord dürfen für ungewöhnliche Radtouren im Nationalpark Wattenmeer.

Dass Mandøpigen statt Schiffsschrauben einen Jetsteam-Antrieb hat, habe ich schon gelernt, Poul Erik erklärt mir später die Vorteile: »Wir haben damit einen ganz flachen Boden, können praktisch auf Sand aufsetzen. Außerdem können sich keine Robben verletzen, selbst wenn einmal eine direkt unter das Boot gerät.« Auf Land oder wenn das Wasser extrem flach ist, steht Mandøpigen auf, hebt sich hydraulisch auf ihre dicken Stollenreifen und nutzt ihr zweites Antriebssystem. Damit hadert Technikfreak Poul Erik noch: »Wir haben Automotoren eingebaut, stark genug sind sie, aber die werden zu heiß. Die Kästen da hinten«, er deutet aufs Heck, »sind die normalen Kühler, aber die schaffen es nicht. Da muss ich noch Größere einbauen!« So haftet Poul Eriks Blick bei Überlandfahrt immer auf der Temperaturanzeige. Erreicht die den roten Bereich, muss Mandøpigen kurz verschnaufen.

Hofladen auf Mandø mit Leckereien von der Insel

Kirche mit ungewöhnlichen »Hutständern« rechts an der Wand

Kurz bevor das Wetter umschlägt, sind wir zurück auf Mandø, perfekt für einen Imbiss mit Wattenmeer-Leckereien im Café Mandøpigen, in dem Poul Eriks Frau Karin das Ruder in der Hand hat – sie ist die echte Mandøpige, hier auf der Insel aufgewachsen. Von ihr bekomme ich noch Sightseeingtipps, denn nach dem Essen bleiben mir zwei Stunden, um Mandø zu erkunden. Vorher gibt das Hochwasser den Låningsvej nicht frei. Für einen Spaziergang ist das Wetter zu mies geworden. So mache ich, was auf dieser Insel der kurzen Wege eigentlich unnötig ist: Sightseeing mit dem Auto – waagerecht gegen die Scheiben peitschende Schauer beruhigen mein schlechtes Gewissen.

An der Mandø Kirke muss ich das Auto sogar drehen, damit ich die Tür öffnen kann, ohne dass der Wind sie mir aus der Hand schlägt. Da wird gleich klar, warum die Kirche auf beiden Seiten ihres kleinen Waffenhauses Eingangstüren hat – für jede der Hauptwindrichtungen hier draußen eine. Im kleinen Kirchenraum hängen vier Votivschiffe unter der Decke, typisch für Küstenkirchen. Rätselhaft sind jedoch die Rentiergeweihe an der Südwand, früher als Hutständer genutzt. Sie sind nach einer C14-Untersuchung 10.000 Jahre alt – wahrscheinlich brachte sie ein Seemann von

#WoMoStellplätze

In Ribe ist Parkplatz P-Syd für Wohnmobile über Nacht zugelassen, einfache sanitäre Anlagen und Abwasserentsorgung sind vorhanden (Tøndervej, max. 48 Stunden). In Skærbæk bietet das 2021 eröffnete Marsk Camp rund um einen kleinen See aktuell 126 Wohnmobil-Stellplätze (250 sollen es einmal werden; Gebühr 125 DKK inkl. 2 Erw., Hund, freies Internet). Außerdem auf dem Gelände: ein halbes Dutzend luxuriöse Glamping-Zelte mit jeweils eigenem Bad/WC für Gäste ohne Wohnmobil, exzellentes Servicegebäude, Restaurant, Caféteria, Eisdiele und der 25 m hohe, stählerne Marsktårnet (extra Eintritt) als Wahrzeichen – eher Skulptur als nur Aussichtsturm (**www.marskcamp.de**).

Ribes Domkirche mit ihren markant unterschiedlichen Türmen steigt als Fata Morgana über dem Wattenmeer auf.

einer Walfangfahrt aus Spitzbergen mit. Im Dorfladen kaufe ich wenig später Süßes gegen den Wetterfrust und plaudere mit der Frau hinter dem Tresen über das Inselleben und schlecht gelaunte Wettergötter. Eigentlich wollte ich nebenan ins Mandøhuset, ein Skipperhaus aus den 1830er-Jahren. Jetzt höre ich, dass Ehrenamtliche, die das Heimatmuseum betreuen, früher Feierabend machen, wenn keine Ausflugsgruppe mehr mit einem der Treckerbusse auf der Insel ist – ich bin definitiv nicht Gruppe genug. Dann zeigt meine Gesprächspartnerin plötzlich auf einen alten Lada Niva, der vor der Tür hupt: »Jetzt kannst Du fahren. Das war meine Nachbarin, die kommt gerade aus Ribe. Dann ist die Piste frei!« Wenig später auf dem Låningsvej frage ich mich, ob es salziges Meerwasser oder Regenwasser ist, was da in der Fahrspur steht und alle paar Meter bis auf Höhe der Scheiben aufspritzt – ich ahne, warum der Lada etwas rostig wirkte.

Da Ribe nur eine Autostunde vom eigentlichen Ziel meiner Reise entfernt ist, habe ich am Samstagmorgen vor der letzten Etappe noch Zeit, die beiden jüngsten Museen der Stadt unter den Dächern des Quedens Gård zu besuchen. Der verschachtelte Stadthof entstand im Laufe von vier Jahrhunderten durch immer neue An- und Umbauten. Sieht man seine klassizistische Fassade zur Fußgängerzone hin, glaubt man kaum, dass das prächtige Renaissance-Fachwerk ebenso wie die schlichten Klinkerbauten zur schmalen Sortebrødregade hin zum selben Komplex gehören. Schon hier in der Gasse treffe ich Museumsleiter Flemming Just, den Kopf hinter der Wiederbelebung des Quedens Gård. Er führt mich zuerst außen um den Komplex herum und zeigt auf viele in die Balken des Fachwerks eingeschnitzte kleine Kreuze und andere Symbole: Schutz gegen das Böse, gegen schwarze Magie – Aberglaube blühte einst unter Ribes Dächern.

Kreuze im Fachwerk sollten vor dem Bösen schützen.

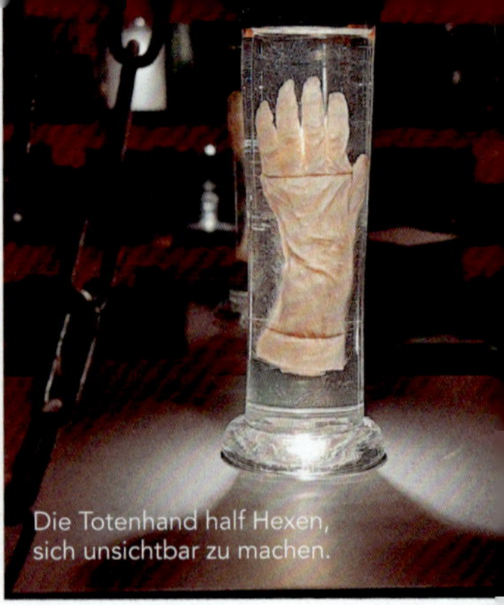

Die Totenhand half Hexen, sich unsichtbar zu machen.

Hexenverfolgung, die dunkle Seite des Aberglaubens, beleuchtet HEX! Museum of Witch Hunt, das jüngere der beiden Museen im Quedens Gård, erst Ende Juni 2020 eröffnet. Immerhin fand in Ribe Dänemarks spektakulärster Hexenprozess um die Schneidersfrau Maren Spliid statt, bei dem sogar Dänemarks großer Renaissance-König Christian IV. aufseiten der Hexenverfolger und Abergläubischen intervenierte. An Marens ehemaligem Wohnhaus nahe dem Dom liest man davon auf einer Inschrift: »Hier wohnte Schneider Laurids Spliid, dessen bedauernswerte Frau Maren am 9. November 1641 auf dem Galgenhügel von Ribe wegen Hexerei verbrannt wurde.« Im neuen Museum erlebt man ihr Schicksal dank modernster Museumstechnik intensiv – Medien-High-Tech für ein uraltes Thema. Das neue Museum behandelt aber nicht allein diesen Fall, sondern blickt über den dänischen Tellerrand hinaus auf Hexenverfolgungen, -prozesse und -verbrennungen vom 16. bis ins weit 18. Jahrhundert in ganz Europa. Mich beeindruckt vor allem die Bibliothek der schwarzen Bücher, zwischen denen Exponate stehen wie eine Totenhand, mit der sich Hexen unsichtbar machten oder Daumenschrauben, die wirklich in Ribe benutzt wurden, wie Flemming Just beteuert: »Das sind echte!«. Einige Fakten überraschen mich auch, die ich so nicht einmal ahnte: Es waren nicht nur Frauen Opfer der Hexenverfolgung, vor allem in Nordeuropa war der Anteil der Männer, die der Hexerei angeklagt und verbrannt wurden, überdurchschnittlich hoch, in Island sogar die Mehrzahl.

www.hexmuseum.dk

Nach den Hexen führt mich Flemming Just durch das Jacob A. Riis Museum. Von diesem Mann aus Ribe, der im unscheinbarsten Teil des Quedens Gaard in ärmlichsten Verhältnissen aufwuchs, wüssten ohne das 2019 eröffnete Museum wohl auch die

dk

#Vertiefend

Über Ribe im Allgemeinen und die Museen des Quedens Gård im Besonderen gibt es einen vertiefenden Beitrag von unserem Autor Hans Klüche auf der Nordis-Webseite **www.skandinavien.de** – dort zu finden unter >LÄNDER >DÄNEMARK

Jacob Riis füllte schon vor über 100 Jahren große Hallen in den USA und setzte dabei eine Laterna Magica ein, Vorläufer heutiger Beamer.

meisten Dänen nichts. Im Alter von 21 Jahren wanderte Jacob in die USA aus, einer von rund 300.000 Landsleuten. Eindrucksvoll zeigen Exponate, Fotos und ein gut gemachter Kurzfilm seinen Weg vom mittellosen Obdachlosen im Schmelztiegel New York zum Polizeireporter, Bestsellerautor, schließlich zum Berater und persönlichen Freund des 26. US-Präsidenten Theodore Roosevelt. In den USA gilt Riis als bedeutendster Sozialreformer seiner Zeit. In viel besuchten Vorträgen »The Battle With The Slum«, überzeugte er mit seinen Bildern die weiße Mittelschicht, dass armselige Einwanderer nicht als Menschen schlecht sind, sondern ihre Lebensumstände und dass von deren Verbesserung die gesamte Gesellschaft profitieren würde. Roosevelt rühmte ihn später als »the best American citizen I ever knew«.

Das Museum zeigt mir aber nicht nur den Menschen Jacob August Riis, es führt mich mit seinen berührenden Fotos, von denen nur etwa 450 im Original erhalten sind, in ein düsteres New York Ende des 19. Jahrhunderts. In den Slums von Manhattan richtete Riis immer wieder seine Kamera auf die Armut und das Elend der Wirtschaftsflüchtlinge aus Dänemark, Italien, Irland und Deutschland und zeigt so auch einen Aspekt deutscher Geschichte, nämlich Deutschland als Herkunftsland armer Migranten. **www.jacobariismuseum.dk** •

#INFOS

VisitRibeEsbjerg – Ribe Velkomstcenter, www.vadehavskysten.de, Torvet 3, 6760 Ribe, tgl. 9–22 interaktiv, mit Personal min. Mo–Fr 9–16 Uhr (auch für Mandø). Treckerbus nach Mandø: **www.mandoebussen.dk**

ÜBERNACHTEN

Ribe Byferie: www.ribebyferie.dk. Häuser und Apartments für 2–7 Pers.; flexible An- und Abreistage; 5 Min. zu Fuß vom Dom.

Danhostel Ribe: www.danhostel-ribe.dk. 40 Doppel- und Familienzimmer mit Bad/WC. Die besten mit Panoramablick auf die Altstadt und Hotelservice firmieren als Hotel Vadehavet, www.hotelvadehav.dk/de. Für alle: exzellentes Frühstück, freies Parken, Gästeküche.

B & B Mandø: www.bb-mandoe.dk. Gästehaus der Mandøpigen-Betreiber Poul Erik und Kerstin Fredskild. Sechs großzügige Wohnungen für 2–4 Gäste inkl. Kochgelegenheit.

Kopenhagen ist durch und durch Hafenstadt und stellt seine maritime Seite immer weiter heraus wie hier im Christianshavn Kanal.

dk

#DieMultistadt

Dänemarks Hauptstadt ist Millionenstadt! Kopenhagen hat 635.000 Einwohner! Wie das? Gerade 800 Meter von Kopenhagens berühmtem Tivoli entfernt, beginnt die selbstständige Stadt Frederiksberg mit weiteren 105.000 Einwohnern. Zusammen mit 16 weiteren Gemeinden oder Teilen davon bilden sie *Hovedstadsområdet*, Groß-Kopenhagen, mit 1,33 Millionen Bewohnern. Dann gibt es noch die Region Hovedstaden: Ohne Corona würde die in Deutschland kaum jemand kennen, aber es war die Verwaltungseinheit, die 2020 so früh wie keine andere Region Dänemarks von deutscher Seite als Risiko-Gebiet eingestuft wurde. Dazu gehören große Teile des Hovedstadsområdet, außerdem Nordseeland bis zum Kattegat und sogar die Insel Bornholm mit insgesamt etwa 1,85 Mio. Einwohnern.

Dänemarks Hauptstadt ist ein Schmelztiegel von Traditionen und Moderne. Renaissance- und Rokokoschlösser, dazu eine große Prise Klassizismus mit dem Dom als Prunkstück prägen das historische Bild. Es wird kontrastiert von futuristischer Architektur mit vielen Wow-Effekten beiderseits des Hafens und im Medien- und Wissenschaftsviertel Ørestad. Bei Kunst, Kultur und Lifestyle spielt Kopenhagen in einer Liga mit weitaus größeren Metropolen und in der Stadt residiert Europas älteste Königsdynastie. Nachhaltigkeit prägt Kopenhagens Zukunftsvisionen, es will erste CO_2-neutrale Metropole der Welt sein und lebt konsequent seine Verkehrswende pro Fahrrad, wider Auto. Zehntausende Pendler rauschen mit grüner Welle auf Radschnellwegen morgens ins Zentrum und abends wieder nach Hause. Fast 500 Kilometer Radwege stehen natürlich auch Touristen für Stadterkundungen zur Verfügung. Selbst der lange als trennender Graben empfundene Hafen bremst nicht mehr, extra gebaute Fahrrad- und Fußgängerbrücken queren ihn. **www.visitcopenhagen.com**

Kanäle und Kiffer – Christianshavn

Auf Höhe des Nyhavn, jenes von Restaurants und Cafés gesäumten Stichkanals, der sich seit den 1670er-Jahren

1 Rathausplatz
2 Vergnügungspark
3 Ny Carlsberg Glyptotek
4 Nationalmuseum
5 Thorvaldsens Museum
6 Christiansborg (Parlament, Kgl. Repräsentationsräume)
7 Königliches Dänisches Zeughausmuseum
8 Fußgängerzone Strøget
9 Rundetårn
10 Amalienborg (Wohnsitz Königsfamilie)
11 Frederikskirche
12 Kunstgewerbemuseum
13 Gefions-Springbrunnen
14 Die Kleine Meerjungfrau
15 Schloss Rosenborg (Kronjowelen)
16 Botanisk Have (Botanischer Garten)
17 Dänische Nationalgalerie
18 Sammlung Hirschsprung
19 Zoo
20 Oper/Königliches Theater

i Touristeninformation

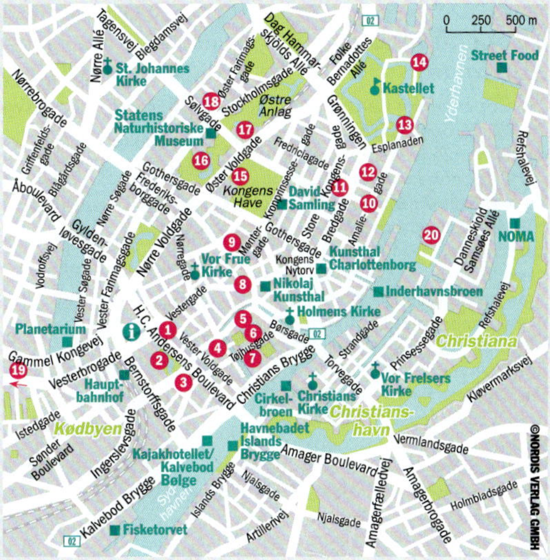

vom Hafen bis an den Kongens Nytorv ins Zentrum bohrt und weltweit Kopenhagens Hygge-Image prägt, überspannt die populärste der neuen Brücken den Hafen: Inderhavnsbroen – zur Rushhour oft von Fahrradstaus geplagt – führt direkt ins Herz von Christianshavn. Ein bootsgesäumter Kanal erinnert an Amsterdam, von dort kamen auch die Baumeister, die diese Idylle im 17. Jahrhundert schufen. Im Viertel liegt zudem das immer etwas unartige Christiania. Aber bitte: Verwechseln Sie die Aussteigerstadt nicht mit einem Freilichtmuseum. Trotz chaotischem Hippie-Charme, trotz der bunten, schillernden, oft innovativen Bauten und trotz einiger illegaler Ecken ist es ein Ort, in dem Menschen ihren Alltag leben. Wer Christiania und die Christianitter ernsthaft verstehen will, nimmt an einer Führung der Rundvisergruppen teil, respektvoll geführt von Menschen, die hier leben. Dabei wird man entdecken, dass die Freistadt sogar eine eigene Kunstgalerie besitzt: Galopperiet Christiania zeigt jeden Monat neue, ganz junge Kunst. **www.rundvisergruppen.dk**; **www.gallopperiet.dk**

Markenzeichen Architektur

Auf der Christianshavn-Seite des Hafens erinnert Cirkelbroen, die vom Multikünstler Ólafur Elíasson entworfene

#UmsonstInsMuseum

Gratis darf man die Ny Carlsberg Glyptotek dienstags, Thorvaldsens Museum und das neue Københavns Museum mittwochs ganztägig besuchen, Kunsthal Charlottenborg mittwochs ab 17 Uhr. Immer kostenlos ist Davids Samling – Schwerpunkt islamische Kunst. Fast alle Museen mit kultureller Bedeutung gewähren unter 18-Jährigen freien Eintritt und alle Abteilungen des Nationalmuseums – u. a. das Nationalmuseum selbst, Frihedsmuseet, Krigsmuseet, Frilandsmuseet – fördern Kinderbesuche zusätzlich, indem ein Erwachsener mit Kind weniger Eintritt zahlt, als wenn er allein kommt. **www.glyptoteket.com**; **www.cphmuseum.kk.dk**; **www.thorvaldsensmuseum.dk**; **www.kunsthalcharlottenborg.dk**; **www.davidmus.dk**; **www.natmus.dk**.

#Kopenhagen AufKarte

Die Copenhagen Card für 24, 48, 72, 96 oder 120 Stunden gewährt im erweiterten Großraum Kopenhagen bis Roskilde und Helsingør freie Fahrt mit Metro, Stadtbus, Havnebus, S-Bahn und Regionalbahn, Eintritt zu über 80 Museen und Rabatt bei weiteren Attraktionen, auf Rundfahrten sowie in einigen Lokalen. Alternative nur für den ÖPNV ist der CityPass für 24, 48, 72, 96 oder 120 Stunden, als CityPass Small nur für das Stadtgebiet inkl. Flughafen oder als CityPass Large wieder für den Großraum. Bei allen Pässen gilt: Ein Erwachsener kann zwei Kinder unter 12 Jahren gratis mitnehmen. **www.copenhagencard.com**; **www.dinoffentligetransport.dk/tourist_de/fahrkarten**

dk

#HafenFreibad

Kopenhagen kann Seebad! Sogar mitten in der Stadt dümpeln mit Havnebad Islands Brygge und Havnebad Fisketorvet Ponton-Freibäder im Hafenwasser (Juni–Sept. 24/7 geöffnet, Rettungsschwimmer Juni–Aug. 11–18 Uhr). In den letzten warmen Sommern wurde aber praktisch der ganze Innenhafen als gigantisches Freibad toleriert.

schönste der Fahrradbrücken, mit ihrer Silhouette an eine Gruppe Segelschiffe und spiegelt sich am Ufer gegenüber in der Fassade des Erweiterungsbaus der Königlichen Bibliothek, bekannt als Den Sorte Diamant. Der Schwarze Diamant ist eine der Perlen moderner Architektur, die Kopenhagen prägt und nebenan im Architekturmuseum DAC i BLOX gewürdigt wird. Es beleuchtet immer neue Aspekte der Architektur und Stadtplanung und die Dachterrassen seines Cafés erlauben brillante Aussichten auf eben diese Architektur Kopenhagens, die alte wie die neue. Deutlich sieht man von hier, dass der Schwarze Diamant mit dem historischen Teil der Königlichen Bibliothek verbunden ist, 1906 mit damals typischen Rückgriffen auf historische Stile über der alten Einfahrt in einen zuvor zugeschütteten Hafen der Marine gebaut. Wo vom 17. bis weit ins 19. Jahrhundert dänische Kriegsschiffe Proviant, Waffen, Pulver und Kanonenkugeln bunkerten, breitet sich Det Kongelige Biblioteks Have als kleiner Park aus, eine Oase der Ruhe mitten in der quirligen Großstadt. Das alte Lagergebäude auf der Südseite, einst Zeughaus der Marine, beherbergt Dänemarks Kriegsmuseum, zeigt historische wie moderne Waffensysteme und beleuchtet Dänemarks Kriege vom Mittelalter bis Afghanistan. Waffentechnik, Strategien, Uniformen sind eine Seite von Kriegen, Tod, Leid und Verfolgung eine andere. Davon erzählt neben anderen Themen das Dänisch-Jüdische Museum, das direkt vom Bibliotheksgarten aus zugänglich ist: Architekt Daniel Libeskind integrierte in einen Teil der Königlichen Bibliothek einen modernen, aus jeder erwarteten Geradlinigkeit ausbrechenden Museumsraum – ein Thema ist die historisch einzigartige Rettung fast aller dänischen Juden im Oktober 1943 nach Schweden, kurz bevor sie in Vernichtungslager deportiert werden sollten. **www.dac.dk; natmus.dk/museer-og-slotte/krigsmuseet**; **www.jewmus.dk**

Insel der Macht – Slotsholmen

Slotsholmen, Kopenhagens Insel der Macht, ist durch Kanäle vom Rest der Stadt nicht wirklich getrennt, Brücken gibts in alle Richtungen. Alles überragt Christiansborg, ein neobarocker Granitklotz, kaum mehr als 100 Jahre alt und im Lande kurz Borgen, die Burg, genannt. Ein Name, unter dem es als Schauplatz politischer Ränkespiele einer TV-Serie

Der Schwarze Diamant ist eine der Perlen moderner Architektur an Kopenhagens neuer Hafenfront.

Weltruhm erlangte. Das Parlament Folketing und Teile der Regierung residieren hier, der Westflügel hat indes Museumscharakter: Prunk zeigen die königlichen Empfangsräume. Werden sie für royale Anlässe genutzt, müssen Normalsterbliche draußen bleiben. Im Rittersaal hängen 17 fast comicartige Gobelins von Bjørn Nørgaard: 200 m^2 gewebte Geschichte Dänemarks und der Welt von der Wikingerzeit bis in die nahe Zukunft. Tief unter dem Hauptturm kann man Fundamente von Absalons Borg erkunden: Die erste Burg an diesem Ort ließ Stadtgründer Bischof Absalon 1167 bauen. Rechts und links der Reitbahn stehen noch Wirtschaftsgebäude eines ansonsten niedergebrannten Vorgängerschlosses. Hier findet man die königliche Kutschensammlung sowie das Theatermuseum im alten Hoftheater. Auf dessen Bühne scheiterte ein ehrgeiziger Ballettschüler und versuchte sich dann als Märchendichter: Da hatte Hans Christian Andersen doch eine gute Idee! Der Stadt zugewandt liegt auf Slotsholmen noch ein großer, ockerfarbener Klotz, Thorvaldsens Museum. Der wohl bedeutendste europäische Bildhauer des Klassizismus, Bertel Thorvaldsen, hatte seiner Geburtsstadt eine große Sammlung eigener Werke sowie antiker und zeitgenössischer Kunst vermacht. Die Stadt baute ihm dafür dieses Museum, im Innenhof ist er beigesetzt. **www.kongeligeslotte.dk/da/slotte-og-haver/christiansborg-slot.html**; **www.teatermuseet.dk**; **www.thorvaldsensmuseum.dk**

#HafenMitMotor

Die meisten Kanal- und Hafenrundfahrten bietet Stromma inklusive Kombitickets mit Hop-on-Hop-off-Bussen des Unternehmens an Land. Hej Captain will mit max. 12 Pers. an Bord Premium-Erlebnisse bieten und serviert freie Drinks. Wer nachhaltig denkt, mietet ein GoBoat, dessen Außenbordmotor mit Ökostrom geladen wird. Nach kurzer Einführung darf man durch Innenhafen und Kanäle cruisen und Kopenhagens maritime Seele erkunden. Tipp: Sagt die Wetter-App nur Sonne voraus, sollten Sie ganz schnell buchen! **www.stromma.dk**; **www.heycaptain.dk**; **www.goboat.dk**

© Daniel Rasmussen / Wonderful Copenhagen

Mit dem *bycykel* am Schloss Amalienborg

#HafenMitArmkraft

Kopenhagens Hafen und Kanäle sind beliebte Kajakreviere, zu erkunden auf eigene Faust oder mit geführten Touren: Kajak Ole – verleiht auch SUP-Boards – operiert von der Plankenweg Promenade Kalvebod Bølge und Kayak Republic neben dem Kanalcafé am Børskaj. Das Unternehmen hält auch Umweltkajaks (Bild oben) bereit, die man 2 Stunden kostenlos nutzen kann, wenn man unterwegs Müll einsammelt. **www.kajakole.dk**; **www.kayakrepublic.dk**; **www.greenkayak.org**

#AufZweiRädern

Fahrräder und E-Bikes kann man bei klassischen Fahrradverleihern stunden- oder tageweise leihen oder man schließt per App an etwa 150 Ladestationen für jede Fahrt eines der E-Bike-Stadträder, die hier bycykel heißen, auf und bezahlt nach Minuten. Ähnlich funktionieren die orangenen Drahtesel von Donkey Republic. Notwendige Accounts richtet man möglichst vorab ein. Nur bei den Cityscootern ist Kopenhagen extrem streng und hat den Verleih auf »öffentlichem« Boden untersagt, worauf sich alle großen Anbieter vorerst aus der Stadt zurückgezogen haben. **www.copenhagen bicycles.dk**; **www.baisikeli.dk**; **bycyklen.dk/en**; **www.donkey.bike**

dk

Königin, Widerstandskämpfer und Meerjungfrau

Schloss Amalienborg, nur wenige Schritte vom Hafen entfernt, entstand als Ensemble von vier eigenständigen Palais für reiche Adelige. Sie wurden nach einer Brandkatastrophe auf Christiansborg neue Residenz für die obdachlos gewordene Königsfamilie und dabei blieb es bis heute. Margrethe II. bewohnt das sogenannte Palais Christian IX., das Thronfolgerpaar mit seinen vier Kindern das Palais Frederik VIII., ein weiteres dient als Gästehaus und das Christian VIII. Palæ bildet als Amalienborg Museum den Rahmen für die Fortsetzung der Königlichen Sammlung von Schloss Rosenborg (s. u.). Hier auf Amalienborg werden Memorabilien aller Regenten ab Christian IX. (1863–1906), dem ersten Glücksburger auf dem Thron, präsentiert. Highlight ist die Fabergé-Kammer mit einem Teil der Kronjuwelen – ein Muss für alle, die Überraschungseier lieben. Von Amalienborg ist es man schnell im Churchillparken, wo 2020 ein neues Frihedsmuseet öffnen konnte, nachdem der Vorgängerbau 2013 einem Brandanschlag zum Opfer gefallen war. Fast getarnt wirkt das sich langsam begrünende Foyergebäude, alle Ausstellungsräume liegen unter der Erde: Die Zeit der deutschen Besatzung 1940–45 und der Widerstand sind Themen, modern präsentiert durch Schicksale realer Kämpfer des Widerstands. Soweit gekommen, geht man natürlich am imposanten Gefion-Brunnen und den Wällen des Kastells aus dem 17. Jahrhundert vorbei zur bekanntesten Kopenhagenerin: Den Lille Havfrue, die Kleine Meerjungfrau. Gehören Sie auch zu denen, die sie größer erwartet haben? Sie misst nur 125 Zentimeter vom Kopf bis zur Flosse.

www.kongernessamling.dk/de/amalienborg; **natmus.dk/museer-og-slotte/frihedsmuseet**

Die großen Museumsklassiker

Im Viertel hinter dem Rathaus warten drei Museumsklassiker: Das Nationalmuseum mit einem Parforceritt durch Dänemarks faszinierende Geschichte. Ein Prunkstück ist der Sonnenwagen von Trundholm aus der Bronzezeit, Kleinod jüngerer Zeit eine Dealerbude aus Christiania – die Auslagen sind aber Attrappen! Die Ny Carlsberg Glyptotek besitzt die bedeutendste Sammlung antiker Skulpturen aus Ägypten, Griechenland und Rom nördlich der Alpen und hochkarätige Werke französischer Maler und Bildhauer des Impressionismus und Postimpressionismus. Das Stadtmuseum Københavns Museum, nach langer Unterbrechung 2020 an neuem Standort wieder eröffnet, kann Lokalgeschichte und Kopenhagens Weg zur Metropole vom 11. Jahrhundert bis heute mit viel »neuem Alten« aus Ausgrabungsfunden rund um den Metrobau dokumentieren. Besonders stolz sind die Macher auf das raumfüllende, interaktive Modell ihrer Stadt.

natmus.dk/museer-og-slotte/nationalmuseet; **www.glyptoteket.com**; **cphmuseum.kk.dk**

Auf der anderen Seite des Zentrums bilden die Parkmuseen einen weiteren Hotspot um den Botanischen Garten mit seinem imposanten Palmenhaus. Die Nationalgalerie Statens Museum for Kunst – kurz SMK – zeigt einen Block weiter in spannendem Mix alter und neuer Räume dänische und internationale Kunst bis zur Gegenwart, während um die Ecke Den Hirschsprungske Samling die dänische Kunst des Goldenen Zeitalters im 19. Jahrhundert in den Mittelpunkt stellt. Dann ist da noch Schloss Rosenborg mit den

#StrandTrifftPiste

Am Ufer des Øresund macht der künstlich angelegte Amager-Strandpark Dänemarks Hauptstadt zum Badeort. Skifahren und Bergsteigen wäre auch kein Problem: Auf dem Copenhill, dem Dach einer 85 m hohen Müllverbrennungsanlage, die nebenbei Strom für über 30.000 und Fernwärme für über 70.000 Haushalte produziert, entstanden eine synthetische Ganzjahres-Skipiste, ein kostenlos zugänglicher Bergwanderpfad sowie an der Außenfassade die vom Boden bis zum Gipfel reichende höchste Kletterwand (Bild unten) der Welt. Oben gibts auch ein Café!
svoemkbh.kk.dk/en/node/13; **www.copenhill.dk**

© Daniel Rasmussen / Wonderful Copenhagen

Statens Museum for Kunst – kurz SMK – ist Dänemarks Nationalgalerie.

Pure Idylle zeigt das Freilichtmuseum Det Gamle Danmark mit rund 70 alten Höfen aus allen Teilen des Königsreichs.

#Strammgestanden

Weht über Amalienborg der Dannebrog in der zweispitzigen Version mit Wappen des Königshauses, sind die Königin oder einer ihrer Söhne beziehungsweise ihre Schwester Benedikte als offizielle Vertretung im Schloss. Ist es Margrethe II. selbst, gibts um zwölf Uhr die größte, die königliche Wachablösung, wird sie vertreten, findet die kleinere Leutnant-Wachablösung statt und ist kein Royal im Haus die bescheidenste Palast-Wachablösung. In allen Fällen marschieren die Wachsoldaten fotogen mit der wuchtigen Kuppel der Marmorkirche im Rücken auf den Schlossplatz ein.

#KinderFreuden

Immer eine gute Wahl mit Kindern sind Danmarks Akvarium – Den Blå Planet direkt am Øresund mit Blick bis zur schwedischen Küste, der Zoo in Frederiksberg, dessen Eisbärengehege mit Glastunnel ein absolutes Highlight ist, und das Experimentarium zum Spielend-Lernen mit unzähligen Mitmachexperimenten in einer ehemaligen Abfüllhalle der Tuborg-Brauerei im nördlichen Vorort Hellerup. **www.denblaaplanet.dk**; **www.zoo.dk**; **www.experimentarium.dk**

Kronjuwelen und den Königsräumen zu 300 Jahren Monarchie der Oldenburger Linie auf dem dänischen Thron. Das andere Ende der Gesellschaft zeigt das nahe Arbejdermuseum in der Rømersgade.

parkmuseerne.dk; **snm.ku.dk/botanisk-have**; **snm.ku.dk**; **www.smk.dk/de**; **www.kongernessamling.dk/de/rosenborg**; **www.arbejdermuseet.dk**

Museen in der Peripherie

Im Süden, nicht weit von beliebten Stränden der Køge Bugt, liegt Arken, das Museum für moderne Kunst, wie ein havariertes Raumschiff in Dünen, viele Skulpturen lohnen einen ausgiebigen Spaziergang im umliegenden Gelände. Im nördlichen Vorort Kongens Lyngby präsentiert das Freilichtmuseum Det Gamle Danmark mit rund 70 alten Höfen und anderen ländlichen Gebäuden, wie Dänen früher lebten. Einen Grassoden-Hof von den nordatlantischen Färöern gibts ebenso wie einen Haubarg von der Halbinsel Eiderstedt, früher dänisches Gebiet. Etwa auf halber Strecke zwischen Freilichtmuseum und Küste öffnete im Sommer 2021 nach langem Umbau das Kunstmuseum Ordrupgaard wieder seine Säle, das neben dänischer Malerei des 19. und frühen 20. Jh. eine außergewöhnliche Sammlung französischer Impressionisten, Symbolisten und Postimpressionisten besitzt. Viele Gemälde stammen von Paul Gauguin, der mit einer Dänin verheiratet war und mehrere Jahre in Kopenhagen lebte. In Rungsted auf ihrem Familiensitz Rungstedlund erinnert das Karen Blixen Museum an die »Jenseits-von-Afrika«-Autorin und in Nivå zeigt Nivaagaards Malerisamling klassische Malerei, darun-

Das Museum für moderne Kunst Louisiana ist eines der bekanntesten Museen Dänemarks.

ter Dänemarks einzigen Rembrandt. Höhepunkt ist das Museum für Moderne Kunst Louisiana in Humlebæk hoch über dem Øresund mit wundervollem Skulpturenpark und grandiosem Ausblick bis hinüber nach Schweden. Das Louisiana hat an vier Abenden der Woche bis 22 Uhr geöffnet und das Museumscafé bietet dann immer ein Buffet – hier kann man neben Kunst von Weltklasse vorzüglich speisen. **www.arken.dk**; **en.natmus.dk/museums-and-palaces/frilandsmuseet**; **www.ordrupgaard.dk**; **www.blixen.dk**; **www.nivaagaard.dk**; **www.louisiana.dk**

Spaß muss doch auch sein

Welche Touristenattraktion neben der Meerjungfrau ist aber Kopenhagens bekannteste? Natürlich der Vergnügungspark Tivoli mit seinem Mix aus romantischen Traditionen und rasenden Attraktionen. Kinderkarussells drehen sich neben wilden Fahrgeschäften mit großem Kreischfaktor. Rock- wie Klassikkonzerte locken Tausende, Schunkellokale ebenso. Fürs leibliche Wohl können Besucher von Würstchenbuden über bürgerliche Traditionslokale bis zu Gourmet-Restaurants wählen. Neben der traditionellen Sommersaison öffnet der Park inzwischen zum »Winter i Tivoli« im Februar, zum »Halloween i Tivoli« im Herbst und zum »Jul i Tivoli« in der Adventszeit. Aber wussten Sie, dass Kopenhagen mit Bakken, dem ältesten Vergnügungspark der Welt, noch eine volkstümlichere Alternative besitzt? Er ist eingebettet in die rund 1.000 Hektar großen Wälder des Wildparks Jægersborg Dyrehave, Teil der UNESCO-Welterbe Parforcejagdlandschaft Nordseeland. **www.tivoli.dk**; **www.bakken.dk** •

Glück des Augenblicks im Tivoli

#HyggeLykkeIm Glücke

Kann Glück Museum sein? Das Lykkemuseet – Glücksmuseum – im Keller eines hübschen Altstadthauses im Zentrum von Kopenhagen glaubt »Ja«! Kopf dahinter ist Meik Wiking, der mit seinen Bestsellern »HYGGE – ein Lebensgefühl, das einfach glücklich macht« und »LYKKE – Der dänische Weg zum Glück« die dänische Art zu leben als Basis des Glücklichseins in modernen Gesellschaften geoutet hat. **www.thehappinessmuseum.com**

#aarhus

Die kleine Großstadt

Die Welt durch die rosa Brille gesehen: Skulptur im Neubauviertel Aarhus Ø

#MalEbenNach Aarhus

Sie wollen mal eben nach Aarhus? Aus dem Norden Deutschlands fahren mehrmals täglich ab Flensburg oder Hamburg direkte IC-Züge nach Aarhus, die günstigsten Sparpreise ab 28,90 € pro Strecke. **www.bahn.de**

Mit knapp über 280.000 Einwohnern, davon über 40.000 Studenten, ist Aarhus deutlich kleiner als Kopenhagen, aber unbestritten die Nummer zwei im Land und die Stadt mit der jüngsten und am schnellsten wachsenden Bevölkerung. Der nötige Wohnraum entsteht oft mit spektakulärer Architektur wie am Hafen, wo schon von weit her die leuchtend weiße Wohnanlage Isbjerget, der Eisberg, Wahrzeichen des neuen Aarhus ist. Die junge Bevölkerung ist aber auch Garant für munteres Café-, Restaurant-, Kneipen- und Nachtleben. Wer gern bummelt, findet Mainstream-Küche an Vadestedet, der modernen Promenade entlang der Århus Å, Studentenkneipen im Latinerkvarter und edle bis experimentelle Küche im Viertel Frederiksbjerg, vom Zentrum aus gesehen hinter dem Bahnhof. Dorthin zieht sich vom Domplatz mit der gotischen Aarhus Domkirke – Dänemarks höchster und längster Kirchenbau – die Fußgängerzone Strøget quer durchs Zentrum. Am Edel-Kaufhaus Salling sollten Sie nicht nur in die Fenster schauen, sondern auch nach oben. Dort ragt eine Glasboden-Plattform (Bild links) für Schwindelfreie in 25 m Höhe weit aus der Fassade: Der Salling Rooftop Dachgarten mit Café, Bar, kleiner Bühne und großer Aussicht öffnet sogar sonntags! **www.visitaarhus.com**; **salling.dk/madoplevelser/salling-rooftop-aarhus**

Aarhus im Aufbruch

DOKK1 am Hafen ist ein kommunales Prestigeobjekt: Unter seinem Dach finden sich eine der modernsten öffentlichen Bibliotheken Europas, ein Bürgerservice, Spielflächen in- und outdoor, Bühnen, Ruhe- und Gruppenräume für Studenten, Kreativräume für Kitas und Teenager und vieles mehr. Von DOKK1 zieht sich die moderne Hafenfront mit künstlichen Kanälen und Terrassen bis zum modern-maritimen Viertel Aarhus Ø. Ø steht dabei für Øst, Osten, ist aber auch das hier zutreffende Einbuchstabenwort für Insel. Wo das Viertel am Meer endet, finden abgehärtete Schwimmer sogar eine 500 Meter lange Trainingsbahn, Aarhus Havbane. Das Havnebadet Bassin 7 erinnert da eher an ein Urlaubsresort, das sich gut beobachten lässt vom Salling Tårnet, einem Aussichtsturm, der wie ein riesiges Origami-Objekt aus gelochtem Stahl am Rande steht. Selbst der Nordhavn, den noch lokale Fischer nutzen, hat sich schon zum hippen Restaurant- und Freizeitviertel gemausert: Fischhändler bieten kleine Leckereien to go, das Brauhaus HantWerk zaubert Craftbeer und die Surf Agency verleiht SUP-Boards für Hafenerkundungen. **www.dokk1.dk**; **www.havnefronten.dk**; **www.surfagency.dk**

Museen von Weltklasse

Das ARoS am Rande der Innenstadt ist ein Kunstmuseum der Extraklasse. Über neun Etagen schlendert man durch permanente wie wechselnde Ausstellungen dänischer und internationaler Kunst – moderne Epochen dominieren. Der dänisch-isländische Künstler Ólafur Elíasson entwarf das weithin sichtbare und begehbare Rainbow-Panorama auf dem Dach. Eine feministische Institution ist KØN – Gendermuseum Denmark, wie das weltbekannte Frauenmuseum im alten Rathaus inzwischen heißt. Es beleuchtet Lebens- und Arbeitsbedingungen von Frauen, stellt bedeutende Frauen vor und zeigt genderspezifische Entwicklungen auf. Im selben Gebäudekomplex öffnete 2020 nach großem Umbau das Museum zur Besatzungszeit wieder: Besættelsesmuseet zeigt u. a. Folterzellen der Gestapo. Rund ums Jahr ist das Freilichtmuseum Den Gamle By ein Besuchermagnet: »Die Alte Stadt« dokumentiert in über 80, meist originalen Gebäuden städtisches Alltagsleben von der Renaissance bis ins Wohlstandsdänemark unserer

#MalEbenInDieCity

Mit Letbanen, einer weit ins Umland fahrenden Straßenbahn, sind auch Ferienhausgebiete an der Odder-Küste südlich und auf Mols im Nordosten an die City angebunden. Die Bahnen stoppen u. a. direkt am Kultur-, Medien- und Begegnungshaus DOKK1. Wer lieber mit dem Auto in die Stadt will, findet dort Europas größtes automatisches Parkhaus: Auto in Abgabezone stellen, Parkschein ziehen, den Rest macht die Technik – bisher hat jeder das abgegebene Auto auch zurückbekommen. **www.letbanen.dk**

Joana Vasconcelos' Valkyrie Rán im ARoS

#AarhusFestuge

Die Aarhus-Festwoche ist weit über Dänemark hinaus bekannt. Über 1.000 Veranstaltungen aller Kultursparten vom klassischen Theater bis Avantgarde Pop locken jedes Jahr etwa eine halbe Million Besucher – geplant 2022 vom 26. Aug. bis 4. Sept.! **www.aarhusfestuge.dk**

2.300 Jahre alte Moorleiche »Grauballemanden« im Museum Moesgård

#FuerVielnutzer

Die AarhusCARD für wahlweise 24, 48, 72 oder 120 Stunden gewährt freie Fahrt im ÖPNV und freien Eintritt oder Rabatt in rund zwei Dutzend Museen und Attraktionen sowie kostenlose Nutzung einer Tiefgarage an der Hafenfront. Bei Preisen von umgerechnet 44 bis 100 € muss man aber einiges unternehmen, bis sich die Karte rentiert! Zu kaufen u. a. im DOKK1, in Hotels, in beteiligten Museen oder online: **www.visitaarhus.de/aarhuscard**

#GünstigGenießen

In einem alten Fahrzeugdepot am Busbahnhof treffen Küchen der Welt von urdänisch bis karibisch-afrikanisch aufeinander, dazu wird Craftbier gezapft und Champagner gäbe es auch. In der Halle von Aarhus Street Food stehen alle Imbiss-Container indoor mit langen Tischen in der Mitte. Im Sommer gibts vor der Halle einen großen Biergarten – so vielfältig und preiswert wird man nirgendwo sonst in der Stadt satt. **www.aarhusstreetfood.com**

Tage. So kann man sich, um nur ein Beispiel zu nennen, in die originale Ausstattung des Jazzclubs Bent J setzen, der bis 2008 noch in der Innenstadt von Aarhus eine Institution war – sogar Konzerte gibts manchmal!
www.aros.dk/de; **www.konmuseum.dk**; **www.besaettelsesmuseet.dk**; **www.dengamleby.dk**

Königliche Momente und Moorleichen

Das in einen englischen Park eingebettete Marseliborg Slot kam als Volksgeschenk zur Hochzeit des späteren Christian X. in direkten Besitz der Königsfamilie und Margrethe II. verbringt hier gern Feiertage und einige Sommerwochen. Weht der Dannebrog mit Königswappen über dem Schloss, ist sie im Haus. Dann bleibt der sonst fürs Volk offene Park geschlossen, dafür gibt es um zwölf Uhr eine große Wachablösung am Tor. In den Wäldern weiter im Süden beeindruckt dann MOMU, das Moesgaard-Museum, mit spektakulärer Architektur: Es hebt sich mit begehbarem Grasdach wie ein Aussichtshügel aus einer Lichtung – wer zum First hinaufgeht, kann einen herrlichem Blick auf die Bucht von Aarhus bis hinüber zur Insel Samsø genießen. Großartig sind aber die Ausstellungen zu Dänemarks Frühgeschichte mit beeindruckend präsentierten Moorleichen sowie vielen lebensecht wirkenden Wachsfiguren, die Menschen aus allen Epochen zeigen. Eines der besten Museen zur Vorzeit in Europa!
kongehuset.dk/slotte-og-kongeskibet/marselisborg-slot; **www.moesgaardmuseum.dk/de** •

#odense

Stadt des Märchenmanns

Überlebensgroß, interaktiv und ganz modern – was H. C. Andersen wohl dazu sagen würde? Hier die Installation zu seinem Märchen »Tölpel-Hans«

dk

#AufAndersensSpuren

Ein markierter Stadtrundgang verbindet alle H. C. Andersen-Museen und Gedenkstätten (günstiges Kombiticket für alle) und zeigt nebenbei viel altes und grünes Odense. Auf einigen Fußgängerampeln unterwegs erscheint Andersen sogar als Ampelmännchen. Der Rundgang führt u. a. zur Armenschule, in der Hans Christian büffelte, zur Odense Å, wo seine Mutter als Wäscherin schuftete, zu Skulpturen, die Andersen oder Figuren aus seinen Märchen zeigen und in den H. C. Andersen Park, in dem auf der Open-Air-Bühne Eventyrslottet die H. C. Andersen Paraden im Hochsommer 2 x tgl. in 24 Minuten durch ein Potpourri aus 24 Märchen zappt (gratis). **www.hcandersen-paraden.dk**

Mitten auf der Insel Fünen hat Odense, mit 180.000 Einwohnern Dänemarks drittgrößte Stadt, all das, was eine kleine Großstadt großartig macht. Die Innenstadt stellt mit vier Kilometern Fußgängerzonen gesäumt von Shops, Restaurants und Cafés selbst anspruchsvolle Gäste zufrieden. Dazu lassen sich die malerische Altstadt, historische Bauten und innovative Kulturinstitutionen erkunden. Ein mit Odense untrennbar verbundener Name überstrahlt alles und lockt die meisten Besucher: H. C. Andersen. Der bekannteste Däne schrieb gut 160 Märchen, aber auch weniger wahrgenommene Reisebeschreibungen, Romane, Gedichte und Theaterstücke und war als Scherenschnittkünstler erfolgreich. Global ein Superstar, machte er vor allem bei Besuchern aus Asien Odense zu einem der begehrtesten Reiseziele im Norden. **www.visitodense.de**

Am 2. April 1805 wurde der kleine Hans Christian in ärmlichsten Verhältnissen geboren. Sein Geburtshaus, das H. C. Andersens Fødehjem, kann man ebenso besuchen wie das unscheinbare H. C. Andersens Barndomshjem, in dem er aufwuchs. Im Sommer 2021 öffnete das neue H. C.

Andersen Hus seine Tore, ein über 40 Mio. Euro teures Museums- und Erlebniscenter, das große wie kleine Besucher mit modernen, meist interaktiven Konzepten Andersens Leben und Werk erleben lässt – die bekanntesten Märchen werden in XXL-großen Installationen präsentiert. Nur Bücher sieht man in dem Museum über einen Mann, dessen Werk in fast alle Sprachen der Welt übersetzt wurde, kaum noch. Der weltbekannte japanische Architekt Kengo Kuma entwarf die Pavillons aus viel Glas und Holz, die im *eventyrlig have*, dem märchenhaften Park, verteilt sind – so ist das Museum auch ein Architektur Highlight. Auf den ersten Blick kaum sichtbar, verstecken sich gut zwei Drittel der Ausstellungsräume unter der Erde. **www.hcandersenshus.dk**

Odense zählt aber auch zu Nordeuropas ältesten Städten, 988 erstmals erwähnt. Seit 1060 residieren hier Bischöfe und in einem gläsernen Sarg in der Krypta der gotischen St. Knuds Kirke, des Doms, liegen Gebeine des 1086 in der Stadt vor einem Kirchenaltar ermordeten und bald heiliggesprochenen König Knud. Stadtgeschichte zeigt Bymuseet Møntergården im alten Münzamt, einem prächtigen Renaissancebau. Wer sich lieber in jüngeren Zeiten bewegt, sollte die ehemalige Textilfabrik Brandts Klædefabrik anstreben, ein lebendiger Kunst- und Kulturkomplex mit Clubs, Kneipen, Restaurants und Museen: Tidens Samling versteht sich hier als Bewahrerin der Kleider- und Wohnmoden des 20. Jh. und Kunstmuseum Brandts präsentiert aufsehenerregende Kunst- und Fotoausstellungen oder zeigt aus eigenem Bestand Werke der im frühen 20. Jahrhundert aktiven und in Dänemark sehr bekannten Fünen-Maler. Familien und Technikfans zieht es hinter dem Bahnhof in Danmarks Jernbanemuseum, Nordeuropas größtes Eisenbahnmuseum mit riesigem Themenspielplatz. Im Süden des Zentrums tuckern derweil Ausflugsboote über die schmale Odense Å zum Odense Zoo, mit Erlebniswelten bis hin zur antarktischen Schneelandschaft mit munteren Pinguinen, und stoppen wenig später nahe dem Freilichtmuseum Den Fynske Landsby, in dem das Landleben des 18. und 19. Jahrhunderts lebendig wird. **www.montergarden.dk**; **www.brandts.dk**; **www.tidenssamling.dk**; **www.jernbanemuseet.dk/de**; **www.aafart.dk**; **www.odensezoo.dk**; **www.denfynskelandsby.dk**. •

#AbHamburgDirekt

Mindestens 3 x, im Sommer sogar 5 x tgl. verkehren in weniger als dreieinhalb Stunden direkt IC-Züge zwischen Hamburg und Odense, mit günstigsten Sparpreisen ab 28,90 € pro Strecke, Kinder oder Enkel bis 14 Jahre fahren kostenlos mit. **www.bahn.de**

#StreetfoodImPakhus

Obwohl nah am Meer, bekam Odense erst 1804 durch einen Kanal direkten Zugang inklusive Stadthafen. Der ist für die heutige Schifffahrt zu klein, aber populäres Wohn- und Freizeitareal. Am Weg vom Zentrum dorthin liegt Storms Pakhus, eine muntere Street Food Halle, in der man sich durch die Küchen der Welt essen kann.
www.stormspakhus.dk/de

#Bauernmarkt

Einer der schönsten Bauernmärkte Dänemarks füllt mittwochs und samstags am Vormittag den Sortebrødre Torv in der Altstadt mit viel Frischem vom Feld und aus dem Meer!

#aalborg

Zur Schönheit gereift

Aalborg ist zwar stolz auf seine modernen Bauten, muss aber seine kuscheligen, alten Ecken nicht verstecken.

#Totenkult

Lindholm Høje ist eine der bedeutendsten Nekropolen der Vorzeit in Skandinavien mit fast 700 Steinsetzungen aus Eisen- und Wikingerzeit, viele in Schiffsform. Das Gelände im Nachbarort Nørresundby am andern Ufer des Limfjord ist frei zugänglich, ein Museum vertieft die Eindrücke. **nordjyskemuseer.dk/de/u/vikingemuseet-lindholm-hoje-de/**

Mit fast 116.000 Einwohnern ist Aalborg Dänemarks viertgrößte Stadt. Die reift immer mehr zur Kultur-, Lifestyle- und Shopping-Schönheit für Dänemarks hohen Norden – das frühere Image als Partystadt trifft allenfalls noch auf die Jomfru Ane Gade zu, einer kurzen, in die Jahre gekommenen Gasse mit Clubs und Bars Wand an Wand. Für Aalborgs Vergangenheit als reiche Handelsstadt steht mitten im Zentrum Jens Bangs Stenhus von 1624, das schönste Renaissance-Bürgerhaus im Land. Die einfachen Menschen lebten eher in Gassen wie Hjelmerstald im Viertel um die Vor Frue Kirke – romantische Häuschen, Kopfsteinpflaster, Stockrosen und Rosenstöcke lassen die Großstadt hier Dorf werden. **www.enjoynordjylland.de**

Dänische und internationale Kunst (Bild links) ab dem Durchbruch der Moderne zeigt KUNSTEN, 1972 eröffnet und jüngst mit großem Respekt vor den ursprünglichen Plänen des finnischen Architekturgenies Alvar Aalto renoviert. Im Schatten des Aalborg Kongres & Kultur Center, nur Minuten Fußweg von Kunsten entfernt, singen Bäume: Rund 100 wurden im Park of Music für Musiker, die in der Stadthalle auftraten, schon gepflanzt – viele nahmen dafür selbst die Schaufel in die Hand. Und jeder durfte einen eigenen Song wählen, der auf Knopfdruck aus einer Stele vor dem Baum erklingt. Cliff Richard pflanzte 1987 den ersten, Elton John, Prince, Beyoncé, KISS, Helene Fischer, Sting, André Rieu, ZZ Top und viele folgten. Überragt wird der Süden der Stadt vom Aalborgtårnet: 105 Meter über dem Meer hat man spektakuläre Blicke auf Stadt und Fjord. Nebenan ist der großzügig angelegte Aalborg Zoo ein Klassiker für Familien, berühmt für seine afrikanische Erlebniswelt, in der große afrikanische Elefanten leben, nicht, wie in den meisten europäischen Zoos, die kleineren aus Indien. **www.kunsten.dk**; **uk.akkc.dk/music-theatre/park-of-music/**; **www.aalborgtaarnet.dk**; **www.aalborgzoo.dk**

Den Wandel zur schicken Kulturstadt merkt man am Limfjord, der vor dem Zentrum gerade einmal 400 Meter breit ist. Ein Ponton-Freibad lädt zum Baden ein und wer aufpasst, sieht Tümmler und Kleinwale schwimmen oder gar wilde Sprünge machen. Eine Uferpromenade führt ins neue Kulturviertel, vorbei am architektonisch markanten Jørn Utzon Center, einem Ausstellungshaus, das den Namen seines Architekten trägt, der als Planer der Oper von Sydney Weltruhm erlangte: Jørn Utzon wuchs in Aalborg auf. Bald darauf stößt man auf das etwas überdesignte Konzerthaus Musikkens Hus und wenige Meter landeinwärts auf den vom Kraftwerk zum Sport-, Freizeit- und Kulturzentrum umgebauten Nordkraft Komplex, in dem auch das Touristenbüro von VisitAalborg residiert. **www.utzoncenter.dk**; **www.musikkenshus.dk**; **www.nordkraft.dk**

Im Westen, am Ufer des Limfjord, befasst sich das Maritime Erlebniszentrum Springeren mit der Seefahrt und lässt Besucher alte Marineschiffe erkunden, darunter das U-Boot Springeren. Zwei, drei Minuten läuft man von dort an der Marina Skudehavn entlang zur herrlich am Wasser gelegenen Aalborg Streetfood Køkkenfabrikken, einer Halle gefüllt mit Düften von über einem Dutzend Küchen der Welt, dazu gibts ein paar Bars, Bierbuden und Café-Stände. **www.springeren-maritimt.dk**; **aalborg-streetfood.dk/en/** •

#AlkoholSchmach

Schnäpse wie Rød Aalborg, Aalborg Jubilæums Akvavit oder Aalborg Jule Akvavit kennt jeder Däne, aber Aalborgs »Wasser des Lebens« wird seit 2015 beim neuen Eigentümer, dem norwegischen Arcus Konzern, nahe Oslo gebrannt. In den geschützten Industriebauten der 1930er-Jahre auf dem alten Betriebsgelände von De Danske Spritfabrikker entsteht derweil ein neues Lifestyle-Viertel mit Kunsthalle, Theater, Restaurants und einer Mikro-Destillerie, in der vor den Augen der Besucher wieder Akvavit in Aalborg gebrannt werden soll – bis es so weit ist, werden noch einige schmachvolle Jahre vergehen.

#UntenOben

So betritt man selten ein Museum: In der Fußgängerzone Algade stößt man auf ein Aufzughäuschen, wie man es von Tiefgaragen kennt. Nur fährt man hier zu Fundamenten und Gräbern eines Klosters aus dem 13. Jh. drei Meter unter Straßenniveau hinab. Bei Baumaßnahmen entdeckt und dann ausgegraben, wurde Alborgs Gråbrødrekloster Museet so zugänglich gemacht. Bezahlt wird pro Aufzugfahrt in die Tiefe, nur das Maximalgewicht begrenzt die Zahl der Mitfahrenden. Wenn Sie wieder ans Tageslicht kommen, schauen Sie nach oben: Dort ist das Roof Top Café des Kaufhaus Salling nicht zu übersehen – Zeit für eine Pause über der Stadt? **nordjyske museer.dk/de/u/graabroedrekloster-museet-2/**; **salling.dk/madoplevelser/salling-rooftop-aalborg/**

#DÄNEM
route

dk

#Kultkiosk

Kultinstitution am Flensborg Fjord ist Annies Kiosk in Sønderhav – im Volksmund »Hotdoghav«. Dort stoppen vor allem Auto- wie WoMo-Fahrer, Biker und Wanderer, Segler und Kanuten für die Hotdogs und laut dem ausführlichen Wikipedia-Eintrag über den »dänischen Imbissstand« wohl auch schon einmal die damalige Bundeskanzlerin Angela Merkel. Selbst der Neustart 2018 nach dem Tod der Gründerin Annie Bøgild mit neuem Eigner und neuem Gebäude konnte dem Kult nichts anhaben. Ob die Hotdogs die besten der Welt sind, wie treue Fans schwören, muss jeder für sich beantworten. Der Ausblick auf die Förde und die einen Steinwurf entfernte Ochsen-Insel ist auf jeden Fall die perfekte »Beilage«.
www.facebook.com/annieskiosksonderhav

ROUTE

Von der Flensburger Förde zum Øresund

Während sich Dänemarks kontinentaler Landesteil Jütland im Westen als ausgeglichenes Strandband der Nordsee entgegenstemmt, ist der Osten von langestreckten Förden und weiten Buchten gegliedert und abwechslungsreicher, als manches oberflächliche Dänemarkbild ahnen lässt. Legt man den Weg nach Norden über den entspannten Grenzübergang Kupfermühle bei Flensburg, kann man gleich nach Osten abbiegen zur Panorama-Küstenstraße Fjordvejen am Nordufer der Flensburger Förde entlang, die die Dänen Flensborg Fjord nennen. Kein Name steht so sehr für das Blutvergießen zwischen Deutschen und Dänen wie Dybbøl Banke, die Düppeler Schanzen. Ein modernes Geschichtszentrum zeigt historische Zusammenhänge und arbeitet die Schlacht mit dem heroischen Kampf und der verheerenden Niederlage der Dänen gegen hoch überlegene Preußen auf. Im pittoresk am

Wasser gelegenen Sønderborg bewacht ein vierflügeliges Schloss mit Wurzeln im 12. Jh. die Einfahrt in den Alssund: Sønderborg Slot dient heute als Museum zu Kultur und Geschichte der Grenzregion. Im Norden der Insel Als ist Universe Science Park, der Erlebnispark um Naturwissenschaften und Technik, für Familien ein populäres Ziel. Während man Als im Süden über Brücken erreicht, kann man es im Norden über die Kleinfähre Hardeshøj – Ballebro wieder verlassen und ist dann schnell in Aabenraa, eine Hochburg der deutschen Minderheit. Altstadtidylle mit hyggeligen Erker- und Spitzgiebelhäuschen aus dem 18. Jh. zeigen die Gassen um die Skt. Nicolaj Kirke. Das Museum Kulturhistorie Aabenraa dokumentiert die Seefahrtstradition der Stadt und das Kunstmuseet Brundlund Slot zeigt im Stadtschloss Kunst des 20. und 21. Jh. aus der Region.

Haderslev, am Ende eines schmalen, 16 km langen Fjords, besitzt ebenfalls eine schmucke Altstadt mit einigen der schönsten Fachwerkbauten Südjütlands rund um die gotische Vor Frue Domkirke. Dem imposanten Bau fehlt schon seit dem Dreißigjährigen Krieg der Glockenturm, und so besitzt er nur einen markanten Dachreiter. Kolding, eine der ältesten Städte an Jütlands Ostseeküste, wird von der wuchtigen Burg Koldinghus überragt. Die wurde im 13. Jh. als Grenzburg zum Herzogtum Schleswig gebaut, 1808 durch einen Brand zerstört und erst ab den 1970ern mit einem architektonisch sensationellen Mix aus modernen und historischen Materialien restauriert. Heute strahlt Burg Koldinghus wieder in königlichen Glanz als einzige Dependance der Königlichen Dänischen Sammlung in Jütland für wechselnde Ausstellungen von Kunst, Juwelen, Kunsthandwerk und anderen wertvollen Dingen aus dem Besitz des Königshauses. Am Rande der Stadt, hoch über dem Nordufer des Kolding Fjord, zeigt das international renom-

Ganz klassisch, aber Kult: Etablissement Knapp nahe Aabenraa

#UNESCOWelterbe

Christiansfeld wurde 1773 von der Herrnhuter Brüdergemeine angelegt. Die Krone lockte die pietistische Glaubensgemeinschaft aus Sachsen mit Privilegien und der Garantie zur freien Religionsausübung. Die schlichte Architektur aller Gebäude von der Kirche bis zum Witwenhaus, die für Gleichheit, Harmonie und bewusst einfachen Lebensstil der Herrnhuter steht, machte die Kleinstadt zum UNESCO Welterbe. Christiansfeld Centret organisiert Rundgänge, zeigt eine Ausstellung über den UNESCO-Status und informiert über die Herrnhuter und ihre Missionsarbeit bis hinauf nach Grönland. Die Herrnhuter brachten auch Honigkuchen mit, und der gilt bis heute als Spezialität der Stadt, in der 1783 gegründeten Brødremenighedens Honningkagebageri nach alten Rezepten gebacken.

www.christiansfeldcentret.dk

Perle des Neoklassizismus: Rathaus Sønderborg

#SydneyGrüßt

Schwindelfreie überqueren von Middelfart aus die 1935 gebaute Gamle Lillebæltsbro in 60 m Höhe: Bridgewalking im Stil der weltbekannten Harbour-Bridge-Touren von Sydney – besonders kribbelnd, wenn unten ein Zug über die Brücke donnert! Zu den ersten Brückenkletterern gehörte Kronprinzessin Mary (Bild oben), eine gebürtige Australierin. **www.bridgewalking.de**

#Wikinger&Wale

Bei Ladby, im Nordosten von Fünen, verbirgt ein Hügel Ladbyskibet, Dänemarks einziges Grabschiff der Wikingerzeit. Vom eigentlichen Schiff ist ein Erdabdruck zu erkennen, aber Nägel, Ketten und andere Metallstücke sowie Skelettreste von Pferden und Hunden sind gut sichtbar erhalten, ein Wikingermuseum ergänzt die Ausgrabungsstätte. Von dort ist es nicht weit nach Kerteminde, wo das Meeresforschungszentrum Fjord&Bælt in einem abgetrennten Teil des Hafens neben Robben auch Schweinswale trainiert und präsentiert. Die Kleinwale galten lange als nicht trainierbar – hier gelang der Gegenbeweis, und es gab sogar erstmals auf der Welt Schweinswal-Nachwuchs unter Obhut von Menschen.

www.vikingemuseetladby.dk; **www.fjordbaelt.dk**; **www.visitkerteminde.de**

mierte Kunstmuseum Trapholt moderne Kunst und Kunsthandwerk; ein Schwerpunkt ist Möbeldesign. **www.visitsonderjylland.de**, **www.visitkolding.de**

Vom Kleinen zum Großen Belt

Fredericia wurde ab 1650 als Festungsstadt am Kleinen Belt angelegt, behielt bis 1909 seinen militärischen Status und besitzt bis heute gut erhaltene Stadtmauern. Ein Fredericia von 1849 im Maßstab 1:10 zeigt Den Historiske Minibyen. Der nahe Freizeit- und Spielpark Madsby Legepark – kommunal und kostenlos – ist ein »Muss«, wenn man mit Kindern reist. Südlich der Stadt queren zwei Brücken den kleinen Belt zur Insel Fünen hinüber. Die gilt als Garten Dänemarks, erinnert mit über 120 Schlössern und Herrensitzen an große Epochen und zeigt mit dem Inselmeer vor Südfünen auch eine durch und durch maritime Seite. Kommt man von Fredericia aus über Den Gamle Lillebæltsbro auf die Insel, fährt man direkt nach Middelfart hinein. Nirgendwo so nah von Deutschland aus, kann man zum Whale Watch in See stechen, wie hier auf dem Kleinen Belt, wo oft delfingroße Schweinswale unterwegs sind, die kleinsten Wale der Welt. Freien Blick auf den Lillebælt und seine Brücken erlaubt auch der herrlich gelegene Museumspark des Keramikmuseums CLAY, Dänemarks nationales Museum für Keramikkunst.

Etwa auf halbem Wege vom Kleinen zum Großen Belt passiert die E 20 Odense (mehr dazu im Stadtkapitel). Nyborg ganz im Osten von Fünen ist der traditionelle Brückenkopf Richtung Seeland, lange mit zwei Fährhäfen und jetzt mit Zufahrten für Bahn- und Straßenverkehr auf die 1998 fertiggestellte Brücken-Tunnel-Verbindung über den Großen Belt. Bevor Dänemarks Könige permanent in Kopenhagen residierten und mal hier, mal dort Danehof, die mittelalterliche Reichsversammlung, abhielten, geschah das nirgendwo so oft wie auf Nyborg Slot. Vom alten Schloss ist der Königsflügel mit Teilen aus dem 13. Jh. erhalten. Drumherum kann man über Festungswälle bummeln. Dahinter kuschelt sich eine pittoreske Altstadt mit viel Fachwerk, Schmuckstück ist der über 400 Jahre alte Borgmestergården, ein Prachtgebäude aus der Renaissance, in dem das regionale Nyborg Museum über Stadt und Schloss informiert. **www.visitfyn.de**, **www.visitlillebaelt.de**

Die Brücke über den Großen Belt ist Dänemarks Lebensader zwischen den östlichen und den westlichen Landesteilen.

Westseeland

Hat man Seeland erreicht, könnte man via E 20 nach gut einer Stunde in Kopenhagen sein. Diese Route folgt jedoch der Küste durch den Westen und Norden der Insel. Korsør war bereits im 11. Jh. Fährhafen. Im Kongegård, heute Kultur- und Ausstellungszentrum, warteten Dänemarks Könige und ihre Familien oft auf gutes Wetter, um Richtung Fünen überzusetzen. Von einer alten Festung am Hafen sind nur der Burgturm und Wälle erhalten sowie ein alter Speicher, in dem das By- og Overfartsmuseet in Korsør die Geschichte von Stadt und Überfahrten dokumentiert. An die härtesten Zeiten des Jahres für die Überfahrten erinnert das Isbådsmuseet, das Eisbootmuseum, gleich neben der Zufahrt auf Storebæltsforbindelsen. Etwas landeinwärts entführt eine in Teilen – Ringwall, zeittypische Häuser – rekonstruierte Ringburg in die Blüte der Wikingerzeit: Die ursprüngliche Trelleborg entstand um die Jahre 980/81, als Harald Blåtand König war – ein angeschlossenes Museum zeigt Funde und erklärt diese bedeutendste Epoche der nordischen Geschichte. Reersø war zur Wikingerzeit noch eine echte Insel, heute ist es über einen dünnen Landstreifen mit dem Festland verbunden. Das Inseldorf hat sich seit dem 18. Jh. wenig verändert mit engen Gassen und viel Fachwerk unter Reetdächern. Eines der schnuckeligsten Häuser ist der Reersø Kro, weithin bekannt für dänische Traditionsküche mit gebratenem Aal als Spezialität.

#Mautverbindung

Seit 1998 gibt es eine feste Verbindung über den 18 km breiten Großen Belt. Von Fünen bis zur Insel Sprogø etwa auf halbem Weg nutzen Bahn und Autos eine 6,6 km lange Flachbrücke. Richtung Seeland verschwinden Züge dann in einem Tunnel und die Straße schwingt sich auf eine 6,8 km lange Brücke, Durchfahrtshöhe für Schiffe 65 m. Die »Überfahrt« kostet Maut. Damit Wohnmobile nicht als Lkw erfasst werden, sollte man an der Zahlstelle eine Barzahler-Spur (gelbe Schilder [Manuel]) wählen und die Zulassung bereit halten! Wer einen Transponder (neudeutsch »on-board equipment« OBE) eines Bezahlsystems wie BroBIZZ installiert hat, kann indes auf einer grünen Express-Spur durchrauschen und spart noch Geld.
In der Nordis-Publikation »NordCamper« finden Sie einen Beitrag, wo sonst in Dänemark, Schweden und Norwegen diese Geräte Vorteile bringen.
www.storebaelt.dk/de;
www.easygo.com/de

#8754-…

… Kilometer sind Dänemarks Küsten lang. Ups! CIA Factbook, Wikipedia und VisitDenmark sagen 7.431 km. Das war richtig, solange dafür Karten im Maßstab 1:100.000 ausgewertet wurden. Dann wechselte Dänemarks Geodätisches Institut auf detailliertere im Maßstab 1:10.000 und schwupps hatte das Land 1.400 Kilometer Küste mehr.

© Signe Goldmann Geopark Odsherred

#Sonnenkult

Zu den bedeutendsten Funden aus der Bronzezeit in Europa gehört der Sonnenwagen von Trundholm, 1902 nahe Højby auf Odsherred beim Pflügen gefunden. Genau dort eröffnete im September 2020 Königin Margrethe II. (Bild oben), die selbst einige Semester Archäologie studierte, eine Gedenk- und Informationsstätte, die mit ihren gegeneinander versetzten Stahlplatten an ein Richard-Serra-Kunstwerk erinnert. Das gefundene Objekt ist deutlich kleiner: Ein Bronzepferd zieht eine goldene Sonnenscheibe. Das Original steht im Kopenhagener Nationalmuseum. In Nykøbing Sjælland zeigt das kulturhistorische Odsherreds Museum eine originalgetreue Kopie und daneben auch eine 1:1-Kopie des deutschen Pendants, der Himmelsscheibe von Nebra.

www.vestmuseum.dk

Kalundborg besitzt Seelands wichtigsten Tiefseehafen und wirkt mit seinen Raffinerien und einem der größten Kraftwerke Dänemarks sehr industrialisiert. Wie ein Kontrast dazu wirkt das komplexe Altstadtviertel Højbyen, die Oberstadt, mit viel mittelalterlicher Bausubstanz um die in der skandinavischen Kirchenarchitektur einzigartige, fünftürmige Vor Frue Kirke aus dem 12. Jh. – ihr Grundriss entspricht dem eines griechischen Kreuzes.

Durch die Randbezirke der Stadt fährt man auf die in den Großen Belt hinausragende Halbinsel Røsnæs mit gut ausgebauten Wander- und Radwegen. Auf der Spitze thront der Leuchtturm Røsnæs Fyr mit kleinem Café, und an den Südhängen über dem Kalundborg Fjord liegt eines der größten Weingüter Skandinaviens Dyrehøj Vingaard – Røsnæs zählt statistisch zu Dänemarks sonnenreichsten Plätzen, und die Winzer von Dyrehøj haben schon bedeutende internationale Preise eingeheimst.

www.destinationsjaelland.dk

Geopark Odsherred

Die Halbinsel Odsherred ist dank ihrer »Geologie wie aus dem Lehrbuch« international anerkannter UNESCO Global Geopark. Die Landschaft mit ihren Randmoränen-Hügelketten, flachen Mooren und sanften Buchten diente Generationen von Glaziologen als Rollenmodell, um die letzte Eiszeit und ihre landschaftformenden Kräfte zu erklären. Das Odsherred Kunstmuseum in Asnæs unterstreicht, dass Odsherred auch Kulturlandschaft ist. In den 1930er-Jahren erlebten die Odsherred-Maler eine Blüte, obwohl sie künstlerisch mit ihrer naturalistischen, figurativen Malerei abseits der Kunsttrends ihrer Zeit standen. Bis heute gilt Asnæs aber als Stadt der Künstler und Kunsthandwerker.

Die fruchtbare Region ist darüber hinaus als Anbaugebiet hochwertiger Lebensmittel berühmt: Gemüse, vor allem Spargel, vom Lammefjord, wo auf trockengelegtem Meeresboden angebaut wird, ist ein Qualitätsbegriff. Auf den Äckern der Besøgsmark på Lammefjorden kann man dem Anbau aller hier gezogenen Sorten mit den Jahreszeiten folgen, und entlang der Straßen findet man viele kleine Straßenstände oder Hofläden. Wer die Rohwaren aus

Gedenkstein an die Wiedervereinigung Dänemarks mit Südjütland im Geopark Odsherred

Odsherred perfekt zubereitet genießen will, kann hinter den mächtigen Mauern des im Kern über 800 Jahre alten Schlosses Dragsholm (Bild rechts) Quartier nehmen und sich von der sternengekrönten Gourmetküche des Schlosshotels verwöhnen lassen.

Am Rande der Inselhauptstadt Nykøbing Sjælland zeigt mit Blick auf den Isefjord das Hempel Glasmuseum Gläser, Glaskunst und Porzellan von der Antike bis heute, während im benachbarten Odsherreds Museum sensationelle Funde der Bronzezeit präsentiert werden. Von Nykøbing ist es nur ein Katzensprung nach Rørvig mit dem Gastrotempel Rørvig Kro. **www.visitodsherred.de**; **www.geoparkods herred.dk**

Nordseeland von Hundested bis Helsingør

Der Hafen von Hundested wird mehr und mehr von Freizeitskippern eingenommen – Lifestyle verdrängt Arbeitsleben. In die ehemalige Fischauktionshalle zog ein Restaurant, in die alte Netzmacherei die Mikrobrauerei Halsnæs Bryghus, und ein Sandskulpturenfestival, das trotz Corona-Einschränkungen 2021 zum 10. Mal so groß wie nie zuvor stattfand nutzt von Mai bis Oktober ein früheres Werftareal. Hundesteds Leuchtturm Spodsbjerg Fyr ist ein beliebter Aussichtsplatz, und nebenan erinnert Knud Rasmussens Hus an den bedeutenden Polarforscher, der hier lebte, wenn er nicht gerade auf einer Expedition war. Die Landschaft um das malerische Tisvildeleje mit ihrem Dünen-

#ÜbersetzenEins

Hundested – Rørvig: Zur Fortsetzung der Reise entlang der Nordküste Seelands bis Helsingør bietet sich statt des langen Landwegs um das Südende des Isefjord herum die kurze Fährverbindung von Rørvig nach Hundested an. Rund ums Jahr gibts tagsüber 1–2 Überfahrten pro Stunde, Fahrtdauer 25 Min. mit schönen Ausblicken auf die Küsten und die beiden Hafenstädte. **www.hundested-roervig.dk**

Das Renaissanceschloss Frederiksborg mit seinem prächtigen Barockgarten liegt im Herzen Nordseelands.

#Doppelfeuer

Über der Steilküste östlich von Gilleleje erzählt das Fyrhistorisk Museum på Nakkehoved vom dänischen Leuchtfeuerwesen – hier gab es als Wegweiser in den Øresund ab 1772 zwei mit Kohlenfeuern ausgestattete Leuchttürme. Solch ein »Doppelfeuer« erlaubte selbst bei schlechter Sicht eine Unterscheidung zum einzelnen Feuer auf Kullen am schwedischen Ufer. Ende des 19. Jh. wurde einer der Türme auf 21 Meter erhöht – Feuerhöhe über dem Meer 54 m – und mit einer rotierenden Linse ausgestattet. Er ist bis heute in Betrieb, der zweite ist als Teil eines B&B im alten Leuchtturmwärterhaus erhalten – schöne Aussicht garantiert! **www.museumns.dk/nakkehoved-fyr**; **www.bblighthouse.dk**

Skulpturen von Rudolf Tegner in Rusland

strand hat Ähnlichkeit mit der dänischen Nordseeküste. Weit ins Land hinein streckt sich der herrliche schattige Tisvilde Hegn, ein im 19. Jh. gegen quälenden Sandflug angepflanzter Strandwald.

Die Grenze zwischen Kattegat und Øresund verläuft vom »Grenzstein« Gilbjerghoved hinüber zur schwedischen Landspitze Kullen. Somit liegt der Bade- und Hafenort Gilleleje schon am Øresund. Die muntere Gastronomie um den Hafen profitiert von der noch sehr aktiven Fischerei. Es gibt sogar eine kleine Fischauktion – viel Hummer kommt hier unter den Hammer. Östlich von Gilleleje hebt sich die Küste zum Nakkehoved auf, hier sieht man oft Paraglider vor der gut 30 m hohen Steilküste entlangschweben. Ab Munkerup mit dem ambitionierten Ausstellungshaus für Gegenwartskunst (Munkeruphus) zieht sich dann wieder ein flaches Strandband nach Osten, besonders populär ist Dronningmølle Strand. Rusland heißt im Hinterland ein karges Heidegebiet mit dem bunkerähnlichen Rudolf Tegner Museum. Es würdigt den namengebenden Symbolisten, der zu Lebzeiten höchst umstritten war, aber inzwischen als bedeutender europäischer Vertreter seines Stils gilt – immer zugänglich ist ein Skulpturenpark. Mit dem traditionellen Künstlerort Hornbæk und seinen breiten Stränden endet die Perlenreihe der Seebäder Nordseelands, dann ist man über die Küstenstraße schnell in Helsingør. Hier an der schmalsten Stelle des Øresund schröpfte die dänische Krone mehr als vier Jahrhunderte mit einem Sundzoll alle durchfahrenden Schiffe. Da musste man Macht zeigen und so entstand am Ufer Schloss Kronborg – pure Renaissancepracht und UNESCO-Welterbe! Shakespeare machte es zu Hamlets Schloss – Open-Air-Aufführungen um den düste-

ren Dänenprinzen gehören hier in normalen Zeiten zum Sommerprogramm.
Die Stadt selbst ist durchzogen von verwinkelten Gassen, an denen schnuckelige Boutiquen, kleine Cafés und urige Kneipen warten. Zwischen Kronborg und Zentrum wurde ein alter Industriehafen zum Kulturhavn Kronborg aufgestylt, Hallen und Werkstätten einer alten Werft zum Kulturzentrum Kulturværft. Der Multikulti Streetfood-Markt Værftets Madmarked füllt eine weitere Halle. Direkt daneben ein architektonischer Geniestreich: M/S Museet for Søfart. Dänemarks Museum für Seefahrt füllt Räume, die unterirdisch um ein altes Trockendock angelegt sind – über der Erde übersieht man es fast. Da fällt »Han« auf der Spitze eines Kais im Kulturhafen eher ins Auge. Der Bruder der Kleinen Meerjungfrau, eine Arbeit des weltbekannten dänisch-norwegischen Künstlerduos Elmgreen & Dragset, ist mit seiner silbrig glänzenden Stahlhaut ein Selfie-Hotspot, vor allem vom weiblichen Geschlecht umarmt, geküsst und getätschelt. **www.diedaenischeriviera.de** •

#ÜbersetzenZwei

Von Helsingørs Hafen sind es 20 Minuten Überfahrt ins schwedische Helsingborg, Ideal für die Fortsetzung einer Skandinavien-Rundreise oder mit einem günstigen Tagesticket für einen Ausflug ins Nachbarland. Die meisten Überfahrten von Forsea – bis 3-mal stündlich – erfolgen mit batteriegetriebenen Auto-Fähren. Die kleineren Sundbusserne, reine Personenfähren, fahren direkt von Zentrum zu Zentrum und im Sommer auch zur schwedischen Insel Ven – Dänisch Hven – und nach Kopenhagen.
www.forsea.dk/en; **www.sundbusserne.dk**

#dänemark #bornholm

#bornholm

Mit den Augen des Herings

#NextStopp Bornholm

dk

Warum nicht einmal eine große Skandinavien-Rundreise mit einigen Tagen Bornholm beginnen oder beenden? Bucht man früh und nicht gerade für Wochenenden mit hohem Reiseaufkommen, kann man günstig zwischen Sassnitz-Mukran und Rønne nach Bornholm übersetzen. Zwischen der Sonneninsel und Ystad in Südschweden pendeln mehrmals am Tag schnelle Katamaranfähren mit günstigsten Preisen, vor allem auf den ersten und letzten Abfahrten des Tages.

www.bornholmslinjen.de

In einer der vielen Bornholmer Räuchereien einen frisch geräucherten, goldenen Hering mit grobem Salz und eingewickelt in ein Blatt Papier auf die Hand zu bekommen, hat an sich etwas von Fast Food, gehört aber zu einem echten Bornholm Urlaub. Ein kühles Bier passt dazu und ein dänischer Akvavit zum Nachspülen. Bornholm und Hering – *sild* wie er im Dänischen heißt – gehören zusammen wie Paris und Eifelturm, London und Tower – ja, ich höre auf, Sie haben es verstanden. Etliche malerische Badeorte von heute wie Allinge oder Sandvig entstanden als Heringsfänger-Siedlungen in der frühen Hansezeit. An eine weitere erinnert die einsam gelegene Kirchenruine der Salomons Kapel (Bild links), direkt am Küstenpfad um Bornholms felsige Nordspitze Hammeren herum. Der Heringsboom endete schon im ausgehenden Mittelalter, da waren die Bestände überfischt – also kein neues Phänomen. Heute kommen nur die wenigsten Heringe, die Besucher in Räuchereien genießen, aus Gewässern um Bornholm. Frühaufsteher sehen stattdessen oft Kühl-Lkw aus Hafenstädten an der Nordseeküste vor den Räuchereien Ware ausladen. Fetter als sein Ostseevetter sei der Nordseehering aber, beteuern Kenner.

Bornholmer machen aus ihrem silbernen sild dann Gold – das ist die Alchemie der Insel: Sie lassen Heringe ein paar Stunden an der Luft trocknen, hängen sie dann an Eisen-

Nirgendwo stehen so viele alte Räuchereien an einem Platz: Räuchereimuseum Hasle.

stangen aufgereiht über glimmendes Erlenholz, das immer wieder gepflegt werden muss, damit der Rauch stimmt und die Temperatur im Räucherofen nicht über 80 Grad steigt. Nach rund vier Stunden sind die Fische zu Gold geworden und überall in Dänemark als »Bornholmer« bekannt. Mit rohem Eigelb, Graubrot, etwas Schnittlauch und Radieschen serviert heißt das ganze »Sol over Gudhjem«, Sonne über Gudhjem – ein Klassiker zum *frokost*, wie Dänen ihr gern deftiges Mittagessen nennen. Sol over Gudhjem heißt auch Bornholms, besser Dänemarks, größter Kochwettbewerb. Am 25. Juni 2022 ist nach zwei Jahren Corona-Pause wieder ein öffentliches Wettkochen am Hafen von Gudhjem angesetzt, bei dem mehrere Top-Köche mit Bornholmer Rohwaren ihr Können zeigen: Die Gurus vom Herd bekommen eine Kiste mit Zutaten und dürfen sich zudem an einer Auswahl an frischem Gemüse von der Insel bedienen. Daraus müssen sie dann ein Drei-Gänge-Menü zaubern.

Wer häufiger auf die Insel kommt, hat aber auch andere kulinarische Rituale und Lieblingslokale. Die einen können Bornholm nicht verlassen, ohne einmal am Kuchenbuffet in Fru Petersens Café in Østermarie so richtig gesündigt oder wenigstens versucht zu haben, alle sieben Torten und noch etwas von den anderen Leckereien zu schaffen. Andere müssen wenigstens einmal in Sørens Værtshus in Snogebæk bei Meerblick eine Pizza genossen haben, wieder andere schwören auf Bornholms weltbeste Bio-Burger im Promenadekiosken von Sandvig, gleich hinter der besten Badebucht im felsigen Norden. Gourmets wollen indes lieber mit Blick auf den sandigen Süden Bornholms hinter den Panoramafenstern des Kadeau sitzen und schmecken, ob dessen Michelin-Stern zurecht die kulinarische Klasse der Insel aufhellt, während Glacialgourmets im Licht der untergehenden Sonne auf den Felsen vor dem Kalas in Sandvig

#WiderDiät

Svaneke zeigt idyllisches Fachwerk, bunte Häuser, einen malerischen Hafen und viel Kunsthandwerk von Pernille Bülows Studioglas bis zur bodenständigen Designermode der Boutique Kokolores von Timmi Kromann. Wie aber geht Mode zusammen mit dem, was Svaneke sonst bietet? Der kleine Hafenort ist ein Kalorien-Hotspot mit frisch geräucherten Heringen, Gourmet-Eis und süßen Sünden aus einer Bonbon-Manufaktur, einer Chokoladeri und einer Karamellkocherei. Dazu gibts süffiges Bier aus dem Svaneke Bryghus! Gut, wenn man in Svaneke nicht auf Diät ist!

#UralteZeichen

Zwischen Allinge und Sandvig schaut ein von Gletschern der letzten Eiszeit flach gehobelter Felsen aus einem Feld hervor. Dort hinein meißelten Menschen in der Bronzezeit rund ein Dutzend Schiffe, mehrere Fußabdrücke, ein gern als Sonnensymbol interpretiertes Radkreuz und etliche Schalengruben. Diese Vorzeit-Graffitis kommen am besten bei tief stehender Sonne zur Geltung, sind aber auch mit Farbe nachgezeichnet, damit Laien sie besser erkennen können. Die Steinritzungen am Madsebakke sind die größten ihrer Art in Dänemark, aber längst nicht die einzigen, die man auf Bornholm entdecken kann.

Sol over Gudhjem

Einst Räucherei, jetzt pittoresker Geräteschuppen in Helligpeder

#196StufenZum Weitblick

Den 47 m hohen Betonspargel Dueodde Fyr an Bornholms Südspitze sieht man vom Parkplatz aus vor lauter Bäumen nicht, steigt man jedoch die 196 Stufen des Leuchtturms hinauf, steht man über den Kronen der Kiefern auf Dänemarks höchstem begehbaren Leuchtturm. Nach Süden schweift der Blick ungehindert über die Dünen zum Meer, bei klarer Sicht strahlt sein Licht dort über 40 km weit.

#ErbsenZählen

Von Gudhjem verkehren ganzjährig das Postschiff »Peter« und im Sommer zusätzlich ein Ausflugsschiff zur komplett unter Natur- und Denkmalschutz stehenden Inselgruppe Ertholmene, gern als Erbseninseln übersetzt. Auf Dänemarks östlichsten Landflecken leben rund 90 Menschen in Gebäuden, die ab 1684 als Teil der Festung Christiansø entstanden. Die brachte Dänemark nie den erhofften strategischen Vorteil. Als die Anlage während der Napoleonischen Kriege 1808 erstmals unter Feuer englischer Schiffe geriet, konnten ihre veralteten Kanonen die Angreifer nicht einmal erreichen, aber wenigstens von einer Landung abhalten. **www.christiansoefarten.dk**; **www.christiansoe.dk**

dk

– also wieder im Norden – sitzen und sinnieren, warum es keine Michelin-Sterne für Eisdielen gibt. Dann sind da noch die Sandwiches, die aus der Luke des Hammerhavnens Kiosk gereicht werden und die man mit Blick auf die großartige Burgruine Hammershus an einem der Picknicktische genießt – für diese Sandwiches kommen viele Einheimische extra in den Norden ihrer Insel. Und schließlich, aber noch lange nicht endlich, sind da die Fans von Siggi Björns, die im Sommer regelmäßig zur Bakkarøgeri pilgern, einen Heringsteller, eine Portion geräucherten Lachs oder, wenn das gerade auf dem Grill liegt, eine Portion Spanferkel vertilgen und anschließend warten, dass ihr Siggi auf die kleine Bühne kommt. Der Isländer mit der bluesigen Stimme gehört zum Sommer im Süden Bornholms wie Sonne, Sand und Meer und passt perfekt in diesen Saal über dem kleinen Hafen von Østre Sømark, hat er doch selbst ein Vorleben als Fischer in den einsamen Westfjorden seiner Heimat. »Lola«, »Hey Jude«, Stücke von den Stones, CCR, Simon & Garfunkel und Bruce Springsteen oder irische Folk-Klassiker – Siggi spielt die Rock-Geschichte rauf und runter und dazu immer wieder eigene Songs, bis die Gäste auf den Bänken tanzen.

Wer Bornholms Küsten folgt, egal ob auf dem Wander- oder dem Radweg, die beide die Insel umrunden, wird viel

mehr alte Räuchereien entdecken als noch aktiv sind. Früher hatte fast jede Familie in den Hafenorten eine eigene. Einige sind jetzt Souvenirshops, in anderen malen Künstler, wieder andere wurden zu Ferienwohnungen umgebaut oder fristen schlicht ein Dasein als Gartenhäuschen oder Geräteschuppen. An der Nordwestküste bei Helligpeder und Teglkås stehen die malerischsten davon, wie auch die kleinen Felsenhäfen der beiden Siedlungen die schnuckeligsten der Insel sind. Im nahen Hasle ragen dann so viele Räucherschlote nebeneinander in den Himmel wie nirgendwo sonst auf der Insel – da hat man gleich ein lebendes Museum zum Thema Räuchern daraus gemacht, Fischverkauf inklusive.

Schließlich gibt es noch eine Bornholmer Heringsspezialität, die nie einen Räucherofen von innen sieht: roter Christiansø Sild, mariniert in einer nach streng geheimem Rezept gemischten Kräuterlake. Er muss, um diesen Namen tragen zu dürfen, von der Festungsinsel Christiansø kommen, sprich von den Erbseninseln, und ist als solcher rar. Es gibt aber überall in Dänemark ein ausgezeichnetes Plagiat, das unter einem zum Verwechseln ähnlichen Namen auf dem Bornholmer Festland produziert wird: Christiansø-Pigens Sild – Hering des Christiansø-Mädchens. Das Rezept, so versichert das Unternehmen, stamme von der Schwiegermutter des Firmengründers und die habe auf Christiansø gelebt. Eigentlich erfüllt aber nur Ruths Kryddersild Kriterien des echten Christiansø Sild, eine wahre Delikatesse – wer diesen Hering je gegessen hat, fragt sich, wofür die Welt Kaviar oder Hummer braucht! •

#WieAllesBegann

Ein deutscher Adeliger küsste Allinge und Sandvig wach: Er kaufte 1870 der Gemeinde Granitlager am Hammeren ab und startete den Abbau in großem Stil. Der heute verschlafen wirkende Hammerhavn unterhalb der Burg Hammershus wurde Exporthafen, hatte zeitweilig sogar direkte Passagierverbindung nach Deutschland. Der Granit wurde im ganzen Ostseeraum vor allem zum Ausbau von Hafenanlagen verwendet. Deutsche Ingenieure und Angestellte der Steinbrüche machten die Insel zu Hause bekannt und holten im Sommer Familie und Freunde – der Anfang des Tourismus. Reiche Deutsche kauften immer mehr Land, um darauf Villen und Unterkünfte zu bauen. Als eine Straße den Namen »Neu-Berlin« bekommen sollte, reichte es: 1913 kauften Dänen mit privaten und staatlichen Mitteln Granitlager, Steinbrüche und Hammerhavn zurück. Bis 1971 wurde am Hammeren Granit gebrochen, seitdem steht die Nordspitze Bornholms unter Naturschutz. Das Steinbruchmuseum Moseløkken zwischen Allinge und Burg Hammershus erinnert an den alten Broterwerb, der damit gekommene Tourismus ist geblieben.
www.moseloekken.dk

Aufbruch in der Küche

#MittagsFrühstück

Den Tag starten Dänen mit ihrem *morgenmad. Frokost* heißt übersetzt auch Frühstück, nur wer damit den Tag beginnt, hat ihn halb verschlafen: Das Frokost der Dänen ist ein kleines Mittagsessen. Entsprechend ist auch *middag* weiter gerutscht, meint ein warmes, gern festliches Abendessen. Das Alltagsabendessen ist ein *aftensmad*. Das Frokost wird oft für Geschäftsessen genutzt und kann in der Gourmetklasse ein kulinarisches Feuerwerk mit mehreren Gängen sein. Typischer wären ein, zwei oder drei *smørrebrød*, die dänischen Schnittchen. In Städten gibt es Smørrebrødshops und -restaurants, auch Supermärkte haben fertige *Smørrebrød* in der Kühltheke. Ganz traditionell wäre eine *frokost anretning*, die dänische Variante eines Tapastellers mit Frikadelle, Schweinefilet, gebratenem Schollenfilet, Hering und Krabben – satt ist man danach auf jeden Fall.

Nordisk Mad, junge nordische Küche mit Liebe zur lokalen und jahreszeitlichen Rohware, machte zuerst Kopenhagen zum Gourmet-Hotspot, inzwischen lebt ganz Dänemark diesen kulinarischen Hype. 2021 strahlten 36 Michelin-Sterne über 26 Restaurants, sogar in Provinzstädten und Urlaubsregionen: Zwei hält Henne Kirkeby Kro hinter den Nordseedünen, je einen MeMu und LYST in Vejle, Ti Trin ned in Fredericia, Syttende in Sønderborg, Dragsholm Slot auf der Halbinsel Odsherred, Frederiksminde in Præstø und das Sommerrestaurant Kadeau auf Bornholm. Die meisten Sterne-Restaurants findet man jedoch in und um Kopenhagen, auch die beiden mit drei Sternen: das Geranium im Fußballstadion Fælledparken und das Noma – Kürzel für NOrdisk MAd – des charismatischen René Redzepi. Der hat 2018 seinen Gourmettempel nach schöpferischer Pause am Rande des Stadtgetümmels mit Food-Laboratorien, Gewächshäusern und Kräutergarten neu erfunden und landete Oktober 2021 im jährlichen Ranking der »World's 50 Best Restaurants« wieder auf Platz eins, den das alte Noma in den frühen 2010er Jahren schon viermal inne hatte. Aktuell gibts im Noma nur drei Menüs nach Jahreszeiten, die im Detail der rund 20 Gänge ständig variieren: Wild und Pilze im Herbst, Seafood im Winter sowie das »Grüne« Sommermenü. Billig ist Gourmet-Küche aber nie: Im meist über Monate ausgebuchten Noma zahlt man schon bei der Reservierung das Menü für etwa 390 € pro Kopf (Winter 2022), Getränke kommen später dazu. Das ist natürlich die Spitze des kulinarischen Eisbergs. Es gibt aber auch exzellente und populäre Küche für normale Reisekassen, schauen Sie dafür auf unsere #BestOfBasicFood.

Küchen der Welt

Im Trend liegen Streetfood-Märkte – eingerichtet in alten Industriehallen der großen Städte und besonders beliebt, wenn sie am Wasser liegen, wo im Sommer Picknicktische aufgestellt werden wie im Reffen – Copenhagen Street Food. Sie sind nicht nur äußerst kompatibel für Urlaubskassen, sondern auch familiengerecht, denn wenn – mal alle Klischees bemüht – der Vater ein dickes Stück Fleisch will, die Mutter lieber einen arabisch-israelischen Falafel-Hummus-Teller, der Sohn seine innig geliebte Pizza Margherita mit extra Salami und die Teenager-Tochter irgendwas, Hauptsache es ist leicht und vegan, dann lässt sich das mit cleverer Anstell-Logistik an verschiedenen Ständen gut organisieren, ohne sonst übliche Diskussionen über der Speisekarte vor einem Lokal, ob es denn da für alle etwas Passendes gibt.

Fisch oder Fleisch

Fisch ist in einem Land, in dem das Meer nie weiter als 50 Kilometer entfernt ist, immer ein frischer Genuss. Dorsch, Makrele, Hering, Leng, Seewolf, Seehecht, Steinbeißer – der dänischen Kaviar liefert –, Steinbutt, Schollen, Heilbutt, sogar Hai und Thunfisch werden in dänischen Häfen angelandet und stehen für Vielfalt, die leider nicht auf allen Speisekarten ankommt: In der preiswerten Gastronomie dominieren Scholle (rødspætte) und Zuchtlachs, zum Frokost noch marinierter Hering. Als Delikatesse von der Küste gilt auch Lamm, wenn es sich auf Salzwiesen, Deichen oder Marschen dick gefuttert hat – als Marschlamm steht es auf Speisekarten, und Handwerksschlachter in Küstenorten bieten es für Selbstversorger an. Ökologisch gezogenes Schwein oder Ferkel (gris) erfreut sich auch wieder größerer Beliebtheit bis in die Gourmetküche, ansonsten dominieren Steaks auf den Speisekarten, oft mit Rinderhacksteak (hakkebøf) als preiswertester Variante.

Fischvariationen: »Auf die Hand« im Aalborg Street Food Markt (oben), edel in Kødbyens Fiskebar in Kopenhagen (mitte) oder ganz frisch zum Selbstzubereiten in Møllefisk&Havnens Røgeri in Bønnerup Strand auf Djursland (unten).

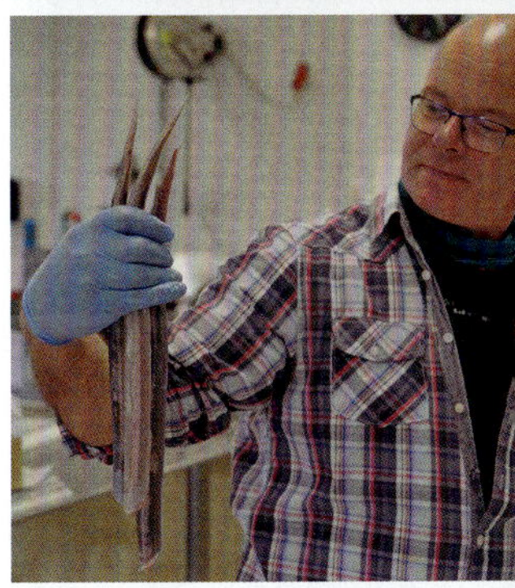

#KuchenKompott

Æblekage med flødeskum, Apfelkuchen mit Sahne, überrascht Dänemark-Urlauber: Sie bekommen ein Schälchen Apfelkompott mit Krokant und Sahne serviert – lecker ohne Zweifel, aber eben anders als erwartet. *Tærte*, eine Fruchttorte, wird derweil gern mit Crème fraîche serviert, was Urlauber reklamieren lässt: »Die Sahne ist sauer!« Lassen Sie sich ruhig auf diesen Süßsauer-Kontrast zur Kaffeezeit ein, es ist ein spannendes Geschmackserlebnis, an das man sich gewöhnen kann. Wider alle Diäten ist *lagkage*, Schichtkuchen: Ein hoher Kuchenboden wird in dünne Lagen aufgeschnitten und je nach Lust und Jahreszeit mit Sahne, Frischkäse, frischen Früchten oder Beeren Schicht für Schicht übereinander gelegt.

Edle Smørrebrød: *dyrlægens natmad* und *vegetaren* mit Avocado, Hüttenkäse und pochiertem Ei im Restaurant Smørgåsen in Frederikshavn.

Stjerneskud, hier eine Fastfood-Variante, wurde kreiert als Juri Gagarin, der erste Mensch im Weltall, Kopenhagen besuchte.

#ÜberallKlassiker

stjerneskud: Auf dänischen Speisekarten vom Imbiss bis zum Gourmet-Frokost-Lokal steht kaum ein anderes Gericht so oft wie diese meist kunstvoll dekorierte Fusion aus warm geräuchertem Lachs, je einem gebratenen und einem gedünsteten Schollenfilet, Krabben, einem großen Klecks Seehasen-Kaviar, Cocktailsauce und Spargel – außerhalb der Saison leider oft aus der Dose. Als Smørrebrød auf Weißbrot erfunden, gibt es die »Sternschnuppe« inzwischen auch oft als Hauptgericht, sogar auf Abendkarten.

#SmørrebrødKlassiker

dyrlægens natmad: Auf Graubrot kommen dünne Scheiben Salzfleisch (eine Art Pastrami), Leberpastete, Schweineschmalz, Sky (ein Gewürzaspik), Zwiebelringe und Dill zusammen.

roastbeef med løg, remoulade og peberrod: Roastbeef mit Zwiebeln, Remoulade, frisch geriebenem Meerrettich und Sky.

pariserbøf med rå æggeblomme, kapers, løg og peberrod: kleines Hacksteak – innen rot bis rosa – auf geröstetem Weißbrot mit rohem Eigelb, Kapern, Zwiebeln, Meerrettich, Rote Bete.

røget ål med røræg: Räucheraal mit Rührei.

uspecificerede smørrebrød: Hochbeladene Schnittchen – meist drei – nach Wahl des Kochs.

#HausmannskostKlassiker

biksemad med spejlæg og surt: ursprüngliche eine Resteverwertung mit Fleisch, Kartoffeln, Rote Bete, Gurke und Spiegelei.

stegt flæsk med persillesovs og hvide kartofler: Schweinebraten mit Salzkartoffeln und Petersiliensoße serviert – ganz die bürgerliche Küche, ebenso wie…

mørbradbøf med bløde løg: Schweinefilet mit geschmorten Zwiebeln und …

dansk bøf med bløde løg: Hacksteak mit geschmorten Zwiebeln.

hjemmelavet leverpostej med ristet bacon: hausgemachte, grobe Leberpastete mit gebratenem Frühstücksspeck, meist *lun*, lauwarm, serviert.

#ImbissstubenKlassiker

pølsemix: Bei der Imbissstuben-Variante werden mehr oder minder scharf gewürzte Würstchenstücke mit Pommes zusammen frittiert und mit Ketchup, dänischer Remoulade und rohen Zwiebeln serviert. Die Hausmannskost-Variante entsteht nach unzähligen Familienrezepten in der Pfanne oder im Backofen aus klein geschnittenen Würstchen mit Bratkartoffeln und Speck, auch mal überbacken oder zusammen mit Gemüse.

#LokalerKlassiker

bakskud und dabs: Das Armeleuteessen aus der Region Esbjerg / Fanø ist in der jungen Nordischen Küche und deren Hang zum Regionalen eine herzhafte Delikatesse geworden. Verwendet wird ein kleiner, recht fester Plattfisch, den die Dänen *Ising* nennen, im Deutschen eine *Kliesche*. Die wird je einen Tag gesalzen, getrocknet und geräuchert, was das Gewicht um die Hälfte reduziert und den Fisch sehr fest und herzhaft macht. Zum Essen wird er enthäutet und filetiert. Man kann ihn dann kalt essen, im Restaurant werden die Filets aber meist in Butter gebraten und auf dunklem, körnigem *Rugbrød* mit Remoulade serviert, auch Rührei passt dazu – weil Bakskud so intensiv schmeckt, wird dazu gern ein herbes Bier getrunken. Weiter nördlich in der Region Hvide Sande, Thorsminde, Thyborøn begegnet einem der Ising auch luftgetrocknet als *dabs*, dann aber ungeräuchert. •

Klassiker: Flæsk mit Beilagen

#BitteNachsprechen

Einen Nachtisch-Klassiker lassen sich Dänen gern von Ausländern vorsprechen: »rødgrød med fløde«. Sprachlich meist ein Gewürge, kommt dann Rote Grütze mit Sahne auf den Tisch.

#WienKopenhagen

»Kopenhagener« stehen im Deutschen und »Danish pastry« im Englischen für leckeres Plundergebäck, in Dänemark aber muss man »wiener brød«, Wiener Brot, verlangen.

Einst Armeleuteessen, jetzt Delikatesse: Dabs.

Hauptstadt der harten Schalen

Moules Frites à la Mors: Gedämpfte Limfjordmuscheln mit Pommes Frites und Safran-Aïoli

dk

#MuschelKontakte

Touristeninformation für Mors: **www.visitmors.de**. Aktivitäten der Schalentierhauptstadt: **skaldyrshovedstad.dk** (dän./engl., die Touren sind auch in der Touristeninformation buchbar!). Aktivitäten des Schalentier-Instituts inkl. Austernsafaris: **www.skaldyrcenter.dk**. Festival der Meeresfrüchte: **skaldyrsfestival.dk**. »Muschelvergangenheiten« (Bild unten) in den Museen von Mors: **www.museummors.dk**. Museum am wichtigsten Fundort von Küchenabfällen der Steinzeit: **www.vesthimmerlandsmuseum.dk/stenaldercenter**. Muschelprodukte: **vilsund.com/de**.

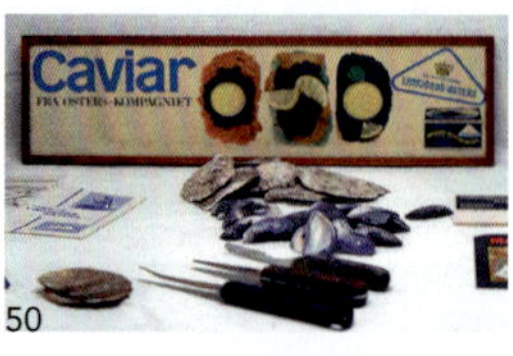

Colin, Du bist Direktor von Danmarks Skaldyrshovedstad. Welche Stadt ist das?

Die dänische Hauptstadt der Schalentiere ist Nykøbing auf Mors, auf der größten Insel im Limfjord. Wir haben da ein kleines Fossil- og Molermuseet, wo man Mollusken- und Fischfossilien sieht, die vor über 50 Millionen Jahren entstanden, und wir kennen am Limfjord Fundstätten mit Küchenabfällen der Steinzeit, die zeigen, dass Austern und Muscheln vor 7.000 Jahren zu den Grundnahrungsmitteln der Menschen gehörten, die hier lebten. Die moderne Austern- und Muschelfischerei begann dann im späten 19. Jahrhundert und jetzt haben wir hier das Dansk Skaldyrcenter, das nationale Zentrum für Schalentierforschung, und Vilsund Blue, den größten dänischen Produzenten nachhaltiger Muschel-, Herzmuschel- und Austernprodukte.

Welche Schalentiere können wir hier erwarten?

In erster Linie die flachen Limfjord-Austern und Miesmuscheln, die sowohl zertifiziert gefischt als auch biologisch bewirtschaftet werden. Außerdem gibt es invasive Pazifik-Austern, schwarzen Hummer, Taschenkrebse, Nordseegarnelen, Herzmuscheln, Messermuscheln und Meeresschnecken.

Wie können wir Urlauber all dies genießen?
In den Restaurants der Stadt kannst Du Schalentiere als Frokost-Gericht, Vorspeise, Snacks oder komplett als Hauptgericht bekommen und Du kannst überall frische oder konservierte Produkte aus der Region kaufen. Wenn Du selbst Austern suchen willst, kannst Du von Oktober bis April anAusternsafaris in dafür zertifizierten Abschnitten des Limfjord teilnehmen.

Bei Austern heißt es, dass man sie am besten in den kalten Monaten des Jahres verzehrt und sie im Sommer meiden soll. Ist Skaldyrshovedstad also eher ein Ziel für Herbst, Winter und Frühling als für den Sommer?
Austernsaison ist von Oktober bis April, aber hier gibt es das ganze Jahr über zugängliche Schalentiere, so im Sommer Garnelen, Hummer, Taschenkrebse und unsere Jomfruhummer, die im Deutschen wohl Kaisergranat heißen. Dazu gibts Hering, Makrele und Hornhecht und im Frühjahr und Herbst auch herrliche Meerforellen.

Welche Events plant Danmarks Skaldyrshovedstad 2022?
Am 23.–24. April wird das Austern-Finale den Abschluss der Austernsaison zelebrieren mit einem Limfjord- und Nordseemarkttag sowie Meisterkursen zum Zubereiten von Schalentieren und einem Amateurwettbewerb »Dirty Oyster«. Am 4. und 5. Juni feiert Nykøbing das Meeresfrüchte-Festival mit Live-Musik, Ständen zum Probieren und zur Inspiration und der Möglichkeit, köstliche Muschel- und Fischgerichte zu essen und das in der gemütlichen Hafen- und Handelsstadtatmosphäre, die wir hier haben.
Vom 29. September – 2. Oktober markiert Østers- og Muslingepremieren dann den Beginn der neuen Austernsaison, mit drei offiziellen dänischen Meisterschaften in der Austern-Zubereitung, im Austern-Öffnen und in der Champagner-Sabrage, also wie man mit einem Säbel einer Champagnerflasche den Hals abschlägt. Dazu gibt es viele Möglichkeiten, Meeresfrüchte zu essen. •

© Colin John Seymour Jr.

#ColinJSeymour

Der gebürtige Brite Colin John Seymour Jr. hat die meiste Zeit seines Lebens in Westjütland gelebt, war in Gastronomie und Tourismus tätig, u. a. viele Jahre als Tourismuschef der Kommune Varde mit den Ferienhaushochburgen Blåvand, Vejers und Henne. Seit Oktober 2020 ist er Direktor von Danmarks Skaldyrshovedstad, sein Traumjob, wie er bei unserem Interview gestand. »Ich bin unendlich fasziniert von nordischen Meeresfrüchten und Schalentieren. Schalentiere sind eine göttliche Nahrung und geben uns Sterblichen ein himmlisches Geschmackserlebnis.«

© Colin John Seymour Jr.

#dänemark #kulinarik

Best of Basic Food

Inbegriff der modernen dänischen Würstchen-Mahlzeit: »Hot Dog med det hele« – Pølser im Brot mit allen Zutaten, hier aus Annies Kiosk.

#PølserFürAlle

Gegen den kleinen Hunger sind sie überall erhältlich, am besten vom selbstfahrenden, dreirädrigen Pølsevogn: Würstchen, *pølser*. Puristisch kommen sie in Begleitung von je einem Klecks Senf und Ketchup sowie einem pappigen Weißbrötchen daher, heute werden die aber meist aufgepeppt als Hot Dog mit Gurken sowie Röst- oder Rohzwiebeln garniert. Nach den früher üblichen knallroten *røde pølser* muss man heute aber lange suchen, die Zeit von Essen in schrillen Farben scheint vorbei!

dk

Promenadekiosken in Sandvig

Økopølse mit Kohl von DØP

Dänemark ist stolz auf seine Gourmetküche, urlaubskassentauglich ist sie nicht unbedingt. Dafür gibt es viele Perlen ohne Sterne, jedoch mit treuer Fangemeinde. Hier unsere zehn #BestOfBasicFood:

Promenadekiosken in Sandvig an Bornholms schönster Badebucht. Alles wird frisch zubereitet, auch die Burger mit Ökofleisch von Inselrindern. Fast Food ist das aber kaum – bringen Sie Zeit mit! Mitte März bis Ende Okt. **Facebook suche (Promenadekiosken)**

Stoppestedet am Rindby Strand auf der Insel Fanø mit überquellenden Hot-Dogs, Mega-Burgern, mächtigem »Stjerneskud«. Oft Schlangen bis weit vor der Tür. Ganzjährig. **www.facebook.com/Stoppestedet**

Café Havglimt neben dem Strandungsmuseum in Thorsminde: Hier gibts alles außer Gourmetnahrung: Bier, Burger, Eis, Fischfilets, Hähnchen, Hot Dogs, Kuchen, Öko-Säfte, Pølsemix, Pølser, Smørrebrød, Softeis, Sandwiches, Stjerneglimt, Torten, Zimtschnecken … Ca. März – Nov. **Facebook suche (Havglimt)**

DØP – den økologiske Pølsemand: Dass auch einfaches Fastfood gesund sein kann, fand der Gesundheits- und Er-

#Top10

nährungsspezialist Claus Christensen und entwickelte das Konzept der Økologischen Pølser mit hochwertigen Rohwaren für die Würstchen und Beilagen. Zu finden sind DØP-Stände an touristischen Brennpunkten in Kopenhagen. **www.døp.dk/en/**

Annies Kiosk am Flensborg Fjord – dänisches Ufer der Flensburger Förde – wird in unserer #route ausführlicher vorgestellt: Fans sind überzeugt: Hier gibts die besten Hotdogs der Welt. Ganzjährig.
www.facebook.com/annieskiosksonderhav

Streetfood Køkkenfabrikken in einer Halle an Aalborgs Skudehavn Marina mit Plätzen am Wasser. Genüsse der Welt in über einem Dutzend Container-Küchen, Bierbuden und Café-Ständen. Ganzjährig, Winter nicht täglich.
www.facebook.com/aalborgstreetfoodmarkedmarket

Værftets Madmarked, Streetfood in einer ehemaligen Werfthalle am Kulturhafen von Helsingør. Die kulinarische Bandbreite reicht vom indischen Curry über japanische Fusionsküche bis Fish & Chips. Ganzjährig, Winter nicht täglich. **www.vaerftetsmadmarked.dk**

Jørgens Spisehus am Hafen von Skagen. Das Kantinenflair ist Kontrast zu den Schickimicki-Locations in Dänemarks mondänstem Badeort: Hafenarbeiter essen hier deftige Hausmannskost oder klassische Smørrebrød. Ganzjährig.
www.joergensspisehus.dk

Clausens Fiskehandel im Nordhavn-Viertel von Aarhus. Dänemarks ältester Fischhandel mit viel Frischfisch, aber auch mundgerechten Leckereien zum Sofortessen – wenige rustikale Picknicktische vor der Tür. Ganzjährig.
www.clausensfiskehandel.dk

Hungry Dane hat Burger neu definiert: Alles Fleisch – Rind, Schwein, Ente, Huhn – wird schonend als Sous-Vide-Confit zubereitet und abschließend in Entenfett nachgegart. Aktuelle Filialen – bei Redaktionsschluss drei in Kopenhagen, eine in Randers – auf **www.hungrydane.com**. •

Mega-Burger made in Danmark.

Food Festivals und Events
22.–24. April Østersfinalen (Insel Mors, Austern) **www.skaldyrshovedstad.dk**
29. April–1. Mai Sildefestival Hvide Sande (Hering, Wettangeln) **www.sildefestival.dk**
4.–5. Juni Seafoodfestival (Nykøbing Mors) **www.skaldyrsfestival.dk**
25. Juni Sol over Gudhjem (Kochwettbewerb auf Bornholm) **www.sogk.dk**
4.–6. Aug. Hirtshals Fiskefestival (Fisch) **www.hirtshalsfiskefestival.dk**
6. Aug. Læsø Jomfruhummerfestival (mit Wettbewerb) **www.jomfruhummerfestival.dk**
August: Geplant, aber bei Redaktionsschluss noch ohne genaue Daten sind in der ersten Monatshälfte das Aarhus Food Festival (**www.foodfestival.dk/en**) und in der zweiten das Copenhagen Cooking & Food Festival (**www.copenhagencooking.dk**).
2.–3. September Fanø Vesterland (Musik&Food Insel Fanø) **www.fanoevesterland.dk**
29. Sept.–2. Okt. Østers- og Muslingepremieren (Insel Mors) **www.skaldyrshovedstad.dk**

Kurs Dänemark

ANREISE MIT AUTO ODER WOHNMOBIL

Bis auf einige Inselziele sind alle Urlaubsregionen Dänemarks auf dem Landweg zu erreichen, viele kleinere Sunde und Meeresstraßen sind überbrückt oder untertunnelt. Bisher wird nur für zwei Brücken im Land Maut kassiert, u. a. für die Fahrt über den Großen Belt – dazu auf der nächsten Seite mehr.

WICHTIGE VERKEHRSBESTIMMUNGEN

- In Dänemark gilt Rechtsverkehr und Anschnallpflicht auf Vorder- und Rücksitzen.
- Abblendlicht/Tagfahrlicht muss immer eingeschaltet sein.
- Promillegrenze: 0,5
- Reißverschlussprinzip an Autobahnauffahrten: auffahrender und fließender Verkehr sind gleichberechtigt!
- Haifischzähne, weiße Dreiecke auf der Fahrbahn vor Kreuzungen, signalisieren: Vorfahrt gewähren.
- Höchstgeschwindigkeiten für Pkw – soweit nicht durch Schilder anders angegeben – innerhalb geschlossener Ortschaften 50 km/h, außerhalb 80 km/h, auf Autobahnen 130 km/h.
- Für Lkw, Busse, Wohnmobile ab 3,5 t und Gespanne gelten 50/70/80 km/h. Sie dürfen in geschlossenen Ortschaften – ausgenommen Ortsumgehungen – 50 km/h nicht überschreiten, selbst wenn Schilder höhere Geschwindigkeiten erlauben.
- 50/80/100 km/h gelten für Wohnmobile 3,5–7,5 t und Gespanne, wenn sie eine in Dänemark anerkannte 100-km/h-Zulassung mit entsprechender Plakette haben, die es bisher aber nur beim dänischen *bilsyn* – ähnlich TÜV – mit gebührenpflichtiger Prüfung gibt (Plakette sofort, Stationen im Grenzbereich u. a. www.lb-bilsyn.dk).

ANREISE MIT DER FÄHRE ...

Rund 50 nationale und internationale Fährlinien sorgen dafür, dass auch die restlichen Inseln gut erreichbar sind. Der dänische Staat subventionierte in den vergangenen Jahren viele Inlands-Fährrouten, um den Inseltourismus zu fördern. 2020 und 2021 gab es als Corona-Hilfe im Hochsommer sogar Gratis-Fährtickets für Fußgänger und Radfahrer. Ob es ähnliche Programme 2022 wieder geben wird, entscheidet sich erfahrungsgemäß kurzfristig, auf **www.skandinavien.de** wird Nordis darüber informieren! Populäre Routen nach:

- Anholt: **www.anholtfergen.dk**
- Fanø: **www.fanoelinjen.dk**
- Læsø: **www.laesoe-line.dk**
- Samsø: ab Jütland **www.tilsamsoe.dk**, ab Sjælland **www.samsoelinjen.dk**
- Ærø: **www.aeroe-ferry.dk**
- Als Danske Småøer bezeichnen sich rund zwei Dutzend Klein- und Kleinstinseln, zu denen 26 weitere Mini-Fährlinien übersetzen: **www.danske-smaaoer.dk/oe-faerger**

... Richtung Kopenhagen

Den Osten Dänemarks, allem voran die Insel Sjælland mit der Hauptstadt Kopenhagen erreicht man mit

- Scandlines: Tel. 0381-77 88 77 66, **www.scandlines.de** Puttgarden (Insel Fehmarn) – Rødby (Insel Lolland) und Rostock – Gedser (Insel Falster). Die weiteren Meerengen und Sunde bis Kopenhagen oder zur populären Insel Møn sind dann überbrückt oder untertunnelt.

... via Malmö nach Kopenhagen

Wer Kopenhagen mit Südschweden kombinieren möchte, hat mehrere Überfahrten täglich zwischen Travemünde und Malmö mit Finnlines zur Wahl, auch Nachtfahrten, auf denen Kabinen Pflicht sind, die aber eine Übernachtung sparen. Auf diesem Weg entstehen zusätzliche Kosten für die Fahrt über die mautpflichtige Öresundbrücke (dazu mehr im Kapitel ›Kurs Schweden‹).

- Finnlines: Tel. 0451-1507 443, **www.finnlines.com**

... nach Bornholm

Die abseits vom restlichen Dänemark gelegene Insel Bornholm ist direkt mit Fähren ab Deutschland, Dänemark und Südschweden zu erreichen. Mit günstigen Tarifen für Wohnmobile auf bestimmten Abfahrten bieten sich attraktive Optionen, die Insel in eine Skandinavien-Rundreise einzubauen:

- Bornholmslinjen: Tel. +45 70 900 100, **www.bornholmslinjen.de** ab Sassnitz-Mukran (Inseln Rügen; März-Dez., 2–9 mal wö.), Køge (südl. Kopenhagen; ganzjährig 1 x tgl.) und Ystad (Südschweden; ganzjährig mehrmals tgl.) jeweils nach Rønne auf Bornholm.

ANREISE MIT DEM FLUGZEUG

Per Flug erfolgt die Anreise nach Dänemark vor allem nach Kopenhagen (CPH), von dort bestehen Anschlüsse mit Flugzeiten unter einer Stunde nach Bornholm (RNN), Billund (BLL), Sønderborg (SGD), Midtjylland (KRP), Aalborg (AAL) und Aarhus (AAR). Direkt aus Deutschland werden noch Aarhus und Billund, der wichtigste Flughafen in Jütland, angeflogen. Die Corona-Pandemie hat den Flugverkehr stark verändert, hier zur Orientierung aber ohne Gewähr die Airlines, die erfahrungsgemäß Dänemark direkt anfliegen:

- **www.austrian.com** ab Österreich
- **www.dat.dk** Berlin-Bornholm (eventuell Sommer), nach Bornholm auch praktische Direktflüge für Norddeutsche ab Billund, Aarhus und Aalborg.
- **www.easyjet.com** ab Deutschland und Schweiz, auch Berlin–Aarhus
- **www.flysas.de**: ab Deutschland, Schweiz und Österreich
- **www.klm.de/.at/.ch**: ab Deutschland, Österreich und der Schweiz via Amsterdam nach Aalborg, Billund und Kopenhagen.
- **www.lufthansa.com**: ab Deutschland, auch Billund ab Frankfurt und mit Tochterairline Air Dolomiti ab München.
- **www.norwegian.com**: ab Deutschland und Schweiz
- **www.ryanair.com**: ab Deutschland und Österreich, auch nach Billund ab München/Memmingen.
- **www.sun-air.dk** (für British Airways): ab Düsseldorf nach Billund
- **www.swiss.com**: ab Schweiz
- **www.wizzair.com**: ab Österreich

ANREISE MIT DEM ZUG

Mit der Bahn erreicht man alle zwei Stunden ab Flensburg in IC/EC-Zügen Fredericia oder Aarhus sowie direkt ab Hamburg 2-mal täglich Aarhus und je nach Jahreszeit 3- bis 5-mal am Tag Kopenhagen via Odense. Umsteigestationen für Jütland sind Kolding, Fredericia und Aarhus. Ab Kopenhagen bestehen Anschlüsse in die Urlaubsgebiete auf Seeland sowie via Schweden nach Bornholm. Im Sommer verkehrt zwischen Hamburg und Kopenhagen zusätzlich ein NachtIC, beliebt bei jungen Reisenden. Direktzüge können platzkartenpflichtig sein, ohne Reservierung wird dann die Mitfahrt verwehrt! Europa-Spezial-Tickets gibt es ab 28,90 € pro Strecke. Alle Preise / Zeiten auf **www.bahn.de**.

ANREISE MIT DEM BUS

Die meisten Verbindungen gibt es zwischen Hamburg bzw. Berlin und Kopenhagen, einige auch zu den Städten an der Ostküste Jütlands.

- **www.eurolines.de**: U.a. nach Aalborg, Aarhus, Kolding und Kopenhagen (Tel. 069-971 944 833)
- **www.flixbus.de**: Fahrten von zahlreichen deutschen Städten u. a. nach Aalborg, Aarhus und Kopenhagen mit Anschlüssen an Inlandsverbindungen von **flixbus.dk** (Tel. 030 300 13 73 00, in DK Tel. 32 72 93 86) sowie Richtung Schweden mit **flixbus.se**
- **www.kombardoexpressen.dk**: Mehrmals täglich innerdänisch mit Schiffsverladung von Aalborg/Aarhus und Sønderborg (ca. 1 Std. 15 Min. mit Regionalbus ab Flensburg) – Kopenhagen und Kopenhagen – Bornholm

REISEN ZWISCHEN WEST- UND OSTDÄNEMARK

Über den Großen Belt verbindet die mautpflichtige Storebæltsforbindelse – Autobahn und Eisenbahn, keine Option für Radfahrer außer Transport im Zug – Dänemarks westliche Landesteile Jütland und Fünen mit den östlichen Inseln Sjælland, Lolland, Falster und Møn. An der Mautstelle kann man bar (auch in EUR) oder mit gängigen Kredit- und Bankkarten bezahlen. Die Preise richten sich nach Größe und Gewicht des Fahrzeugs, alle Details auch zu Fahrspuren an der Mautstelle auf **www.storebaelt.dk/de**.
In der jährlichen Nordis-Publikation »NordCamper – Camping-Guide Skandinavien« finden Sie weitergehende Informationen, diese und andere Mautgebühren sowie einige Fährpassagen in Dänemark, Schweden – u.a. Øresundbrücke – und Norwegen mit einem elektronischen Transponder unkompliziert und teilweise mit Rabatt zu bezahlen.
Eine Alternative zur Brücke sind die Schnellfähren von Molslinjen zwischen Aarhus (75 Min.) oder Ebeltoft (55 Min.) in Jütland und Sjællands Odde auf der Insel Sjælland (mehrmals tgl., **www.molslinjen.dk**, Tel. +45 70 10 14 18)

BEZAHLEN – BAR, KARTE ODER APP?

Dänemark ist kein EURO-Land, der Wechselkurs der Krone (DKK) aber eng an den Euro gebunden (ca. 1 Euro = 7,44 DKK/Okt. 2021). Im Land können selbst Kleinstbeträge mit Kreditkarte oder Bezahl-App beglichen werden, inzwischen sieht man manchmal sogar schon Card-Only-Schilder an Kassen! Zudem arbeiten viele Tankstellen vollautomatisch nur mit Kartenzahlung. Kreditkarten werden überall akzeptiert – immer Visa-/MasterCard, seltener Diners Club und American Express – meist auch Bankkarten, die man früher als EC-Card kannte (Maestro, V Pay). Bargeldtausch in Banken ist kaum noch möglich, da immer mehr Filialen schließen und die übrig gebliebenen meist »kassenlos« arbeiten. So bleibt als Alternative nur Abheben von Kronen an Automaten. Am günstigsten sind die regulärer Banken. In Urlaubsgebieten stehen viele Geldautomaten (ATMs) internationaler Finanzdienstleister (weit verbreitet Euronet). Die nehmen hohe Gebühren und drängen Kunden zur Abrechnung in Euro: Vermeiden Sie beim Abheben oder Bezahlen immer die Option »in Euro« oder »zum fixierten Wechselkurs« abzurechnen, Verbraucherzentralen warnen davor, da dies bis zu 10 % Kursverlust bringen kann. Wählen Sie stattdessen »Abrechnung in Landeswährung«, dann wird zu banküblichen Kursen umgerechnet. In Urlaubsregionen akzeptieren viele Geschäfte Euro-Scheine, geben aber Kronen als Wechselgeld zurück – bekommen man mehr als 7,20 DKK für einen Euro, ist das ein fairer Kurs.

»Sov godt« in Dänemark

HOTELS

Das Hotelangebot reicht von einfachen Pensionen bis hin zu Fünf-Sterne-Luxusherbergen, entsprechend vielfältig sind die Häuser. So kann man wählen zwischen modernen Design-Hotels, traditionsreichen, aber boomenden Badehotels im Stil des frühen 20. Jhs., traditionellen Landgasthöfen, die als *kroer* weltbekannt sind und zum Teil Wurzeln bis ins 17. Jh. hinein haben, plüschigen Schlosshotels oder minimalistischen Discount-Hotels mit spartanisch, aber funktional eingerichteten Zimmern. Natürlich gibts im kinderfreundlichen Dänemark viele Familienzimmer mit drei oder vier Betten und spezielle Menüs für Kids. In Ferienzeiten und an Wochenenden werben vor allem in kleineren Städten Hotels, die sonst vom Konferenz- und Geschäftsreiseverkehr leben, mit besonderen Angeboten um Touristen und Wochenendurlauber. Dutzende unabhängiger, individueller Häuser kooperieren als Small Danish Hotels (**www.smalldanishhotels.com**).

HOSTELS UND JUGENDHERBERGEN

Günstig und durchaus komfortabel übernachtet man in rund 60 Danhostel-Herbergen (**www.danhostel.dk**; Rabatt mit HI-Card, früher Jugendherbergsausweis), die über das ganze Land verteilt sind, oft Doppelzimmer haben, häufig sogar mit eigenem Bad/WC, und immer eine Küche für Selbstversorger. In Großstädten, insbesondere in Kopenhagen, gibt es zudem zahlreiche, oft cool gestaltete, unabhängige Hostels, die nicht nur junge Reisende begeistern.

PRIVATUNTERKÜNFTE

Privatunterkünfte bucht man heute in Dänemark wie überall auf der Welt über Portale wie **www.airbnb.de**, **www.wimdu.de**, **www.redapplea partments.com**. Zwei kleinere dänische Portale sind **www.bedandbreakfast.dk** und **www.net-bb.dk**. Adressen für Zimmer auf Bauernhöfen sind unter **www.bondegaardsferie.dk** zu finden. Wenige der noch verbliebenen i-Büros vermitteln Zimmer oder man entdeckt Hinweisschilder auf Værelser/Rooms/Zimmer an der Straße, aber diese Optionen werden angesichts der großen Online-Konkurrenz immer spärlicher!

FERIENHÄUSER

Für viele Urlauber ist Dänemarkurlaub gleich Ferienhausurlaub. Ca. 50.000 Ferienhäuser im Land werden regelmäßig vermietet vom einfachen Holzhaus bis zum 12-Schlafzimmer-Palast mit Pool und Sauna: Wenige Ferienhausbesitzer vermieten direkt, dann gern über Facebook-Gruppen, **www.ferienhausmietedaenemark.de** oder auch die oben genannten Zimmer-Plattformen. Die meisten Häuser werden jedoch durch Agenturen vermittelt, dann unterliegen sie gesetzlichen Sicherungen, egal ob die Agentur in Deutschland oder Dänemark ihren Sitz hat. Es gibt lokale, vor Ort verwurzelte Büros mit meist ein paar Hundert, selten einigen Tausend Häusern, die mit »kurzem Draht« zu Hausbesitzern agieren. Einige kooperieren, so landesweit mehr als zwei Dutzend unter **www.feriepartner.de** oder mit Partnern entlang der Nordseeküste (**www.nordsee-holidays.dk**). Mehrere lokale Büros und ihre Zusammenschlüsse vereint die in Hamburg ansässige Agentur Kröger + Rehn unter **www.dansk.de** (Tel. 0800 358 75 28). Daneben gibt es große Agenturen mit Häusern im ganzen Land, die ihre Kunden vor Ort mit eigenen Servicebüros betreuen wie DanCenter (**www.dancenter.de**), Dansommer (**www.dan**

sommer.de), Novasol (**www.novasol.de**) oder Sol og Strand (**www.sonneundstrand.de**).
Im Internet sind zudem Plattformen aktiv, die ohne Service vor Ort mehrere Zehntausend Häuser lokaler wie großer Büros bündeln – exklusiv haben sie die Häuser nicht, sie tauchen auf mehreren solcher Plattformen gleichzeitig auf.

CAMPING

Landesweit gibt es knapp 500 Campingplätze, etwa ein Viertel hat ganzjährig geöffnet. Viele bieten auch Hütten von »basic« – nur Betten in einem Raum – bis »luxus« mit mehreren Schlafräumen, Miniküche, Bad und WC, vergleichbar bei Komfort, aber auch Preis mit Mini-Ferienhäusern. So kann jeder seinen »Lieblingsplatz« finden. Einen einheitlichen Camping-Pass gibt es nicht mehr, aber viele Campingplätze erwarten einen, einige verkaufen sie auch. Weit verbreitet ist Camping Key Europe (**www.campingkeyeurope.com**), akzeptiert werden teils auch ACSI Club ID (**www.campingcard.dk**) und CCI (**www.campingcardinternational.com**). Es gibt mehrere Zusammenschlüsse von Campingplätzen, der aktuell größte ist DK-Camp (**www.dk-camp.dk**) mit weit über 200 Plätzen landesweit, viele mit speziellen Stellplätzen für Wohnmobile – Dänisch Autocamper – auf Rundreise (s. u.).

STELLPLÄTZE FÜR WOHNMOBILISTEN

Freies Campen auf Rast- und Parkplätzen – es sei denn, sie sind ausdrücklich dafür ausgewiesen – oder in Dünen und auf Stränden ist verboten. Auf Strandparkplätzen sind Übernacht-Parkverbote inzwischen eher Regel als Ausnahme! Bei Kontrollen sind 510-DKK-Knöllchen für falsches Parken noch die geringste Strafe. Viele Campingplätze bieten von ca. 20 bis 10 Uhr für Wohnmobilreisende Basic-Stellplätze teils auf dem Gelände, teils vor der Schranke mit Zugang zu sanitären Anlagen, Frischwasser und Abfall-/Abwasserentsorgung an (ca. 90 davon auf **www.dk-camp.dk** unter DK-Stellplätze). Weitere Stellplätze an Bauernhöfen, auf stadtnahen Parkplätzen – dort teilweise mit Bezahlung am Parkautomaten – oder in Jachthäfen findet man auf **www.stellplatz-danmark.dk** und **www.camper-parkering.dk**.

EINFACH NUR ZELTEN

Erlaubt ist freies Zelten für jeweils eine Nacht am selben Ort mit maximal zwei Minipackzelten zusammen in staatlichen Wäldern, nicht aber an Stränden und in Dünen. Offenes Feuer ist dort nur an festen Feuerstellen erlaubt. Wanderer, Radfahrer, Reiter, Jollensegler und Kanuten können Naturlejrpladser in Wäldern, hinter Stränden, an Bauernhöfen, Schulen, Vereinsheimen usw. kostenlos oder für wenige Kronen nutzen, einige bieten überdachte Unterschlüpfe, Feuerstellen und einfachste Toiletten. Areale für freies Zelten und Naturlagerplätze zeigt eine interaktive Karte auf **www.udinaturen.dk** (Link [Sov under stjernerne]).

UNGEWÖHNLICH ÜBERNACHTEN

In einigen Hafenorten wie Hvide Sande und Bork Havn am Ringkøbing Fjord (u. a. **www.dansk.de/ferienhaus/hausboot.aspx**) dümpeln Hausboote mit Ferienhauskomfort auf den Wellen. Wer es lieber herrschaftlich mag, kann auf Schlössern und Herrenhöfen nächtigen, z. B. auf dem Gourmetschloss Dragsholm in Odsherred (**www.dragsholm-slot.dk**). Exklusiver ist aber das Central Hotel in Kopenhagen mit nur einem Gästezimmer (**www.centralhotelogcafe.dk**). Unterdessen warten in Ribe (**www.dengamlearrest.dk**) sowie in Horsens (**faengslet.dk/de/uebernachtung**) ehemalige Knastzellen jetzt auf freiwillige Gäste. Tierisch darf man im Tierpark von Kolind auf Djursland in samischen Lavvu-Zelten oder in kleinen Holzunterständen zwischen den Gehegen von Braunbär, Hirsch & Co übernachten (**skandinaviskdyrepark.dk**) oder in Zelten im Safaripark Givskud Zoo (**www.givskudzoo.dk**) mit Löwengebrüll als Morgenwecker.

COVID-19-HINWEIS

Da die Pandemielage fortwährenden Änderungen unterliegt, könnte es weiterhin zu kurzfristigen Grenzschließungen, Einschränkungen oder Streichungen im Fähr-, Flug-, Zug und Busbetrieb sowie Schließungen von Unterkünften kommen. Bitte beachten Sie aktuelle Reise- und Sicherheitshinweise und informieren Sie sich aktuell bei allen für Ihre Reise relevanten Verkehrs- und Beherbergungsbetrieben.

Rundreise-Bummeln auf Nebenrouten wie hier mit Dänemark zweitkleinster Fähre über den Randersfjord eröffnet neue Blickwinkel auf das kleine Königreich im Norden.

NOR

no

WEG
EN

Auf der idyllischen Insel Håholmen

NORWEGEN
0 50 100 km
Lagøya
Kvitøya
Amsterdamøya
Moffen
Nordaustlandet
Brasvellglacier
Ny-Ålesund
Spitsbergen
Erik Eriksenstretet
Olgastretet
Kong Karls Land
Prins Karls Forland
Barentsøya
Isfjord
Longyearbyen
Svalbard
Edgeøya
Storfjorden
Hornsund
Nordpolarmeer
Nordkap
Berlevåg
Vardø
Honningsvåg
Kjøllefjord
E75
Havøysund
Vadsø
E69
Tanabru
E6
Kirkenes
Hammerfest
Finnmark
Lakselv
Alta
Karasjok
Storslett
Tromsø
E8
Kautokeino
Gryllefjord
Storsteinnes
Vesterålen
Andenes
Troms
Harstad
Sortland
Narvik
E10
Lofoten
Lødingen
Svolvær
Nordland
Bodø
Fauske
Ørnes
Arjeplog
Nesna
Mo i Rana
Sandnessjøen
Mosjøen
Brønnøysund
Rørvik
Namsos
Grong
Nord-Trøndelag
Steinkjer
Brekstad
Stjørdalshalsen
Trondheim
Orkanger
Sør-Trøndelag
E39
Kristiansund
Støren
Berkåk
Møre og Romsdal
Røros
Molde
Oppdal
Åndalsnes
Ålesund
E136
Alvdal
Geiranger
Dombås
Volda
Lom
Otta
Måløy
Stryn
Innbygda
Sogn og Fjordane
Oppland
Hedmark
Florø
Lillehammer
Førde
E16
Fagernes
Elverum
Askvoll
Sogndal
Lærdal
Gjøvik
Hamar
Gudvangen
Gol
Eidsvoll
Voss
Geilo
Buskerud
Kongsvinger
Hønefoss
Bergen
Hordaland
Oslo
Akershus
Odda
Drammen
Østfold
Kongsberg
Moss
Røldal
Leirvik
Seljord
Horten
Sarpsborg
Telemark
Tønsberg
Fredrikstad
Skien
Haugesund
Rogaland
Sandefjord
Porsgrunn
Larvik
E18
Stavanger
Jørpeland
Aust-Agder
Risør
Sandnes
Evje
Arendal
Vest-Agder
Egersund
Grimstad
Lyngdal
Kristiansand
Mandal
Nordsee

#norwegen

#Land

Tunnel gibt es in Norwegen wie Elche in den Wäldern. Der Lærdalstunnel ist mit 24,5 km der längste Straßentunnel der Welt, der Fjærlandstunnel verläuft als einziger unter einem Gletscher entlang und der Ryfasttunnel ist bei den Unterseetunneln mit einer Tiefe von 291 Metern Rekordhalter.

Die nördlichste Gondelbahn der Welt ist in Ny Ålesund auf Spitzbergen zu finden und führt auf das Zeppelinfjell. Sie darf nur von Mitarbeitern der meteorologischen Station benutzt werden. Für alle nutzbar ist hingegen die Gondelbahn Fjellheisen auf den Storsteinen in Tromsø. Sie zählt zu den schönsten der Welt. Die älteste Seilbahn des Nordens ist seit 1928 in Rjukan zu finden.

Schwungvoll winden sich die Straßen an den Fjorden entlang und hinauf auf endlose Hochebenen. Tonsåsen ist mit 25 bis zu 33 % steilen Haarnadelkurven die steilste Wegstrecke Skandinaviens und die zweitsteilste Europas.

Um im Land voranzukommen, waren einst vor allem Boote notwendig. Noch heute verkehrt auf dem größten See des Landes, dem Mjøsa, der älteste noch im täglichen Betrieb stehende Schaufelraddampfer der Welt, der Skibladner (1854-56 erbaut).

Norwegens Küste ist wahrlich lang. Rechnet man alle Buchten mit, so summiert sie sich auf 100.915 km. Damit belegt sie weltweit den zweiten Platz hinter Kanada. Einen europäischen Rekord stellt das Land mit seinen 239.057 Inseln auf.

Mit dem 8.492 km^2 Austfonna auf Spitzbergen befindet sich in Norwegen auch der größte Gletscher Europas und mit dem 2.469 m Galdhøpiggen Nordeuropas höchster Berg.

Wo Berge auf die Westwinde treffen, da kann es auch mal kräftig regnen. Vom erfrischenden Nass werden der mit 500 m tiefste See Europas, der Hornindalsvatn, und die zahllosen Wasserfälle gespeist, wobei der Vinnufoss mit 860 Metern der höchste Europas ist.

Auch der längste Fjord des Kontinents ist in Norwegen zu finden, der 204 km ins Land reichende Sognefjord.

#Leute

»Bunad« nennen sich die farbenfrohen Trachten des Landes. Getragen werden diese unter anderem am norwegischen Nationalfeiertag, dem 17. Mai. Dieser wird mit Umzügen der örtlichen Schulen und viel (Blas-) Musik begangen.

Angeblich werden die Norweger ja mit Skiern an den Beinen geboren. Kein Wunder also, dass man in Norwegen die dichtesten Loipennetze und in Oslo das älteste Skimuseum der Welt findet.

Gehörnte Helme hat man bei Ausgabungen im Land noch nie gefunden, also kamen die Vorfahren der Norweger wohl ohne sie aus. Schnittig gebaute Schiffe entdeckte man hingegen schon. Sie sind im Wikingerschiffsmuseum in Oslo zu bewundern. Die Schrift der Normannen findet man hingegen auf dem ältesten noch an seinem ursprünglichen Platz befindlichen Runenstein, dem Einangstein aus dem 4. Jahrhundert.

Ein Blick in die norwegische Seele gefällig? Dazu bietet sich im neuen Osloer Nationalmuseum die Gelegenheit. Einen Einblick in die Gefühlswelten vermittelt auch das ebenso neu erbaute Munch-Museum, in dem das erste expressionistische Gemälde der Welt, »Der Schrei«, zu bestaunen ist.

Das Land des Friedensnobelpreises zählt zu den demokratischsten Staaten der Welt. Auch in puncto Pressefreiheit liegt Norwegen regelmäßig auf Platz eins. 218 Zeitungen, davon viele mit stark regionalem Inhalt, informieren das Volk.

TEXT & FOTOS #NORWEGEN: MARTIN SCHMIDT
(sofern nicht anders gekennzeichnet)

Die Garmo Stabkirche im Freilichtmuseum Maihaugen in Lillehammer

Die norwegische Museumslandschaft

no

Norwegen, das ist unergründliche, schier unendliche Naturvielfalt. Doch auch kulturell hat das Land an Europas Nordflanke einiges zu bieten. Deutlich wird dies in der reichhaltigen Anzahl spannender und lehrreicher Museen, die überall zwischen dem Kap Lindesnes im Süden und dem wehrhaften Nordkap in der Gegenrichtung zu finden sind. Das Kaleidoskop der Themen reicht dabei von Kulturgeschichte über Kunst, Technik und Sport bis hin zu naturwissenschaftlichen Themen. Besuchern stehen die »Pagoden des Nordens«, die Stabkirchen, ebenso offen wie alte Dampfrösser, Baumaschinen und historische Gebäude. Kunstliebhaber entdecken berühmte, einzigartige Gemälde, Skifahrer die Bretter ihrer großen Stars.

Freilichtmuseen

Die norwegische Architekturgeschichte beginnt mit Stabkirchen und verstreut liegenden Gehöften auf Almen und Äckern. Die Lebensverhältnisse waren oft einfach, um nicht zu sagen ärmlich, und so kam es, dass der Zahn der Zeit so manches Gebäude stark abnutzte. Viele der nahezu ausschließlich hölzernen Bauten verfielen, brachen in sich zusammen und wurden wieder zu Staub. Einige jedoch setzte man an neue Standorte, wo sie wiederum genutzt werden konnten. Erst gegen Ende des 19. Jahrhunderts etablierte sich der Gedanke, man könnte Häuser und damit auch die Kulturgeschichte des eigenen Landes konservieren, indem man mehrere Bauwerke an einem Fleck vereint und für interessierte Besucher zugänglich macht.

In die Tat umgesetzt wurde diese Idee erstmals von Kammerherr Christian Holst (1809–1890), der seinen Vorgesetzten, den schwedisch-norwegischen König Oscar II.

davon überzeugen konnte, sein Interesse an Norwegen dadurch zu bekunden, indem sich dieser für die Kultur des Unionspartners und deren Bewahrung einsetzte. Der Herrscher folgte wohlwollend dem Ansinnen und es kam zur Gründung der Stiftung »Oscar IIs Samling« (Sammlung Oscars II.) in Kristiania, dem heutigen Oslo. Bereits 1881 öffnete diese ihre Pforten und präsentierte dem staunenden Besucher eine Stabkirche aus Gol im Hallingdal, der bis 1890 fünf weitere Gebäude folgten. Die Anlage wurde 1907 in das bereits 1894 auf Initiative des Bibliothekars Hans Aall (1869–1946) gegründete Norsk Folkemuseum integriert und ist bis heute ein Teil des nunmehr 160 Bauwerke umfassenden Geländes. Dieses beheimatet heute Gehöfte aus allen Regionen des Landes und bietet den besten Querschnitt der norwegischen bäuerlichen Architektur. Ergänzt wird das Areal durch städtische Bauten, die der Stadtplanung gewissermaßen im Weg waren und umfassende kulturgeschichtliche Sammlungen.

Ist das Osloer Folkemuseum das älteste Museum seiner Art, so ist das größte Nordeuropas 180 Kilometer weiter nördlich in Lillehammer zu finden. Der Zahnarzt Anders Sandvig (1862–1950) war es, der seine Verbundenheit mit der Region bekundete, indem er ab 1887 Häuser aus dem weiten Umkreis des Gudbrandsdals zusammentrug. 1904 ging aus der Anlage ein öffentliches, äußerst beeindruckendes Freilichtmuseum hervor, das heute den Namen Maihaugen trägt und nicht weniger als 200 Gebäude umfasst, deren wichtigstes die um 1200 erbaute, weithin sichtbare Stabkirche aus Garmo ist.

Wer nun jedoch das älteste Holzhaus sucht, muss sich in die Region der Telemark begeben, genauer gesagt nach Eidsborg. Auch hier ist wiederum eine Stabkirche zu finden, mit rund 650 Jahren ist diese jedoch nachgerade jung im Vergleich zum Vindlausloftet im benachbarten Freilichtmuseum. Neusten dendrochronologischen Datierungen zufolge wurde »das stille Loft«, ein historisches Wohn- und Speicherhaus, um das Jahr 1170 erbaut und schlägt damit seine Konkurrenten in der Schweiz und in Schweden um ein paar Jahre.

Einen weiten Blick zurück in die Geschichte bietet auch das Trøndelag Folkemusuem in

Bauernhäuser im Freilichtmuseum in Oslo

Historische Abraumhalden in der Bergwerksstadt Røros

Trondheim, denn hier thront über den Dächern der Stadt die Sverresborg, respektive deren Überreste. Die Festungsanlage geht auf König Sverre (1152–1202), den Anführer der rebellischen Birkebeiner zurück, denen wir im Skimuseum in Oslo wieder begegnen.

Industriegeschichte

Norwegens Natur ist Fluch und Segen zugleich. Will man dem Land landwirtschaftlich etwas abgewinnen, so ist das Ergebnis eher ein sehr kärgliches, wenngleich man weiterhin diesen historisch stark verankerten Wirtschaftszweig beharrlich fördert. Setzt man jedoch auf Erze und Öle, die unergründlichen Tiefen des Meeres und die natürliche Power des Wassers, sind Reichtum und Wohlstand nicht weit; einst nur wenigen Grubenbesitzern vergönnt, heute jedoch nahezu der ganzen Bevölkerung.

Bis in das 17. Jahrhundert hinein gab es in der Region Røros nur einzelne Bauernhöfe. Dies änderte sich mit den ersten Erzfunden. Angeblich soll der Bauer Hans Olsen Aasen eines schönen Tages im Jahre 1644 auf Jagd gewesen sein. Als das von ihm angeschossene Rentier zu Boden ging, schabte dies mit dem Huf ein wenig Erde beiseite und es kam ein glänzender Stein zum Vorschein. Davon bekam Joachim Irgens aus dem deutschen Itzehoe Wind. Er war einer der größten Kreditgeber der dänisch-norwegischen Doppelmonarchie. Infolge der Berichte Joachim Irgens' wurden noch im selben Jahr erste Untersuchungen an dem Fundort vorgenommen und zwei Jahre später das erste Kupferwerk samt dem Grubenort Røros gegründet. Die Siedlung unterhielt einige der bedeutendsten Gruben des Nordens, die bis in die 1970er-Jahre in Betrieb waren und heute besichtigt werden können.

Was für Røros das Kupfer war für Kongsberg das Silber. Zu Beginn des 17. Jahrhunderts machte man die ersten Funde, die in der Gründung einer Grubengesellschaft im Jahre 1623 mündeten. Bis 1953 wurden insgesamt 1.350 Tonnen Edelmetall zutage gefördert, aus Gruben, deren tiefste bis zu 1.000 Meter unter Tage lagen. Um solche gewaltigen Schächte zu graben, war Fachwissen von Nöten. Dieses kam in Gestalt von Bergleuten unter anderem aus dem

Historische Eisenbahn im Freilichtmuseum Maihaugen, Lillehammer

Erzgebirge. Noch im 19. Jahrhundert war Deutsch im Ort eine der tonangebenden Sprachen, wie der in Kongsberg spielende erste Kriminalroman der Welt (»Der Mord an Maschinenbauer Roolfsen«) beweist. Das eindrucksvolle Bergwerksmuseum sowie die Silberminen können besichtigt werden.

Neben Kupfer und Silber prägte auch das Kobalt die Bergwerksgeschichte Norwegens. Nach ersten Funden wurde 1773 in Modum in Ostnorwegen das Blaufarbenwerk (Blaafarveværket) gegründet.

Die einzigartige Kulturlandschaft mit Schutthängen, Aufbereitungsanlagen, industriegeschichtlichen Ausstellungen und Tagebaugruben kann auf Rundwegen besichtigt werden. Ergänzt wird die sehenswerte Anlage durch eine Glashütte mit Shop, zahlreichen Angeboten für Kinder und einer weithin bekannten Kunstgalerie im angeschlossenen Herrenhaus. Zu sehen sind hier unter anderem Werke des Trollmalers Theodor Kittelsen.

Nach den Erzen rückten an der Wende vom 19. zum 20. Jahrhundert zunehmend die Gewässer Norwegens in den Fokus der Industrie. So war der Unternehmer Sam Eyde (1866–1940) im Jahr 1888, als er den Wasserfall Rjukandefoss erblickte, absolut überwältigt. Ihn beeindruckte die schier unfassbare Kraft, die dieser in sich barg. Jahrelang überlegte er, wie diese Kraft genutzt werden könnte. 1903 letztendlich erwarb er vorsorglich die Rechte am Rjukandefoss und begann zusammen mit dem Wissenschaftler Kristian Birkeland (1867–1917) Ideen zu entwickeln. Die Zusammenarbeit mündete im Birkeland-Eyde-Verfahren zur Produktion von Kunstdünger und zwischen 1907 und 1911 zum Bau des Vemork-Kraftwerks am Rjukandefoss; seinerzeit das größte Wasserkraftwerk der Welt.

Das Kraftwerk in Rjukan, inklusive einer Ausstellung zur bedeutenden und wichtigen Sabotageaktion während des Zweiten Weltkriegs, die Krossobahn, die den Arbeitern die Gelegenheit bieten sollte, außerhalb ihres dunklen Tals mal auf der Hochebene Sonne tanken zu können, sowie die Norsk Hydro-Produktionsanlagen in Notodden stehen unter dem Schutz der UNESCO und Besuchern ganzjährig offen.

Futuristisch: das Erdölmuseum in Stavanger

Mit dem Kraftwerk konnte Kunstdünger in großen Mengen hergestellt werden, was die weltweite Landwirtschaft revolutionierte und die Ernten enorm steigerte. Eyde bahnte zudem entscheidend den Weg zur Stromgewinnung aus Wasserkraft, 99 % aller Energie stammt in Norwegen aus umweltfreundlicher Wasserkraft. Das Kraftwerk und das angeschlossene Kunstdüngerwerk markierten den Übergang Norwegens zu einer Industriegesellschaft. Auch Rjukan veränderte sich stark. Aus einem kleinen, verarmten Dorf mit 100 Einwohnern wurde innerhalb von 13 Jahren eine auf dem Reißbrett geplante Stadt mit 10.000 Bewohnern.

Eine ähnliche Entwicklung war dem Fjordort Odda beschieden, wo man einen durchaus aussichtsreich anlaufenden Tourismus opferte, kurzerhand das Hotel abriss, Wasserfälle in Rohre presste und sich der chemischen Industrie widmete. Im Ort können die geschichtlichen Prozesse im Industriemuseum nachvollzogen werden.

Zwar wurde im Laufe der Jahrhunderte auch Gold gefördert, doch riesige Mengen waren es nie. Das eigentliche Gold des Landes ist nicht glänzend, sondern rabenschwarz und wird seit den 1970er- Jahren submarin vor der Küste des Landes gefördert, das Erdöl. Die schier unglaubliche Geschichte von den ersten kleinen Funden in der Nordsee bis hin zu einer gewaltigen Industrie, die ein Land, das noch vor 70 Jahren zu den ärmsten Europas zählte, wird im Norsk Oljemuseum (Norwegisches Erdölmuseum) in Stavanger erzählt. Staunend läuft der Besucher durch die sehr lebendig gestalteten Ausstellungen und erwischt sich mehr als einmal bei dem Gedanken, dass dieses moderne Märchen eigentlich kaum zu glauben ist. Vor allem auch angesichts der wirtschaftlichen Folgen, denn nun ist plötzlich Geld vorhanden, ein Land zu erschließen, das es geomorphologisch Verkehrsplanern seit jeher so schwer wie möglich machte. Überzeugen kann man sich davon im informativen Norsk vegmuseum (Straßenmuseum) nahe Lillehammer. Schier unglaublich ist der Wandel von engen kurvigen Fahrwegen mit Gruselpotenzial hin zu kühnen Brückenbauten und Hunderten, teils kilometerlangen Tunneln.

Errichtet wurden diese auch für die Eisenbahn des Landes, wenngleich nicht in der gleichen Länge wie für Fahrzeuge. Überhaupt hat es der Bahnverkehr bis heute nicht leicht im Land. Zu wenige große Städte gibt es, die es zu verbinden gilt, und zu viele wehrhafte Gebirge. Dass es trotzdem ein leistungsfähiges Schienennetz gibt, davon kann man sich im Norsk Jernbanemuseum (Eisenbahnmuseum) in Hamar überzeugen. 1986 wurde es bereits gegründet und ist vor allem für historisch interessierte Eisenbahnfans eine wahre Fundgrube.

Kunst und Kultur

Als vor 7.000 Jahren die Menschen durch den Norden Skandinaviens zogen, hätten sie es wohl kaum für möglich gehalten, dass ihre in den harten Stein geritzten Erzählungen noch Generationen später großes Interesse wecken würden. Einige der bedeutendsten Ansammlungen von Felszeichnungen ist in Alta zu finden. Die rund 6.000 Figuren erzählen von der Jagd, dem Fischfang und dem täglichen Kampf ums Überleben. Von Erfolgen, Heldentaten und Gefahren. Bären, Wölfe, Hasen, Fische und Rentiere bevölkern die steinernen Bilder. Wer die Geschichten deuten möchte, erhält im Rahmen von Führungen und in der angeschlossenen Ausstellung weitere Informationen.

Um zur nächsten wichtigen Periode künstlerischen Schaffens zu gelangen, ist ein gewaltiger Sprung ins 19. Jahrhundert notwendig. Jene Zeit, in der Norwegen nach Unabhängigkeit von Schweden strebte, beflügelte die Künstler des Landes. Nicht umsonst spricht man vom goldenen Zeitalter der norwegischen Malerei. Einige der wichtigsten Werke von Malern wie J. C. Dahl, Harriet Backer, Adolph Tidemand und Christian Krohg können in den beeindruckenden KODE-Kunstmuseen in Bergen bewundert werden.

Dass eines der wichtigsten Kunstmuseen des Landes in Lillehammer zu finden ist, mag verwundern, ist aber darauf zurückzuführen, dass der beschauliche Ort seit seiner Gründung Maler aus allen Teilen des Landes anzog. Ein Grund dafür ist in dem einzigartigen Licht vor allem während der Winterzeit zu finden. Das Museum beherbergt einige wichtige Werke, unter anderem von Erik Werenskiold und Edvard Munch. Letzterem begegnen wir wieder in Oslo, in einem eigens geschaffenen Museumskomplex am Ufer des Oslofjord, unweit der berühmten Oper.

13 Stockwerke hoch ragt das Gebäude in den norwegischen Himmel. Und obwohl Munchs Werke nun in einem wahrhaft einzigartigen Rahmen gezeigt werden können, ist der Bau alles andere als unumstrit-

Besuch im Olympischen Museum in Lillehammer

ten. Jedoch lebt die porös gestaltete Aluminiumfassade auch vom Licht im Inneren des Gebäudes. Seit dies bei der Eröffnung im Oktober 2021 entzündet wurde, ist das Gebäude nicht länger eine graue Dominante im Stadtbild.

Viele norwegische Künstler zog es ins Ausland. Auch den deutschen Maler Rolf Nesch (1893–1975) zog es in die Ferne, allerdings gen Norden. 1951 ließ er sich in Ål im Hallingdal nieder, wo er die folgenden 25 Jahre lebte und arbeitete. Das Nesch-Museum im Ort weist noch heute die weltweit größte Dauerausstellung des Künstlers auf und ist bei einer Reise von Ost nach West einen Halt wert.

Sport

Liebhaber endloser Auflistungen kommen beim Thema »Norwegen und das Skifahren« voll auf ihre Kosten. Egal ob moderner Langlauf, Skatingtechnik, Stahlkantenski, erste Skifabrik und erste Skischulen, Biathlon, Skispringen, Nordische Kombination oder Slalom, die Anzahl der norwegischen Wintersportinnovationen ist lang und endet noch lange nicht mit den erwähnten Begriffen. Einige der Entwicklungen führen in den kleinen Ort Morgedal in der Telemark, die namensgebend für die Telemarklandung war, und an den weltberühmten Holmenkollen in Oslo. An beiden Orten dokumentieren spannende Skimuseen die große winterliche Leidenschaft des Landes. In Morgedal konzentriert man sich dabei mehr auf die Geschichte, in der Hauptstadt hingegen auf die großen Erfolge.

Dass bei dieser gewaltigen Skifahrtradition auch die Olympischen Winterspiele in Norwegen zu Gast sein mussten, versteht sich eigentlich von selbst. Zum ersten Mal konnte man das Großereignis 1952 ins Land holen, wo es in Oslo stattfand, zuletzt 1994. Gastgeber war da das kleine Lillehammer. Auf dem Gelände des Freilichtmuseums Maihaugen dokumentiert das Olympische Museum die damaligen Ereignisse. Angesichts der stimmungsvollen Bilder und Rückblicke glaubt man gerne, dass nach wie vor von den besten, originellsten und schönsten Olympischen Winterspielen, die jemals stattgefunden haben, die Rede ist.

Der rätselhafte Schrei

Edvard Munchs »Der Schrei« ist wohl eines der bekanntesten Gemälde der Welt, das es in drei zwischen 1893 und 1910 entstandenen Versionen gibt. Allen gleich ist die eigenwillig wellenförmige Himmelsstruktur. Einst ging man davon aus, dass diese Munchs Seelenzustand wiedergeben sollte. Nun jedoch ist sich die Fachwelt einigermaßen einig, dass es Perlmuttwolken waren, die der Künstler beim Blick vom Ekeberg erspähte. Dass es immer wieder Spekulationen um Munchs Geisteszustand gab,

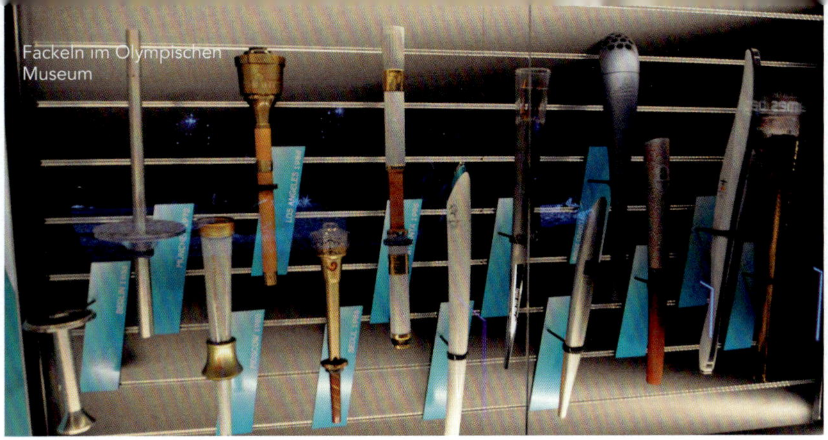

Fackeln im Olympischen Museum

zeigt ein kleiner Schriftzug auf einem der drei Bilder. Der bittere Kommentar: »Kann nur von einem Verrückten gemalt worden sein!«, ist dort zu lesen.

Theodor Kittelsen und die Trolle

Entscheidend für die künstlerische Laufbahn Theodor Kittelsens (1857–1914) war das Zusammentreffen mit Erik Werenskiold. Dieser konnte P. C. Asbjørnsen davon überzeugen, den jungen Maler für die Illustration seiner Märchensammlung für Kinder zu engagieren. Fortan ließ Kittelsen die geheimnisvolle Welt von Trollen, Nissen und »schrägen Vögeln« nicht mehr los, wobei auch naturpoetische und satirische Bilder sein Werk ergänzten.

Die ganz kleinen Flaschen

Auf die Idee, kleine Flaschen zu sammeln, muss man erst mal kommen. Das Miniaturflaschenmuseum in Oslo hat sich aber genau dies zur Aufgabe gemacht und stellt 12.500 von diesen thematisch sortiert in über 50 Installationen aus. Rechnet man die restlichen Fläschchen, die dicken, dünnen, krummen, geraden, bunten und einfarbigen hinzu, so summiert sich die Kollektion auf über 53.000, was einen Weltrekord darstellt.

Prøysenhuset

Wirft man einen Blick in die Bücherregale norwegischer Kinderzimmer, wird man ein Werk von Alf Prøysen (1914–1970) mit Sicherheit entdecken. Frau Löffelchen oder auch der Tischler Andersen haben die Herzen im Sturm erobert. Im Prøysen-Museum nahe Hamar trifft man jedoch nicht nur auf diese zwei Figuren. Hier können sich Kinder in einzelnen Aktivitätsräumen in der gesamten Geschichtenwelt des Autors austoben und selbst kreativ werden.

Gletschermuseum Fjærland

Reist man durch den Westen Norwegens, so verfolgen einen die Gletscher gewissermaßen auf Schritt und Tritt. Verlässt man nun die Hauptrouten und steht am Ende selbst vor einem der Eisfelder, so drängt sich zwangsläufig die Frage zu deren Entstehung auf. Gelöst wird das Rätsel im äußerst informativen Gletschermuseum in Fjærland, das auch den Fokus darauf richtet, warum die Gletscherzungen Jahr für Jahr immer weiter oben am Felshang zu entdecken sind und man diese in letzter

Wikingerhaus in Borg – Lofoten

Zeit öfter statt in dicke Jacken eingemummelt, mit einem leichten T-Shirt bekleidet bestaunen kann.

Neues Nationalmuseum in Oslo

Zu kleine Räumlichkeiten und über die gesamte Stadt verteilte Standorte ließen den Gedanken aufkommen, ein neues Nationalmuseum zu errichten. Neben weltbekannten Kunstwerken wie einer Version von Munchs »Der Schrei« wird es auch Kunsthandwerk umfassen und das größte Museum seiner Art im Norden sein. Wenn, ja wenn sich nicht hie und da der Fehlerteufel eingeschlichen hätte. Das Projekt droht zum »Berliner Flughafen Norwegens« zu werden, nur ohne Landebahn auf der Dachterrasse. Am 11. Juni 2022 sollen sich die Tore nun aber öffnen.

no

Kistefoss Museum

In Kistefoss bei Jevnaker nutzte man ursprünglich die Kraft des Wassers, um Holz in nützliche Stücke zu häckseln und zu Zellstoff zu verarbeiten. Die Anlage ist noch in Form eines Industriemuseums erhalten und wird durch einen beeindruckenden Skulpturenpark ergänzt. Highlight dessen ist »The Twist«, eine 60 Meter lange Brücke über den Fluss Randselva, mit dem die Geschichte des Ortes begann, und Skulptur in einem.

Polarmuseum Tromsø

Als Tromsø im 19. Jahrhundert zunehmend regionale Bedeutung gewann, begannen sich auch Polarforscher und Abenteurer für den Ort zu interessieren und nutzten diesen alsbald als Ausgangspunkt für ihre Expeditionen in noch kühlere nördliche Weltgegenden. Keine Frage, Amundsen und Nansen waren auch mit von der Partie. Vor allem von ihren Reisen berichtet das etwas antiquierte, aber dadurch umso charmantere Polarmuseum. So manches seltene Fundstück lässt sich in den Vitrinen entdecken und das Herz eines jeden Amateurabenteurers höherschlagen.

Wo Wikinger hausten

Als man 1981 in Borg auf den Lofoten ein paar Glasscherben fand, konnte man sich die später folgende Entwicklung wohl kaum vorstellen, gab es doch immer wieder Überreste der Wikinger auf nahezu jedem guten Acker zu entdecken. Doch in diesem Fall sollte sich herausstellen, dass die Fundstücke zu einem überdimensionalen Langhaus gehörten. Dessen Grundmauern wurden freigelegt und dienten als Grundlage für eine Gebäuderekonstruktion. Das 83 Meter lange Häuptlingshaus steht heute neugierigen Besuchern offen und wird natürlich auch wieder von »echten« Wikingern bewohnt.

Ab in den Wald

Wer in Norwegen entspannen oder wohlhabend werden möchte, der geht in den Wald. Tausende Kilometer Wanderwege durchziehen den norwegischen Tann und sorgen für Ruhe und Erholung. Doch auch wirtschaftlich sind die Bäume des Landes ein großes Thema, nicht umsonst sind nahezu alle Häuser aus Holz gebaut. Über die Nutzung der Forste informiert lehr- und kenntnisreich das Norwegische Waldmuseum (Norsk skogmuseum) in Elverum.

Fischereimuseum

Bei 2.500 Kilometern Küstenlinie verwundert es nicht, dass der Fisch eine durchaus dominante Rolle in der wirtschaftlichen wie auch kulinarischen Geschichte Norwegens spielt. Das neu eröffnete Fischereimuseum in Bergen erläutert die Nutzung der marinen Ressourcen, deren Chancen und Risiken.

Tromsø Museum

Bereits 1872 wurde dieses wissenschaftliche Museum in der nordnorwegischen Stadt, die die nördlichste Universität der Welt beheimatet, gegründet. Die Ausstellungen an verschiedenen Orten umfassen kulturelle und naturwissenschaftliche Themen. Unter anderem kommt man dem Zauber und den Geheimnissen des flackernden Nordlichts auf die Spur.

Kinderkunstmuseum

Wenn die Kinder am heimischen Schreibtisch etwas zu Papier bringen, sind die entstandenen Werke nicht selten viel zu schade, um gleich wieder dem Recycling zugeführt zu werden. Dies weiß auch das Internationale Kinderkunstmuseum in Oslo und sammelt Zeichnungen und Malereien aus aller Welt. Nicht zuletzt erzählen diese unabhängig von ihrer künstlerischen Qualität auch von den Lebensumständen des jeweiligen kleinen Künstlers.

Lilleputthammer

Die Storgata in Lillehammer ist in ihrer Art durchaus einzigartig in Norwegen. Eine lebendige Fußgängerzone mit attraktiven Geschäften findet man in den Zeiten von Shoppingzentren im Land nur noch selten. Und da auch die Gebäude Geschichte und Geschichten in sich tragen, wurden diese für den Freizeitpark Lilleputthammer im Miniaturformat nachgebaut. Zahllose Aktivitäten für den Nachwuchs und eine Kinderbuchstadt ergänzen das Angebot. •

#oslo

Das Königliche Schloss in Oslo

Die mit rund 670.000 Einwohnern größte Stadt Norwegens durfte sich 2019 mit dem Titel »Grüne Hauptstadt Europas« schmücken. Ein Grund ist schnell ausgemacht: Egal wo man sich in Oslo aufhält, nie ist es weit bis zum Fjord, in die Einsamkeit der Wälder, zu einem Badesee oder in einen Park. Doch auch das urbane Leben kommt nicht zu kurz. Herausragende Architektur mischt sich mit historischen Gebäuden. Zahllose einzigartige Museen wollen ebenso erkundet werden wie hippe Viertel, Szenekneipen und Restaurants der Spitzenklasse.

Oslo war keineswegs immer kultig, angesagt oder gar beliebt. Die um das Jahr 1000 von Wikingern an einem Flusslauf unterhalb des Ekeberg angelegte Siedlung suchten zahlreiche Brände heim und musste 1624 zu Füßen der schützenden Festung Akershus unter dem Namen Christiania sogar neu gegründet werden. Als 1925 Oslo seinen alten Namen zurückerhielt, war der Ort stark von Industrialisierung und extremen sozialen Gegensätzen geprägt. Im Osten, der Østkant, herrschte bittere Armut, wohingegen im Westen, der Vestkant, stattliche Villen in den »Himmel« wuchsen. Die Grenze bildete der Fluss Akerselva. Heute folgen seinen von Wasserfällen und Stromschnellen durchsetzten Fluten Wander- und Fahrradwege. Was einst trennte, hält nun die Stadt zusammen. Oslos Wirtschaft boomt und mit der stetig wachsenden Bevölkerungszahl erfindet sich die Stadt zunehmend auf kreative Art und Weise neu, im Osten wie im Westen.

Das Zentrum durchquert die Karl Johans gate, die Prachtstraße und Flaniermeile der Hauptstadt. Diese gliedert sich in Richtung Osten, also Richtung Bahnhof, in einen archi-

#GrandCafé

Im 19. Jahrhundert, als sich die Bohème anschickte, die Kunst- und Kulturszene der Stadt nachhaltig zu verändern, war das Grand Café im nicht minder ehrwürdigen Grand Hotel der wohl wichtigste Treffpunkt. Besonders bekannte Gäste waren Edvard Munch und Henrik Ibsen. Letzterer betrat das Lokal immer zur selben Stunde, weshalb manche Einwohner des alten Kristiania irgendwann angeblich damit begannen, nach ihm die Uhr zu stellen. Seinen Fußweg von der Wohnung zum Café kann man noch heute anhand von ins Pflaster eingelassenen Zitaten ablesen.

1. Festung Akershus / Widerstandsmuseum
2. Rathaus
3. Königliches Schloss
4. Nationaltheater und Universität
5. Kulturhistorisches Museum
6. Neues Nationalmuseum mit Nationalgalerie, Museum für zeitgenössische Kunst, Kunstindustriemusuem
7. Astrup Fearnley Museum of Modern Art
8. Dom
9. Ibsen Museum

Touristeninformation

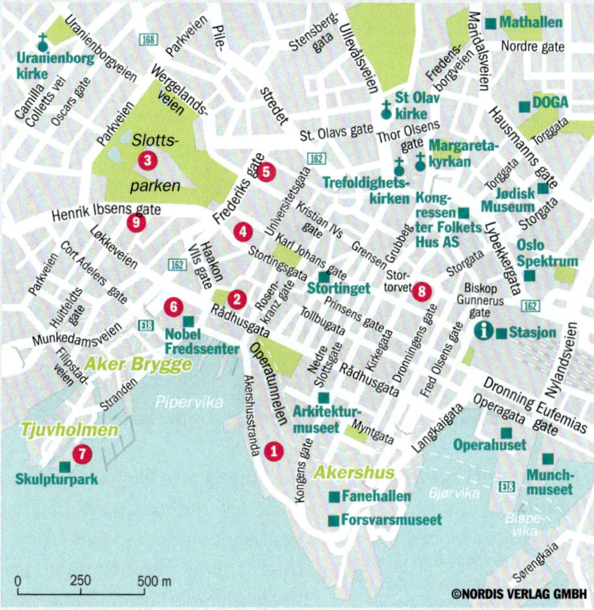

tektonisch eher schlichten und in Richtung Westen in einen baulich deutlich mondäneren Teil. Flankiert wird die Fußgängerzone von wichtigen sakralen und weltlichen Bauten, wie dem 1697 vollendeten und reich ausgeschmückten Dom, dem »Storting« genannten Parlament (1866), dem zwar baulich, jedoch nicht künstlerisch bescheidenen Nationaltheater (1899) und den Hauptgebäuden der Universität (1851). Am Ende des Weges, auf einer kleinen Anhöhe, thront das 1849 eingeweihte Königliche Schloss.

Nordwestlich der Innenstadt ist der weltbekannte Vigelandspark zu finden. Dieser beheimatet die imposanten Werke des Bildhauers Gustav Vigeland, 214 Skulpturen aus Granit, Bronze und Eisen mit Szenen aus dem menschlichen Leben sowie einen 17 Meter hohen Monolithen.

Skulpturen lockern auch die ansonsten eher strenge, kantige Fassade des 1950 vollendeten Rathauses auf, das in dem quirligen innerstädtischen Hafen »Pipervika« zu finden ist. Im sehenswerten Foyer wird alljährlich der Friedensnobelpreis verliehen. Seiner Geschichte sowie den bekannten

#Straßenbahnmuseum

1875, also zu einer Zeit, als Oslo noch Kristiania hieß, wurde in der Stadt das erste Straßenbahnnetz Skandinaviens in Betrieb genommen. Das »Sporveismuseet Vognhall 5« erinnert an die Anfangsjahre. In der alten Wagenhalle warten straßenbahntechnische Besonderheiten auf den Gast. Die ältesten Fahrzeuge stammen aus dem Gründungsjahr, die jüngsten Veteranen aus den 1960er-Jahren.

Die Skulpturenlandschaft des Vigelandsparks

#EmanuelVigeland Museum

Vigeland? Klar, kennt man. Allerdings meist nur den Gustav, der die monumentalen Skulpturen im Frognerpark schuf. Sein Bruder Emanuel (1875-1948) war jedoch nicht minder künstlerisch begabt und nicht minder exzentrisch. Er entwarf sein eigenes Mausoleum und verzierte den auch akustisch einmaligen Innenraum mit einem 800 m² großen Fresko, das den Titel »Vita« trägt. Die einzelnen Figuren zeichnen das Leben von der Wiege bis zum Grab nach und beleuchten nahezu alle Facetten des menschlichen Daseins.

Sinnataggen im Vigelandspark

Preisträgern, wie Michail Gorbatschow und Barack Obama, ist vor dem Rathaus in den Räumlichkeiten des historischen Westbahnhofs ein eigenes Museum gewidmet. Auf historischen Spuren wandelt man auf dem Gelände der im 17. Jahrhundert zum Renaissanceschloss umgestalteten Festung Akershus. Von den Verteidigungswällen bietet sich ein einmaliger, friedvoller Blick auf den Hafen und die (noch immer) angesagten Stadtviertel Aker Brygge und Tjuvholmen.

Diesen stehen auch die ebenfalls am Fjordufer erbauten neuen Quartiere Bjørvika, mit der »Eisschollen«-Oper, dem neuen Munch-Museum und der ebenfalls neuen Stadtbibliothek sowie die Halbinsel Sørenga nicht nach.

Das historische Norwegen wird man hingegen auf der Museumshalbinsel Bygdøy, die sportliche Seele an der mondänen Holmenkollen-Skisprungschanze und in den Wäldern der Nordmarka antreffen.

Vier Hotelempfehlungen

Oslo Guldsmeden

Beim »Goldschmied« in Oslo ist das Essen Bio und die Einrichtung ökologisch. Diese greift auf natürliche Rohstoffe wie Holz und Felle zurück. Sogleich fühlt man sich so, als wäre man inmitten der norwegischen Natur. Die Lage ist perfekt, bis ins Zentrum sind es nur 15 Minuten zu Fuß.
guldsmedenhotels.com/oslo, Parkveien 78, Tel. 23274000

10 Oskarhall (Neugotischer Palast)
11 Henie-Onstad-Kunstzentrum
12 Vigelandmuseum
13 Stadtmuseum
14 Vigelandpark
15 Holmenkollen-sprungschanze mit Skimuseum
16 Botanischer Garten
17 Munch-Museum
18 Technisches Museum

Touristen-information

Scandic Holmenkollen Park

Unweit des berühmten Holmenkollen ist dieses historische Hotel zu finden. Erbaut wurde es im typisch norwegischen Drachenstil, der in seiner Ausführung an die Stabkirchen erinnert. Eröffnet wurde das Gebäude 1894, wobei es erst seit 1914 als Hotel genutzt wird.

www.scandichotels.de, Kongeveien 26, Tel. 22922000

Camillas Hus

Camillas Haus wirbt für sich mit dem Motto: »Lebe das gute Leben in Oslo«. Tatsächlich kann man sich in den gutbürgerlich-mondän, immer jedoch sehr stilvoll eingerichteten Zimmern wie zu Hause fühlen. Untergebracht ist die Pension in einem der wenigen noch erhaltenen Holzhäuser des 19. Jahrhunderts.

www.camillashus.no, Parkveien 31, Tel. 94856015

Scandic Vulkan

Einst wurde in der Eisengießerei Vulkan Jernstøperi Eisen für Brücken und Eisenbahnschienen gegossen. Heute ist das Gelände ein hypermodernes, ökologisch ausgerichtetes Stadtviertel am Rande Grünerløkkas, zu dem auch ein

#Ekeberg Skulpturenpark

Der Brauereibesitzer und Millionär Christian Ringnes war der Ansicht, dass Frauen in der durchaus vielfältigen Skulpturenlandschaft Oslos stark unterrepräsentiert waren. Dies zu ändern war ein hehres Ziel. Nur der Standort für die 80 Objekte von Weltrang sorgte für Stirnrunzeln. Angedacht war der teils unter Naturschutz stehende Ekeberg. Ringnes setzte sich jedoch durch. Und damit hat Oslo seit 2014 eine herausragende Attraktion mehr, zum Glück für Gäste und Einheimische.

Wasserfall am Akerselva

Hotel gehört. Modern und urban ist es gestaltet und mit großen Panoramafenstern versehen.
www.scandichotels.de, Maridalsveien 13, Tel. 21057100

Vier Lieblingsrestaurants

Arakataka

Die Region rund um den Youngstorget ist im Grunde nicht als besonders fein bekannt. Trotzdem siedelte sich hier dieses edle, im Michelin-Guide erwähnte Restaurant an. Die Küche ist nordisch inspiriert, wenngleich mit internationalen Einflüssen versehen.
www.arakataka.no, Mariboesgt. 7, Tel 23328300

Haralds Vaffel

Im Grunde benötigte Jonathan nur Geld für sein Studium. Aus dem Waffelverkauf aus dem Wohnzimmer heraus ist nun mit der Zeit jedoch ein kleines Osloer Waffelimperium geworden. Natürlich gibt es hier die besten Waffeln weit und breit.
www.haraldsvaffel.no, Olaf Ryes Plass 3, Tel. 92223230

Liebling

Liebling? Klingt irgendwie deutsch. Soll es auch! Das charmante Café orientiert sich schließlich an Berliner Lokalen, sowohl was die legere Inneneinrichtung als auch was das Angebot an Kaffee und Kuchen angeht.
www.liebling.no, Øvrefoss 4

Street Food

Street Food steht in Oslo hoch im Kurs. Neuster Stern am Himmel des »Essens auf die Hand« ist das Torggata Bad. An 15 verschiedenen Ständen können Gerichte aus aller

#Akerselva

Von zehn Fließgewässern wird Oslo durchzogen, doch nur einem wird man beim Rundgang durch die Stadt wohl begegnen: dem Akerselva. Einst befanden sich an seinen Ufern Industrieanlagen und Sägewerke und sein Ruf war reichlich ramponiert. Heute führt der von einigen rauschenden Wasserfällen und Stromschnellen durchzogene, nunmehr porentief saubere Fluss vom neuen und hippen Stadtviertel Bjørvika vorbei am nicht minder angesagten ehemaligen Arbeiterquartier Grünerløkka hinauf zum technischen Museum am See Maridalsvannet.

no

Street Food in der Mathallen

Welt probiert werden, von Griechenland über Peru bis in die Karibik geht da die Reise.
www.oslo-streetfood.no, Torggata 16, Tel. 22040044

Rathaus mit Seifenblasen

Vier empfehlenswerte Aktivitäten

Holmenkollen Zip Line

Exakt 107,5 Höhenmeter saust man mit der »Kollensvevet« genannten Zip-Line den berühmten Holmenkollen auf 361 Metern Länge hinab und darf sich dabei wie ein Adler an der Leine fühlen. Mit 740 Kronen (rund 74 €) ist der Spaß nicht ganz billig, aber es lohnt sich, zumal der Eintritt in das älteste Skimuseum der Welt inklusive ist.

Snø – Indoor Ski

36.000 m² Schnee – das hört sich schon ziemlich verlockend an. Ganzjährig ist diese Menge an reinem Weiß in der Skihalle »Snø« in Oslo anzutreffen. Kurzerhand hat man hier einen ganzen Hang gewissermaßen vergletschert und überdacht. 500 Meter misst nun die längste Abfahrt und weist beachtliche 80 Höhenmeter auf.

Sauna am Hafen

Kletterpark Nordmarka

Die Region rund um den alten Fernsehturm Tyvannstårnet ist eigentlich bekannt für winterliche Erlebnisse auf Pisten und in den Loipen. Doch auch im Sommer geht es hier hoch her, und zwar im Kletterpark »Høyt og Lavt«. Auf spannenden Routen mit unterschiedlichen Schwierigkeitsgraden kann man die Baumwipfel auf sichere Art erkunden.

Sauna am Hafen

KOK, SALT und der Oslo Badstueforening bieten etwas ganz besonderes an, nämlich einen Saunagang inmitten der Stadt mit anschließendem Tauchgang im Fjord. Die Schwitzbäder sind rund um die Osloer Oper zu finden, einige an Land, andere fest vertäut am Ufer.

Die Osloer Oper

Vier Sehenswürdigkeiten

Oper

An kaum einer anderen Stelle in Oslo lässt sich die Transformation zu einer modernen Stadt mit neuartiger Architektur so gut beobachten wie auf dem Dach der Oper. Viel wurde schon geschrieben über die »Eisscholle« am Ufer

König Karl Johan vor dem Schloss

Festung Akershus

des Oslofjords, doch im Grunde sollte man einfach Tatsachen sprechen lassen und bei Sonnenuntergang die leuchtendweiße Schräge vor dem Foyer erklimmen und den Blick über die Mischung aus Alt und Neu, Urbanität und Natur schweifen lassen.

Troll – Oslotourist aus den Wäldern

Akershus

Erbaut wurde die Festung an der Wende vom 13. zum 14. Jahrhundert, um die Stadt vor Feinden, vor allem aus dem Osten, zu schützen. Im 17. Jahrhundert zum Schloss umgebaut, dient die erhöht liegende Anlage heute vor allem dem sowohl friedlichen als auch wenig royalen Zweck der Erholung.

Munch-Museum

28.000 Objekte umfasst die Sammlung des bekanntesten Malers Nordeuropas, Edvard Munch. Ein Gebäude von normaler Größe und Statur, wie jenes des alten Munch-Museums in Tøyen, kann nur einen Bruchteil der Werke zeigen. Daher ersann man einen Neubau am Hafen, unweit der Oper. 13 Stockwerke ist dieser nun hoch, mit transparentem Blech verkleidet und überhängender oberer Etage, die einen Panoramablick über die Stadt freigibt.

Wappen Oslos

Bygdøy

Ein Besuch Oslos wäre nicht komplett, wenn man nicht zumindest eines der bedeutenden Museen Bygdøys besucht hätte. Zum dörflichen Charakter der zentrumsnahen Halbinsel gehört zweifelsfrei das Freilichtmuseum. Den Entdeckern und Abenteurern des Landes sind hingegen das Seefahrts-, Fram- und Kon-Tiki-Museum gewidmet. Abgesehen von den Wintermonaten kann man die Ausstellungsgebäude mit dem Boot erreichen, das direkt vor dem Rathaus der Stadt ablegt.

Vier weitere Tipps

Slottsparken

Mit dem Bau des Königlichen Schlosses begann auch die Anlage des Schlossparks. Die ersten Grundstücksankäufe erfolgten 1824. Doch wie alles zur damaligen Zeit in Norwegen, vereitelten ökonomische Gründe weitere Planungen. Erst 14 Jahre später wurden unter der Aufsicht des Schlossgärtners Martin Mortensen die ersten Bäume gepflanzt, Wege, Alleen und Wasserspiele angelegt. Ein unscheinbares, doch wichtiges Haus ist Grotten. Es ist das erste im Schweizerstil erbaute Gebäude des Landes.

Farbenfrohe Häuser im Osten der Stadt

Neue Deichmanske Bibliothek

Fabrikbesitzer Carl Deichman zeigte dem einstigen Kristiania – so der historische Name Oslos bis 1924 – seine Zuneigung, indem er der Stadt 1780 6.000 Bände und 2.000 Reichstaler vermachte. Er legte damit den Grundstein für die erste Bibliothek, die fortan seinen Namen tragen sollte. Da sich im Laufe der Jahre nicht gerade wenig Literatur in den Schränken ansammelt, musste also auch für die Bücherei eine Lösung gefunden werden. Man fand diese, wie so oft in den letzten Jahren, wiederum am Hafen. Neben der Oper wurde nun ein helles, optimistisches und dezent lichtdurchflutetes Gebäude eröffnet.

Deichmanske Bibliothek

Mathallen

Schon lange wollte Oslo mit anderen Städten gleichziehen und eine Markthalle sein eigen nennen. 2012 ging der Traum durch den Umbau einer ehemaligen Industriehalle nun endlich in Erfüllung. Seitdem kann man frische regionale und internationale Produkte unter der Adresse »Vulkan 5« erwerben und oftmals auch gleich vor Ort an Street-Food-Ständen verkosten. **www.mathallenoslo.no**

Insel im Oslofjord

Inseln im Fjord

Im Sommer werden die Skier gegen Badekleidung und Handtuch eingetauscht. Dann geht der Weg in die entgegengesetzte Richtung, hinab zum Hafen, zum Bootsanleger am Rathaus. Ziel ist dann eine der zahllosen wie abwechslungsreichen Inseln im Oslofjord, wo Erfrischungen garantiert sind. •

#bergen

Die Kulturstadt Bergen ist durch ihren lebendigen Hafen mit den Fracht-, Kreuzfahrt- und Fährschiffen sowie dem Hurtigruten-Anleger sehr maritim geprägt. Gleichzeitig ist man in der »Stadt unter den sieben Bergen« auch schnell zu Fuß oder per Seilbahn im Fjell und kann verwunschene Wälder, stille Seen und raue Hochebenen erkunden. Diese einmalige Lage an der Küste und im Gebirge hat jedoch ihren Preis, und der heißt Regen. Doch da Wasser die farbenfrohen Fassaden der Holzhäuser erst recht erstrahlen lässt, glänzt Bergen auch bei schlechtem Wetter.

Abendlicher Blick über den Hafen von Bergen

Bergen wurde 1070 unter dem Namen »Bjørgvin« (Wiese zwischen den Bergen) vom norwegischen König Olav Kyrre gegründet. Den wohl größten Einfluss auf die Stadtentwicklung hatte die rund 500 Jahre währende Zeit der Hanse. Das deutsche Kontor wurde 1360 ins Leben gerufen. Bergen ist heute mit 279.000 Einwohnern die zweitgrößte Stadt Norwegens.

#Skostredet

Die »Schuhstraße« liegt in jenem Gebiet der Bergener Innenstadt, das noch vor zwei Jahrhunderten den Handwerkern vorbehalten war, der Name verrät es. Heute trifft man in den kleinen, mittlerweile farbenfroh getünchten und mit einfallsreichen Graffitis verzierten Häusern unweit des Hafens auf alternative Läden und schicke Cafés und Restaurants.

Zwischen Architektur und Natur

Zentraler Platz am Hafen ist der Torget, wo auch der traditionelle, vielbesuchte Fischmarkt stattfindet. Viele der Hauptsehenswürdigkeiten liegen nördlich des Fischmarkts. Direkt am Hafenbecken stehen die windschiefen, unter dem Schutz der UNESCO stehenden Holzhäuser der Bryggen. Über das Leben im Hanseviertel erfährt man mehr im historischen Versammlungshaus, der Gildehalle Schøtstuene. Fundstücke vom Gelände der 1702 und 1955 von Brän-

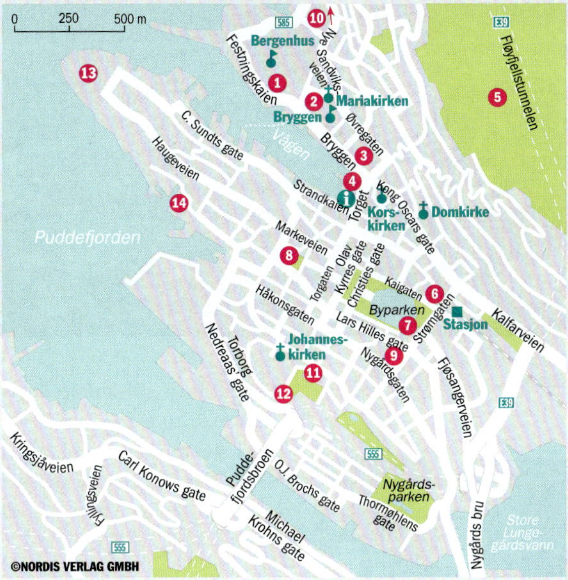

1. Festung Bergenhus
2. Schøtstuene, Mariakirche, Bryggen Museum
3. Hanseatisches Museum
4. Fischmarkt und Hauptstr.
5. Aussichtsberg Fløyen
6. Lepramuseum
7. Kunstmuseum
8. Theater
9. Grieghalle
10. Fischereimuseum
11. Museum der Universität
12. Schifffahrtsmuseum
13. Aquarium
14. USF-Kulturhaus

i Touristeninformation

den heimgesuchten Brygge-Häuser präsentiert das Bryggens Museum. Es liegt unweit zweier weiterer wichtiger Bauwerke, der um 1150 fertiggestellten Mariakirche und der ehrwürdigen Festung Bergenshus.

Bei einem Besuch in Bergen darf die Fahrt mit der Standseilbahn auf den 400 Meter hohen Hausberg Fløyen nicht fehlen. Abgesehen vom wahrlich überwältigenden Panoramablick lohnen die Wanderwege in die malerische Umgebung den Ausflug. Empfehlenswert ist auch der Spaziergang zurück in die Stadt, vorbei am Spielplatz, die Serpentinen »Fløysvingene« hinab.

Wendet man sich am Fischmarkt in Richtung Süden, erreicht man den geschäftigen Teil der Stadt. Zahlreiche Läden und Kaufhäuser säumen die Strandgaten, die Olav Kyrres gate und den Torgallmenningen. Den häufig von Bränden heimgesuchten Marktplatz dominieren heute neoklassizistische Bauten der 1920er-Jahre.

Ab dem Torgallmenning lohnt ein Abstecher auf die Halbinsel Nordnes.

#Sjømanns monument

Dyre Vaa (1903–1980) ist einer der bekanntesten und besten Bildhauer des Landes. Warum das aus Kuben zusammengesetzte und 1950 eingeweihte Monument für die Seefahrer Norwegens auf dem Torgallmenningen jedoch so unvollendet wirkt, bleibt ein Rätsel. Imposant ist es trotzdem. Skulptural wird die Geschichte von den Wikingern und der Entdeckung Amerikas über die Wiederbesiedlung Grönlands durch Hans Egede bis hin zu den Walfängern und den Handelsfahrten des 20. Jahrhunderts erzählt.

Flugverbot für Hexen im Großraum Bergen

Hyggelig wohnen in Bergen

Wendet man sich in die entgegengesetzte Richtung, gelangt man zum See Lille Lungegårdsvann. Entlang seines Ufers stehen die Grieghalle und die Kunstmuseen Kode 1–4. Jedes der Häuser präsentiert norwegische und internationale Malerei bzw. Kunsthandwerk und Design von Weltrang.

Einige hochkarätige Sehenswürdigkeiten verbergen sich auch im Süden der Stadt. Naturliebhaber sollten hier eine Seilbahnfahrt auf den mit 643 Metern höchsten Hausberg, den Ulriken einplanen. Zur Talstation fahren ab dem Torget Ausflugsbusse.

Wer sich für Kultur interessiert, darf das Anwesen Troldhaugen nicht verpassen. Hier auf dem »Trollhügel« lebte einst der in Bergen geborene weltberühmte Komponist Edvard Grieg.

#Nordnesparken

Zwischen den beschaulichen Holzhäusern der Halbinsel Nordnes fühlt man sich ein wenig wie auf dem Lande. Verstärkt wird der Eindruck durch den gegen Ende des 19. Jahrhunderts angelegten Nordnespark. Wer sich in diesem zur rechten Zeit einfindet, kann in den angrenzenden Gewässern die Schiffe der Hurtigruten einlaufen sehen. Zeitgleich ist es in den Sommermonaten möglich, in das am Ufer gelegene Seebad einzutauchen.

Zwei Hotelempfehlungen

Klosterhagen Hotell

Analog zum Namen, »Klostergarten«, wohnt man im Hotel ruhig und friedlich, und das mitten im Zentrum. Als Gast kann man hier jedoch nicht nur angenehme Nächte verbringen, sondern tut auch Gutes. In dem Gasthaus arbeiten zum Teil Menschen, die sich nach schweren Lebenstagen wieder zurück auf dem Weg ins Arbeitsleben befinden. **www.klosterhagenhotell.no**, Strangehagen 2, Tel. 53002200

Quality Hotel Edvard Grieg

Wie nahezu alle neuen oder modernisierten Hotels des Landes, so überrascht auch das »Edvard Grieg« mit einem

Auf der Halbinsel Nordnes

ungewöhnlichen Ambiente und einer überraschenden Architektur. Hell und luftig wirken Zimmer und Foyer. Die Lage etwas außerhalb des Zentrums hat den Vorteil, direkt vor der Tür einen Parkplatz zu finden. Die Straßenbahn hält unweit entfernt.

www.nordicchoicehotels.no, Sandsliåsen 50, Tel. 55980000

Zwei Lieblingsrestaurants

Søstrene Hagelin

Bergener Fischgerichte sind nicht gerade günstig, zumindest wenn man diese auf dem Fischmarkt erwirbt. Kehrt man jedoch direkt daneben bei den »Schwestern« ein, wird es günstiger, bei gleichbleibender hoher Qualität.

www.sostrenehagelin.no, Strandgaten 3, Tel. 55902013

Pygmalion

Im charmanten Pygmalion möchte man gern länger verweilen. Das Ambiente erinnert ebenso an eine Berliner Kneipe wie das Getränke- und Essensangebot. Auf dem Plan stehen Bio-Gerichte zu relativ günstigen Preisen. Im Sommer sitzt man sehr schön auf dem Gehweg und kann das Treiben an sich vorbeiziehen lassen.

www.pygmalion.no, Nedre Korskirkeallmenningen 4, Tel. 55323360

Zwei empfehlenswerte Aktivitäten

Wanderung vom Fløyen

Die Fahrt mit der Standseilbahn ist freilich ein Muss, wenn man schon mal in Bergen ist. Hinab jedoch kann man sich auch ein wenig die Beine vertreten und den Wanderweg wählen. Dieser ist gut ausgebaut und führt in zwei Varian-

#Aksdal

In Bergen regnet es gerne einmal. Ok, es kann auch »herunterkübeln« (bøtte ned) oder »Flutschauer« (flobyger) geben. Wichtig ist in jedem Fall, entsprechend gute Bekleidung zu haben. Ununterbrochen seit 1883 gibt es diese bei »Aksdal in der Mauer«. So heißt eines der ältesten profanen Gebäude der Stadt, das bis heute hochwertige Regenkleidung anbietet. Das Haus wurde 1561 im Auftrag des Lehnsherrn Erik Rosenkrantz errichtet. **www.aksdalimuren.no**

Besuch am Wegesrand zum Fløyen

no

Blick auf die Hansehäuser der Bryggen

ten in Serpentinen sanft bergab, vorbei an beeindruckenden Stadtpanoramen und scheinbar uralten Buchen.

Bootsausflug

Wie so viele norwegische Städte, so verbindet auch Bergen Gebirge und Küste. In der Touristeninformation steht ein breites Angebot an Touren durch die Insel- und Fjordwelt der Umgebung zur Auswahl..

Stockfisch auf dem Fischmarkt

Zwei Sehenswürdigkeiten

Rosenkrantzturm

Die kompakte, breite Gestalt des Gebäudes lässt schon erahnen, dass es einst eine dreifache Funktion als Turm, Wohn- und Verteidigungsanlage hatte. Der älteste Teil wurde als Kastell bereits um 1270 angelegt. Umbauten erfolgten in der Zeit der Renaissance unter dem dänischen Adelsmann und Lehnsherren Erik Rosenkrantz (1519–1575), der mit dem hoch aufragenden Haus seine Macht gegenüber den Hanseaten unter Beweis stellen wollte.

Fischereimuseum

Bergen lebt vom und mit dem Meer. Kein Wunder also, dass die Stadt auch ein spannend und lebendig gestaltetes Fischereimuseum ihr Eigen nennt. In drei restaurierten Packhäusern ist es untergebracht. Die Hauptausstellung »Verden under vann« führt den Besucher in die Welt unter der Wasseroberfläche. Die durch multimediale Effekte unterstützte Reise geleitet von den großen Meeresströmungen zur Küste Norwegens, der mit 2650 Kilometern längsten Europas.

Stabkirchenportal in den Kulturhistorischen Sammlungen

Zwei weitere Tipps

Skillingsboller

Die Zimtschnecke ist ein in Skandinavien äußerst beliebtes Gebäck, dessen Herkunft gerne in Schweden verortet wird. Dort ist es jedoch erst seit den 1920er-Jahren heimisch, lange Zeit, nachdem man es schon in Bergen verzehrte. Der Zimt gelangte mit den hanseatischen Händlern in die Stadt, und da die Zimtschnecke genau einen »skilling« kostete, erhielt sie alsbald die Bezeichnung »skillingsbolle«. Verschiedene Bäcker haben die Köstlichkeit noch heute im Angebot.

Bergener Skillingsboller

Kulturhistorische Sammlung

Das Museum der Bergener Universität ist außerhalb der Stadtgrenzen nur wenig bekannt, überrascht jedoch umso mehr durch kulturgeschichtlich wertvolle und interessante Exponate. Diese spiegeln die reichhaltige Bauernkultur wider, geben einen umfassenden Einblick in die Welt der Wikinger und beinhalten auch historische Stabkirchenportale mit mystischen Schnitzereien. •

#trondheim

An der Nahtstelle zwischen dem Süden und dem Norden, inmitten fruchtbarer Hügellandschaft liegt Trondheim. Die mit 192.000 Einwohnern drittgrößte Stadt Norwegens besitzt eine der größten Universitäten des Landes und zeichnet sich durch ein aktives Kulturleben sowie eine spannende Mischung aus alter und neuer Architektur aus.

no

Speicherhäuser entlang des Nidelva

Die im Jahre 997 unter dem Namen Nidaros am Flusslauf Nið angelegte Siedlung war zeitweise Hauptstadt Norwegens. Zwei Könige prägen die Geschichte. Zum einen Gründervater Olav I. Tryggvason, dessen Statue den zentralen Marktplatz (Torg) ziert, zum anderen der heiliggesprochene Olav II. Haraldsson. Er fiel am 29. Juli 1030 in der Schlacht von Stiklestad und trug entscheidend zur Christianisierung des Landes bei. Über seinem Grab wurde der Trondheimer Dom errichtet.

In einer großen Kehre umschlingt der Fluss Nidelven die auf einer Halbinsel gelegene Innenstadt. Diese wird vom weithin sichtbaren Nidarosdom, dem größten sakralen Bauwerk Skandinaviens, überragt. Er ist die Krönungskirche des Landes und wurde einst im romanischen Stil errichtet. Da das Bauwerk im Zuge der Reformation jedoch vernachlässigt wurde und verfiel, stammen die meisten Ge-

#Rockheimen

Der Journalist Bertil Lien schuf 1972 zum ersten Mal den Begriff »Trønderrock«. Es war eine Reaktion auf die immer zahlreicher werdenden Bands, die mit ihren Leadsängern den Dialekt aus Trøndelag verwendeten. Die Strömung wurde norwegenweit bekannt und daher war es auch nur folgerichtig, im Zentrum Trøndelags, also in Trondheim, dem Rock eine Heimat in Gestalt eines spannenden Museums zu bieten. Ansässig in einem ehemaligen Getreidelager mit nunmehr farbenfroh leuchtendem Dach.

1 Nidarosdom
2 Erzbischöflicher Palast
3 Nationales Museum für Kunsthandwerk und Design
4 Universitätsmuseum
5 Stiftsgården / Königsresidenz
6 Fischmarkt
7 Maritim Museum
8 Munkholmen
9 Musikhistorisches Museum Ringve
10 Trøndelag Folkemuseum Sverresborg / Historisch-kulturelles Freilichtmuseum

Touristeninformation

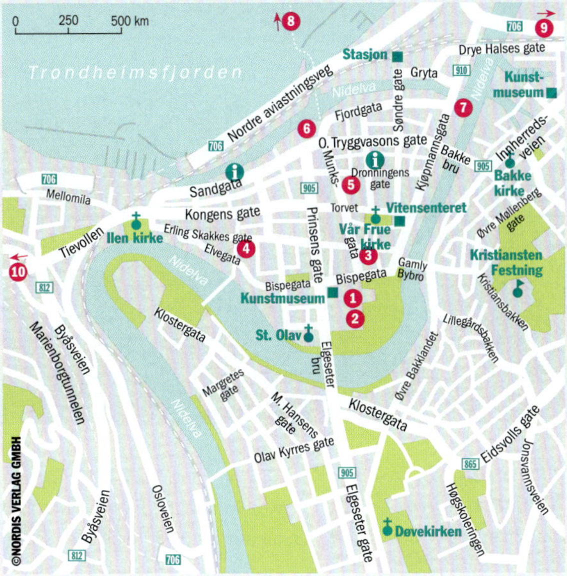

bäudeteile aus dem 19. und 20. Jahrhundert. So auch die monumentale Westfassade, die 75 Skulpturen ziert.

Zur Anlage gehört auch der Erkebispegården (Erzbischofspalais). Die Hofanlage stammt aus dem 12. Jahrhundert und ist das älteste Profanbauwerk Nordeuropas. Ausgestellt sind die Kronregalien.

Über die Munkegata (Mönchsstraße) gelangt man, vorbei am Kunstmuseum zum Marktplatz. Unweit des Torget stehen der Stiftsgården, das größte Holzhaus Skandinaviens, und die romanisch-gotische Vår Frue Kirche. Diese besitzt einen kleinen Fachwerkanbau, der der nördlichste seiner Art in der Welt sein dürfte. In Richtung Hafen ist der Fischmarkt Ravnkloa zu finden.

Ab dem Gotteshaus gelangt man sowohl über die Fußgängerzone Nordre gate als auch über die Kongens gate zum Fluss. Dieser wird von zum Teil aus dem 18. Jahrhundert stammenden, in zumeist Rot- und Gelbtönen gehaltenen Speicherhäusern flankiert. Über die historische Stadtbrücke (bybro) gelangt man zum jenseitigen Ufer in das von Holz-

Alte Stadtbrücke »Gamle Bybro«

#Seefahrt

Als Bindeglied zwischen dem historischen und dem modernen Trondheim liegt das Seefahrtsmuseum (Sjøfartsmuseet) am Nidelva, das in der alten »Sklaverei«, einem Steingebäude aus dem Jahr 1784 untergebracht ist. Ein besonderer Schwerpunkt der Ausstellungsobjekte ist die Zeit der Segelschiffe, die auch von Trondheim aus ablegten, um die Welt zu erobern und Waren einzutauschen. Dreh und Angelpunkt des Handels in der Stadt waren die Speicherhäuser, die unweit des Museums noch anzutreffen sind.

Blick auf die Stadt vom Nansenveien aus

#Trondheim Kunstmuseum

Die Sammlungen der drittgrößten norwegischen Stadt sind eher unbekannt, was nicht heißt, dass die ausgestellten Gemälde nicht sehenswert sind. Wie in Oslo und Bergen auch, kann man sich hier einen umfassenden Überblick über die Reichhaltigkeit der bildenden Kunst Norwegens verschaffen. Zu den bekanntesten Werken zählen die »Kirche von Røros« von Harald Sohlberg, »Norwegischer Weihnachtsbrauch« von Adolph Tidemand und »Nordkapp« von Peder Balke.

Turm des Nidarosdomes

häusern und Cafés geprägte Viertel Baklandet. Der weltweit einmalige Fahrradlift »Trampen« führt den steilen Berg hinauf zur 1681 erbauten Festung Kristiansten.

Zwei Hotelempfehlungen

Bakeriet Hotel

Der Name ist bei diesem kleinen, schicken Hotel Programm. In dem Haus war einst tatsächlich eine Bäckerei untergebracht, die mächtigen Ofentüren im stylischen Speisesaal erinnern daran. Gelegen ist das weiße Steingebäude im Herzen der Innenstadt, unweit der Flussbiegung des Nidelva. Alle Sehenswürdigkeiten liegen nur unweit entfernt.

www.hotelbakeriet.com, Brattørgata 2, Tel. 73991000

Scandic Hotel Nidelven

Direkt am Ufer des Nidelven liegt dieses empfehlenswerte Haus. Die modern und ansprechend eingerichteten Zimmer haben nahezu alle freien Blick auf das Wasser und das neue Stadtviertel Solsiden. Auch das Angebot des Frühstücksbuffets lässt keine Wünsche offen.

www.scandichotels.no, Havnegata 1-3, Tel. 73568000

Zwei Lieblingsrestaurants

Vertshuset Tavern

Angeschlossen an das Freilichtmuseum Sverresborg ist dieses historische Restaurant. Die Geschichte des Hauses lässt sich bis in das Jahr 1739 zurückverfolgen, wobei sei-

nerzeit das Haus noch inmitten der Stadt zu finden war. Auf dem Speiseplan stehen vor allem traditionelle Gerichte.
www.vertshusettavern.no, Sverresborg Alle 11, Tel. 47515900

Café Løkka
Am Rande von Trondheims schönstem Viertel, dem Baklandet, ist in einem alten Holzgebäude dieses moderne Café zu finden. Das Menü bedient »fleischliche« Gelüste ebenso wie vegetarische. Abgerundet wird der abendliche Aufenthalt nicht selten durch Livekonzerte.
www.cafelokka.no, Dokkgata 8, Tel. 40000974

König Olav V. mit Möwen

Zwei empfehlenswerte Aktivitäten

Aussichtspunkt »Utsikten«
Fridtjof Nansen war einer der bekanntesten Forscher und Entdecker des Landes. Kein Wunder daher, dass man in der nach ihm benannten Straße auch einen der vielen grandiosen Aussichtspunkte der Stadt findet.

Munkholmen
Einst nahmen Mönche diese kleine Insel im Trondheimsfjord für sich in Besitz, was auch ihren Namen erklärt. Nachdem diese später zunächst als Gefängnis diente, kommen heute vor allem Ausflügler zu Besuch, die hier draußen ein paar idyllische Momente verleben wollen.

Zwei Sehenswürdigkeiten

Sverresborg
An jener Stelle, wo Sverre Sigurdsson, der 1184-1202 als König über Norwegen regierte, seine Burg anlegen ließ, ist heute das örtliche Freilichtmuseum zu finden. Die sehenswerte Anlage unterteilt sich in drei Bereiche: Reste der historischen Festungsanlage, eine städtische sowie eine bäuerliche Sammlung mit Stabkirche.

Ringve Museum
Als Christian Anker Bachke, der einstige Besitzer der Hofanlage aus dem 19. Jahrhundert, anfing, Instrumente zu sammeln, hätte er sich sicher auch nicht träumen lassen, dass diese einmal zu einer Hauptattraktion der Stadt werden würden. Die Räume sind thematisch nach Komponisten geordnet und zeigen Instrumente aus aller Welt. •

#JüdischesMuseum

Die erste Synagoge Trondheims wurde im Haus Nummer 7 in der Gasse St. Jørgensveita im Jahre 1899 geweiht. Bald stellte sich das Gebäude als zu klein heraus und man suchte nach Alternativen. Diese fand man in einem bereits 1884 stillgelegten Bahnhofsgebäude. Nach umfassenden Sanierungsmaßnahmen wurde die neue Synagoge 1925 eröffnet. Nach den Zerstörungen durch die Nazis erfolgte 1947 eine Renovierung. Die Synagoge ist heute Teil des 1997 eröffneten Jüdischen Museums und wird an Feiertagen weiterhin genutzt.

Vår frue Kirche

#stavanger

Im äußersten Südwesten Norwegens, in der von Landwirtschaft geprägten, eher flachwelligen Region Jæren, liegt das 133.000 Einwohnern zählende Stavanger. Die sich direkt vor der Haustüre auftürmenden rauen Fluten der Nordsee prägen seit der Gründung im 12. Jahrhundert die Geschicke der Stadt. Sorgten zunächst Fischfang, Schifffahrt und Konservenindustrie für einen nur bescheidenen Wohlstand und ein vergleichsweise geringes Bevölkerungswachstum, nahm Stavanger mit den ersten Ölfunden in den 1960er-Jahren eine rasante bauliche wie auch ökonomische Entwicklung.

Blick auf den Hafen

Wie viele norwegische Orte besitzt auch Stavanger einen »Vågen« (Kleine Bucht) genannten innerstädtischen Hafen. Entlang des westlichen Ufers, dem Strandkaien folgend, liegt die Altstadt Gamle Stavanger (Alt-Stavanger) mit 173 kleinen Holzhäusern aus dem 18. und 19. Jahrhundert.

Gegenüber der Altstadt liegt das »Sentrum«. Architektonisch ist das Viertel zwar weniger einheitlich, trotzdem finden sich auch an dieser Stelle viele der typischen kleinen Holzhäuser.

Am Südende des Vågen, in dessen Becken häufig mächtige Kreuzfahrtschiffe einen eindrucksvollen Kontrast zur kleinteiligen Bebauung bieten, liegen die Fischhalle, der Markt (Torvet) und der Dom. Errichtet wurde dieser nach Stavangers Ernennung zum Bischofssitz im 12. Jahrhundert.

#Valbergtårnet

Wer sich am innerstädtischen Hafen umschaut, entdeckt viel Holz und nur wenig Stein. Verständlich, dass die Angst vor Bränden eine sehr naheliegende war. Logisch ist es daher, dass bereits im 17. Jahrhundert ein Feuerwachturm errichtet wurde, von dem aus man mit Glockengeläut, Rufen und Schüssen die Bevölkerung warnen konnte. Der heutige Turm, der die engen Straßen der Innenstadt um rund 27 Meter überragt, wurde 1853 vollendet und beherbergt ein Stadtwächtermuseum.

Holzhäuser in Stavanger

Zwei Hotelempfehlungen

Hotel Skagen Brygge

Das Clarion Collection® Hotel Skagen Brygge liegt inmitten des lebhaften Hafengebiets. Von dem alte Speicherhäuser imitierenden Gebäude ist es nicht weit bis in die Innenstadt mit der historischen Altstadt. Besonders hervorzuheben sind die Zimmer mit freiem Blick über das Wasser. **www.nordicchoicehotels.no**, Skagenkaien 30, Tel. 51850000

1. Domkirche
2. Stavanger Museum
3. Sølvberget Bibliothek und Kuturhaus
4. Breidablikk
5. Ledaal
6. Gamle Stavanger
7. Norsk hermetikkmuseum / Norsk grafisk museum
8. Schifffahrts- und Handelsmuseum
9. Valbergturm
10. Norwegisches Erdölmuseum
11. Archäologisches Museum

i Touristeninformation

Darby's Inn B&B

Die Gäste logieren in einer historischen Villa. Den mondänen Stil des 19. Jahrhunderts greift unter anderem der Frühstücksraum auf. Die Zimmer sind mal nicht modern-kühl, sondern warm und freundlich eingerichtet, mit etwas schwererem Mobiliar.

www.darbysbb.com, Oscars gate 18, Tel. 47625248

Zwei Restauranttipps

Bevaremegvel

»Behüt mich wohl«, so die Übersetzung des etwas verquer wirkenden Namens. Erwarten kann man in diesem alteingesessenen Restaurant eine Küche, die einmal quer durch Europa wanderte und am Ende wieder in Norwegen ankam. So wird neben französischem Landbrot eben auch Lutefisk serviert.

www.restaurantbevaremegvel.no, Skagen 12, Tel. 81552882

Cafe Sting

Auch das »Sting« ist mittlerweile eine Institution in der Stadt. Natürlich ist nicht nur Musik des gleichnamigen Musikers hier zu erwarten, aber eben auch. Ansonsten erwartet den Gast herzhaftes Essen und Sinnliches in der angeschlossenen Galerie.

www.cafesting.no, Valberget 3, Tel. 94846789

#Breidablikk

Eines der Holzgebäude, das die Zeiten überdauerte, ist die Villa Breidablikk. Errichten ließ das Anwesen 1882 der Reeder und Politiker Lars Berentsen (1838–1896). Für das gelbe Haus mit seinen roten Verstrebungen wurde eine Mischung aus gotisch inspiriertem Historismus und dem Schweizerstil gewählt. Das Interieur zeigt sich stilistisch noch experimenteller. Zu entdecken ist eine gewagte Mischung aus Neogotik, Neorokoko und Neobarock.

Nachtwächter in der Altstadt

no

Holzhausviertel Gamle Stavanger

Scandic Hotel

Tradition: Konservenfabrik

Zwei empfehlenswerte Aktivitäten

Flor & Fjære

Es war im Jahre 1965. Åsmund und Else Marie Bryn kauften eine Hütte auf einer kleinen, kargen Insel nahe Stavanger, ganz im Südwesten Norwegens. 1987 wurde Åsmund jedoch arbeitsunfähig und begann sich zu langweilen. Um sich ein bisschen zu beschäftigen, begann er die nähere Umgebung zu bepflanzen. Man kann nun durchaus sagen, dass das Projekt »leicht« aus dem Ruder gelaufen ist. Denn nun folgt schon die dritte Generation seinem Beispiel und der einst kleine Garten ist zu einer gestandenen , teils exotischen Parkanlage geworden. **florogfjare.no**

Kloster Utstein

Ein lohnendes Ausflugsziel ist das mittelalterliche Kloster Utstein, gegründet als einer von fünf Königshöfen. Ende des 13. Jahrhunderts entschied man sich jedoch für einen mehr spirituellen Weg und gründete ein Kloster.
utsteinkloster.no

Zwei Sehenswürdigkeiten

Neu: »IDDIS«

Im Sommer 2021 öffnete in der historischen Altstadt »IDDIS« seine Pforten. IDDIS ist der Name für die Museumsanlage, die das neugebaute Norwegische Druckmuseum (Norsk grafisk museum) und das renovierte Norwegische Konservenmuseum (Norsk hermetikkmuseum) beherbergt. Schwerpunkt der gemeinsamen Ausstellung ist es, die für Stavanger sehr wichtige Konservenindustrie und die Menschen, die diese zu einem großen Erfolg machten, erlebbar zu machen.

Erdölmuseum

Die Seele Stavangers. Seit vielen Jahren ist diese eher eine schwarze. Schuld daran ist das Öl, das auf gigantischen Plattformen gewissermaßen vor der Haustür in den Weiten der Nordsee gefördert wird. Den Industriezweig dokumentiert äußerst eindrücklich das Norsk Oljemuseum. Anhand zahlloser Objekte und Bilder wird der Kampf ums Schwarze Gold lebendig. •

Rosen in Gamle Stavanger

#kristiansand

Wer von Dänemark kommend mit der Fjord Line nach Norwegen übersetzt, legt häufig in Kristiansand an. Die heute knapp 90.000 Einwohner zählende Stadt ließ der dänisch-norwegische König Christian IV. im Jahre 1641 mit schachbrettartigem Grundriss auf einer Halbinsel an der Mündung der Otra anlegen. Kristiansand ist besonders bei norwegischen Sommertouristen beliebt und das Einfallstor nach Südnorwegen.

Sommertag in Kristiansand

Die »Kvadraturen« genannte Innenstadt wirkt eher etwas großstädtisch und besitzt im Detail nicht den gleichen Charme wie andere Orte des Sørlands, wartet aber trotzdem mit einigen Sehenswürdigkeiten auf.

Eine einheitliche, stilvoll restaurierte Holzhausbebauung weist »Posebyen« auf, ein Viertel im nördlichen Bereich der Straßenzüge Rådhusgata, Gyldenløves gate und Skippergata.

Ebenfalls einen Abstecher wert ist die genau in der anderen »Ecke« des Zentrums gelegene Fiskebrygga. In die Holzhäuser am Beginn der von Wanderern geschätzten Insel Odderøya sind ein Fischmarkt, Restaurants und Cafés eingezogen. Auch liegt hier das architektonisch einmalige Kulturhaus Kilden, dessen überhängendes Dach an die Wellen des Meeres erinnert.

#DerDom

Nachdem Kristiansand 1682 Bischofssitz wurde, musste auch eine repräsentative Kirche errichtet werden. Leider hatte man mit den Gotteshäusern wenig Glück. Zwei Mal wurden diese von Bränden vernichtet. Erst der 1885 vollendete, recht massive neogotische Bau erweckt einen Eindruck von Ewigkeit, denn immerhin konnte eine Granate, die beim deutschen Überfall auf Norwegen im 70 Meter hohen Turm landete, dem Dom keinen großen Schaden zufügen.

In den Straßen der Stadt

1. Kristiansand Domkirche
2. Kristiansand Festung
3. Sørland-Kunstmuseum
4. Aquarama Bad
5. Wergeland-Park

Touristeninformation

An der Fiskebrygga beginnt Kristiansands einladend gestaltete Uferpromenade. Zwölf Kilometer östlich von Kristiansand ist der Zoo (Dyreparken) zu finden. Er ist eine der meistbesuchten Attraktionen Norwegens und der einzige dieser Größe in Norwegen.

Eine Hotelempfehlung

Ansgar Sommerhotell

Die Hochschulgebäude des Landes haben während des Sommers geschlossen, theoretisch. Einige von ihnen verwandeln sich in preisgünstige Unterkünfte für Touristen. In Kristiansand ist das nicht anders. Der dabei angebotene Standard ist zwar nicht hoch, aber die Lage nahe des Fjords, unweit der Stadt und des Zoos ideal.

www.ansgarsommerhotell.no, Fredrik Fransonsvei 4, Tel. 38106400

Umgebung Kristiansand

© Magnus Furset – VisitNorway.com

Ein Restauranttipp

Hopeful KunstKafé SKMU

»Hoffnungsvoll«. Im Grunde spiegelt ja der Name des Cafés die Stimmung dieser Monate wider. Das gemütliche Lokal ist an das Kunstmuseum der Stadt angeschlossen und

Stadtstrand Kristiansand

#Kunstsilo

Momentan hält sich die Kunstsammlung der südnorwegischen Stadt noch in einem beschaulichen Rahmen. Mit ein bisschen Hoffnung und Mut könnte sich das im Herbst 2022 jedoch ändern. Schließlich hat man die nicht unwichtige private Sammlung des in Kristiansand geborenen Managers Nicolai Tangen erhalten. Den Plänen nach soll nun der einstige Silo neben dem Theaterkomplex »Kilden« modern und mondän umgebaut werden.

Theater Kilden

© Foap – Visit Norway

bietet Freunden des nachmittäglichen Snacks eine reichhaltige Auswahl an Gebäck und Heißgetränken.
Skippergata 24 B, Tel. 38074900

Eine empfehlenswerte Aktivität

Museumshafen

Der Museumshafen am Beginn der Insel Odderøya bietet gerade für Familien ein reichhaltiges Angebot. Es gibt einen kleinen Spielplatz, man erfährt Wissenswertes über maritime Fahrzeuge und kann solche in Gestalt kleiner Boote auch ausleihen und über das Wasser schippern.

Eine Sehenswürdigkeit

Posebyen

Rund um die Skippergate sind noch zahlreiche ein- bis maximal zweigeschossige, nachgerade winzige Holzhäuser erhalten, die meisten von ihnen aus der Mitte des 19. Jahrhunderts.

Ein weiterer Tipp

Odderøya

Die kleine Insel am Rande des Zentrums bietet sich optimal für eine kleine Auszeit an. Hier gibt es schmale Pfade, die zum Leuchtturm oder zu kleinen Badebuchten führen. •

#lillehammer

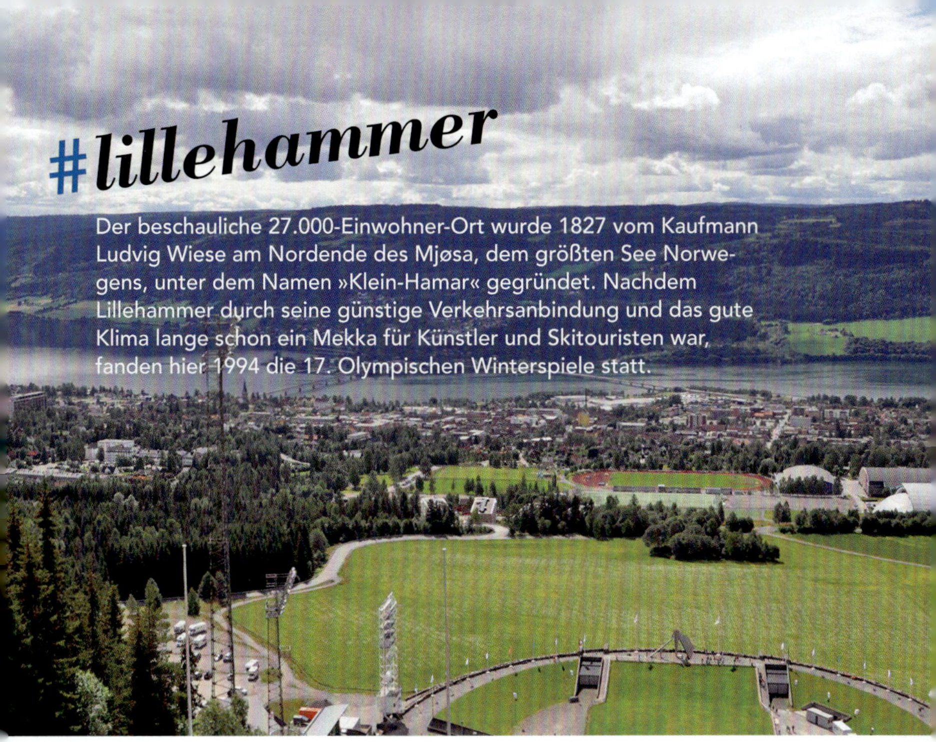

Der beschauliche 27.000-Einwohner-Ort wurde 1827 vom Kaufmann Ludvig Wiese am Nordende des Mjøsa, dem größten See Norwegens, unter dem Namen »Klein-Hamar« gegründet. Nachdem Lillehammer durch seine günstige Verkehrsanbindung und das gute Klima lange schon ein Mekka für Künstler und Skitouristen war, fanden hier 1994 die 17. Olympischen Winterspiele statt.

Blick auf Lillehammer

Das Zentrum Lillehammers besteht hauptsächlich aus der idyllischen und belebten Einkaufsstraße Storgata. Unterhalb dieser, am Markt Stortorget, liegt das qualitativ hochwertige Kunstmuseum.

Die Storgata endet am Søndre Park. Unterhalb ist die neogotische Stadtkirche zu finden, oberhalb das berühmte Freilichtmuseum Maihaugen. Es ist das größte Norwegens und beheimatet neben einer Stabkirche und 170 Gebäuden auch das interessante Olympische Museum.

Unweit entfernt liegen weitere Attraktionen, wie Bjerkebæk, das ehemalige Anwesen der Literaturnobelpreisträgerin Sigrid Undset, die mächtige Eishalle Håkonshallen und die alles überragende, auch im Sommer geöffnete Sprungschanzenanlage. In und außerhalb der Stadt gibt es hervorragende Wander- und vor allem Skigebiete, wie Sjusjøen (Langlauf) und das Hafjell (Abfahrt). Unterhalb der Pisten liegen zudem der Freizeitpark Hunderfossen, das

#SøndrePark

Das 19. Jahrhundert war eine Zeit des Aufschwungs für Lillehammer. War die Stelle am Nordende des Mjøsa bislang nur als Platz zum Wechseln der Pferde bekannt, so wuchs nun mit den neuen Reisemöglichkeiten eine ganze Stadt heran. Und Stadtbürger wollten flanieren. Dem trug man zwischen 1885 und 1894 durch die Anlage eines zentraleuropäisch-englisch inspirierten Parks Rechnung, der zwischen der neogotischen Kirche und der höheren Schule angelegt wurde und bis heute eine zentrumsnahe Oase ist.

Winter in Maihaugen

1 Olympiapark/Håkons Hall
2 Bjerkebœk
3 Kunstmuseum
4 Maihaugen/ Freilichtmuseum/ Olympisches Museum
5 Kulturhaus Banken
6 Fußgängerzone
7 Hauptbahnhof

i Touristeninformation

no

Stabkirche im Freilichtmuseum Maihaugen

Straßenbaumuseum (Norsk Vegmuseum) und die Miniaturstadt Lilleputthammer.

Eine Hotelempfehlung

Stasjonen

Nachdem man Lillehammer über Jahrhunderte hinweg nur per Pferd erreichen konnte, war der Boots- und Bahnanschluss im 19. Jahrhundert schon eine bedeutende Verbesserung. Das Bahnhofsgebäude am Rande der Innenstadt beherbergt heute nicht nur die Ankunftshalle, sondern auch eine der besten Jugendherbergen des Landes.

www.stasjonen.no/overnatting, Jernbanetorget 4, Tel. 61260024

Ein Restauranttipp

Det Lille Pannekakehuset

Egal ob draußen der Schnee rieselt oder die Sonne strahlt, im Pfannkuchenhaus in der Fußgängerzone lässt es sich wunderbar verweilen. Das liegt natürlich einerseits am holländisch inspirierten Ambiente, andererseits natürlich auch an den köstlichen Gaumenfreuden.

www.detlillepannekakehuset.no, Storgata 46, Tel. 91993052

Eine empfehlenswerte Aktivität

Skispringen

Nein, selbst darf man nicht den Lysgårdsbakken hinabsegeln. Das sollte man denn doch den Profis zugestehen. Zuschauen ist jedoch erlaubt, und zwar auch zu jeder Jahreszeit, denn der Hang ist mit Matten ausgestattet. Im Sommer kann man zudem mit dem Sessellift gemächlich hinaufgondeln und so trotz »Fahrverbot« eine etwas erhöhte Perspektive haben.

Eine Sehenswürdigkeit

Olympisches Museum

In den 1980er-Jahren war es, als Juan Antonio Samaranch etwas Probleme mit der Aussprache hatte und kurzerhand »Lilly Hammer« zum Austragungsort der Olympischen Winterspiele 1994 kürte. Von dem noch heute absolut legendären Ereignis berichtet eine ebenso umfassende, wie überzeugende Ausstellung im Keller des Hauptgebäudes des Maihaugen-Museums.

Ein weiterer Tipp

Hafjell

Im Winter ist das Hafjell eine der beliebtesten und am besten ausgebauten Skidestinationen des Landes. Doch auch im Sommer kann man hier einiges erleben. Wer es rasant mag, nutzt die Mountainbikestrecke mit ihren leichten bis schweren Trails. Ruhiger angehen lassen kann man es bei einer Fahrt mit der Gondelbahn und einer anschließenden nicht allzu schweren Wanderung. •

Sprungschanze oberhalb der Stadt

#Postmuseum

Denkt man an Maihaugen, so denkt man automatisch an das umfassende Freilichtmuseum mit seiner sehenswerten Gebäudesammlung. Weniger bekannt sind die verschiedenen anderen Ausstellungen, wie die des Postmuseums. Vor allem für Kinder ist dies »eine Wucht«, kann man doch im Dachgeschoss des Hauses die Briefe selbst kreieren und abstempeln und anschließend bei einem Rundgang durch den historischen Museumszug an geneigte Empfänger verteilen.

Skifahren am Hafjell

#ålesund

Als der Fischereiort Ålesund im Jahr 1904 nahezu komplett abbrannte, hatte kaum jemand mit einer Wiederauferstehung der Stadt gerechnet. Durch die Unterstützung des deutschen Kaisers und Norwegenfans Wilhelm II. erstrahlte Ålesund bald wieder im alten Glanz. Da aus Brandschutzgründen alle Häuser nun aus Stein errichtet wurden, entstand zudem ein im Norden einzigartiges Jugendstilensemble.

Blick vom Hausberg auf Ålesund

Ålesund gruppiert sich um den innerstädtischen, zwischen zwei Inseln gelegenen »Brosundet« (Brückensund). Entlang des malerischen Meereswasserarms und entlang der Einkaufsstraße Kongens gate sind die schönsten Jugendstilfassaden zu finden. Den schönsten Blick auf die Symbiose aus Architektur und wilder westnorwegischer Natur hat man vom 189 Meter hohen Aussichtsberg Kniven (Aksla). Diesen kann man mit dem Auto oder aber über 418 erst kürzlich sanierte Treppenstufen vom Stadtpark aus erreichen.

Eine Hotelempfehlung

Hotel Brosundet

Direkt am innerstädtischen Sund gelegen, ist dieses Hotel eine Unterkunft für Genießer. Historische Bauelemente wurden bei der Renovierung der Zimmer liebevoll bewahrt und in Szene gesetzt. Ein besonderes Angebot ist die Übernachtung im Leuchtturm Molja Fyr.

www.brosundet.no, Apotekergata 5, Tel. 70103300

Blick auf das Meer

#Hotel 1904

1904, ein entscheidendes und einschneidendes Jahr für die Stadt. Entsprechend ist dieses Haus, wie zu erwarten, im Jugendstil ausgeführt. Die Zimmer sind hingegen modern gestaltet und entsprechen dem modernen Standard der heutigen Zeit. **1904.no**, Løvenvoldgata 8, Tel. 70157800

Innerstädtischer Hafen

#Geirangerfjord

Besonders lang liegen die Schiffe der Hurtigruten im Sommer vor Anker. Den Gästen soll so die Möglichkeit gegeben werden, die sehenswerte Stadt zu entdecken oder einen Ausflug in Richtung des berühmtesten Fjordes des Landes zu unternehmen, dem Geirangerfjord.

Blick auf den Sund

#Borgund

Auch die Wikinger wussten schon die klimatisch milde Region mit ihren reichhaltigen Fischgründen zu schätzen. Dokumentiert werden konnte dies durch umfassende Ausgrabungsarbeiten in den 1950er- und 1960er-Jahren. Die Ergebnisse werden als Teil des Sunnmøre Museums präsentiert.

Ein Restauranttipp

Apoteker'n Café

Das Jugendstilzentrum berichtet von der durch den Brand erzwungenen Umgestaltung der Stadt. Das in den Ausstellungsräumen Erlebte kann man im angeschlossenen Café in stilvoller Umgebung in aller Ruhe setzen lassen.

www.jugendstilsenteret.no/kafe-butikk, Apotekergata 16, Tel. 70104970

Eine empfehlenswerte Aktivität

Atlanterhavsparken

Aquarien gibt es in Norwegen einige. Nicht umsonst trägt jedoch der Atlantikpark den inoffiziellen Beinamen »Das norwegische Aquarium«. Hier ist die Meereswelt des Nordatlantik hautnah zu erleben. Nicht nur Fische geben in den Becken ihr Stelldichein, sondern auch die allseits beliebten Robben. Aus fernen Ländern stießen zudem Pinguine hinzu.

Eine Sehenswürdigkeit

Jugendstilsenter

Der Jugendstil beschränkte sich nicht einzig auf die Architektur. Glas, Keramik, Möbel, Textilien – in allen Lebensbereichen waren die floralen Formen an der Wende vom 19. zum 20. Jahrhundert angekommen. Die Ausstellungen des Jugendstilzentrums bereiten die Philosophie des Art Nouveau sehenswert auf. •

#tromsø

Mit 75.000 Einwohnern ist Tromsø die größte Stadt Nordeuropas nördlich des Polarkreises. Bewohnt ist die vom Golfstrom umspülte Insel Tromsøy seit vielen Tausend Jahren, eine Stadtgründung fand jedoch erst im Jahre 1794 statt. Der Ort mit seinem reichhaltigem Kultur- und Nachtleben war und ist Ausgangspunkt für Reisen in Richtung Arktis und der norwegischen Inselgruppe Spitzbergen. Zahlreiche Polarexpeditionen, unter anderem jene der norwegischen Abenteurer Fridtjof Nansen und Roald Amundsen, nahmen hier ihren Anfang. Heute ziehen das Licht der Mitternachtssonne, die Faszination des Nordlichts, das hier besonders gut zu beobachten ist, und die zwischen November und Januar in den umliegenden Gewässern auftauchenden Wale Gäste aus aller Welt an.

Blick vom Storsteinen auf Tromsø

Den wiederum besten Blick auf die Stadt hat man von einem Aussichtsberg aus. Im Falle Tromsøs ist dieser 421 Meter hoch, trägt den Namen Storsteinen und ist mit einer Gondelbahn zu erreichen.

Unweit der Talstation steht die Eismeerkathedrale. Das 1965 geweihte und von Jan Hovik entworfene Haus erinnert in seiner Struktur an Gletscherspalten. Rund 40 Jahre später wurde das Thema am gegenüberliegenden Ufer, also jenseits der schwungvoll den Sund überquerenden Brücke, in Gestalt des Polaria-Museums wieder aufgegriffen.

Zwei Hotelempfehlungen

Scandic Ishavshotel

Der Bau des »Eismeerhotels« ragt markant in das Hafengebiet hinein. Was nicht nur architektonisch ansprechend ist, sondern auch den Vorteil hat, dass man von jedem Zimmer aus einen nahezu umwerfenden Blick genießen kann.

www.scandichotels.de, Fredrik Langes gate 2, Tel. 77666400

#Skansen

Die »Insel inmitten der Strömung«, so der wörtliche Name Tromsøs, ist schon seit dem Mittelalter bewohnt. Siedlungsschwerpunkt war die Gegend um die Festung Skansen. C-14-Datierungen konnten belegen, dass hier schon im 13. Jahrhundert Handel getrieben wurde. Eine Sage erzählt zudem, dass Erdwälle an dieser Stelle gegen russische Angriffe schützen sollten. Doch auch die heutige, einst als Zollstation genutzte Bebauung hat ein für Nordnorwegen durchaus beachtliches Alter. Die ältesten Häuser stammen aus dem späten 18. Jahrhundert.

Die Nordlichtkathedrale

1. Dom
2. Polarmuseum
3. Nordnorwegisches Kunstmuseum
4. Eismeerkathedrale
5. Seilbahn Fjellheisen
6. Museum für zeitgenössische Kunst
7. Polaria

i Touristeninformation

#EinHausFürDie Küste

Angesichts hoher Wellen, brausender Stürme und abgrundtiefer, dunkler Unendlichkeit hat man es als Fischer mit dem Nordmeer nicht leicht. Und doch findet man darin reichhaltige Schätze. Im Grunde verhält es sich ebenso mit dem »Kystens hus«, dem Haus der Küste, am Tromsøer Hafen. Außen rabenschwarz und unergründlich, innen bis zum Rand angefüllt mit Angeboten: einem Aquarium, einem Wissenszentrum, einem Restaurant sowie Tagungs- und Veranstaltungsräumen.

Hafen am Abend

Clarion Hotel The Edge

Auch die Architekten der »Ecke« wollten den Gästen den Blick auf die wirklich eindrucksvolle Umgebung nicht nehmen und bauten »auf Kante«. Neben den Zimmern spricht auch die einladende Dachterrasse für den Aufenthalt.
www.nordicchoicehotels.no, Kaigata 6, Tel. 77668400

Zwei Restauranttipps

Tromsø Jernbanestasjon

Nein, Tromsø ist nicht an das Bahnnetz des Landes angeschlossen. Allerdings wäre dies durchaus der Wunsch vieler Einwohner. Bis es (irgendwann vielleicht) einmal so ist, kann man sich ein kühles Getränk in der mit allerlei Utensilien ausstaffierten Bahnkneipe genehmigen.
Strandgata 33, Tel. 77612348

Mathallen

Mathallen ist nicht wie der Name suggeriert, eine Markthalle mit Essensständen, sondern ein gediegenes Restaurant, das die nordische Küche als Programmpunkt auf der Karte hat. Grundlage sind heimische Zutaten polaren oder subpolaren Ursprungs.
www.mathallentromso.no, Grønnegata 60, Tel. 77680100

Innenansicht der Nordlicht-kathedrale

Zwei empfehlenswerte Aktivitäten

Botanischer Garten

Im subpolaren Raum ist die sommerliche Wachstumsperiode auf rund drei Monate begrenzt. Dass die Zeit trotzdem für eine durchaus üppige florale Vielfalt ausreicht, davon kann man sich im nördlichsten Botanischen Garten der Welt überzeugen.

Walsafari

Seit vielen Jahren nun schon küren zahllose Wale des Nordatlantik die Region rund um Tromsø zu ihrem frühwinterlichen Aufenthaltsort, wohl wissend, dass man nicht mehr mit Harpunen auf sie zielt, sondern mit Fotoapparaten.

Zwei Sehenswürdigkeiten

Polarmuseum

Für Amundsen und andere Abenteurer und Forschungsreisende war und ist Tromsø das Tor zur Arktis. Mittels einer eindrücklichen Sammlung widmet sich das Museum der Erkundung und der wirtschaftlichen Nutzung der Arktis.

Polaria

Auch das Polaria widmet sich dem Thema Arktis. Doch schon in der Architektur unterscheidet sich das Haus vom Polarmuseum. Eisschollen gleich liegt das Gebäude am Ufer des Sundes. An die Stelle von historischen Ausstellungsstücken treten interaktive Erlebnisse. •

#Macks

Ludwig Markus Mack, Sohn eines Bäckers aus Braunschweig, saß wohl im hohen Norden mächtig auf dem Trocknen. Denn anstelle weiter im Geschäft des Vaters zu arbeiten, gründete er 1877 die nördlichste Brauerei der Welt. Noch heute ist sie in Betrieb, wenngleich die Produktionsstätte nach Nordkjosbotn umzog. Die Biere können jedoch direkt in Tromsø in der Ølhalle verköstigt werden.

Museum Polaria

#NORWEGEN route

no

ROUTE

Süd-, West- und Ostnorwegen

Kristiansand – Stavanger – Hardangerfjord – Bergen – Aurland – Luster – Skjolden – Lom – Geiranger – Ålesund – Molde – Trondheim – Rondane – Ringebu – Lillehammer – Oslo – Kongsberg – Kragerø – Kristiansand

Kap Lindesnes

Die Region zwischen Kristiansand und Trondheim bietet eine erstaunliche landschaftliche Vielfalt. Neben dichten Wäldern und feinsandigen Stränden gibt es raue Hochebenen und kolossale Felsformationen, mächtige Fjorde und verzweigte Inselwelten. Doch auch kulturell ist die Region etwas für Feinschmecker. Besonders hervorzuheben sind idyllische Orte wie Flekkefjord und Lillehammer sowie die äußerst abwechslungsreichen Großstädte Oslo, Bergen, Trondheim und Stavanger.

Idyllisches Brekkestø

Die Route kann an den Fähranlegern in Kristiansand, Stavanger und Bergen begonnen werden.

Unsere Route beginnt in Norwegens Sommerhauptstadt Kristiansand (siehe Stadtbeschreibung) und führt auf der E 39 in Richtung Westen. Die Landschaft hat hier noch den typischen Sørland-Charakter, mit idyllischen Wiesen, flachwelligen Bergkuppen und einem Gewirr aus Schäreninseln. Abstecher lohnen sich auf das Eiland Flekkerøy und in das Holzhausörtchen Høllen, einst ein betriebsamer Ausfuhrhafen für Holz. Hier legen im Sommer Boote nach Ny-Hellesund ab, einem historischen Lotsenhafen, in dem schon Olav der Heilige im 11. Jahrhundert Zuflucht finden konnte.

Der nächste größere Ort ist das 16.000 Einwohner zählende Mandal. Norwegenweit berühmt ist die Stadt durch ihren fast einen Kilometer langen, kieferngesäumten Sandstrand. Einen Stopp lohnen zudem die Empire-Kirche, die schmucken Holzhäuser unterhalb des Bauwerks und der Hafen, über den eine Brücke zum modernen Kulturhaus Buen führt (Kino, Touristeninformation, Spielplatz).

Eine der unbestritten größten Attraktionen im Süden Norwegens ist das aus rötlichem Fels geformte Kap Lindesnes,

#Bystranda

Im Sommer, wenn die Temperaturen steigen, setzt man sich gerne unter eine Palme. Auch in Norwegen ist dies möglich. In Kristiansand wachsen sie zwar in Kübeln, haben aber eine beachtliche Größe vorzuweisen. Zu finden sind die Gewächse in der Umgebung des feinsandigen Stadtstrandes »bystranda«, mitten im Zentrum. Und ist der Tag doch kühl, kann ins angrenzende Aquarama, mit Rutschen, Sauna und Spaabteilung, ausgewichen werden.

Wegweiser am Kap Lindesnes

#Høllen

In die Hölle geht es in Høllen (»Ausbuchtung«) nicht, im Gegenteil. Der kleine Küstenort zwischen Kristiansand und Mandal besticht durch ein harmonisches Holzhausensemble und einen lebendigen Hafen, von dem aus die Boote zur Inselsiedlung Ny-Hellesund ablegen. Besonders sehenswert in dem einst als Verladestelle für Holz aus dem Binnenland gegründeten Ort ist die Straße Høllegata. Baden ist am Høllensanden möglich.

no

Kurios gelagert: Stein bei Egersund

der südlichste Festlandspunkt des Landes. Ein vielfotografierter Wegweiser verkündet, dass es ab hier sage und schreibe 2.518 Kilometer zum entgegengesetzten Sehnsuchtsziel, dem Nordkap sind. Neben dem Leuchtturm erhält man für das Eintrittsgeld auch Zugang zu Ausstellungen, die von den nicht ganz ungefährlichen Gewässern der Umgebung berichten. Zwei Wanderwege erschließen zudem die Umgebung.

Über Vigeland, dem Geburtsort des wohl bekanntesten skandinavischen Bildhauers Gustav Vigeland (1869-1943), erreicht man Lyngdal (Heidekrauttal). Das Städtchen, das neben einem Sandstrand und einem Spaßbad vor allem eine reichhaltige Auswahl an Supermärkten bietet, ist Ausgangspunkt für einen Abstecher auf die Halbinsel Lista. Wie eine Mauer stehen die Berge vor dieser flachen, von Geröll- und Sandstränden sowie Lesesteinmauern dominierten Landzunge. Diese überragt der 38 Meter hohe Leuchtturm Lista fyr. Der Leuchtturm lohnt ebenso einen Stopp wie die alte Seeräuberstadt Farsund mit ihrer schön gestalteten Uferpromenade.

Inmitten einer immer rauer werdenden Landschaft – die nahe Nordsee lässt grüßen – liegt die kleine, reinweiße Perle Flekkefjord. Ab hier wurden einst die Rohstoffe des Hinterlandes verschifft, Molybdän aus Knaben und vor allem Holz. Es heißt, große Teile Amsterdams seien auf Hölzern aus dieser Region errichtet worden. Einen schönen

Am Kap Lindesnes

Blick auf die Stadt hat man vom Hausberg Lilleheia. Im Zentrum lohnt ein Spaziergang entlang der bestens bewahrten Häuser entlang der Kirkegaten, der Sirdalsgaten, an der auch das kleine, aber ehrwürdige Grand Hotel zu finden ist, sowie der Hidragaten.

Die beiden letztgenannten Straßen tragen den Namen zweier bekannter Landschaften, dem von Almen geprägten Sirdal im Norden, wo man auf der extrem steilen historischen Serpentinenstraße Tronåsen beschleunigen, und der lieblichen Insel Hidra im Süden, auf der man entschleunigen kann.

Dem ruhigen Leben hat sich auch das idyllische Sogndalstrand verschrieben. Der Ort ist Teil des Cittaslow-Projekts und liegt südlich der Nordseestraße (Nordsjøvegen). Diese folgt der Rv 44, die in Richtung Stavanger eine lohnenswerte Alternative zur gut ausgebauten Hauptroute, der E 39 darstellt.

Die kurvige Straße führt durch eine karge, beeindruckende Felsenwelt, in deren Mitte der schmale, düstere Jøsingfjord zu finden ist. Unter seine Berghänge ducken sich die winzigen Häuser der Miniatursiedlung Helleren.

An einem Felsen der Region, dem »Ruggesteinen«, kann die eigene Kraft einer Probe unterzogen werden. Der 70 Tonnen schwere Riesenkiesel wurde vom Eis vor über

#Feda

Ist man auf der E 39 unterwegs, so hat man am Fedafjord, zwischen Tunnelende und Felsnase, kurz die Gelegenheit ins Tal zu spähen. Dort entdeckt man den kleinen Ort Feda. Idyllisch ist dieser am Fluss Fedaelva gelegen, dessen Ufer malerische rote Bootshäuser zieren. Neben der Fischerei war und ist die Herstellung von Holzfässern für die Lagerung des Fangs eine Einnahmequelle. Die historische »Bøkkerbua« kann besichtigt werden, ebenso die zierliche Kirche aus dem 19. Jahrhundert.

Landschaft bei Egersund

Historischer Friedhof in Varhaug

#Ryfast

Wenn Tunnel in Norwegen eine Heimat haben, dann ist es die Region Stavanger. Unermüdlich gräbt man sich hier durch den harten Fels, um die Küstenstadt verkehrstechnisch besser zu erschließen und an die Nachbarregionen anzubinden. Neustes Projekt ist der Tunnel Ryfast. Mit 14,3 Kilometern Länge und 291 Metern Tiefe ist er in der Kategorie »Unterseetunnel« Rekordhalter. Zumindest solange, bis der unweit entfernte Boknafjordtunnel 2026 ans Straßennetz angeschlossen wird.

Am Strand von Bore

10.000 Jahren so geschickt gelagert, dass er sich mit etwas Schwung bewegen lässt. Das Naturdenkmal ist in Hauge i Dalane in einem wildromantischen Tal zu finden (an der Rv 44 ausgeschildert).

Ein weiteres, ebenfalls während der letzten Eiszeit entstandenes Felsenphänomen ist Trollpikken nahe der von spätklassizistischen Holzhäusern geprägten Fayencen-Stadt Egersund. Der Parkplatz für die Wanderung zum sich munter empor reckenden Gestein mit dem pikanten Namen »Trollpenis« befindet sich am Kjervallveien.

Hinter Egersund fällt die Landschaft abrupt ab und erinnert nunmehr eher an Dänemark denn an Norwegen. In Jæren (Kante am Meer) verbergen sich hinter hohen Dünen ausgedehnte Sandstrände. Am historischen Pfarrhof von Hå und am von einem Herr-der-Ringe-Zauber umgebenen Friedhof von Varhaug können zudem wild zusammengewürfelte Geröllufer erkundet werden. Den archäologischen Funden dieses alten Wikinger-Siedlungsgebietes, der Landwirtschaft und dem leider viel zu früh verstorbenen Mathematikgenie Niels Henrik Abel (1802-1829) ist der »Vitengarden« (Wissenshof) in Nærbø gewidmet. An die Schlacht der Nordmänner am Hafrsfjord anno 850 erinnern außerdem drei monumentale Schwerter im Fels (Rv 509, Madlaveien).

Vorbei am Kongeparken-Freizeitpark und der Fahrradstadt Sandnes erreicht man Stavanger (siehe Stadtbeschreibung).

Nach den flachen Landschaften der Region Jæren sind die steil abfallenden, gewaltigen Felsen des Luftlinie nur zehn Kilometer östlich Stavangers gelegenen Lysefjord ein imposantes Kontrastprogramm. Mit dem Ausflugsboot kann man den 42 Kilometer langen Meereswasserarm durchfahren. Dabei passiert man neben der exakt 4.444 Stufen umfassenden längsten Treppe Skandinaviens in Flørli auch die weltberühmte Felskanzel des Preikestolen. Das 604 Meter senkrecht abfallende Gesteinsmassiv kann auf einer vielbegangenen Wanderroute auch zu Fuß erreicht werden. Tom Cruise hingegen, der im Herbst 2017 hier für den sechsten

Die Felskanzel des Preikestolen

Teil der »Mission Impossible« vor der Kamera stand, machte sich diese Mühe nicht – er reiste per Helikopter an. Wer nun einen ähnlich schwindelerregenden Eindruck von der spektakulären Landschaft haben möchte, sollte die Tour zum eingeklemmten Felsen, dem Kjerag, unternehmen. Dabei startet man oberhalb des winzigen Örtchens Lysebotn, das nur per Boot oder über eine 27 nervenkitzelnde Haarnadelkurven umfassende Straße erreichbar ist.

Nordwestlich von Stavanger erstreckt sich die historische Region Ryfylke. Diese umfasst den schon erwähnten zeigestockschmalen Lysefjord und sein landschaftliches Pendant, den tellerförmigen Boknafjord mit seinen zahlreichen Inseln. Diese sind bei Anglern begehrte Ziele. Ab Judaberg auf Finnøy steuert eine Fährlinie verschiedene dieser Eilande an. Ziel der Boote ist das fotogene Dorf Jelsa mit seiner schneeweißen Renaissancekirche mit Sternenhimmel über dem Langhaus.

Über die Rv 13, vorbei am beschaulichen See Suldalsvatn, erreicht man die E 134, wo wir westlich von Røldal (Stabkirche) auf die Straße nach Odda gelangen. Auf den Höhen der südlichen Hardangervidda lohnt es sich, die alten, aussichtsreicheren, aber auch schmaleren Straßen zu nehmen, die um die teils endlos langen Tunnel herumführen.

#LachsstudioSand

Wie viele andere Flüsse des Landes, so ist auch der im See Suldalsvatnet entspringende Suldalslågen bei Lachsen sehr beliebt. Damit die Fische ihre Laichgebiete komfortabler erreichen können, wurden vielerorts Lachstreppen errichtet. So auch in Sand, wo man hinter einer Glasscheibe stehend die Wanderung flussaufwärts live mitverfolgen kann.

Stavanger Hafen

Der berauschende Steindalsfossen

#Fossenbratte

Es gibt viele reichlich spektakuläre Wasserfälle in Norwegen. Einer der wildesten und zugleich unbekanntesten ist Fossenbratte (»Steiler Fall«) an der Rv 7 unweit des gleichnamigen Tunnels. Mit kräftigem Schwung rauscht das Wasser 79 Meter in die Tiefe. Ein kleiner Weg führt hinab zum Gewässer, das noch Anfang des 20. Jahrhunderts den Namen »Brautschleier« trug.

Brücke über den Hardangerfjord

Im Tal angelangt, schießen zahllose Wasserläufe wild sprudelnd die Hänge hinab. Unter ihnen ragen der 165 m hohe Zwillingswasserfall Låtefoss und der sagenhafte 612 Höhenmeter überwindende Langfoss an der E 134 (Åkrafjord) heraus.

Am Südzipfel des Hardangerfjords liegt Odda, ein Ort, der Anfang des 20. Jahrhunderts dem Tourismus abschwor und sich der Industrieproduktion verschrieb. Oberhalb einer der zur Energiegewinnung angelegten Stauseen, dem Ringedalsvatnet, wohnen die Trolle. Also zumindest ist dies anzunehmen, findet man doch mitten in der Landschaft die Trolltunga, die Trollzunge, eine der spektakulärsten Felsformationen Europas. Zu ihr kommt man nur zu Fuß auf einer recht anstrengenden Wanderung, die nur bei gutem Wetter und guter Kondition unternommen werden sollte.

Ab Odda schlängelt sich die Straße am Südausläufer des Fjords entlang, immer mit Blick auf den Plateaugletscher des Folgefonn und die sich die Hänge hinaufwindenden Obstbaumplantagen.

Im beschaulichen Ort Lofthus, inmitten von Apfelbäumen, massiven Felsen und einem schäumenden Wasserfall gelegen, steht Edvard Griegs ehemalige Komponistenhütte. Hier fand er am Wasser Ruhe und Inspiration.

Unweit von Eisfjord führt seit 2013 die 1.380 Meter lange Hängebrücke Hardangerbrua zum jenseitigen Ufer. Bevor wir das imposante Bauwerk überqueren, lohnen zwei Abstecher. Der erste hat das Nils Bergslien Museum (Eidfjord) zum Ziel, in dem die (angeblich) ortsansässigen Wichtel (Nisser) auf monumentalen Bildern verewigt wurden. Dass man hier an Trolle und Zwerge glaubte oder auch noch glaubt, wird bei der Fahrt über die schwungvollen Serpentinen hinauf zur Hardangervidda klar. Einen Stopp lohnt der gewaltige, 145 Meter hohe Wasserfall Vøringsfoss. Sein Wasser steht in Teilen im Dienste der Wasserkraft, darf jedoch zur Freude der Touristen im Sommer »mit Volldampf« die Hänge hinab rauschen. Um ihn besser und in voller Pracht bewundern zu können, wurde 2020 eine gewagt konstruierte Besucherbrücke eröffnet.

Über die teils schmale, teils durch Tunnel führende Rv 7 geht es nun am Nordufer des Hardangerfjords entlang. Im Doppelort Norheimsund / Øystese, mit zahleichen Einkaufsmöglichkeiten und einer Museumswerft (Hardanger fartøyvernsenter) fallen wiederum die zahllosen Obstbäu-

Kreisverkehr im Tunnel am Hardangerfjord

#Finnesloftet

Praktisch mitten im Ort Voss, etwas oberhalb des Zentrums, steht das Finnesloftet. Der Name »Loft« verweist darauf, dass dieses knorrige, zweistöckige Gebäude auf dem spätmittelalterlichen Hof Wohn- und Lagerzwecken diente. Errichtet wurde es um 1295, mit Rundhölzern im Erdgeschoss und einer an die Stabkirchen erinnernden Stabbauweise für die erste Etage. Vermutlich fanden in dem Haus auch größere Feste statt.

Unterwegs mit der Flåmbahn

#Strandsitzer

Der kleine Ort Lærdal war, wie einige andere Orte der Umgebung auch, Heimat der »Strandsitzer« (strandsittere). Ihre meist ärmlichen Häuser lagen direkt am Ufer des Fjords. Neben Fährdiensten boten sie auch auf den umliegenden Bauernhöfen ihre Arbeit an. Man verdingte sich zum Beispiel als Schuhmacher, Schmied oder Schreiner.

Wasserfall Kjosfossen entlang der Flåmbahn

me, die hier dank des milden Klimas besonders gut gedeihen, und die gleißende Gletscherkuppe des Folgefonn am Horizont auf. Wenn sich dann noch, wie durchaus recht häufig in den warmen Monaten, Schweinswale im Wasser tummeln, ergibt sich ein perfektes Urlaubspanorama.

Wenige Kilometer westlich des Fjords erblickt man rechter Hand einen stürmisch über die Felskante rauschenden Wasserfall, den Steindalsfossen. Gewiss, er überwindet lediglich 50 Meter und es gibt in Norwegen deutlich höhere, nur kann man hinter diesen nicht trockenen Fußes entlanggehen, ohne auch nur einen Tropfen Wasser abzubekommen.

Über das Erholungsgebiet Kvamskogen, mit Wanderwegen im Sommer und Loipen und Skiliften im Winter erreicht man Bergen.

Bergen – Voss – Flåm – Jotunheimen – Geiranger

Die E 16 führt von Bergen aus nach Osten. Ab Åsane mit Blick auf die gewaltigen Berge der ursprünglichen Insel Osterøya, die immer wieder zwischen den zahllosen Tunnelöffnungen auftauchen. In Dale, der Heimat der typisch norwegischen Strickpullover (Fabrikverkauf), geht es ins Landesinnere nach Voss. Der Ort hat sich ganz dem Sport verschrieben. Im Sommer geht es z. B. mit dem Mountainbike ins Gebirge oder mit Raftingboot und Kanu die Flüsse hinab. Im Winter erschließen Lifte, eine Gondelbahn und Loipen die Umgebung. Sehenswert sind die 1277 erbaute Kirche und das Freilichtmuseum.

Historische Lok der Flåmbahn

In Richtung des Fähranlegers Gudvangen am Ende des Nærøyfjords, einem der engsten und eindrucksvollsten Meereswasserarme des Landes, führt die E 16 durch das enge Nærøydal. Einen Felsriegel überwindet die Straße über geschwungene Tunnel. Wer Lust auf ein Abenteuer hat, biegt oberhalb auf der Anhöhe nach Stalheim ab und fährt ab dem Hotel die kurze Wegstrecke über die bis zu 21 % geneigten Serpentinen der historischen Stalheimskleiva.

Durch zwei lange Tunnel führt die E 16 weiter von Gudvangen nach Flåm. Zwischen den beiden Röhren zweigt eine Straße nach Undredal an den Fjord ab. Das beschauliche Örtchen besitzt eine kleine Stabkirche (1147).

Flåm ist (normalerweise) Ziel zahlloser Kreuzfahrtschiffe und Ausgangspunkt für eine Reise mit der steilsten Normalspurstrecke der Welt, der Flåmbahn. Diese überwindet innerhalb von 50 Minuten gewaltige 865 Höhenmeter. Ein (kostenloses) Museum berichtet anhand eindrucksvoller Zeitdokumente über den mühsamen Bau. Das UNESCO-Weltnaturerbe des Aurlands- und Nærøyfjords kann auf Bootstouren erkundet werden.

Die Weiterfahrt erfolgt nun entweder über die schmale Straße des Snøvegen (Aussichtspunkt Stegastein) oder durch den 24,5 km langen Lærdalstunnel, dessen rund 20 Minuten lange Durchfahrt durch drei in kunstvollem Blau illuminierte Felsenhallen kurzweiliger wird. Er ist der längste Straßentunnel der Welt. Im Holzhausdorf Lærdal

#Fjordstova Skjolden

Die »Fjordstube« ist ein Ort für Einwohner und Gäste Skjoldens. Das blaugraue Gebäude am Ende des Lustrafjords beherbergt neben einer naturkundlichen Ausstellung zur bergreichen Umgebung auch ein Café und eine Touristeninformation. Sportlich betätigen kann man sich in der kleinen Schwimmhalle und an der Kletterwand.

Aussichtsplattform Stegastein

© Øyvind Heen – fjords.com

Blick auf Berge und Gletscher in Jotunheimen

selbst lohnt das Wildlachszentrum einen Besuch und es sollte ein Abstecher zur am besten erhaltenen Stabkirche Norwegens in Borgund (12. Jahrhundert) eingeplant werden.

#MineralienInLom

Norwegens Felslandschaften sind reich an verschiedenen Gesteins- und Mineralarten. Alle vereint sind sie im Fossheim Steinsenter zu finden. Neben unbehandelten, nicht nur einheimischen Schmuckstücken finden sich auch zahlreiche bearbeitete kunsthandwerkliche Gegenstände sowie Fossilien, wie Ammoniten und Brachiopoden.

Die Weiterfahrt erfolgt nun mit der Fähre. Unweit des Zielpunktes liegt der Ort Kaupanger (Kaufmannsfjord) mit einer Stabkirche und dem Sogn Freilichtmuseum.

Die Rv 5 führt nun zum beschaulich gelegenen Handels-, Sport- und Bildungszentrum Sogndal. Es lohnen Abstecher nach Fjærland (Bücherdorf, leicht zugängliche Gletscherzungen, idyllische Lage) und an den Lustrafjord hinab nach Solvorn. In dem zwischen Obstbäumen gelegenen Dorf sind besonders viele Holzhäuser aus den letzten Jahrhunderten erhalten geblieben. Eines davon beherbergt das ehrwürdige Walaker Hotel. Eine kleine Fähre bringt Besucher von Solvorn zur ältesten Stabkirche des Landes nach Urnes auf der anderen Fjordseite. Sie wurde zwischen 1130 und 1150 erbaut und besitzt reich verzierte Portale mit eindrucksvoller Tierornamentik.

Im Elveseter Hotel

Doch auch wer der Hauptstraße (Rv 55) folgt, wird großartige Erlebnisse mitnehmen. Der Weg führt vorbei an der Sagasäule des historischen Elveseter-Hotels durch wilde Felslandschaft hinauf auf das Sognefjell, dem mit 1.440 m höchsten Pass Skandinaviens. Der Blick auf die Gipfel Jotunheimens ist wahrhaft gigantisch und atemberaubend. Ein wenig Nervenkitzel verspricht auch die anschließende, wiederum sehr kurvenreiche Fahrt hinab nach Skjolden am Lustrafjord. Eine Nebenstraße führt von dort am 218 m hohen Feigumfossen vorbei zur oben erwähnten Stabkirche von Urnes.

Über die Rv 55 erreicht man Gaupne. Unweit der Balkenkirche aus dem 17. Jahrhundert zweigt eine Nebenstraße in Richtung des selbst im Sommer von Eisschollen überzogenen Styggvatnet und der vielbesuchten Gletscherzunge des Nigardsbreen ab. Der Parkplatz, von dem aus ein Boot über den Moränenstausee übersetzt, befindet sich in der Nähe des Infocenters »Breheimsenteret«.

Über Luster (Kirche von 1250) und Solvorn, mit Blick auf den am anderen Fjordufer gelegenen 229 Meter hinabrauschenden Feigumfossen, erreicht man Skjolden. Über schwungvolle Serpentinen geht es ab über Skandinaviens höchste Passstraße in das zinnenreiche Gebirge Jotunheimen, wo Nordeuropas höchste Berge zu finden sind. (Im Winter gesperrt!) Noch höher gelangt, wer einen Abstecher zur Juvasshytta und dem dortigen Sommerskizentrum unternimmt. Von dort aus kann man zudem den Galdhøpiggen, den mit 2.469 Metern höchsten Berg, erwandern und die 70 Meter lange Eisgrotte des Mìmisbrunnr Klimaparks besuchen.

Die Straße führt recht sanft bergab nach Lom, wo sich Kultur- und Outdoortourismus treffen. In Holz geschnitzte norwegische Geschichte spiegelt die erhabene Stabkirche wider. Um 1150 erbaut, zählt sie zu den ältesten und am besten erhaltenen des Landes. Gern besucht werden zudem das Fjell-Museum mit offenen Kamin und kleiner Bibliothek, das kleine Freilichtmuseum und die Mineraliensammlung des Fossheim Steinsenters.

Ab Lom geht es nun nach Westen, die Rv 15 entlang zum Bergsee Djupvatnet. Eine Stichstraße führt hier auf den 1.476 Meter hohen Dalsnibba. Vom Gipfelplateau, das man allerdings nur selten für sich allein hat, bietet sich ein äußerst spektakulärer Rundblick auf den berühmten Geirangerfjord, kahle Fjells und winterliche Gletscher und Schneefelder.

Unterwegs in Jotunheimen

#AlteBergstraße

Einst wurde das norwegische Gebirgsland weniger durchfahren, sondern eher bezwungen. Einen Eindruck davon erhält man auf dem Gamle Strynefjellsvegen. Der Weg zwischen Grotli und Videseter wurde zwischen 1882 und 1894 angelegt und ist heute nur noch im Sommer befahrbar. Die wundervolle 27 Kilometer lange Piste ist Teil der Norwegischen Landschaftsroute und sollte in Ruhe befahren werden. Vorbei führt die Rv 258 am Sommerskizentrum Stryn.

Innenraum der Stabkirche in Lom

Blick auf Molde von der Insel Hjertøya aus

#InselMitHerz

Wenn der Sommer im Westen Norwegens zu Gast ist, ist ein Besuch Hjertøyas (»Herzinsel«) eine grandiose Idee. Von der frisch sanierten Uferpromenade der Rosenstadt Molde legt das kleine Boot ab und setzt binnen weniger Minuten zum kleinen Sommerparadies mit Sprungturm, Badestrand und Museum, inmitten des Romsdalsfjords gelegen, über. Ein Haus ist dem Künstler Kurt Schwitters gewidmet, der hier zu Kriegszeiten sein Exil fand.

Idylle auf Hjertøya

Wir folgen nun der Rv 15 durchs Gebirge hinab zum romantisch anmutenden See Strynsvatn, mit dem dem Gletscher Jostedalsbreen gewidmeten Nationalparkzentrum, in den Einkaufsort Stryn. Ausflüge führen ab hier zu Gletscherzungen wie dem Briksdalsbreen und zum 1.000 Höhenmeter überwindenden Loen Skylift.

Sunnmøre – Runde – Ålesund – Molde – Kristiansund

Ab Stryn folgen wir nun weiter der Rv 60 und erreichen so Hornindal am Hornindalsvatn, den mit 514 Metern tiefsten Binnensee Europas. An diesem zweigt die E 39 nach Nordwesten ab. Sie führt am Rande der Sunnmøre-Alpen entlang, deren scharfkantige Bergmassive bis zu 1.700 Meter die Fjorde überragen. Hier liegt auch der Ort Volda, aus dem der Wissenschaftler Ivar Aasen stammt. Aasen reformierte das Norwegische und entwarf die heute noch vor allem in Westnorwegen gebräuchliche Sprachvariante des Nynorsk (Neunorwegisch).

Rund drei Kilometer nördlich von Volda zweigen wir nun auf die Rv 653 ab, die uns durch einen Unterseetunnel direkt in die Inselwelt an der Küste Norwegens führt. Es lohnt sich, bei der Straßennummer noch eine Zahl »drauf« zu legen und der Rv 654 hinaus an den Atlantik nach Runde zu folgen. Die grasbewachsene Insel ist für ihre großen Vogelkolonien berühmt, in denen in Frühjahr und Frühsommer auch die putzigen Papageitaucher nisten.

Stadtstraße »Bygata« im Freilichtmuseum Molde

Neben Runde ist in diesem Teil des Landes besonders die zwei Autostunden entfernt gelegene 47.000-Einwohner-Stadt Ålesund von Interesse. Sie erstreckt sich malerisch und filigran über drei Inseln entlang zweier Meereswasserarme, überragt von klobigen Bergflanken. Von einer der Anhöhen, dem 189 m hohen Aksla, bietet sich ein einmaliges Panorama. Zum Aksla hinauf gelangt man mit dem Auto oder über eine Treppe am Stadtpark.

Neben dem einmaligen Rundblick ist Ålesund vor allem für seine Jugendstilgebäude bekannt, die nach einem verheerenden Brand im Jahre 1904 auf Initiative des deutschen Kaisers Wilhelm II. errichtet wurden. Abgesehen vom Häuserensemble sind das Aquarium (Atlanterhavsparken), das Ålesund-Museum, das Jugendstilsenter und das Freilichtmuseum Sunnmøre sehenswert. Letztere Attraktion liegt unweit des einstigen Handelszentrums Borgundkaupangen, über das das Mittelalter-Museum berichtet.

Über Tunnel und Fähren ist der weitläufige Archipel nördlich der Stadt an das Festland angebunden. Viele der Inseln besitzen kleine Sand- oder Geröllstrände und weithin sichtbare Leuchttürme. Der bekannteste unter ihnen ist inmitten der Fluten des Atlantiks auf dem rauen, windumtosten 3,6-Quadratmeter-Eiland Ona zu finden.

Deutlich milderes Klima hat die zwei Stunden nordöstlich von Ålesund gelegene Stadt Molde aufzuweisen. Die ge-

#KleineAuszeit

In Kristiansund, so denkt man, dreht sich alles um den Fisch, speziell um den Klippfisch, dem ein ganzes, sehr spannendes Museum gewidmet ist. Doch auch der Kaffee kommt nicht zu kurz in der kleinen Hafenstadt. Am Ende des Vågen liegt die »Kaffebrenneriet Patrick Volckmar«. Um die Mittagszeit und am frühen Nachmittag kann hier in historischem Ambiente frischgebrannter Kaffee genossen werden.

Steinfunde am Romsdalsfjord

Blick auf den Hafen von Kristiansund

#KongsvoldFjellstue

Über das Dovrefjell musste und muss ein jeder, der sich von Süden kommend in die Domstadt Trondheim aufmacht, ob als Pilger oder gewöhnlicher Reisender. Logisch, dass entlang des Weges Gasthäuser errichtet wurden. Eine der Anlagen ist die Kongsvold Fjellstue, deren ältestes Haus aus dem Jahre 1702 stammt. Übernachtet werden kann hier noch heute. Seit 2020 gehört die Anlage zur Frich-Gruppe (**www.frich.no**).

Klippfischfrau in Kristiansund

schützte Lage am Fjord lässt hier Rosen und Laubbäume prächtig gedeihen. Der 27.000-Einwohner-Ort wurde zwar im Krieg weitestgehend zerstört, konnte aber seinen Charme bewahren. Moderne Akzente setzt das gläserne Segel des Seilet-Hotels an der Uferpromenade. Ältere Gebäude sind hingegen in der Parkanlage des Romsdalsmuseums zu finden. Den besten Blick auf die Stadt und 222 teils schneebedeckte Gipfel hat man vom 407 Meter hohen Hausberg Varden, der zu Fuß und mit dem Auto erreichbar ist.

Fährt man nun ab Molde in Richtung Norden, so bietet sich schon kurz hinter dem Tunnel ein interessantes Kontrastprogramm. Die Landschaft wird rauer und unnahbarer. Fast schüchtern duckt sich der Fischerort Bud in kleine Senken, um den widrigen Winden auszuweichen. Überragt werden die beschaulichen Holzhäuser von der während des Zweiten Weltkriegs errichteten Bastion Ergan.

Wer dem Wetter den Rücken kehren möchte, kann das unbeleuchtete Höhlensystem der Trollkirche (trollkyrka) erkunden, wer hingegen Dramatik liebt, sollte der Rv 64 über die Atlantikstraße (Atlanterhavsveien) folgen. Diese führt über schwungvolle Brücken von Insel zu Insel und mündet schließlich in den 5.779 Meter langen, 250 Meter unter dem Meeresspiegel entlang führenden Atlantiktunnel (Maut). Dieser erreicht in dem auf drei Inseln gelegenen

Kristiansund wieder die Erdoberfläche. Die für ihren Stockfisch bekannte Stadt wurde mit Hilfe weiterer kostspieliger Straßenbauten mühsam an das Festland angebunden. Sehenswert sind die moderne Kirkeland-Kirche, der alte Wachturm Vardetårnet, die Museumswerft mit Klippfischmuseum und die vorgelagerte Insel Grip mit einer 1470 erbauten Stabkirche. Zwischen den einzelnen Ortsteilen verkehren die Sundboote, das seit 1876 verkehrende älteste öffentliche Transportmittel der Welt.

Über die E 139 erreichen wir nach 200 Kilometern Fahrt durch waldreiche Landschaft Trondheim.

Schlucht Magalaupet

Trondheim – Rondane – Lillehammer – Oslo

Wir verlassen Trondheim auf der E 6 in Richtung Süden. Kurz hinter dem Wintersportort Oppdal liegt die sehenswerte Schlucht Magalaupet. Vorbei an Schiefersteinbrüchen, deren Material auf den Dächern der Umgebung seine Anwendung findet, geht es gemächlich, aber stet den Berg hinauf in Richtung der historischen Herberge Kongsvold Fjellstue, wo ein kleiner Botanischer Garten kostenlos besichtigt werden kann.

In Hjerkinn am Rande des Dovrefjells kann ein kurzer Abstecher zum Snøhetta-Aussichtspunkt eingeplant werden. Im Ort zweigen wir auf die Rv 3 ab und folgen im Bergwerksort Folldal (Besichtigung der Kupfergruben) der Rv 27 nach Süden. Im Regenschatten des Rondane-Gebirges geht es durch weitläufige Moorlandschaften, die monumentalen, bis auf rund 2.100 Meter emporragenden Felsgipfel immer im Blick. Die wohl beste Aussicht hat man vom Parkplatz Sohlbergplassen. Hier war es, wo der Maler Harald Sohlberg sein berühmtes Rondane-Bild erschuf.

Die Rv 27 führt ab Atnabrua in Kurven bergauf zum Venabygdsfjell. Die sanft ansteigenden Berghänge wandeln ihre Farbe mit dem Lauf der Jahreszeiten. Die Palette reicht von frischem Grün im Frühjahr über das sanfte Graugrün der sommerlichen Teppiche der Rentierflechte über das herbstliche Rot des Heidekrauts bis hin zum arktischen Schneeweiß des Winters.

#RondaneMalerei

Harald Sohlberg (1869–1935) hat es geschafft, in seinen neoromantischen Bildern der norwegischen Seele einen gemalten Raum zu geben. Sein wohl bekanntestes Werk ist »Vinternatt i Rondane« (Winternacht in Rondane). Eine erste Version entstand am Neujahrstag des Jahres 1900. Die endgültige Version, von der es zehn Vorgängerversionen gibt, war letztendlich 1914 fertig und wurde anlässlich einer Jubiläumsausstellung in Oslo präsentiert. Das Bild wurde 1995 zum norwegischen Nationalbild gewählt und befindet sich in der Nationalgalerie in Oslo.

Aussichtspunkt Sohlbergplassen

Blick auf das Rondane-Gebirge

#Snøhetta

Das Dovrefjell ist für zwei Attraktionen bekannt: Moschusochsen und den 2.286 m hohen Snøhetta. Zur besseren Betrachtung des Berges und der umherziehenden Moschusochsen errichtete das gleichnamige Architekturbüro aus Oslo einen überdachten Aussichtspunkt. Der Blick aus dem Holzgebäude mit Kamin und geschwungenen Holzsitzen ist in der Tat grandios, auch wenn mal gerade keine Ochsen zu sehen sind.

Wegweiser am Hafjell

Am Ende der bald anstehenden Talfahrt hat man Ringebu erreicht. Der beschauliche Ort liegt inmitten des längsten Tals des Landes, dem Gudbrandsdal. Diesem folgen wir auf bestens ausgebauter Straße nach Süden, bauen jedoch kurz hinter Ringebu einen Abstecher zur Stabkirche ein. Das von zwölf widerstandsfähigen Säulen getragene, hoch aufragende Gebäude mit rotem Turm wurde um 1270 errichtet und im 17. Jahrhundert umgebaut. Es liegt noch heute am bekannten St.-Olavs-Pilgerweg in Richtung des Nidarosdoms in Trondheim.

Vorbei an den alpinen Skianlagen des Kvitfjells und des Hafjells erreichen wir Lillehammer, die wohl attraktivste größere Stadt Ostnorwegens. Der Ort ist mit seinen vielfältigen Freizeitangeboten wie zum Beispiel Wanderwegen, Loipen und Liften, seinen kleinen Läden und Holzhäusern und den spannenden Museen ist für sport- und kulturinteressierte Reisende besonders lohnenswert.

Lillehammer liegt am Nordende des mit 365 Quadratkilometern größten Sees Norwegens, dem Mjøsa. Mühselig wurde die Straße entlang seiner Ufer in den letzten Jahren durch umfassende Sprengmaßnahmen zur Autobahn verbreitert. Man erahnt, warum man im 19. Jahrhundert den Weg über das Wasser jenem über Land vorzog. Noch heute verkehrt in den Sommermonaten der Skibladner, der älteste Schaufelraddampfer der Welt, über den See. Er legt in den jeweils rund 30.000 Einwohner zählenden, größten Städten der Region an: in Hamar, Gjøvik und Lillehammer.

Idyllischer See oberhalb von Lillehammer

Die längste Siedlungsgeschichte weist Hamar auf, das bereits 1152 zum Bischofssitz erhoben wurde. Die von einem Glasbau überdachten Ruinen des alten Doms sind in einem Park am Ufer des Sees zu besichtigen. Hier, auf der Halbinsel Domkirkeodden, befinden sich zudem ein kostenlos zu besichtigendes Freilichtmuseum und das Norwegische Eisenbahnmuseum (Jernbanemuseum). Weitere Ausstellungen sind der Opernsängerin Kirsten Flagstad und dem beliebten Liedermacher Alf Prøysen gewidmet. Dem zweiten Museum ist auch das Spielhaus Mikkelikskiskogen angeschlossen. Das dominanteste Gebäude der Stadt ist die wahrhaft riesige, an ein umgedrehtes Wikingerschiff erinnernde Olympiahalle (Vikingskip).

Am gegenüberliegenden Seeufer, jenseits der idyllischen Insel Helgøya (Heilige Insel) und der im 12. Jahrhundert erbauten, kathedralenartigen Ringsaker-Kirche, liegt Gjøvik. Wie Hamar ist auch diese Stadt sicher kein architektonisches Highlight, besitzt aber wiederum eine interessante olympische Eishalle – diesmal ist das Haus in einer künstlichen Höhle im Berg zu finden – sowie ein kleines Freilichtmuseum und einen idyllischen Wanderweg entlang des Mjøsa.

Wer sich für norwegische Geschichte interessiert, sollte südlich des Mjøsa in Eidsvoll die Hauptstraße verlassen und sich jenen alten Gutshof (Eidsvoll Bygningen) ansehen, in dem es 1814 zur bedeutenden Reichsversammlung kam und die neue Verfassung des Landes verabschiedet wurde.

#Fjellsprengningsmuseet

Um in Norwegen überhaupt eine Straße bauen zu können, muss eine schwedische Erfindung in nicht zu geringer Dosis zur Anwendung kommen: das Dynamit. Überall gräbt man sich durch die Berge. Und wie das vonstattengeht, wird dem Besucher im Gebirgssprengungsmuseum nördlich von Lillehammer eindrucksvoll erläutert. 240 Meter begibt man sich ins Berginnere und bekommt einen bleibenden Eindruck davon, wie die Löcher in den norwegischen Berg kommen.

Hamar Bahnhof

Morgedal – Wiege des Skisports

#GuldenKunstverk/ VestfossenKunst laboratorium

Harald Sohlberg (1869–1935) hat es geschafft, in seinen neoromantischen Bildern der norwegischen Seele einen gemalten Raum zu geben. Sein wohl bekanntestes Werk ist »Vinternatt i Rondane« (Winternacht in Rondane). Eine erste Version entstand am Neujahrstag des Jahres 1900. Die endgültige Version, von der es zehn Vorgängerversionen gibt, war letztendlich 1914 fertig und wurde anlässlich einer Jubiläumsausstellung in Oslo präsentiert. Das Bild wurde 1995 zum norwegischen Nationalbild gewählt und befindet sich in der Nationalgalerie in Oslo.

Weinanbau – in der Telemark möglich

Dies geschah an einem 17. Mai, der heute noch als Nationalfeiertag mit festlichen Umzügen begangen wird.

185 Kilometer südlich Lillehammers ist die sehenswerte Hauptstadt Oslo erreicht.

Oslo – Kongsberg – Telemarkkanal – Kragerø – Kristiansand

Wir folgen nun weiter der E 18 und durchfahren die durch viele Einfamilienhaussiedlungen geprägten Kommunen Asker und Bærum. Einen Zwischenstopp lohnt das an der Hauptstraße ausgeschilderte Henie-Onstad Kunstsenter. Die Sammlungen des einstigen Eiskunstlaufstars Sonja Henie und des Reeders Nils Onstad umfassen international herausragende Werke der Malerei. Nach 85 Kilometern legen wir in der beschaulich-sympathischen Kleinstadt Kongsberg eine Pause zur Besichtigung ein. Bekannt wurde der Ort durch den Skispringer Birger Ruud und das Jazzfestival, berühmt hingegen durch seine Silbergruben. Vom Reichtum der Minenbesitzer zeugt die mondäne barocke Kirche.

Über Notodden, dessen historische Industrieanlagen von der UNESCO geschützt sind, geht die Fahrt über die Rv 360 nach Gvarv, in das Zentrum des norwegischen Obstanbaus. Das kontinentale Klima begünstigt die Fruchtreife und förderte auch die Anlage des Badelandes »Sommarland« in Bø.

Weiter geht es auf der Rv 36 durch die Telemark, die gerne auch als »Norwegen im Kleinformat« beschrieben wird. Herzstück der Region ist der 105 Kilometer lange Telemarkkanal. Er führt vom Fjord in Skien nach Dalen ins Hochgebirge. Erbaut wurde die einzelne Seen verbindende Wasserstraße Mitte/Ende des 19. Jahrhunderts und diente dem Personen- und Materialtransport. Noch heute ist es absolut beeindruckend zu sehen, wie dem nackten, harten Fels eine Fahrrinne abgetrotzt wurde. Selbst wer nicht mit einem der nostalgischen Schiffe reisen möchte, sollte zumindest einer der imposanten Schleusenanlagen einen Besuch abstatten. Die größte ist in Vrangfoss zwischen Ulefoss und Lunde zu finden. Sie besteht aus fünf

Bauerngehöft in der Telemark

Kammern und besitzt eine Hubhöhe von 23 Metern. Von den Linienschiffen durchfahren wird sie im Sommer um 12:05 Uhr bzw. um 14:05 Uhr.

Über Skien, dem Geburtsort des Dramatikers Henrik Ibsen, und den beschaulichen Ort Langesund, wo Fähren nach Dänemark übersetzen, erreichen wird den Südosten Norwegens. Im 45 Kilometer südwestlich von Langesund gelegenen Kragerø, das gerne als »Perle unter den Küstenstädten« bezeichnet wird, verbrachte der weltbekannte Maler Edvard Munch (1863–1944) einige Jahre seines Lebens. Hier konnte er durchatmen, wieder zu sich selbst finden und schuf eines seiner bekanntesten und wegweisendsten Werke: »Solen« (Die Sonne). Kragerø ist mit seinen Holzhäusern und Gassen entlang des Hafens Blindtarmen (Blinddarm) noch immer ein charmanter Ort, wenngleich im Sommer reichlich gut besucht. Den besten Blick über das Idyll hat man vom Aussichtspunkt Steinmannen. Von dort kann man auch weit über den Schärengürtel blicken, bis hin zur Insel Jomfruland (Jungfrauenland). Hier draußen in den Gewässern des Skagerrak, an den Lesesteinstränden, am verwunschenen See unter dem Leuchtturm und in den kleinen Kiefernwäldern fand der in Kragerø geborene Trollmaler Theodor Kittelsen (1854–1914) so manche Anregung. Heute ist das schmale Eiland besonders bei Ausflüglern und Ornithologen beliebt.

Hält man sich auf der weniger befahrenen Nebenstraße am Wasser, so erreicht man über den von glatt geschliffenem Fels umgebenen ehemaligen Lotsenhafen Portør das blitzblanke Städtchen Risør. Das in Teilen recht mondäne Holz-

#GutGeschleust

Über 105 km Länge windet sich der Telemarkkanal durch die Wald- und Berglandschaft. Unterwegs überwindet die Wasserstraße ganze 72 Höhenmeter. Logisch, dass da zahlreiche Schleusen zum Einsatz kommen müssen. Die imposanteste Anlage ist in Vrangfoss zu finden, wo fünf Schleusenkammern in den harten Fels gesprengt wurden. Zweimal täglich werden die historischen Linienschiffe dort geschleust.

Telemarkkanal, Lunde Schleuse

© Magnus Furset – Visit Norway

Blick auf Risør

haus-Ensemble zählt zu den schönsten Norwegens und wird von zwei für den Ort wichtigen Einrichtungen überragt. Zum einen vom Feuerwachturm des Nachtwächters, der heute eine Galerie beherbergt, und zum anderen von Risørflekken, einem seit 1641 immer wieder aufs Neue weiß gekalkten Felsen, der als Orientierungspunkt für heimkehrende Schiffe dient. Ebenfalls weiß erstrahlt die Hellig-Ånd-Kirche, ein äußerlich bescheidenes Barockbauwerk mit umso reichhaltigerer Innenausschmückung. Für Familien lohnt sich der Besuch des Aquariums, wo auch das einzigartige Unterwasserpostamt auf Briefe wartet.

Im Sommer ist das Wetter in dieser Region Norwegens meist still und friedlich. In den kühlen Jahreszeiten können Stürme das Meer aufbrausen und die Reise für Boote zu einer Gefahr werden lassen. Handelsschiffe des 18. und 19. Jahrhunderts suchten dann im Lee nach Unterschlupf. Lyngør war ein solcher inmitten der Schären gelegener Nothafen. Aus diesem entwickelte sich später ein florierender Handelsort, dessen einstiger Wohlstand noch heute an der beachtlichen Größe der Häuser abzulesen ist. Lyngør ist ab Lyngørporten mit dem Ausflugsboot zu erreichen.

#Dypedalsgruve Kragerø

Malerisch zeigt sich der Holzhausort Kragerø dem Besucher. Das Städtchen, das schon Edvard Munch begeisterte, hat jedoch auch, wenn man so will, eine dunkle Seite. Inmitten der Häuserzeilen liegt eine historische Grubenanlage. Die finsteren Gänge, in denen Apatit gefördert wurde, stehen seit einiger Zeit geologisch interessierten Besuchern offen.

no

Durchaus gut ging es auch den Menschen in Tvedestrand, das als Ausfuhrhafen für das in Nes verarbeitete Eisen fungierte. Heute hat der idyllische Ort mit Abwanderung zu kämpfen, bietet als Attraktion für Touristen aber immerhin Norwegens schmalstes Haus, das sogenannte »Bügeleisen«, und 21 Antiquariate. Der scharfzüngige Autor Odd Børretzen schrieb einmal über die Stadt: »Tvedestrand sieht aus, als hätte ein Mann auf dem Gipfel gestanden und von dort eine Ladung Häuser über dem steilen Hang ausgekippt.«

Leuchtturm Lyngør

© Vidar Moløkken – Visit Norway

Weniger attraktiv, dafür umso geschäftiger wirkt Arendal, die mit 45.000 Einwohnern größte Stadt zwischen Skien und Kristiansand. Sehenswert sind die Reste der alten Bebauung im Viertel Tyholmen und das Aust-Agder-Museum, mit alten Gutshäusern und einer Dokumentation der Seefahrt. Noch etwas lohnender als der Ort selbst sind Ausflüge in die Inselwelt. Zum Fußgängern vorbehaltenen Merdø, das gerne als »Saltkrokan Norwegens« bezeichnet

© Alexander Benjaminsen – Visit Norway

Holzbootfestival in Risør

wird, fahren Boote, in Richtung Tromøy kann auch der Pkw genommen werden. Kilometerweit erstrecken sich hier einsame, wildromantische Geröllstrände.

Vorbei am Sandstrand von Fevik führt die E 18 nach Grimstad. Auch hier hinterließ Henrik Ibsen seine Fußabdrücke jedoch nicht als Dramatiker, sondern als Apothekerlehrling. Besucht werden kann das Museum Ibsenhuset. Nicht öffentlich zugänglich ist hingegen der Hof Nørholm, der Knut Hamsun gehörte und ihn zu seinem bekannten Werk »Segen der Erde« anregte.

Neben einigen hübschen Gassen lohnen in Grimstad die zweitgrößte Holzkirche und die Parkanlage Dømmesmoen mit dem Gartenbaumuseum einen Besuch.

Ein besonders gut erhaltenes, geschlossenes Ortsbild besitzt Lillesand. Zahlreiche Patrizierhäuser sind zu entdecken sowie das kleine Stadt- und Seefahrtsmuseum. Ganz ins Bild des idyllischen Sørlands passen auch die Holzhausorte Brekkestø und Ny Hellesund, beides ehemalige Handelsniederlassungen im Inselgarten.

Von Lillesand sind es noch knapp 30 Kilometer bis Kristiansand, wo die Dänemarkfähren anlegen. •

#DieMollestad-Eiche

Rund 1.000 Jahre alt, so sagt man, soll die urtümliche Eiche von Mollestad bei Birkenes sein. Eine Sage weiß zu berichten, dass jener Mann, der den angrenzenden Hof gründete und das Land urbar machte, im Hügelgrab als Geist weiter lebte. Bäume, die auf dem Grab wuchsen, erhielten den Namen »Vettertre« (Erdgeist- oder Koboldbaum). Ihnen wurde Essen und Milch, vor allem jedoch das erste Bier, das aus einem Fass gezapft wurde, geopfert. So glaubte man, Unheil und Armut vom Hof fernhalten zu können.

Blick auf Lyngør

© Vidar Moløkken – Visit Norway

Nationalparks in Norwegen

Weite Hochebenen, monumentale Berge, rauschende und berauschende Wasserfälle, eisige Gletscherregionen, finstere wie auch lichte Wälder, glasklare, unergründliche Seen und langgesteckte Fjorde. Norwegens Nationalparks schützen und bewahren weite Teile der äußerst facettenreichen Landschaft und bieten einen idealen Aufenthaltsort für Entdecker, Ruhesuchende und Wanderer.

Unterwegs in Jotunheimen

Rund 31.000 km², also knapp zehn Prozent der norwegischen Landmasse, sind als Nationalpark ausgewiesen. Ein durchaus beachtlicher Anteil, wenn man bedenkt, dass es in Deutschland nur 0,6 % sind. Unter Schutz stehen vor allem Hochebenen und Gebirge, also die kargen Lebensräume der Wildrentiere und Raubtiere. Von wirtschaftlichen Eingriffen ausgenommene, meist von Birken bestandene Wälder sind vor allem im Osten des Landes zu finden.

Zu den terrestrischen Schutzgebieten kommen drei marine sowie sieben arktische Nationalparks auf der Inselgruppe Spitzbergen hinzu.

Vor allem ältere Nationalparks sind durch ein gut ausgebautes und markiertes Wegenetz hervorragend erschlossen. Bei jüngeren Schutzgebieten ist dies nicht immer der Fall. Hier hat die Bewahrung der Naturräume Vorrang vor dem Tourismus.

#Vidde

Norwegen ist reich an Bergen und Tälern. Dank des letzten Inlandseises gipfelt es jedoch nicht so ausführlich wie in den Alpen. Viele Zacken wurden eingeebnet und zu ausgedehnten Hochebenen zermahlen. Diese tragen im Norwegischen den Namen vidde, abgeleitet vom Wort »vid« (weit). Und weit reicht hier der Blick in jedem Fall.

Ein Blick zurück

Lange Zeit herrschte die Devise vor: »Wir sind so wenige und haben so viele Natur, so viel kann man gar nicht zerstören.« Insofern wurden entsprechende Schutzgesetze erst recht spät eingeführt und nicht vor 1962 der erste Nationalpark gegründet. Unter Schutz gestellt wurde die karge Gebirgslandschaft Rondanes im Osten Norwegens. Richtig Bewegung in die Abgrenzung neuer Schutzgebiete kam jedoch erst 1992. Bis dato konnten so 40 Gebiete von Eingriffen ausgenommen werden. Sieben weitere auf Spitzbergen.

Häufig anzutreffen: die Rentierflechte

Jotunheimen

Wie kaum eine andere Region Norwegens folgt Jotunheimen dem kosmischen Gesetz des Yin und Yang. Besonders deutlich wird dies bei einer Fahrt ab Lom hinauf auf das Sognefjell, dem höchstgelegenen Gebirgspass Nordeuropas. Sanftmütig gibt sich zunächst die Landschaft. Ein wenig Wald, Berghänge und eine Handvoll Gipfel, nicht zu gewaltig, eher etwas mittelgebirgig, als ob das einzige Wässerchen, das getrübt werden könnte, jenes des Flusses Bøvra wäre. Allein der sich immer weiter zurückziehende Bewuchs links und rechts des Weges zeugt davon, dass man allmählich Höhe gewinnt. An der Bergbaude Krossbu letztendlich schiebt die Natur dem spaßigen Treiben einen Riegel vor. Über Serpentinen geht es nun bergan und unvermittelt gewinnt die Landschaft an Dramatik, jener Punkt, an dem Jotunheimen sein wahres Ich zeigt, liegt am »Fantestein«, dem »Stein des Teufels«. Mächtige, schroffe

#Fjord

Eine 1.000 Meter hohe Eisschicht kann durchaus einen gewaltigen Druck auf den Untergrund ausüben. Täler können so derart überprägt werden, dass diese nach Abschmelzen des Eises unter dem Meeresspiegel liegen und sich mit Wasser füllen. Ein Fjord entsteht. Dieser ist dort am tiefsten, wo der Druck am größten war, also im Binnenland.

Unterwegs im Geirangerfjord

#Fjell

Das norwegische Wort Fjell bezeichnet eine höherliegende Region, meist jenseits der Baumgrenze. Dabei kann es sich um wellenförmige Hochebenen, einzelne Berge oder ganze Gebirgszüge handeln. Das Wort ist diesbezüglich recht ungenau. Wird es dem Geografen im Norwegischen jedoch zu zackig, kommt der Begriff »Alpen« zur Anwendung.

Eis in Jotunheimen

#RückzugDesEises

Auch in Norwegen ziehen sich die Gletscher (norw. bre) immer weiter zurück. Besonders dramatisch ist dies am Briksdalsbreen, einem Ausläufer des Jostedalsbreen, und auf dem Gipfel des Glittertind zu beobachten. Der Gipfel verliert Jahr für Jahr an Höhe und schrumpft sich klein. Einzig Archäologen freuen sich wohl über diese Entwicklung, werden doch vor allem in Jotunheimen nun viele einst von Eis bedeckte prähistorische Fundstücke freigelegt.

Gipfel schieben sich ins Bild. Gewaltige, blau-weiß schimmernde Gletschermassen durchbrechen das dunkle, grobgeschliffene Gestein – bei Sonne ein überwältigender Anblick. Doch die nordischen Wettergötter sind in dieser Region launig und temperamentvoll. Wo eben noch Weitsicht herrschte, kann recht bald eine Nebelwand den Blick verstellen. Schnee, Regen, Graupel, Hagel, Blitz und Donner, es gibt viele Spielarten des Wetters, völlig unabhängig von der Jahreszeit. Kein Wunder, dass der Reisende Jotunheimen erst zu Beginn des 19. Jahrhunderts für sich entdeckte. Zwar lassen sich menschliche Spuren hier über 4.000 Jahre zurückverfolgen, doch besuchte man einst das Gebirge nur, weil man es queren musste oder der Hunger auf frisches Wildbret einen in die Gegend trug.

Die Ersten, die die unnahbare Bergwelt erkunden wollten, waren Botaniker, Geologen und Geografen. Diese erkannten ihrerseits recht bald, dass doch wohl eher hier, und nicht im weiter östlich gelegenen Dovrefjell, die höchsten Berge des Landes zu finden sind. Als sicheren Kandidaten hatte man lange Zeit den Glittertind dafür auserkoren, bis man feststellte, dass er sich mit einer Eiskappe schmückt und in Wahrheit nur rund, so genau weiß man es noch immer nicht, 2.464 Meter als wahre Größe vorzuweisen hat. Der erste Platz musste an den benachbarten, 5 Meter höheren Galdhøpiggen abgetreten werden.

Den ersten Touristen war dieser Wettstreit wohl zunächst egal. Der Naturgenuss stand an erster Stelle, und um diesen zu gewährleisten, wurden recht bald die ersten Schutzhütten errichtet. Der frisch gegründete norwegische Wanderverband DNT (Den Norske Turistforening) erwarb zunächst 1871 im weniger wetterwendischen Ost-Jotunheimen die Memurubu-Hütte und eröffnete kurze Zeit später Gjendebu und Gjendesheim.

Auch die Nationalromantiker, die mit ihren Dramen, Theaterstücken und der bildenden Kunst in Norwegen zunehmend für Furore sorgten, entdeckten nun die seit jeher sagenumwobene Region für sich. Diese sollte fortan den von Forschern eher als »Arbeitstitel« gedachten Namen Jotunheimen (»Riesengebirge«) auf ewig tragen und recht

Erhabene Gipfel in Jotunheimen

bald über Ibsens »Peer Gynt« Einzug in die Literatur finden. Die Gründe dafür lagen nahe, denn die nordische Mythologie berichtet tatsächlich von Jotunheimen als dem Reich der Jotner- und Reifriesen. Noch heute vermuten viele an dunstigen Tagen, an denen die Trolle scheinbar mit den Eindringlingen zürnen, in der Ferne das sagenumwobene goldene Soria-Moria-Schloss zu entdecken, in dem Norwegens mythische Wesen feiern und Hochzeit halten.

An Tagen mit stabilem Hochdruckwetter und sonnenüberfluteten Gipfeln sind die Trolle jedoch schnell vergessen und das Gebirge ist der ideale Schauplatz für Entdeckungstouren. Besonders hoch im Kurs stehen Gipfelwanderungen. Natürlich ist da der Galdhøpiggen die erste Wahl. Am besten erreicht man die Zinne von der Juvasshytta aus. Die Baude ist auf 1.841 Metern Höhe zu finden und seit 1936 mit dem Auto zu erreichen. Höher kann man im Norden Europas auf vier Rädern nicht gelangen und könnte bei der Gelegenheit auch gleich ein Paar Skier in den Kofferraum legen, denn auf dem Schneefeld nebenan ist eines von drei norwegischen Sommerskizentren zu finden. Wem dies zu unökologisch ist, hat im Mimisbrunnr-Klimapark die Möglichkeit, das Innere des Gletschers zu erkunden und eine Reise 7.000 Jahre zurück in der Zeit zu unternehmen. Der

#Korallen

Korallen vermutet man ja gemeinhin in warmen Regionen. Und dort direkt unter der Wasseroberfläche. Die Gattung Lophelia kommt jedoch auch mit deutlich niedrigeren Temperaturen gut zurecht und fühlt sich vor Norwegens Küste in einer Tiefe von 250 bis 350 Meter äußerst wohl.

Jotunheimen Nationalparkzentrum

Gute Ausschilderung dank des DNT

#DNT

1868, also ein Jahr vor dem Deutschen Alpenverein, wurde der norwegische Wanderverein DNT (Den Norske Turistforening) ins Leben gerufen. Zunächst markierte man unter Leitung des Unternehmers Thomas Heftye vor allem rund um Oslo Wege und machte somit die Wildnis vor der Haustüre den Menschen zugänglich. Den ersten Hütten am Rjukandefoss und in Jotunheimen folgten viele weitere. Heutzutage sind es rund 500 teils bewirtschaftete Unterkünfte.

Unterwegs in Jotunheimen

eisige Tunnel wird jedes Jahr neu angelegt und bietet einen einmaligen Einblick in die Themen Permafrost, Gletscherwanderung und Gletscherschmelze.

Wer weitere Herausforderungen sucht, wird im Osten Jotunheimens schnell fündig. Hier wartet der berühmte wie berüchtigte Grat Besseggen auf mutige Wanderer. Die Tour startet zunächst entspannt, denn vor den Strapazen darf man geruhsam mit dem Boot über den auf knapp 1.000 Metern Höhe gelegenen Gjende-See bis nach Memurubu fahren. Dort angelangt, geht es jedoch unerbittlich bergan über einen zwischen Gewässern eingekeilten Bergrücken. Dieser hat nicht nur einen festen Platz im Herzen von Liebhabern überwältigender Gebirgspanoramen gefunden, sondern zog sogar in die Weltliteratur ein. Norwegens Nationaldichter Henrik Ibsen ließ seinen Anti-Helden und Lügenbaron Peer Gynt im gleichnamigen Werk diese Stelle auf einem Bock reitend überqueren.

Da Jotunheimen zu den ersten erschlossenen Gebirgen des Landes zählt, kann man noch heute in zahllosen typisch norwegischen Hütten einkehren. Einen ganz eigenen Charme haben auch Gebirgshotels, deren mit historischen Gegenständen geschmückte Räumlichkeiten ein Stück norwegischer Kulturgeschichte repräsentieren. Besonders her-

no

vorzuheben ist Elveseter, eine Herberge, die seit 150 Jahren Gäste empfängt und – der Name verrät es – an einem rauschenden Fluss gelegen ist. In den Räumlichkeiten sorgen Geschichte und Geschichten atmende historische Bauernmöbel und einzigartige Gemälde der norwegischen Romantik für Wohlbehagen und Häuslichkeit. Doch Kunst ist auch auf der Freifläche vor der Herberge anzutreffen. Dort ragt die 34 Meter hohe Sagasäule empor. Das von Wilhelm Rasmussen 1926 begonnene Monument sollte eigentlich seinen Platz in Oslo finden. Angesichts der recht dunklen Materialwahl und der mit Nazi-Deutschland sympathisierenden Gesinnung des Bildhauers, verzögerte sich die Fertigstellung der eigentlich als Nationalmonument angedachten Skulptur. Erst als der Kunstsammler Åmund Elveseter die Überreste entdeckte, kam es 1992 zur Fertigstellung, nur eben nicht mehr in der Hauptstadt, sondern am Wohnort des Sammlers.

Die Sagasäule

Sprichwörtlich berauschend ist Jotunheimen jedoch nicht nur entlang der Gebirgsflüsse, sondern auch in Richtung des am südlichen Ende sich weit ins Land erstreckenden, mächtigen Sognefjords. Da die Berge hoch sind und somit der Höhenunterschied in Richtung Tal recht groß ist, kann hier mit eindrucksvollen Wasserfällen gerechnet werden. Zu finden sind diese im wilden Utladalen. 5 Kilometer pro Richtung sind hier bis zum 273 Meter senkrecht in die Tiefe lärmenden Vettisfossen zurückzulegen. Unterwegs ab dem Parkplatz in Hjellen erblickt man zudem den ungestümen Hjelledalsfossen und nahe des Hofes Hjelle Gård den

#Folgefonn-Nationalpark

Dieser Nationalpark südlich der Westküstenstadt Bergen lebt von den Kontrasten. Geschützt sind hier Täler mit mildem Klima, tollen Wasserfällen und einer reichhaltigen Vegetation, kahle Felsebenen sowie der Gletscher Folgefonn. Mit 214 km² ist er der drittgrößte des Landes. Gespeist wird er durch schier unglaubliche 5.500 mm Niederschlag pro Jahr.

Der Gletscher Briksdalsbreen

#Rago-Nationalpark

Mit 171 km² ist der an der Grenze zu Schweden gelegene Nationalpark nicht gerade der größte, aber einer der vielseitigsten. Es ist auch hier wieder der Kontrast zwischen fruchtbaren, geradezu idyllischen Tälern und rauen Gebirgslandschaften, der der Nachwelt erhalten bleiben soll. Typisch ist das Küstenklima, mit kühlen Sommern und relativ warmen Wintern.

no

Gletscherschmelze führt zu grünem Wasser

Avdalsfossen. Dessen Wasser stürzt sich zwar »nur« 173 Meter zu Tal, zerstäubt dabei aber zu wunderschönen Schleiern und ist herrlich anzusehen.

Jostedalsbreen, Breheimen und Reinheimen

Nordwestlich von Jotunheimen erstrecken sich geografisch nah beieinander drei Nationalparks. Zusammen bedecken die Schutzgebiete Jostedalsbreen, Breheimen und Reinheimen knapp 5.000 km².

Um Gletscher entstehen zu lassen, sind drei Zutaten unabdingbar: hohe Niederschlagsraten, niedrige, aber eben auch nicht zu niedrige Wintertemperaturen sowie milde bis kühle Sommer. Im Westen Norwegens kommen diese Faktoren perfekt zusammen und schufen so den größten Festlandgletscher Europas, den Jostedalsbreen. Auf 487 km² bedeckt er ein lang gezogenes Plateau, das sich zwischen dem Nordfjord und dem Sognefjord von Nordosten nach Südwesten erstreckt. Nimmt man nicht gerade an einer ausgedehnten geführten Gletscherwanderung teil, wird man die Eismasse allerdings kaum zu Gesicht bekommen. Allein die zahllosen ins Tal reichenden Gletscherzungen sind zugänglich. Und auch diese sorgen für bleibende Eindrücke.

Die bekanntesten und fotogensten Ausläufer sind zweifelsfrei der Nigardsbreen in Richtung Sognefjord und der Briksdalsbreen in Richtung Nordfjord. Beiden Eisfeldern gemein ist jedoch ihr durch den Klimawandel bedingter Rückzug. Immer weitere Wege müssen in Kauf genommen werden, um in die Nähe der Gletscherzungen zu gelangen, wobei Warn- und Stoppschilder in jedem Fall zu beachten sind, denn Eis ist launisch. Wo, wann und in welcher Intensität Teilstücke abbrechen können, lässt sich kaum vorhersagen.

Beim Besuch vieler der blau-weißen Abbruchkanten ist man nicht allein. Insofern lohnt es sich, ein paar Umwege beziehungsweise Wanderungen in Kauf zu nehmen, um die Panoramablicke etwas ungestörter genießen zu können. Einen Abstecher wert ist zum Beispiel der Bødalsbreen. Er

Der Bøyabreen, ein Ausläufer des Jostedalsbreen

liegt etwas höher, genauer gesagt 600 Meter über dem Meer, und ist über eine kleine mautpflichtige Serpentinenstraße ab Loen zu erreichen. Am Parkplatz nahe einer kleinen Alm beginnt der Wanderweg, der auch recht problemlos von Kindern zu bewältigen ist. Es sind keine großen Steigungen zu überwinden, festes Schuhwerk sollte es aber trotzdem sein. Man passiert einen wild schäumenden Wildbach, zauberhafte kleine Birkenwäldchen und große Moränenwälle, die von der einstigen Lage der Gletscherkante zeugen.

Gleichfalls gut erreichbar sind der Bøyabreen und der Supphellebreen am Rande des Bücherdorfes Fjærland, wo auch das Gletschermuseum zu finden ist. Da dieses einige Besucher anzieht, ist man hier beim Besuch der Eisfelder jedoch auch nicht allein. Dies gilt ebenso für den Loen Skylift. Die Seilbahn überwindet auf kurzer Strecke 1.000 Höhenmeter und bietet einen Panoramablick in Richtung des Nationalparks.

Deutlich weniger bekannt ist der direkt an den Jostedalsbreen angeschlossene Nationalpark Breheimen. Entgegen dem Namen, der mit »Gletscherreich« übersetzt werden kann, ist diese Region für Wanderer deutlich besser zugänglich, denn unter Schutz steht vor allem eine Gebirgsregion mit vielen, aber großflächig verteilten einzelnen Eiskappen. Die Täler sind eisfrei und von markierten Wegen durchzogen.

Typische Wegmarkierung

#Øvre-Dividal-Nationalpark

Das Wort »urtümlich« trifft als Beschreibung für diesen Nationalpark recht gut zu. Moore, Gesteinsmoränen und lichte Kiefernwälder bestimmen das Landschaftsbild. Seltene Pilz- und Insektenarten fühlen sich hier heimisch. Das Klima ist kontinental, mit warmen (mückenreichen) Sommern und kalten Wintern.

Blick über die Hardangervidda

Auch der Nationalpark Reinheimen ist weniger stark frequentiert und bietet daher Raum für wilde Hochgebirgserlebnisse. Bekannt ist die Region nördlich des Ortes Lom für seine wilden Rentierherden. Um deren Lebensräume nicht zu stören, ist der Park im Südosten nur wenig erschlossen.

Anders sieht es im Norden aus, wo vor allem Alpinisten auf ihre Kosten kommen. Besonders hervorhebenswert ist hier die über 1.000 Meter hohe, zum Teil lotrechte Felswand Trollveggen am Rande des Romsdal.

#Stabbursdalen-Nationalpark

Der nördlichste Kiefernwald der Welt ist in dem am weit ausladenden Porsangerfjord gelegenen Nationalpark zu finden. Auch Unglückshäher und Eichhörnchen haben hier ihr nördlichstes Verbreitungsgebiet. Zudem ist das Gebiet für die Rentierzucht von Interesse.

Hardangervidda

Norwegens Polarabenteurer zog und zieht es regelmäßig auf die mit 8.000 km² größte Hochebene Europas. Nicht ohne Grund, denn wohl nirgends kann das Leben in arktischen und subarktischen Verhältnissen so gut erprobt werden wie hier. Wenn winters die Stürme über die endlosen Weiten toben und die Temperaturen auf unter -30 Grad fallen lassen, dann wird die Ausrüstung in der Tat auf eine harte Probe gestellt. Zum Glück treiben die nordischen Wettergötter nicht immer ihre Spielchen und auch sonnigere Tage sind daher zumindest im regenärmeren Osten häufiger anzutreffen. Hier durchziehen im Winter Hunderte Kilometer Loipen die Region.

Typische Flechten

Am besten zu erreichen ist die nach Osten hin sanft und nach Westen hin steil in Richtung des Hardangerfjords abfallende Hochebene mit der Bergenbahn. Höchstgelegener Haltepunkt der 1909 eröffneten Strecke von Oslo nach Bergen ist Finse. Das Hotel auf 1.222 Metern Höhe ist zu jeder Jahreszeit ein idealer Ausgangspunkt für Touren in den Nationalpark.

Wohnen wie der
Leuchtturmwärter
Jede Wohnung ist für bis zu sieben Personen buchbar. Sie bekommen den Schlüssel zum Leuchtturm, damit Sie die Aussicht bei Tag und auch bei Nacht erleben können.
Buchen Sie eine Leuchtturmwohnung Myrsnipa oder Skarven, einfach QR-Code Scannen:
LISTA FYR
Hier können Sie Urlaub machen!
Nur 2 Stunden von Kristiansand entfernt.
post@listafyr.no // M: +47 906 12 688 // Adresse: Lista Fyr AS, Fyrveien 70, 4563 Borhaug, Norwegen

Die Weiten des Dovrefjell

Moose auf dem Dovrefjell

Dovrefjell

Schon seit Jahrhunderten führt auf einer Reise von Süd nach Nord kein Weg am Dovrefjell vorbei. Über 1.500 km² misst die sanft ansteigende Hochebene, aus der einzelne bis über 2.000 m hohe Gipfel ragen. Aufgrund der geringeren Niederschlagsmengen sind diese meist eisfrei, wenn man einmal vom höchsten Berg, dem Snøhetta, absieht. Touristen wissen das reisefreundliche Klima ebenso zu schätzen wie die hier heimischen Moschusochsen.

Geografisch hat das Gebirge seit jeher eine wichtige Bedeutung. Lange Zeit unterteilte man Norwegen in eine Region nördlich des Dovrefjell – Det nordenfjelske (das nördlich vom Gebirge gelegene Land), und ein Gebiet südlich des Dovrefjell – Det søndenfjelske (das südlich vom Gebirge gelegene Land).

Altnordische Sagen berichten, dass das Dovrefjell neben Jotunheimen eine Heimat der Jotner-Trolle war. Die Jotner galten als klug und besaßen Eigenschaften, die sowohl für Götter als auch für die Menschen nützlich waren. Das Reich der Jotner war daher eine Region, in der man Wissen sammeln konnte, das für die Gesellschaft nützlich ist. Kein Wunder also, dass in isländischen Sagen davon berichtet wird, dass das Dovrefjell jener Ort sei, wo Häuptlings- und Königssöhne ihren Mut und ihre Kräfte messen sollten.

#Seiland-Nationalpark

Auf der Insel Seiland, vor den Toren Hammerfests gelegen, liegt der unzugänglichste Nationalpark auf norwegischem Festland. Unter Schutz stehen hier Felswände, die steil zur Küste hin abfallen, blumenreiche Wiesen und raue Gletscher. Bekannt ist die Insel als Sommerweide für Rentiere.

Der Rondane-Nationalpark

Rondane

»Das Schloss von Rondane« (Rondslottet), »Mächtiger Runde« (Digerronden), »Trollspitze« (Trolltinden). Schon die Bergnamen versprechen eine eindrucksvolle Landschaft. Geschützt wird diese durch Norwegens ältesten, 1962 gegründeten Nationalpark, der eine Fläche von knapp 1.000 km² bedeckt.

Für Wanderer wird die karge, von endlosen Flechten- und Heideteppichen überzogene Landschaft von zahlreichen Wanderwegen erschlossen. Ein besonderes Highlight ist dabei ein Besuch im Herbst, also im September, wenn die einsetzende Laubfärbung zu den weiß bepuderten Gipfeln und Anhöhen kontrastiert.

#Øvre-Pasvik-Nationalpark

Eingekeilt zwischen Finnland und Russland, im äußersten nordöstlichen Zipfel Norwegens, befindet sich dieser Nationalpark. Landschaftlich grüßt schon die Taiga. Kein Wunder, dass sich hier auch Bären heimisch fühlen. Das Klima ist entsprechend hart. Im Winter kann mit über -40 Grad Celsius gerechnet werden.

Felsen in Ekkerøy

See und Kiefern nahe Rondane

#Spitzbergen-Nationalparks

Auch die Nationalparks auf Norwegens arktischer Inselgruppe sind für normale Reisende eher ein unerreichbares Ziel. Insgesamt stehen 65 % Spitzbergens unter Schutz. Vor allem sollen so die teils direkt ins Nordmeer kalbenden Gletschergebiete für die Nachwelt erhalten bleiben. Unter ihnen auch der mit 8.120 km² größte Gletscher Europas, der Austfonna (Östlicher Gletscher).

Aber auch im Winter ist die vor allem im Osten recht niederschlagsarme Region ein beliebtes Ausflugsziel, wenn Loipen geradewegs in die unendliche Schnee-Einsamkeit führen.

Femundsmarka

Zwischen den Fylken Trøndelag und Innlandet, in Richtung der schwedischen Grenze, liegt die Femundsmarka. Westliche Begrenzung ist der 200 km² große Femundsee, der im Sommer auf rund der Hälfte der 60 Kilometer Länge durch die MS Fæmund II erschlossen wird. Das Boot bringt auch Gäste zu den Startpunkten der Wanderwege.

Die Pfade führen durch eine urtümliche, von Seen durchsetzte Landschaft, in der man aufgrund der zahllosen erratisch über die Ebenen verstreuten Felsbrocken leicht den Eindruck gewinnen kann, die Trolle hätten hier über Jahrhunderte hinweg mit Wurfspielen viel Spaß gehabt.

Bekannt ist die Region Femund auch für ihre Rentierzucht, die nach wie vor von den Samen betrieben wird. Auf Reste historischer südsamischer Behausungen kann man überall im 573 km² großen Park treffen.

Varanger-Halbinsel

Nur wenige Reisende verirren sich in den äußersten Nordosten Norwegen. Wer jedoch die lange Fahrt auf sich

Auch Trottellummen und Möwen (rechts) sind auf Varanger heimisch.

nimmt, hat meist ein klares, gerne etwas außergewöhnliches Ziel vor Augen. Dieses kann etwas mit der überraschend abwechslungsreichen Vogelwelt zu tun haben. Sommers wie winters treffen sich hier am Rande Europas Schwimm- und Flugkünstler wie der Gelbschnabeltaucher, der Eistaucher, die Plüschkopfente und die Weißflügellerche. Natürlich geben sich auch Hunderte der putzigen Papageitaucher Jahr für Jahr ein Stelldichein.

Auf eine gute Thermik setzen mithin nicht nur die Vögel, auch Kitesurfer zieht es der Winde wegen in die Region.

Speziell wie die Interessen der Gäste ist auch der Nationalpark selbst. Auf rund 1.800 km² steht eine absolut außergewöhnliche Hochebene unter Schutz. Die Varanger-Halbinsel (samisch: Várnjárgga) umfasst eine raue, eiszeitlich geprägte subarktische Landschaft, mit scharfkantig eingeschnittenen Tälern. Das Klima ist rau und unwirtlich, mit kalten Wintern und Sommern, in denen 10 Grad schon als warm gelten. So richtig wohl fühlen sich in dem Klima nur Rentiere und eben mit dichtem Gefieder ausgestattete Vögel. •

Fotos (3): © Heiko Scholze

Unterwegs im Pasviktal

Kiefern- und Flechtenlandschaft bei Rondane

Die schönsten Tourentipps – Nationalparks

no

Der höchste Gipfel

Von welcher Erhebung aus könnte man schon eine atemberaubendere Sicht haben als von der höchsten des Landes? 2.469 Meter ragt die harsche Steinhaube des Galdhøpiggen in den norwegischen Himmel. Der beste Weg hinauf startet an der Juvasshytta. Für die recht beschwerliche Tour – es sind immerhin 600 Höhenmeter zu überwinden – sollte ein Tag eingeplant werden.

Unterwegs zum Glittertind

»Die glitzernde Spitze« nimmt im Lande zwar von der reinen Höhe nur (knapp) den zweiten Rang ein, der Weg hinauf übertrifft jedoch jenen auf den höchsten Gipfel. Ab Spiterstulen sind beachtliche 1.300 Höhenmeter zu bewältigen. Allein für den Aufstieg sind daher mindestens vier Stunden einzuplanen. Gleichwohl, die Tour lohnt und der Panoramablick entlohnt bei gutem Wetter für die Strapazen.

Wanderung ab Krossbu

Familienfreundlich ist die Wanderung ab der Berghütte Krossbu, die direkt an der Rv 55 zu finden ist. Ohne größere Höhenunterschiede überwinden zu müssen, geht es, einem Bach folgend, zu einem Ausläufer des Gletschers Smørstabbrean. Wer anschließend noch mal der Straße in Richtung der Sognefjellshytta folgt, erhält einen Eindruck vom gesamten Ausmaß der Eismassen.

Tungestølen Turisthytte

Mit 474 km² ist der Jostedalsbreen der größte Festlandgletscher Europas. Den wohl besten Blick auf die Eiswelt hat man bei einer Wanderung ab der Touristenhütte Tungestølen. Das stylische Gebäude wurde

2017 eröffnet, nachdem der historische Vorgängerbau dem Sturmtief »Dagmar« nicht standhalten konnte.

Gletschertouren am Jostedalsbreen

So schön und beeindruckend Gletscher sind, sie bergen auch Gefahren. Für eine Erkundung des Eises sind geführte Gletscherwanderungen daher eine sichere Wahl. Die bekanntesten Touren führen über die Gletscherzunge des Nigardsbreen. Die Angebote richten sich an Anfänger und Fortgeschrittene.

Gutulia – Durch den Urwald

Mit 23 km² ist der Gutulia von bescheidener Größe und Norwegens kleinster Nationalpark. Ab dem Parkplatz ist nach 3 km leichtem Fußmarsch die nahezu undurchdringliche Wildnis erreicht, denn hier an der schwedischen Grenze findet man eines der letzten Urwaldgebiete Europas.

Snøhetta – Norwegens Schneehut

Die weiße Haube des Snøhetta überragt weithin sichtbar die scheinbar nicht enden wollenden Hochebenen des Dovrefjell. Mit 2.286 Metern ist es der höchste Berg der östlichen Landesteile und über eine durchaus fordernde Tour ab der Snøheim fjellstue erreichbar.

Am Rande der Lofoten

Gletscher Jotunheimen

Reise in die Zukunft

Oslo hat viel zu bieten. Ein Nationalpark fehlt jedoch bislang im Repertoire. Wenn es nach Naturschützern geht, könnte sich dies jedoch bald ändern. Geplant ist, das Waldgebiet der Østmarka vor Eingriffen zu schützen und für künftige Generationen zu erhalten. Ein passender Einstieg ist die Skullerud T-bane-Haltestelle.

Küstenerlebnisse auf Jomfruland

Auf 7,5 Kilometern Länge riegelt die »Insel der Jungfrau« das Festland in Richtung Skagerrak ab. Seit 2016 steht die Moränenlandschaft mit ihren Kiefernwäldern, dem kleinen See, den schon der Maler Theodor Kittelsen auf Papier verewigte, und den weitläufigen Stränden mit ihren kugelrunden Steinen unter Schutz. Erreichbar ist die Insel mit der Fähre ab Kragerø.

Am Rande der Lofoten

So alt die Lofoten sind – einige Gesteine entstanden vor geschlagenen 3,5 Milliarden Jahren –, so jung ist der Nationalpark entlang der Südwestküste. Das 99 km² große Areal trägt den Namen »Lofotodden« und schützt wuchtige, kantige Berge, sandige Buchten und das angrenzende Meer gleichermaßen. •

#norwegen #nordnorwegen #advertorial

Nordnorwegen – Nordlichter, Wale & Wandern

© Oceanwide Expeditions, Jurriaan Hodzelmans

Sonderangebot für Nordis-Leser: 10 % Rabatt bei Angabe des Codes »NORDIS«
Reisedetails, Preise & Termine: www.oceanwide-expeditions.com/nordis

Expeditionsseereise an Bord des Dreimastschoners »Rembrandt van Rijn«

no

Willkommen an Bord des Traditionsseglers »SV Rembrandt van Rijn« (33 Passagiere, 16 Kabinen). Er ist unser »schwimmendes Basislager« und Ausgangspunkt dieser Entdeckerreise zu den wundervollen Landschaftswelten Nordnorwegens. Das Schiff bringt uns sicher und komfortabel zu fernen Anlandestränden oder entlegenen Häfen, überall dorthin, wo kein anderes Transportmittel so einfach hingelangt. Die Seestrecken werden so kurz wie möglich gehalten, um so viel Zeit wie möglich für

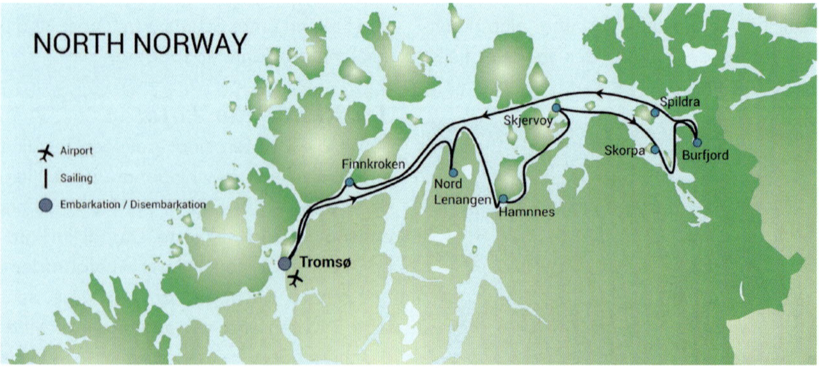

© Oceanwide Expeditions

Anlandungs- und Bootsausflüge zu gewährleisten. In den Monaten November bis April gibt es Schnee entlang der Küstenlinie, schneebedeckte Täler, Hügel und Berge im Landesinneren. Im Mittelpunkt der Reise stehen Walbeobachtungen und Wanderungen sowie Landgänge in kleinen Häfen. Bei einigen Terminen gibt es die Möglichkeit, ein Kajakprogramm dazu zu buchen (RVR11 & 12 in 2022 und RVR10 & 11 in 2023). Nordlicht-Entdecker kommen auf ihre Kosten und können sich ausgiebig Zeit zum Fotografieren nehmen. Das Schiff bleibt nachts meist im Hafen oder in einer Ankerposition, um eine angenehme Nachtruhe zur ermöglichen.

Winter in Nordnorwegen

Im Winter wird es selten kälter als −10 °C und die Wassertemperaturen sind durch Ausläufer des Golfstroms recht mild. Dennoch, es herrscht Winter und der Wind kann erheblich auskühlen. Von Ende November bis Mitte Januar gibt es keinen Sonnenaufgang. Es ist trotzdem hell, obwohl die Sonne nur unterhalb des Horizonts steht. Es bleibt dunkel, wenn der Himmel mit Wolken bedeckt ist. Die Tage werden schrittweise länger (Mitte Januar gibt es 1 Std., Ende Januar 4 Std., Anfang Februar 5 Std., Mitte Februar 7 Std., Ende Februar 9 Std. Tageslicht). Während der dunklen Nachtstunden und bei guten Sichtverhältnissen gibt es sehr hohe Chancen, die Nordlichter zu sehen. Januar und Februar sind eine gute Zeit, um die Winterlandschaft zu erleben und mit etwas Glück auch Wale zu sehen.

Arktischer Frühling

Winterausklang – Arktischer Frühling (Februar- und März-Abfahrten): Am Ende eines langen arktischen Winters beginnt der Frühling zu erwachen. Die Temperaturen im Februar/März liegen um den Gefrierpunkt. Es ist eine gute Zeit, die reizvolle Winterlandschaft zu erleben. Winterausklang bedeutet, die Tage werden spürbar länger (6 – 9 Std. Tageslicht im Februar, 9 – 13 Std. im März), dennoch gibt es während der

© Oceanwide Expeditions, Olga Lartceva

dunklen Nachtstunden und bei guten Sichtverhältnissen immer noch die Möglichkeit, die Nordlichter zu sehen.

Wunderschönes Norwegen!

Norwegen ist mit seinen zerklüfteten Bergen, Fjorden und Wäldern für seine natürliche Schönheit bekannt. Die immense Küste wurde zweimal von National Geographic zum besten Reiseziel der Welt gewählt. Und nicht nur in den Sommermonaten strahlt Norwegen seine Pracht aus, sondern auch im Winter: Die Berge sind mit Schnee bedeckt, die Sonne steht tief am Horizont und alles ist in einen glänzenden Reif gehüllt. Im äußersten Norden des Landes, etwa 350 Kilometer nördlich des Polarkreises, liegen die Inseln Kvaløya und Senja. Um diese Inseln passiert etwas Besonderes im Winter. In manchen Jahren versammeln sich riesige Heringsschwärme in den Fjorden rund um diese Inseln, um dort den Winter zu verbringen. Diese Fülle an Nahrung schafft eine der größten Konzentrationen von Biomasse auf der Erde, die wiederum eine große Anzahl von Walen anzieht. Es sind diese Riesen des Meeres, denen diese Reisen unter anderem gewidmet sind. Im Winter ist das Tageslicht begrenzt, jedoch sind auch die Nachtstunden keine verlorene Zeit: Nordnorwegen ist eine der besten Gegenden der Welt, um Nordlichter zu sehen – ein magisches Phänomen, das nur bei klarem, dunklem Himmel mit minimaler »Lichtverschmutzung« zu sehen ist. Diese Reise bietet reichlich Gelegenheit, die Nordlichter in den abgelegenen Buchten und Fischerdörfern, in denen Sie übernachten werden, zu bewundern.

Polarnacht in Nordnorwegen

Die Polarnacht, ein natürliches Phänomen, dominiert die Wintermonate. Sie beginnt in Tromsø offiziell am 27. November und dauert bis zum 15. Januar. Technisch gesehen verschwindet die Sonne jedoch bereits am 21. November und kehrt erst am 21. Januar zurück, da die Stadt von Hochgebirgen umgeben ist. In dieser Zeit gibt es kein Tageslicht, aber es ist auch nicht pechschwarz.

Tag 1: Ankunft in Tromsø

Ihr Abenteuer beginnt in der Stadt Tromsø, dem »Paris des Nordens«. Die Region ist reich an nordischer und samischer Geschichte. Hier wartet der Dreimastschoner

»Rembrandt van Rijn« im Hafen. Transfer vom Flughafen in die Stadt und anschließende Erkundung der Stadt in Eigenregie (beides nicht im Preis inklusive). Einschiffung um 16.00 Uhr. Willkommensbriefing an Bord. Das Schiff legt am Abend ab.

Tage 2–6: Nordische Fjordlandschaften

Wir nehmen Kurs Nord auf den Ullsfjorden. Je nach Bedingungen steuern wir nach Hamnnes auf der Insel Uløya. Hamnnes ist eine alte Handels- und Fischersiedlung aus dem 17. Jahrhundert mit typischen Holzlagerhäusern für den Stockfisch. Dieser getrocknete Kabeljau wird immer noch für das traditionelle mediterrane Gericht »Bacalhau« exportiert. Von Hamnnes geht es weiter nach Nordosten in den Kvænangen-Fjord. Einen Teil des Tages segeln wir durch die Fjorde, bei günstigen Winden auch mit gehissten Segeln. Zum Tagesende finden wir meist einen Hafen für die Nacht in einem der malerischen Fischerdörfer wie Skjervøy, Seglvik, Reinfjord oder Burfjord. Es gibt gute Wandermöglichkeiten in der Umgebung, zum Beispiel auf der Insel Spildra. Auch in Burfjord, nur 50 Kilometer von der nördlich gelegenen Stadt Alta entfernt, können gute Wanderungen unternommen werden. Während der Abende und Nächte bei klarem Himmel gibt es gute Chancen, Nordlichter zu sehen. Unser Kurs geht wieder Richtung Südwesten. Wir übernachten in der Nähe des kleinen Dorfes Finnkroken. Dieses kleine Dorf bietet gute Möglichkeiten, die Nordlichter zu sehen.

Tag 7: Unter den Nordlichtern

Ankunft in Tromsø gegen Mittag. Am Nachmittag gibt es Zeit zur freien Gestaltung, z. B. ein Rundgang im Ort, ein Museumsbe-

Fotos (2): © lOceanwide Expeditions

Twin-Bullaugenkabine

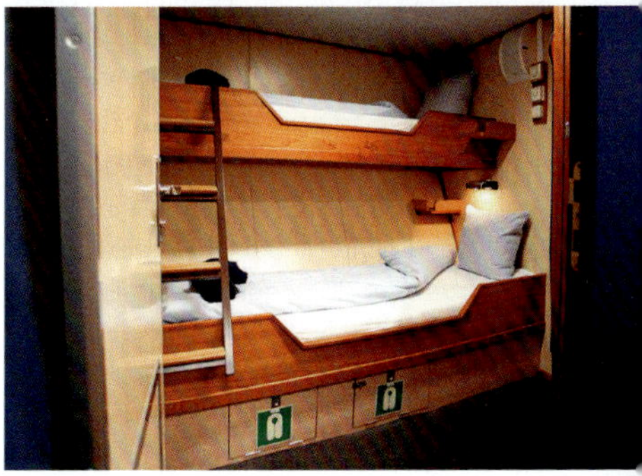

Twin-Innenkabine

such oder einfach nur ein Spaziergang in der frischen Winterluft. Wir verbringen die letzte Nacht an Bord in Tromsø, wo wir am Morgen des 8. Tages das Schiff verlassen.

Tag 8: Auf Wiedersehen Nordnorwegen!

Ausschiffung im Hafen von Tromsø spätestens um 09.00 Uhr. Transfer zum Flughafen in Eigenregie (nicht im Preis inklusive). Individuelle Heimreise mit Linienflug via Oslo in die Heimat (Flüge nicht inkl. im Kabinenpreis).

Änderungen und Anpassungen je nach Wetterbedingungen vorbehalten.

Reisetermine & Preise
Wöchentliche Termine von November bis April, jeweils Samstag bis Samstag.
Preise ab 2.200 € + 10 % Nordis-Rabatt.
Angebot, Preise und Termine unter
www.oceanwide-expeditions.com/nordis

Teilnehmer
Es haben maximal 33 Gäste an Bord Platz. Die Schiffsreise wird mit mindestens 24 Passagieren durchgeführt.

Begleitende Kinder und Alleinreisende
Kinder unter 16 Jahren, die mit ihren Eltern reisen, erhalten einen Rabatt von 40 % auf die Kabinenpreise gültig für alle Kabinen, vorausgesetzt, diese sind zum Zeitpunkt der Anfrage verfügbar. Alleinreisende können eine »halbe Kabine« zur Teilung ohne Zuschlag buchen. Bei ausdrücklich erwünschter Einzelbelegung wird ein Einzelkabinenzuschlag von 70 % erhoben (berechnet auf den Preis der gebuchten Kabinenkategorie).

Sprachen an Bord
Deutsch und Englisch

Eingeschlossene Leistungen
- Alle Mahlzeiten während der Schiffsreise, beginnend mit dem Abendessen am 1. Tag, endend mit dem Frühstück am 8. Tag
- Schiffsreise mit 7 Übernachtungen an Bord der »SV Rembrandt van Rijn« lt. Reiseprogramm
- geführte Landausflüge (Spaziergänge in und um Ortschaften und Zodiacfahrten)
- fachkundige Vorträge und Führung des Expeditionsteams an Bord und an Land
- alle Gebühren und Steuern rund um das Schiffsprogramm
- Snacks, Kaffee, Tee und Tischwasser inklusive
- Reiseunterlagen (Boarding Pass, Reiseinformationen per E-Mail)

Folgende Leistungen sind nicht im Kabinenpreis enthalten: Flugreise, Hotelübernachtungen und Transfers an Land, Reiseversicherung (diese ist obligatorisch), Mahlzeiten an Land, Übergepäck, Serviceleistungen an Bord (Wäsche, Bar, Telefon, Internet), Trinkgeld, alkoholische und Soft-Getränke an Bord.

© Oceanwide Expeditions, Lea Ponzle

Entdeckerschiff mit Format | Dreimast-traditionssegler »Rembrandt van Rijn«

Das Schiff »Rembrandt van Rijn« ist 56 Meter lang (168 ft.), 7 Meter breit und hat einen Tiefgang von 2,5 Metern, 451 BRT. Die Maximalgeschwindigkeit bei Antrieb mit Motoren liegt bei ca. 7 Knoten. Das Schiff verfügt über eine erfahrene Crew und 2 Expedition-Guides. Das Schiff hat Platz für 33 Passagiere in 16 Kabinen (1 Dreierkabine mit Bullauge und DU/WC, 6 Twin-Innenkabinen mit DU/WC (kein Bullauge), 9 Twin-Kabinen mit Bullauge und DU/WC plus Kabinen für Crew und Staff (insgesamt 12). Das geräumige Restaurant bietet Platz für alle Passagiere und lädt zum Verweilen ein. Außerdem gibt es eine separate Bar mit Lesetisch. Das Schiff ist bestens geeignet für Expeditionsfahrten und verfügt über ausreichend Platz für Passagiere am Außendeck, sogar wenn das Schiff unter Segeln fährt. Zwei robuste Schlauchboote (Zodiacs) ermöglichen Anlandungen und Exkursionen in Gebieten, die von großen Schiffen nicht besucht werden können.

Wichtiger Hinweis für Expeditionsreisen

»Änderungen im Reiseverlauf vorbehalten«, d. h. die hier beschriebenen Tagesprogramme dienen nur zur groben Orientierung. Flexibilität ist von größter Bedeutung auf Schiffsreisen mit Expeditionscharakter. Bereitschaft zum Komfortverzicht ist Grundvoraussetzung an Bord eines historischen Traditionssegelschiffes. Der endgültige Fahrplan wird vom Expeditionsleiter an Bord bestimmt und nach dem sicheren Ermessen des Kapitäns und den Eigenschaften des Schiffes umgesetzt. Das Schiff ist als Dreimastschoner traditionell mit Segeln ausgestattet und diese werden bei guten Bedingungen auch eingesetzt. Der Kapitän entscheidet über Einsatz der Segel oder des Motors.

Kontakt & Buchungsinformationen

(man kann uns auf Deutsch kontaktieren)
Visserijkade 5 | 4382 ZA, Vlissingen
Niederlande
T. +31 (0) 118 410 410
F. +31 (0) 118 410 417
E. info@oceanwide-expeditions.com
W. www.oceanwide-expeditions.com •

Fotos (2): © Oceanwide Expeditions, Jurriaan Hodzelmans

#norwegen

Kurs Norwegen

ANREISE MIT DEM EIGENEN AUTO/WOHNMOBIL

Über die Öresundbrücke via Dänemark und Schweden kann man, wenn man genügend Zeit und mindestens eine Übernachtungspause einplant, den Süden Norwegens über den Landweg erreichen.

Allgemeine Verkehrsbestimmungen

- In Norwegen herrscht Rechtsverkehr und Anschnallpflicht auf Vorder- und Rücksitzen.
- Das Abblendlicht muss auch am Tag eingeschaltet sein. Standlicht reicht nicht.
- Promillegrenze: 0,2
- Höchstgeschwindigkeiten: innerhalb geschlossener Ortschaften: 50 km/h, außerhalb geschlossener Ortschaften: 80 km/h, auf Schnellstraßen/Autobahnen: 90–110 km/h*
  * Für schwere Fahrzeuge und Wohnwagen (gebremst) gilt eine Höchstgeschwindigkeit von 80 km/h, für ungebremste 60 km/h.

Besonderheiten:

Im Kreisverkehr grundsätzlich Vorfahrt; auch wer von einer Hauptstraße her einfährt, muss Vorfahrt gewähren. Manchmal folgen mehrere Kreisverkehre in sehr kurzem Abstand.

Bei Eis und Schnee müssen schwere Fahrzeuge zusätzlich mit Schneeketten ausgestattet werden. Zwischen November und April, im Norden sogar von Mitte Oktober bis Mai sind Spikereifen gestattet.

ANREISE MIT DER FÄHRE

Zeitsparender ist die Anreise mit der Fähre. Je nach Strecke kann man mit einer Expressfähre von Dänemark nach Norwegen übersetzen, eine Fähranreise via Schweden planen oder von Kiel aus die Direktüberfahrt mit Übernachtung, Bordbüfett und Unterhaltungsprogramm buchen. Teilweise sind Kombitickets erhältlich.

Direkte Verbindungen

- Kiel – Oslo (Color Line)

Verbindungen über Dänemark

- Kopenhagen – Oslo (DFDS Seaways)
- Hirtshals – Kristiansand (Color Line)
- Hirtshals – Larvik (Color Line)
- Hirtshals – Stavanger – Bergen (Fjord Line)
- Hirtshals – Langesund (Fjord Line)
- Hirtshals – Kristiansand (Fjord Line)
- Kopenhagen – Fredrikshavn – Oslo (DFDS Seaways)

Verbindungen über Schweden

- Strømstad – Sandefjord (Color Line, Fjord Line)

Kontakte zu den Fährlinien

- Color Line: Tel. 0431-73 00 100, **www.colorline.de**
- DFDS Seaways: Tel. 040-38 90 371, **www.dfdsseaways.de**
- Fjord Line: Tel. +47 51 46 40 99, Gruppen: +49 800 184 48 79, **www.fjordline.com**

ANREISE MIT DEM FLUGZEUG

Einige der größeren Städte in Norwegen, vor allem Oslo, sind aus Deutschland, Österreich und der Schweiz mit dem Flugzeug zu erreichen. Da sich Flugverbindungen gerade in Pandemie-Zeiten schnell ändern können, verweisen wir hier lediglich auf die Internetseiten von relevanten Fluggesellschaften. Dort können Sie sich über aktuelle Flugverbindungen und Preise informieren:

- Air Baltic, www.airbaltic.com
- Easy Jet, www.easyjet.com
- Lufthansa, www.lufthansa.com
- Norwegian, www.norwegian.com
- SAS, www.flysas.com
- Swiss, www.swiss.com
- Widerøe, www.wideroe.no
- FlyCar, www.fly-car.de (nur im Winter)

ANREISE MIT DEM ZUG

Von Hamburg über Kopenhagen und die Öresundverbindung kann man via Schweden auch per Zug nach Norwegen reisen. **www.bahn.de**

ANREISE MIT DEM BUS

- Eurolines: Von Bremen, Berlin oder Hamburg mit Umstiegen in Kopenhagen und/oder Göteborg nach Oslo. **www.eurolines.de**
- Flixbus: Verbindung von u. a. Berlin über Dänemark nach Oslo und weitere Haltestellen in Ås, Moss und Sarpsborg. **www.flixbus.de**
- Innerhalb von Norwegen ist man mit Nor-Way Busekspress gut und günstig unterwegs. **www.nor-way.no**. Weitere Verbindungen mit Nettbuss (Vy) (**www.nettbuss.no**) und Lavprisekspressen (**lavprisekspressen.no**).

GELDANGELEGENHEITEN

In den allermeisten Fällen kann mit der EC-Karte bzw. mit der Kreditkarte bezahlt werden, auch Kleinstbeträge. Es werden alle gängigen Karten akzeptiert. Bei älteren Lesegeräten kann es jedoch zu Problemen kommen. Für den Notfall ist es daher angeraten, etwas Bargeld dabei zu haben. Auch ist es vorteilhaft, EC- und Kreditkarte einzustecken, da teilweise, wie bei privaten Mautstraßen im Gebirge, nur Kreditkarten akzeptiert werden. Bei manchen Lesegeräten steht zur Auswahl, in Kronen oder in Euro zu zahlen. Die Zahlung sollte aufgrund des besseren Kurses zunächst in norwegischen Kronen erfolgen.

Bargeld kann an allen Automaten (minibank) abgehoben werden. Bargeldumtausch ist hingegen nur bei der FOREX Bank möglich, von der es nur sehr wenige Filialen in Norwegen gibt (**www.forex.no**).

Wer vorab in Deutschland Geld tauscht, erhält den schlechtesten Kurs. Den besten Kurs bietet das Geldabheben in Norwegen.

Kurse:
1 Euro = 9,70 NOK
100 NOK = 10,30 Euro
1 CHF = 9,08 NOK
100 NOK = 10,99 CHF
(Stand Oktober 2021)

Gute Nacht in Norwegen

HOTELS

Wie wäre es mit einem gemütlichen Hotel am Fjord? Oder einem modernen Haus mitten in Oslo? Oder vielleicht lieber doch die Traditionsherberge im Gebirge? In Norwegen hat man die Wahl zwischen unterschiedlichsten Hoteltypen. Eine Besonderheit sind die historischen Hotels, die sich zu einem Verband zusammengeschlossen haben und Übernachtungen in einem zauberhaften Ambiente anbieten. An Wochenenden und in der Ferienzeit im Sommer sind Hotelübernachtungen oft günstiger, da in dieser Zeit die Businesskunden fehlen. Zahlreiche Hotelketten bieten individuelle Urlaubspässe und Rabatte an. Das beliebte Bonusprogramm »Fjord Pass« läuft 2021 aus. Inhaber eines bereits erworbenen und gültigen Fjord Pass können diesen noch für die eingetragene Gültigkeitsdauer verwenden.

no

Hotel »Seilet« in Molde

Folgende Hotelketten sind in Norwegen vertreten: Nordic Choice Hotels, Rica Hotels, Thon Hotels, Rezidor, Radisson Blu, Hotel Park Inn, Scandic, Die Historischen Hotels und Restaurants sowie Best Western.

JUGENDHERBERGEN

»Vandrerhjem« heißen die rund 100 Jugendherbergen zwischen Südküste und Nordkap. Alle Häuser gehören zu einem der beiden in Norwegen vertretenen Herbergsverbände, Hostelling International oder VIP Backpackers Resorts International. Küchen stehen überall zur Verfügung. Große Schlafsäle gibt es in den Jugend- und Familienherbergen immer weniger, meistens findet man Einzel- bis Vierbettzimmer oder spezielle Familienzimmer.

- Hostelling International Norway
  Tel. +47-919 02 609
  info@hihostels.no
  www.hihostels.no

PRIVATUNTERKÜNFTE

In Norwegen gibt es zahlreiche Privatunterkünfte, die man entweder per Zufall am Wegesrand oder dank der Hinweise in den Tourismusbüros findet. Eine Übersicht über B&B-Angebote (**www.bbnorway.com**) sowie Ferienmöglichkeiten auf dem Bauernhof gibt es unter der Webadresse **www.hanen.no** (auch auf Deutsch). Auch eine Broschüre kann man dort bestellen.

FERIENHÄUSER

Rund 400.000 Ferienhäuser, »hytte« genannt, sind im ganzen Land verteilt, an der Küste, an Seen oder im Gebirge. Manche Häuser sind eher spartanisch ausgestattet, andere mit allem erdenklichen Luxus. Zu den Anbietern mit Ferienhäusern in Norwegen gehören
DanCenter (**www.dancenter.de**),
Novasol (**www.novasol.de**),
TUI Wolters (**www.tui-ferienhaus.de**),
Atraveo (**www.atraveo.de**),
Norgesbooking (**www.norgesbooking.de**),
Norwegenservice (**www.norwegenservice.net**),
DinTur (**www.dintur.de**) und
Interchalet (**www.interchalet.de**).

CAMPING

Ein hübsches Plätzchen für Zelt, Wohnmobil oder Wohnwagen sollte bei insgesamt 250 Campinganlagen in ganz Norwegen sicher zu finden sein. Der Standard reicht vom einfachen 1-Stern-Platz bis zum luxuriösen Campinggelände mit 5 Sternen. Zahlreiche Plätze haben nicht nur im Sommer, sondern auch im Winter geöffnet. Nützlich ist auch hier die Camping Key Europe-Karte (130 NOK). **www.camping.no**

UNGEWÖHNLICH ÜBERNACHTEN

Wer in Norwegen etwas extravaganter schlafen will, dem seien die historischen Hotels empfohlen. Im Gudbrandsdal kann man sich im mittelalterlichen Hof Sygard Grytting in 700 Jahre alter Umgebung zur Ruhe betten. Entlang der Küste Norwegens gibt es zudem rund 50 Leuchttürme, die nach und nach außer Betrieb genommen und heute als Herbergen genutzt werden. Typisch für Nordnorwegen sind außerdem die Rorbuer, alte Fischerhütten aus der Zeit des Dorschfangs, die vielerorts grundlegend modernisiert wurden und einen Urlaub in historisch-maritimem Ambiente ermöglichen. Kuschelwarme Nächte in eisiger Umgebung erlebt man in den Schneehotels von Kirkenes, Alta oder Lillehammer.

LEKTÜREEMPFEHLUNG ZUR PLANUNG IHRES NÄCHSTEN SKANDINAVIEN-URLAUBS MIT DEM REISEMOBIL:

NordCamper – Camping-Guide Skandinavien erhältlich im Nordis Verlag. Besuchen Sie unseren Shop unter
www.skandinavien.de.

COVID-19-HINWEIS

Da die Pandemielage fortwährenden Änderungen unterliegt, könnte es weiterhin zu kurzfristigen Grenzschließungen, Einschränkungen oder Streichungen im Fähr-, Flug-, Zug und Busbetrieb sowie Schließungen von Unterkünften kommen. Bitte beachten Sie aktuelle Reise- und Sicherheitshinweise und informieren Sie sich aktuell bei allen für Ihre Reise relevanten Verkehrs- und Beherbergungsbetrieben.

Traumhafter Ausblick direkt vom Bett aus in einem Kastenwagen von Roadfans

Ein Zuhause auf Rädern

Mit Roadfans gen Norden

Es ist Sommer in Skandinavien. Die Nacht ist lang und hell. Ein magisches Licht liegt über der Landschaft, die Gitarre lehnt am Camper und das Feuer knistert leise. Den Moment genießen. Die Seele baumeln lassen. Es gibt keinen Grund zur Eile, dein Zuhause auf Rädern ist immer mit dabei.

Mit einem Camper auf einen Roadtrip zu gehen, ist für viele der Inbegriff von Freiheit. Ein Hauch von Abenteuer. Einfach los, Neues entdecken, bleiben, wo es gefällt, und die Natur genießen. Das war im Sommer 2016 auch der Wunsch einer Gruppe von Freunden, die allerdings schnell feststellen musste, dass ihr Traum von Freiheit schon bei der Suche nach dem richtigen Miet-Wohnmobil endete. Zu unflexibel und kompliziert gestaltete sich das Prozedere. Kurzfristige Mieten und ohne Mindestmietdauern waren nicht möglich. Übergabe und Rücknahme kosteten mehrere Stunden und viele, teils wichtige Informationen zur Bedienung des Wohnmobils hätte man wahrscheinlich schon wieder vergessen, sobald man mit dem Wohnmobil vom Hof rollt. Das müsste doch auch deutlich flexibler und zeitgemäßer gehen, war der Gedanke der Freunde und die Idee für Roadfans war geboren: Eine Vermietstation in Stadtnähe, 24/7-Abholung und Rückgabe. Jede Saison die neusten Wohnmobilmodelle, kurzfristiges Verreisen mit beliebiger Dauer sollte möglich sein, mit Videos zu allen Fahrzeugfunktionen, die jederzeit abrufbar sind. Bereits ein Jahr später ist die Vision Wirklichkeit geworden. Deutschlandweit verfügt Roadfans nach vier Jahren über acht Stationen mit fast 500 Wohnmobilen in der Vermietung und im Verkauf.

Die Qual der Wahl

Die Reise beginnt ja eigentlich immer schon mit der Vorfreude und bei Reisen mit dem Wohnmobil auch mit der Auswahl des passenden rollenden Zuhauses auf Rädern. Vom sportlich agilen Campingbus bis hin zum hoch komfortablen vollintegrierten Wohnmobil ist bei Roadfans für jeden Nordlandreisenden etwas dabei – ob es nun ein verlängertes Wochenende mit Freunden ist oder der große Sommerurlaub mit Familie und Hund. »Escape«, »Journey« oder »Freedom« heißen die Fahrzeugkategorien bei Roadfans zum Beispiel. Die Fahrzeuge, die sich hinter den Kategorien verbergen, werden jährlich gegen die neusten Modelle mit den neusten Motoren ausgetauscht. Mit nur wenigen Klicks im Netz (www.roadfans.de) kommt man dann nicht nur zu den Fahrzeugdetails, sondern kann sich in einer 360°-Ansicht bequem von zu Hause aus den kompletten Innenraum der Camper ansehen. Die Wohnmobile sind aber auch vor Ort zu besichtigen. Das geht sogar kontaktlos, denn über eine Software kann Roadfans das Wohnmobil bei Bedarf öffnen und schließen.

Ich habe mich entschieden und miete mein Wunschmobil online. Die Buchung kann ich erst einmal bis zum Ende durchspielen und Extras wie einen Grill dazubuchen oder Roadfans zum Beispiel für mich die Anmeldung für die norwegischen Mautgebühren regeln lassen. Auch europaweites WLAN, Küchenutensilien, Campingstühle und -tische kann ich optional hinzufügen, um unterwegs flexibel zu bleiben, und ich kann sogar einen Stellplatz für meinen Pkw buchen, damit ich einfach umladen und losfahren kann. 11 kg Gas, Fahrradträger und 300 Freikilometer pro Tag sind bereits inklusive, Kilometerpakete lassen sich opti-

Kleine Rast mit unserem Zuhause auf Rädern an einem idyllischen Ort am See

Polarlichter – ein Traum vieler Reisender, diesen Moment einmal erleben zu dürfen.

onal dazu buchen. Der Buchungsprozess ist transparent, versteckte Kosten gibt es nicht und schon bald ist die Buchung erledigt und in meinem Kundenkonto einsehbar. Die Vorfreude steigt und am liebsten würde ich direkt losfahren. Aufgeregt bin ich natürlich trotzdem, denn auch wenn ich das Wohnmobil online ausgiebig betrachten konnte, kenne ich die Bedienung des Wohnmobils noch nicht. Ob unterwegs dann wirklich alles klappt? Über mein E-Mail Postfach bekomme ich einen Hinweis, dass ich mich schon vorab mit der Bedienung meines Wohnmobils auf der Internetseite von Roadfans vertraut machen kann. Hier finde ich Videos zur Bedienung der verschiedenen Modelle, von der Abwasser- und Stromversorgung bis hin zum richtigen Umgang mit der Markise und den Verdunkelungsrollos. Ich bin beruhigt. So kann ich mich schon zu Hause informieren und etwaige Fragen vorab klären. Und sollte ich bis zur Abreise doch etwas vergessen haben, sind die Videos jederzeit erneut abrufbar. So ist der Kopf frei für andere Dinge.

Mit Roadfans unterwegs

Endlich geht es los! Mein Wohnmobil kann ich zu meiner Wunschuhrzeit abholen. Auch sonntags oder zu nachtschlafender Zeit, wenn mir das am besten in die Reiseplanung passt, weil ich eine bestimmte Fähre nehmen möchte oder konkrete Terminpläne habe. Am Wohnmobil angekommen, logge ich mich über die Webseite mit dem Smartphone in mein Kundenkonto ein, trete die Buchung an und das System führt mich Schritt für Schritt durch das Übergabeprotokoll. Ein Kratzer, der nicht im System ist? Eintragen, Foto anhängen und weiter geht es einmal rund um das Fahrzeug. Sobald ich das Protokoll bestätigt habe, öffnet sich die Beifahrertür und ich kann den Schlüssel bequem aus dem Handschuhfach entnehmen. Nachdem auch das Übergabeprotokoll für den Fahrzeuginnenraum ausgefüllt ist, gibt das System die Zündung frei. Ab jetzt kann ich das Wohnmobil ganz normal mit dem Schlüssel öffnen, starten und schließen. Die Reise kann beginnen. Der Sitz ist schnell eingestellt, schließlich kenne ich das Fahrerhaus schon aus dem passenden Video.

Unterwegs passiert es dann doch: Trotz der zahlreichen und ausführlichen Anwendungsvideos habe ich eine Frage zum Wohnmobil. Ich nehme Kontakt zu Roadfans auf, erhalte via E-Mail schnelle und effektive Hilfe und kann meinen Urlaub entspannt fortsetzen: Dänemarks Strände genießen, Norwegens Fjorde bestaunen, in Schwedens Wäldern wandern oder in Finnlands Seen baden.

Heimwärts

Ein schöner Urlaub ist in der Regel immer viel zu schnell vorbei und schweren Herzens gebe ich das Wohnmobil wieder an der Mietstation ab. Die Rückgabe zu meiner Wunschuhrzeit gestaltet sich zeitsparend und problemlos. Nachdem der Camper ausgeräumt ist und ich eine letzte Runde im Inneren gedreht habe, logge ich mich in mein Kundenkonto ein, lege den Schlüssel zurück in das Handschuhfach und schließe das Rückgabeprotokoll ab, woraufhin das System das Wohnmobil wieder verriegelt.

Fernweh?

Zurück zu Hause stellt sich für viele die Frage: Wann kann ich wieder los? Und manch einer möchte sein liebgewonnenes Zuhause auf Rädern eigentlich gar nicht mehr hergeben. Das muss man auch nicht unbedingt, bzw. nur kurz, denn am Ende der Saison ist der Kauf der jungen, gebrauchten Wohnmobile möglich und in der nächsten Saison fährt eine Flotte ganz neuer Roadfans-Wohnmobile durch Deutschland, Europa und auch wieder gen Norden.

Lust bekommen auf einen Roadtrip? Roadfans hat exklusiv für Reisehandbuch-Leser einen Gutscheincode:

5% RABATT GESCHENKT

für deinen nächsten Wohnmobil-Urlaub

GUTSCHEINCODE

NORDISROADFANS2022

Rabattcode gilt bis zum 31.12.2022 ab einem Buchungswert von 400,- € und kann auf der Webseite ***www.roadfans.de*** eingelöst werden.

ROADfans

SCH
EDE
N
se

So stellt man sich das ursprüngliche Schweden vor. Still, grün und schlicht.

SCHWEDEN
Karesuando
Abisko
E10
E45
Kiruna
Gällivare
Lappland
E10
Jokkmokk
Vännäs-
berget
Norrbotten
Töre
E4
Haparanda
Tärnaby
E45
Luleå
E12
Sorsele
Arvidsjaur
Piteå
Storuman
Skellefteå
Vilhelmina
Lycksele
Västerbotten
Bottnischer Meerbusen
Dorotea
Åsele
E12
E4
E45
Strömsund
Umeå
Jämtland
Ångermanland
Åre
E14
Östersund
Örnsköldsvik
Sollefteå
Bräcke
E14
Härnösand
Härjedalen
Medelpad
Sundsvall
E4
Sveg
Ljusdal
Hudiksvall
Hölsingland
E45
Bollnäs
Dalarna
Söderhamn
Mora
Rättvik
Gästrikland
E45
Falun
Gävle
Stöllet
Borlänge
E4
Östhammar
Torsby
Ludvika
Avesta
Uppland
Värmland
Väst-
manland
Uppsala
Arvika
Filipstad
Norrtälje
Enköping
E18
Västerås
E18
Karlstad
E18
Karlskoga
E18
Sollentuna
E20
Stockholm
Säffle
Kristine-
hamn
Eskilstuna
Strömstad
Dals-
land
E45
Örebro
Katrine-
holm
Södertälje
E4
Vänern
Närke
Nynäshamn
Bohuslän
Mariestad
Nyköping
Södermanland
Vänersborg
Motala
Oxelösund
Uddevalla
Troll-
hättan
Skövde
E20
Norrköping
Vättern
Linköping
E6
Mjölby
Väster-
götland
Östergotland
E4
Göteborg
Jönköping
E22
Gotland
Västervik
Kungsbäcka
Borås
Eksjö
Visby
Vimmerby
Småland
Gotland
Varberg
Halland
Värnamo
Oskarshamn
Öland
Falkenberg
Ljungby
E22
Växjö
Borgholm
Halmstad
E6
E4
Kalmar
E20
Hässle-
holm
Karls-
hamn
Blekinge
Öland
Ängelholm
Karlskrona
Helsingborg
Skåne
E22
Ronneby
Landskrona
Kristianstad
Lund
Malmö
E65
Ystad
Trelleborg
0
50
100 km
Nordsee
Ostsee

#schweden

#Land

Schweden erstreckt sich auf einer Fläche von rund 450.000 Quadratkilometern, 228.000 davon sind Wald. Die Entfernung vom nördlichsten Punkt Treriksröset zum südlichsten Punkt Smygehuk beträgt 1.600 Kilometer. Das ist ungefähr so weit wie von Malmö nach Rom. Die Küsten sind insgesamt 7.624 Kilometer lang. Von den ungefähr 100.000 Seen in Schweden ist der Vänern der drittgrößte Europas.

Aktuell ist Schweden in 23 Provinzen (Län) unterteilt. Die Provinzen sind für eine Reihe staatlicher Aufgaben wie Schule, Landwirtschaft, Verkehr, Fischerei, Kultur usw. verantwortlich. Sie organisieren auch die Wahlen.

Im Land leben zehn Millionen Menschen, davon circa 20.000 Sámi. 65 Prozent der Bevölkerung (6,3 Millionen Menschen) gehören der evangelisch-lutherischen Staatskirche an. Auf einem Quadratkilometer leben durchschnittlich 22 Menschen. Das Land gehört damit zu den am dünnsten besiedelten Ländern Europas. Über ein Drittel der Einwohner lebt in den drei größten Stadtregionen in der südlichen Landeshälfte. Größere Städte sind Stockholm, Göteborg und Malmö.

Schwedisch ist die Amtssprache in Schweden. Neben dem Schwedischen sind Finnisch, Jiddisch, Meänkieli, Romani und Samisch als Minderheitssprachen anerkannt. Das Schwedische ist eng verwandt mit dem Norwegischen und dem Dänischen.

Staatsform in Schweden ist die Parlamentarische Demokratie. Der König (zurzeit Carl XVI. Gustav) hat ausschließlich repräsentative und zeremonielle Aufgaben. Die politische Macht üben der Reichstag und der Staatsminister aus. 2022 finden Neuwahlen statt. Es wird sich zeigen, ob die Sozialdemokraten weiter in der Regierungsverantwortung stehen oder ob es einen Rechtsrutsch gibt.

#Leute

Es gibt zwei elementare Dinge, die man kennen muss: »Jantelagen« und »lagom«. Die beiden Begriffe sagen grob zusammengefasst: »Keiner ist besser als der andere. Alle sind gleich« und »gerade richtig. Nicht zu viel, nicht zu wenig«. Es ist in Schweden verpönt zu glauben, man sei besser als der andere, nur weil man mehr verdient oder eine höhere Position innehat. Der Ausgleich ist den Schweden sehr wichtig. Böse Zungen behaupten, dass die Schweden das Mittelmaß zelebrieren.

In Schweden redet man sich mit Du und dem Vornamen an. Dabei spielt es keine Rolle, ob man mit dem Regierungschef oder der Lehrerin spricht. Ein simples »Hej Stefan« oder »God morgon Annika« reicht völlig. Beim König wird es dann etwas komplizierter. Die Chance, dass Sie Carl XVI. Gustaf einfach so treffen, ist aber doch eher sehr klein.

Die Schweden schätzen es nicht, wenn Sie ihnen auf die Pelle rücken. Dies gilt sowohl körperlich als auch verbal. Schweden sind sehr zurückhaltend im Kontakt mit Menschen, die sie nicht kennen. Das wird oft als Arroganz aufgefasst, ist jedoch als Respekt gegenüber Fremden zu verstehen.

Einem Schweden oder einer Schwedin käme es nie in den Sinn, am Badestrand das Handtuch zwei Meter neben einer anderen Person zu platzieren. Man sucht sich einen Platz möglichst außerhalb des Blickfeldes. Ich spreche hier von Menschen, die sich nicht kennen. Unter Bekannten ist das natürlich nicht so.

Die Schweden reden sehr gerne übers Wetter. Bei uns macht man das, wenn sonst nichts Schlaues zur Debatte steht, in Skandinavien hat das aber durchaus einen Hintergrund. Schweden sind gerne und viel draußen. Wenn man dann weiß, dass das Wetter mal so mal so ist, dann ist die richtige Kleidung elementar und man spricht sich ab.

TEXT & FOTOS #SCHWEDEN: ANDREA ULLIUS
(sofern nicht anders gekennzeichnet)

Gotland, die Insel der Kontraste

Wer noch nie auf Gotland war, kann nicht verstehen, weshalb so viele Menschen von dieser schwedischen Ostseeinsel schwärmen. Mir ist das ähnlich ergangen. Jahrelang habe ich mich geziert, die Überfahrt mit der Fähre zu wagen. Als ich dann endlich auf Gotland war, wusste ich: Wenn man da war, will man wieder hin.

Die imposanten »Raukar« sind typisch für Gotland.

Mit der Fähre bequem nach Gotland

Eine Reise nach Gotland muss man planen. Man kann nicht auf einer Schwedenrundreise schnell mal hinfahren wie nach Öland. Denn dorthin fährt man einfach über die knapp sechs Kilometer lange Ölandsbron und schon ist man da. Gefällt es einem nicht, ist man schnell zurück. Bei Gotland geht das nicht. Die Fährüberfahrt dauert je nach Route zwischen drei und vier Stunden und eine Rückfahrt am gleichen Tag ist schier unmöglich. Um Gotland zu besuchen, braucht es Zeit. Am besten viel Zeit.

Die Fähren von Destination Gotland (**www.destinationgotland.se**) verkehren täglich ab Oskarshamn und Nynäshamn. Je nach Saison gibt es eine oder mehrere Verbindungen auf die Insel und zurück. Saisonal wird auch die Strecke von Västervik aus bedient. Seit August 2021 gibt es eine neue Verbindung: Die Strecke Rostock – Nynäshamn wird mehrmals wöchentlich befahren. Aktuell wird Visby einmal pro Woche (pro Strecke) angefahren. Im Jahr 2022 wird dank einer zusätzlichen Fähre die Frequenz erhöht.

Bewegte Geschichte

Wenn man Gotland verstehen will, kommt man um etwas Geschichte nicht herum. Die Insel war schon immer ein Ort, wo Menschen aus nah und fern ihre Spuren hinterließen. Das älteste entdeckte Grab auf Gotland ist ungefähr 9.200 Jahre alt und ist die letzte Ruhestätte des sogenannten Bjersmann. Todesursache: Pfeilschuss in den Bauch. Es muss also noch mehr Menschen auf der Insel gegeben haben.

Während sich die ersten Menschen auf Gotland von essbaren Pflanzen ernährten, entdecken die Nachkommen in der jüngeren Steinzeit die Seehundjagd. In der Bronzezeit kamen zum Fischfang und der Jagd der Ackerbau und die Viehzucht dazu. Wenn Sie sich für die Geschichte von Gotland interessieren, kann ich einen Besuch im Gotland-Museum (**www.gotlandsmuseum.se**) wärmstens empfehlen. Hier sieht man auch, wie sich die Bauweise der Gebäude und die Gebrauchsgegenstände im Verlaufe der Zeit verändert haben.

Die Hochblüte erlebte Gotland und speziell der Ort Visby im Mittelalter. Viele Gotländer betrieben regen Handel und gelangten zu Reichtum. Im frühen Mittelalter besaß Gotland die Alleinherrschaft, was den Warenaustausch mit Russland betraf. Auf der Insel herrschte Wohlstand, und viele Kauf-

Die Hansestadt Visby

leute, unter anderem aus Russland und Deutschland, ließen sich auf Gotland nieder.

Gotlands Hauptstadt Visby spielte eine wichtige Rolle in der Hanse, dem Zusammenschluss von Kaufleuten an der Nord- und Ostsee. Das gab aber auch Probleme. Da viele Bauern auf Gotland aktiv Handel betrieben, mussten sie ihr Geschäft plötzlich »über Visby« abwickeln und Abgaben und Zölle bezahlen. Die Spannungen führten 1288 zu einem Krieg zwischen Stadt und Land.

Irgendwann neigte sich dann auch der Einfluss der Hanse dem Ende zu und es folgte eine Zeit des steten Wandels, der Entbehrungen und der Kriege. Grund: Die Dänen eroberten Visby im Jahre 1361. Der Einfluss der Dänen nahm folglich zu, der Protestantismus breitete sich aus. Als die Schweden 1645 wieder das Zepter übernahmen, ging es mit Gotland auch wirtschaftlich wieder aufwärts. Speziell die Familie Donner schuf sich mit mehreren Industrie- und Handelszweigen ein regelrechtes Imperium.

Ein Rohstoff, der auf Gotland in Hülle und Fülle vorkam, war (und ist) Kalk. Im 17. Jahrhundert entwickelte sich die Kalkbrennerei zum wichtigsten Erwerbszweig Gotlands. Nach dem Zweiten Weltkrieg sank die Nachfrage nach Kalk deutlich, sodass heute nur noch an wenigen Orten im Norden Gotlands Kalk gebrochen wird.

Heute ist Gotland die wahrscheinlich schönste Insel in Skandinavien. Es gibt viel Agrarwirtschaft, einen florierenden Tourismus sowie einige Industrie- und Dienstleistungsunternehmen. Was geblieben ist, sind all die Spuren der Geschichte, der Wikinger, des Mittelalters und der verschiedenen Umverteilungen des Landes im 18. und 19. Jahrhundert.

Faszinierende Natur

Die Natur Gotlands in zwei, drei Sätzen zu beschreiben, ist beinahe unmöglich. Zu vielfältig, zu abwechslungsreich ist die Flora und Fauna auf kleiner Fläche. Das, was heute Gotland ist, lag vor über 400 Millionen Jahren am Äquator und auf dem Meeresgrund. Schon damals begann das »Wachstum« der markanten Gesteinsformen »Raukar«. Erst vor 12.000 Jahren durchbrach Gotland die Wasseroberfläche. Durch Wind und Wetter entwickelten sich die Raukar aus Riffkalkstein. Diese Formung und Verformung nimmt auch heute noch ihren Lauf.

Wenn man über die Natur von Gotland spricht, werden als Erstes diese »Raukar« und die Sandstrände erwähnt. Auch hier sieht man die Gegensätze der Insel. Es gibt aber noch viel mehr. Hätten Sie zum Beispiel gewusst, dass Gotland die meisten Orchideenarten von ganz Schweden besitzt?

Große, wild lebende Säugetiere gibt es hingegen auf Gotland wenige. Außer Füchsen und Rehen trifft man noch diverse Hasenarten und Wildkaninchen an. Der Igel ist ebenso weit verbreitet wie Wassersalamander, Kröten, Frösche, Eidechsen und wenige Schlangen. Auch Insekten und Schmetterlinge genießen die blühenden Kräuterwiesen Gotlands. Dank der spektakulären Küsten gibt es auch über 150 verschiedene Vogelarten auf und an der Insel, die hier jedes Jahr nisten und brüten. Vogelkundler schwärmen von der überraschend großen Zahl an Stein- und Seeadlern.

Ungefähr die Hälfte der Insel ist mit Wald bedeckt, dominiert von Nadelbäumen. Der kalkreiche Boden ist das Paradies für Regenwürmer, welche die Erde wiederum in ein nährstoffreiches Milieu für andere Pflanzen wie Buschwindröschen oder Leberblümchen verwandeln.

Auf den Flächen im Norden und Nordwesten Gotlands gibt es nur eine dünne Erdschicht, der Grund besteht aus festem Kalkstein. Hier wachsen die Bäume viel weniger dicht und die offenen Landflächen nehmen überhand. Eine Vielzahl von Pflanzen hat

Eine der bekanntesten Raukar: die Jungfrun

So karg kann Gotland sein.

Erfolgreicher Fund auf der Trüffelsafari

sich auf die trockenen Bedingungen spezialisiert. Hier gibt es farbige Flechten, herrliche Moose, verschiedene Kräuter, Gräser und Blumen.

se

Dort, wo noch Laubwälder auf der Insel existieren, findet man Orchideen wie das Knabenkraut oder die Waldhyazinthe. Die Bedingungen sind hier so gut, dass man im Herbst Mengen an Trüffeln findet. Die Qualität ist hervorragend und der jährliche Trüffelmonat von Mitte Oktober bis Mitte November bringt viele Menschen auf die Insel. Es gibt Trüffelsafaris und die besten Restaurants stellen exquisite Trüffelmenüs zusammen. Höhepunkt ist das Trüffelfestival, welches die Saison beendet. (**www.gotlandstryffelfestival.se** / **www.tassit.se**)

Was tun auf Gotland?

Gotland ist Naturland. Auf überschaubarem Raum findet man eine unglaubliche Vielfalt an Möglichkeiten. Wenn Sie Ihren Urlaub aktiv gestalten wollen, dann bietet Gotland eine unglaubliche Vielzahl an schönen Wanderungen und Radtouren. Hartgesottene Sportskanonen umrunden die Insel mit ihrem zweirädrigen Freund in mehreren Etappen. Aber auch kurze Ausflüge sind perfekt, um Gotland zu erkunden. Hilfe bei der Planung der Wanderungen oder Fahrradausflüge bekommt man bei den Profis von Life Outdoor (**www.lifeoutdoor.se**).

Wenn Sie dann auf Entdeckertour sind, werden Ihnen viele für Gotland typische Dinge begegnen. Es ist eine Freude, den »Guteschafen« und den »Pelzschafen« auf den offenen Weiden zuzuschauen. Es sind ganz besondere Hausschafrassen, die traditionell auf Gotland gehalten werden. Auf den verschiedenen Bauernhöfen kann man Lammfelle, Lammfleisch und Souvenirs kaufen. Lassen Sie sich nicht täuschen: Als »Lamm« bezeichnet man hier alle Schafe.

Meint man die Jungtiere, dann spricht man von »Lammjungen«.

Wenn wir schon bei den Hofläden sind, dann möchte ich Sie noch darauf hinweisen, dass es eine Vielzahl von solchen kleinen Shops mit Produkten aus Selbstproduktion gibt. Gemüse kaufe ich oft beim Stora Tollby Trädgård (**www.storatollbygard.se**) und mein Lieblingshonig kommt von Aminne Honung & Jästeri (**www.aminnehonung.se**).

Auf der Insel versteht es sich von selbst, dass Fisch als Lebensmittel eine große Bedeutung hat. Einer meiner Lieblingsläden ist die Sysne Fiskbutik von Sten und Monica Nordin. (**www.sysnefiskbutik.se**).

Wenn ich ein Bier möchte, dann wähle ich im Systembolaget, dem Alkoholgeschäft, den Gerstensaft von Barlingbo Bryggeri (**www.barlingbobryggeri.se**). Hin und wieder landet auch eine Flasche Whisky von Gotland Whisky (**www.gotlandwhisky.se**) oder Gin von Hellström (**www.hellstromgin.com**) neben einer Weinflasche von Gutevin (**www.gutevin.se**) in meinem Einkaufskorb.

Damit Sie nicht vor verschlossenen Türen stehen, empfehle ich die App »Öppet Gotland« (**www.oppetgotland.se**). Hier sieht man auf der Karte sofort, welche Restaurants, Hofläden und Shops auf der Insel geöffnet haben. Superpraktisch und äußerst zuverlässig.

Tolle Fischauswahl bei Sysne Fisk

Unzählige Sehenswürdigkeiten

Egal, wie man sich auf der Insel fortbewegt – den Schätzen von Gotland kann man sich nicht entziehen. Das Spektakel beginnt bei den Raukar, diesen bizarren fossilen Kalkstein-Skulpturen, die sich stolz an den Küsten präsentieren. Manchmal stehen sie allein, oft in skurrilen Formationen. Schaut man diese Gebilde an, erkennt man plötzlich Gesichter, eine Jungfrau oder eine Kaffeekanne. Besonders bekannt sind die Raukar bei Langhammars, Digerhuvud oder Hoburgsgubben.

Wo es Meer gibt, gibt es Leuchttürme. Eine alte Binsenwahrheit. So ist das auch auf Gotland. Leuchttürme haben meistens eine spannende Geschichte zu erzählen. Wie viele Leben von Seefahrern haben sie wohl gerettet? Manche dieser langen Gesellen wurden von vielen Freiwilligen gerettet und der Allgemeinheit zugänglich gemacht. Schauen Sie sich doch die Leuchttürme von Fårö, När oder Stora Karlsö an.

Früher gab es Hunderte von Mühlen auf Gotland. Heute sind es bedeutend weniger. Auch hier sind die historischen Wahrzeichen Geschichtenerzähler. Was hätten auch die gotländischen Bauern ohne diese Windmühlen gemacht?

Gotland hat sagenhafte 92 mittelalterliche Kirchen, die von Fårö bis nach Sundre verteilt sind. Ich finde es sehr spannend, die Architektur und speziell die großartigen Glasmalereien und stilvollen Schnitzereien zu betrachten.

Noch älter als die Kirchen sind die zahlreichen Schiffssetzungen, Grabmonumente, Ruinen und Ritzungen. Speziell die Schiffssetzung von Fröjel hat es mir angetan. Aber eigentlich ist fast jeder Blick, den man auf Gotland wagt, ein kulturhistorischer Augenblick.

Wann immer ich auf Gotland bin, verbringe ich einige Zeit mit der Betrachtung der alten Fischerdörfer. Sie sind Zeugen einer Zeit, als der Fischfang unverzichtbar zum Überleben war. Heute dienen viele dieser Schuppen als einfache Unterkunft. So konnten sie vom Zerfall bewahrt werden. Mein Lieblingsdorf ist Helgumannen. Hier habe ich schon viel Zeit beim Picknicken und Fotografieren verbracht.

Die Hansestadt Visby

Natürlich müssen wir auch ein paar Worte über die Hauptstadt Gotlands, die Hansestadt Visby verlieren. Hier könnte ich stundenlang verweilen und durch die verschlungenen Gassen auf der Suche nach mittelalterlichen Zeitzeugen spazieren. Steinruinen umrankt von Efeu, Kopfsteinpflaster, schmucke Holzhäuschen mit Rosenstöcken vor der Türe, die Geschichte lauert an jeder Ecke. Visby ist wirklich einmalig. Seit 1995

Buntes Treiben in den Gassen von Visby

gehört die Stadt zum UNESCO-Welterbe. Es gibt nur wenige Hansestädte, die noch so gut erhalten sind.

Innerhalb der Stadtmauer von Visby liegt ein Labyrinth aus engen und verzweigten Gassen. Im Sommer blühen hier reichlich Blumen, speziell Rosensträucher. Sie sehen in der Innenstadt prächtige Fachwerkbauten, noble Kaufmannsvillen sowie Klöster und Kirchen. Visby ist ein bunter Mix aus Ruinen und bestens erhaltenen historischen Gebäuden. Manchmal habe ich das Gefühl, dass dieser Mix regelrecht ineinander »verwachsen« ist.

Im Sommer ist Visby ein phänomenales Durcheinander von Einheimischen und Gästen, die sich die Stadt anschauen, in den schmucken Außenrestaurants Kaffee trinken oder ihre täglichen Einkäufe erledigen. Besonders gerne besuche ich das H10 Bar & Café (**www.h10barcafe.se**).

Weltbekannt ist die Medeltidsveckan (**www.medeltidsveckan.se**). Da taucht die ganze Stadt ins Mittelalter ein und zelebriert die eigene Vergangenheit. Handwerkermärkte, Ritterturniere und Theater machen dann den Besuch von Visby noch unvergesslicher.

Gut essen und gut schlafen

Geht es Ihnen auch wie mir? Wenn ich auf Reisen bin, dann will ich auch gut essen. Kein Problem. Wo Sie sich mit guten Zutaten eindecken können, haben Sie schon erfahren. Es gibt aber auch Gastronomie für jeden Geschmack. Im Sommer finden Sie zahlreiche Popup-Restaurants an den gut frequentierten Stränden. Legendäre Crêperien gibt es in Visby, bei Stenkyrka und auf

Tolle Gastronomie auf Gotland, hier ein Blick auf das Grå gåsen.

Fårö. Im Gourmetführer White Guide (**www.whiteguide.com**) sind aktuell 17 Lokale gelistet. Die Auswahl an hervorragenden Speisemöglichkeiten ist breit gefächert und diese findet man nicht nur in der Hauptstadt Visby.

Auf Gotland gibt es Übernachtungsmöglichkeiten für jedes Budget. Hotels, Pensionen, Campingplätze finden Sie in Hülle und Fülle. In der Hochsaison empfiehlt es sich, im Voraus zu reservieren. Außerhalb der Saison ist aber immer ein Plätzchen frei für Sie. Nachfolgend ein paar Tipps. Eine Auswahl toller Unterkünfte finden Sie auf der Webseite von Destination Gotland (**www.destinationgotland.se/de**).

Und nicht verpassen

Zum Schluss habe ich noch zwei, drei besondere Orte auf Gotland herausgesucht. Ich freue mich, wenn ich Sie mit diesen Perlen zu einem Besuch dieser unglaublichen Insel motivieren kann.

Lummelundagrottan ist eine Karsthöhle, die 1948 von drei Teenagern entdeckt wurde. Sie ist eine der größten Attraktionen auf Gotland. Das Wasser, das aus der Höhle quoll, wurde im 17. Jahrhundert zum Antrieb eine Mühle, einer Säge und später einer Eisenhütte genutzt.
(**www.lummelundagrottan.se**)

Bläse Kalkbruksmuseum ist eine alte Kalksteinfabrik. Heute gibt das Museum Einblicke in die Arbeitsabläufe und das Leben der Arbeiter. Eine tolle Sache ist die wieder in Betrieb genommene alte Industriebahn, die im Sommer Besucher vom Steinbruch zum Kalkwerk und zurück befördert. (**www.blase.se**)

Die alte Kalksteinfabrik von Bläse

Die Blå Lagunen lockt Tausende Menschen mit dem türkisfarbenen Wasser zum Baden. Die Blaue Lagune, ein früherer Kalksteinbruch, liegt neben Gotlands größtem Binnensee, dem Bästeträsk. Hier finden Naturliebhaber eine außergewöhnliche Flora und Fauna.

Furillen ist auch ein ehemaliges Kalkgewinnungsgebiet. Eine Brücke führt von Lergrav auf die Insel, die eher an eine Mondlandschaft denn an eine fruchtbare Gegend erinnert. Die alten Gebäude wurden in ein Hotel, ein Restaurant und Tagungsräume umfunktioniert. Von hier aus können Sie durch die karge Natur streifen.
(**www.furillen.com**)

Etelhems Krukmakeri ist eine Töpferei, die 1889 gegründet wurde. Noch heute sind die alten Teile der Werkstatt in Betrieb. Besucher können sich selbst an einer Drehscheibe an das Töpfern wagen. Im Sommer gibt es ein Café und ein Museum und einen Verkaufsladen.
(**www.etelhemskrukmakeri.se**)

Vamlingbo Prästgård ist ein denkmalgeschützter ehemaliger Pfarrhof, der 1779 gebaut wurde. Es gibt ein Restaurant, ein Naturum und das Lars-Jonsson-Museum. Die benachbarte Kirche kann über eine lauschige Allee erreicht werden.
(**www.larsjonsson.se**)

Kattlunds Museigård ist ein bestens erhaltener Bauernhof aus dem Mittelalter. Der Hof, der auch einen Heilkräutergarten und ein Café umfasst, sowie das Museum sind für Besucher von Mitte Mai bis in den Herbst geöffnet. Dieser Ort ist auch toll, um einfach mal zu verweilen und im Garten zu schlendern. •

#stockholm

Das Stockholm-Sechs-mal-Fünf

Für mich ist Stockholm die schönste Hauptstadt der Welt. Nordisches, maritimes und kosmopolitisches Flair verschmelzen zu einer ganz speziellen Stimmung. Für alle, die die Stadt auf eigene Faust erkunden wollen, habe ich eine Favoritenliste zusammengestellt.

Stockholm umfasst 14 Inseln.

Es versteht sich von selbst, dass eine Hauptstadt in der Größenordnung von Stockholm eine unendliche Zahl von Möglichkeiten in allen Kategorien anbietet. Von hochklassiger Gastronomie über atemberaubende Aktivitäten bis zu ausgefallenen Shoppingmöglichkeiten gibt es alles, was einen Aufenthalt in Stockholm außergewöhnlich macht.

In diesem »Stockholm-Sechs-mal-Fünf« finden Sie meine Favoriten und Geheimtipps für Ihren Stockholmbesuch. Sicher entdecken Sie aber auch zusätzlich Ihre eigenen Favoriten.

#Wachablösung

Ein Highlight am Stockholmer Schloss ist die tägliche Wachablösung um zwölf Uhr im Schlosshof. Das läuft jeweils wie am Schnürchen. Die Königsfamilie werden Sie hier leider nicht antreffen. König Carl XVI. Gustaf und Königin Silvia wohnen auf Schloss Drottningholm.

Wachablösung

Fünf Lieblingsstadtteile

In allen Stadtteilen findet man eine ausgewogene Mischung an Museen, Unterhaltung, Einkaufsmöglichkeiten und Gastronomie. Da man sich aber hin und wieder auch beschränken muss, empfehle ich Ihnen meine Lieblingsstadtteile.

Djurgården ist Museumsinsel und grüne Lunge der Stadt. Ursprünglich frönten die Vasa-Könige hier dem Jagdvergnügen. Heute liegen hier mindestens ein Dutzend hochkarätige Museen. Auch für Outdoorsport wird Djurgården

1. Altstadt (Gamla Stan), Nikolaikirche
2. Riddarholmskirche
3. Stadthaus
4. Stadtmuseum
5. Nationalmuseum
6. Modernes Museum
7. Scenkonstmuseet Swedish museum of Performing Art
8. Historisches Museum
9. Nordisches Museum
10. Vasamuseum
11. Skansen (Freilichtmuseum)
12. Globen
13. Mittelaltermuseum
14. Kunstmuseum
15. Thielska Galerie
16. Museum für Schifffahrtsgeschichte, Sportmuseum, Ethnografisches Museum
17. Gröna Lund (Freizeitpark)
18. Kindermuseum

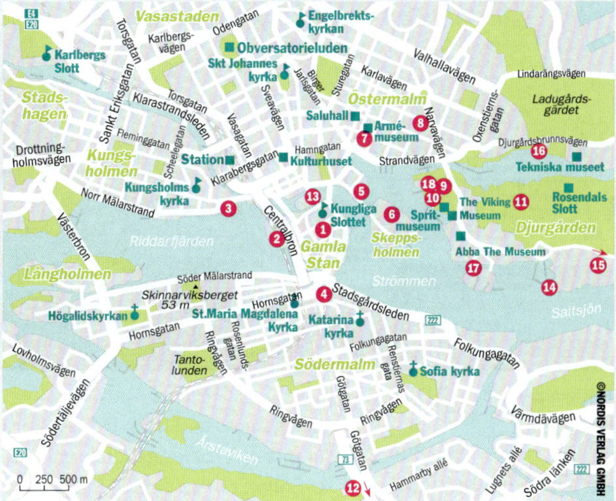

sehr gerne genutzt. Zentrale Straßenbahn-Station: Liljevalchs/Gröna Lund

Södermalm ist das Szene-Quartier Stockholms. Hier findet man die hippen Boutiquen mit lokalem Handwerk und Design. Viele gemütliche Cafés laden zur Fika ein und die Restaurantdichte ist überdurchschnittlich. Unbezahlbar ist auch die Aussicht über die Stadt vom Monteliusvägen aus. Zentrale U-Bahn-Station: Medborgarplatsen oder Hornstull

Östermalm ist das Nobelviertel mit Unterhaltungswert. Boutiquen der internationalen Top- und Luxusmarken reihen sich hier aneinander. Östermalm bietet aber auch Kultur, Museen und prächtige Parks. Ein Muss ist der Besuch in der neurenovierten Markthalle Östermalms Saluhall. Zentrale U-Bahn-Station: Karlaplan oder Östermalmstorg

Gamla Stan ist die Altstadt und das Tourismusmekka. Die schmucken Häuser und schmalen Gassen prägen sich bei jedem Stockholmbesuch ein. Abseits der doch sehr touristischen Västerlånggatan findet man viele nette Shops,

#Kirchen

Besuchen Sie eine der vielen wunderbaren Kirchen in Stockholm. Toll sind die Storkyrkan (Dom), die Tyska kyrkan der deutschen Kaufleute, die Riddarholmskyrka mit den Königsgräbern oder die Sofia kyrka auf Södermalm.

Die »Front« von Gamla Stan

Fjäderholmarna

#Fjäderholmarna

Möchten Sie die Schären vor Stockholm ohne längere Bootsfahrt erleben? Dann ist ein Ausflug nach Fjäderholmarna genau das Richtige für Sie. Die Insel ist in 20 Minuten mit der Fähre ab Slussen (während des Umbaus von Slussen ab Skepsbrokajen) und ab Nybroplan erreichbar.

Spezialität aus dem Restaurant Ekstedt

Restaurants und Bars. Der Stortorget mit dem Nobelmuseum ist eine beliebte Drehscheibe in der Altstadt. Zentrale U-Bahn-Station: Gamla Stan.

Norrmalm ist das moderne Einkaufs- und Geschäftszentrum der Stadt. Hier findet man die beliebten Warenhäuser, dutzende Flagship Stores internationaler Marken, aber auch das Stadshuset, die Fußgängerzone Drottninggatan und den wunderbaren Park Kungsträdgården. Zentrale U-Bahn-Station: T-Centralen oder Kungsträdgården.

Fünf Lieblingsrestaurants

Was wäre eine Städtereise ohne leckeres und authentisches Essen? Gerade die skandinavische Küche boomt in den letzten Jahren. In Stockholm eröffnet beinahe jede Woche ein Spitzenlokal. Man hat also die Qual der Wahl. Mein Tipp: einfach ausprobieren.

Ekstedt (**www.ekstedt.nu**). Restaurant der gehobenen Klasse. Gekocht wird nur mit Feuer, Glut, Kohle und Rauch.

Adam/Albin (**www.adamalbin.se**). Adam Dahlberg und Albin Wessman erfüllen höchste Gourmet-Ansprüche. 2021 haben sie ihr Restaurant renoviert und die Küche neu ausgerichtet.

Restaurang Pelikan (**www.pelikan.se**). Hier isst man traditionelle schwedische Gerichte. Legendär sind die riesigen Köttbullar.

Restaurang Knut (**www.restaurangknut.se**). Der Geschmack des schwedischen Nordens. Von Rentier bis Tunnbrödpizza, Norrland hat man hier auf der Zunge.

Urban Deli Nytorget (**www.urbandeli.org/nytorget**). In lebhafter Atmosphäre am Nytorget genießt man eine ausgewogene, internationale Bio-Küche.

Stortorget

Fünf Lieblingsmuseen

Stockholm ist ein wahres Museumsmekka. Legendär ist das Vasamuseet und das Nordiska museet, die man unbedingt besuchen sollte. Zu meinen ganz persönlichen Highlights gehört natürlich auch das ABBA-Museum, aber es gibt noch weitere.

Scenkonstmuseet (**www.scenkonstmuseet.se**). Hier erlebt man alles rund um das Thema Musik, Tanzen und Theater.

Bergrummet (**www.toymuseum.se**). Großartiges Spielzeug- und Comicmuseum. Erleben Sie die Helden Ihrer Kindheit hautnah.

Spritmuseum (**www.spritmuseum.se**). Spannende Ausstellung über Spirituosen, die Auswirkungen von Alkohol und die schwedische Alkohol-Prohibition.

Fotografiska (**www.fotografiska.com/sto**). Herausragendes Museum mit wechselnden Ausstellungen der Crème de la Crème der internationalen Fotografie.

Skansen (**www.skansen.se**). Freilichtmuseum, Zoo und Veranstaltungsgelände. Hier hat die ganze Familie Spaß. Besuchen Sie die historischen Geschäfte mit traditionellem Handwerk.

#DasKönigliche Schloss

Das Kungliga Slottet hat 608 Räume und wurde Anfang des 18. Jahrhunderts im italienischen Barockstil errichtet. Im Schloss, das Sie auch besichtigen können, sind diverse Ausstellungen und Museen integriert. Ein Blick in das Museum Tre Kronor, die Schatzkammer oder auch die Schlosskirche sind sehr zu empfehlen.

Blick auf das Schloss

Mårten Trotzigs Gränd

#DieSchmalsteGasse

Sehenswert ist das nach dem Wittenberger Kaufmann Martin Traubtzig benannte Gässchen Mårten Trotzigs Gränd. Mit 90 Zentimetern Breite ist das Stockholms schmalste Gasse.

se

Fünf Shopping-Tipps

Shopping gehört zu den menschlichen Bedürfnissen wie essen und trinken. In Stockholm macht das besonders Spaß, weil man hier alles findet, was das Herz begehrt. Und dass wir uns recht verstehen: Shopping heißt nicht, dass man immer etwas kauft, sondern dass man sich in erster Linie von den Produkten und der Atmosphäre inspirieren lässt.

Nordiska Kompaniet (**www.nk.se**). Der Shoppingtraum wird wahr. NK ist das Luxuskaufhaus in Skandinavien, vergleichbar mit dem KaDeWe in Berlin.

Rain Store by Stutterheim (**Västerlånggatan 40**). Hier findet man die legendären Regenmäntel in allen Farben und Größen. In Schweden ein Muss.

Regenmäntel von Stutterheim

Hattbaren (**www.hattbaren.se**). Heute trägt man wieder Hut. Eine tolle Auswahl für Frau und Mann gibt es in diesem legendären Geschäft seit 1917.

Östermalms Saluhall (**www.ostermalmshallen.se**) Frisch renoviert strahlt die Markthalle in neuem Glanz. Foodies finden hier das absolute Paradies. Bei jedem Besuch.

Hestra Concept Store (**www.hestragloves.com**). Die besten Handschuhe kommen von Hestra. Egal ob zum Arbeiten oder für den Wintersport.

Kungsträdgården

Fünf Lieblingsaktivitäten

Stockholm hat viel zu bieten. Speziell für aktive Menschen gibt es eine Vielzahl von tollen und unvergesslichen Aktivitäten, die man unternehmen kann. Einige macht man auf eigene Faust, andere unter kundiger Führung.

Sightseeing mit Bus (**www.stromma.com/de-se/stockholm**). Die beste Art, einen schnellen Überblick über Stockholm zu bekommen. Ein- und Aussteigen nach Lust und Laune.

Ausflug in die Schären (**www.stromma.com/de-se/stockholm**). Die Schären sind atemberaubend. Genießen Sie dieses Flair mit einem Ausflug auf dem Schiff.

#Kungsträdgården

Am Kungsträdgården geht es in den Straßencafés und bei Konzerten fröhlich zu. Im Frühjahr ist der ganze Platz in Rosa getaucht: Dann blühen die wunderbaren Kirschbäume. Im Winter können Sie auf der mobilen Kunsteisbahn ihre Eislaufkünste zum Besten geben.

Morgenstimmung in Stockholm

se Stadshuset

#Stadshuset

Eines der Wahrzeichen von Stockholm ist das Stadshuset. In der Blåhallen (Blauer Saal genannt, ist aber rot) finden die Festlichkeiten zum Nobelbankett im Dezember statt.

Under Kastanjen

Ice-Skating im Winter, Paddeln im Sommer (**www.stockholmadventures.com**) Stockholm ist von Wasser umgeben. Probieren Sie diesen Spaß – im Winter auf dem Eis und im Sommer im Kanu.

Bummeln im Hagapark (**www.kungligaslotten.se**). Der königliche Park gehört zu den beliebtesten Erholungsgebieten in Schweden. Wunderbare Sehenswürdigkeiten erwarten Sie.

Foto-Tour auf eigene Faust. Man muss nicht Influencer sein, um die schönsten Fotospots zu erkunden. Moteliusvägen, Fjällgatan, Brunkeberg-Tunnel, Sergels Torg, Skepshusbron, Sie finden sicher noch mehr.

Fünf Lieblingscafés

Schlafen muss man. Essen muss man. Und eine Fika, die berühmte schwedische Kaffeepause, muss man auch machen. Hier kommen meine absoluten Fika-Spots:

Sergels torg

Vete-Katten (**www.vetekatten.se**). Hier kauft der König. Legendär sind die »Semmlor« und die zuckersüße Princesstårta. Im Café ist ein reges Kommen und Gehen.

Kaffebar (Bysistorget 6) Schnell auf einen Kaffee und eine »Fralla« (belegtes Brötchen)? Hier lohnt sich eine Pause immer. Das wissen auch die Menschen auf Söder.

Café Tårtan (**www.tartancafe.com**) »Smörgås«, »Surdegstoast«, »Våfflor«. Hier kann man die Zeit vergessen. So stell ich mir immer das »Café um die Ecke« vor.

Café Pascal (**www.cafepascal.se**). Hier wird Kaffee zelebriert. Dieses Café spielt in der Top-Liga und an zwei Standorten in Stockholm.

Bullar&Bröd (**www.bullarochbrod.se**). Mögen Sie ofenfrisches, knuspriges Brot und saftige Süßigkeiten? Hier gibt es beides. Zum vor Ort Genießen oder Mitnehmen. •

#Junibacken

Für alle Märchen- und Kinderromanfans ist das Museum Junibacken ein Highlight in Stockholm. Das Familienmuseum mit Kindertheater präsentiert auf spektakuläre Art und Weise viele Romanhelden, unter anderem von Astrid Lindgren.

Junibacken

#UnterwegsInStockholm

Innerhalb der Stadt kann man auf ein gut ausgebautes U-Bahn- und Busnetz bauen. Der Nahverkehrsbetreiber SL bietet Tages- und Kurzzeittickets für wahlweise ein oder drei Tage. Tickets kaufen Sie an den Automaten oder über die SL-App für iOS und Android Geräte. (**www.sl.se**)

Offizielle Touristen-Information ist Visit Stockholm (**www.visitstockholm.com**). Ergänzend gibt es Stockholm Info (**www.stockholminfo.com**), ein privates Unternehmen.

Die ehemalige Stockholm Card gibt es nicht mehr. Sie ist durch den Stockholm Pass (**www.stockholmpass.de**) abgelöst worden. Er kann wahlweise für 24, 48, 72 und 96 Stunden gekauft werden und kostet für Erwachsene 619 bis 1.569 SEK (für Kinder 50 Prozent ermäßigt). Er bietet kostenlosen Eintritt in mehr als 70 Museen und Sehenswürdigkeiten sowie Sightseeing-Touren per Bus und Boot und Ermäßigungen in vielen Geschäften und Restaurants. Achtung: Öffentliche Verkehrsmittel sind nicht im Pass inbegriffen!

Das Haga Quartier

#göteborg

Das Göteborg-Fünf-mal-Fünf

Göteborg ist die zweitgrößte Stadt Schwedens. Sie stellt einen wichtigen Handelsplatz dar und verfügt über den größten Hafen des Landes. Außerdem ist die Stadt Sitz einer Universität und einer Technischen Hochschule. Die lockere, freundliche Mentalität ihrer Bewohner und die ausgeprägte Cafékultur geben der Stadt ihren familiären Charakter, der ihr den Beinamen »die größte Kleinstadt Schwedens« eingebracht hat.

#Feskekôrka

In der Feskekôrka dreht sich alles um Fisch. Die besten Fischhändler der Stadt haben hier ihre Verkaufsstände, und das Restaurant auf der Empore gehört zu den besten der Stadt. Aktuell wird die Halle renoviert. Für 2023 ist die Wiedereröffnung geplant. Die Händler und Restaurants genießen in den umliegenden Markthallen vorübergehend Unterschlupf.

Göteborg wurde 1621 von Gustav II. Adolf gegründet und nach holländischem Vorbild mit Kanälen und 20 Brücken errichtet. Die großen Werften sind heute alle stillgelegt. Auf deren Gelände entstanden neue und interessante Gebäude zum Wohnen und Arbeiten. Göteborg ist urban, teilweise alternativ, aber immer sehr lebensfreudig.

Fünf Lieblingsrestaurants

In Göteborg spürt man, dass die Westküste von der Fischerei dominiert wird. Fisch findet man auf fast jeder Speisekarte. Aber auch weitere lokale Hochgenüsse lauern an jeder Ecke.

1. Götaplatsen
2. Liseberg (Freizeitpark)
3. Ostindienfahrer
4. Botanischer Garten
5. Schifffahrtsmuseum
6. Fischermuseum
7. Feskekôrka (Fischmarkthalle)
8. Röhsska Museum für Design und Kunsthandwerk
9. Dom zu Göteborg
10. Stadtmuseum
11. Kronhaus, Kronhusbodarna
12. Gartenverein (Trädgårdsföreningen)
13. Kungsportsplatsen, Paddan Sightseeing
14. Universeum
15. Weltkulturmuseum

i Touristeninformation

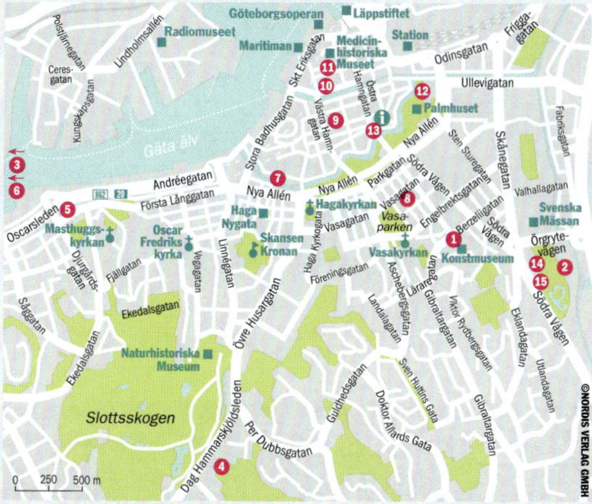

Sjömagasinet (www.sjomagasinet.se). Für mich das beste Fischrestaurant an der Westküste. Seit April renoviert und mit neuer Crew am Start.

Koka (www.restaurangkoka.se). Mein Favorit in Göteborg. Edel, kreativ, lokal. Ein Spitzenrestaurant ohne Überheblichkeit.

Tapasbaren (www.tapasbaren.se). Der Name verrät das Konzept. Man wählt verschiedene kleine Gerichte und teilt. Dazu einen schönen Wein. Perfekt.

The Barn (www.thebarn.se). Amerikanische Esskultur mit schwedischer Philosophie interpretiert. Natürlich gibt es Burger, Wurst und Hummer.

Syster Marmelad (www.systermarmelad.se). Das Quartierrestaurant ist einfach großartig und ungezwungen. Die lokalen Gerichte sind auf tollem Niveau.

Fünf Lieblingsmuseen

Göteborg bietet auch für Museumsliebhaber viele tolle Erlebnisse. Wie in jeder Stadt gibt es spezielle Einrichtungen für Kunst und Kultur. In den letzten Jahren haben sich aber auch viele kleinere und themenspezifische Museen in Göteborg etabliert.

#Riesenzimtschnecken

Die wahrscheinlich größten Zimtschnecken Schwedens finden Sie im Café Husaren im Quartier Haga. Sie sind wirklich riesig und ersetzen problemlos eine Mahlzeit. Keine Angst, für den kleinen Hunger gibt es auch kleinere Exemplare.

Riesenzimtschnecke

Blick von Skansen Kronan über die Stadt

Hasselblad Center (**www.hasselbladfoundation.org**). Fotografie-Museum mit Ausstellungen von nationalen und internationalen Fotografen.

Street Art (**gothenburg.streetartcities.com**). In und um Göteborg finden Sie unzählige Street-Art-Kunstwerke. Einfach nur die Augen aufmachen.

Alfie Atkins Kulturhaus (**www.alfonskulturhus.se**). Das Kulturzentrum von Alfie Atkins ist der perfekte Ort für Kinder, um zu spielen und Unheil zu stiften.

Sjöfartsmuseet Akvariet (**www.sjofartsmuseetakvariet.se**) Hier lernt man die nordischen und tropischen Gewässer kennen. Wiedereröffnung nach der Renovierung im Frühjahr 2022.

Volvo-Museum (**www.volvomuseum.com**). Wenn ein Auto, dann einen Volvo. Machen Sie eine Zeitreise durch die Volvomodelle und ihre Technologie.

#SkansenKronan

Damit Sie die Kalorien von Ihrer Fika oder anderen Schlemmereien schnell loswerden, können Sie zwischendurch die extrem steile Treppe zur Festungsanlage Skansen Kronan erklimmen. Von hier oben haben Sie eine großartige Aussicht über die Stadt.

Entspannen im Park

Fünf Shopping-Tipps

Große Kaufhäuser und kleine, nette Boutiquen geben sich die Klinke in die Hand. Egal ob Design, Bücher, Mode, Mitbringsel und Co. – in Göteborg findet man alles.

Fabriken (**www.fabrikengbg.se**). Der Beweis, dass Secondhand nicht Ramsch sein muss. Tolle Möbel und Gegenstände mit einem zweiten Leben.

Haga Trätoffelfabrik (**www.hagatratoffel.com**). Hier gibt es die legendären Clogs in allen Farben. Echte Handarbeit aus Holz und Leder.

Bengans Skivbutik (**www.bengans.se**). Großer und bestens sortierter Plattenladen auf über 700 Quadratmetern. Hier spielt die Musik.

Stora Saluhallen (**www.storasaluhallen.se**). Großartige Markthalle mit frischen und lokalen Lebensmitteln. Sie können Ihre Lieblingsgerichte direkt vor Ort schnabulieren.

#Parkanlagen

Göteborg hat zahlreiche hübsche Parks, zu denen der Park Trädgårdsföreningens mit Rosarium, Palmhuset und Växthuset gehört. Südwestlich von Göteborg liegt der Slottsskogen, zu dem ein großer Naturpark mit nordischen Tieren, das Vogelhaus und der Kinderzoo sowie der mehrfach ausgezeichnete Botaniska Trädgården mit Schwedens größter Sammlung tropischer Orchideen zählen.

Schärenfeeling auf Hönö

#Schärenausflüge

Mit Ausflugsbooten und kleinen Autofähren erreichen Sie viele der kleinen Schären und Inseln vor Göteborg, zum Beispiel Hönö, Vinga, Styrsö, Donsö, Brännö. So erleben Sie maritime Atmosphäre vor den Toren einer Großstadt.

Purer Genuss aus dem Meer

Magasin 11 (**www.magasin11.se**). Fabelhafte Boutique für Designprodukte kombiniert mit einer Milchshake- und Kaffeebar. Auch etwas für Dekofreaks.

Fünf Lieblingsaktivitäten

Göteborg ist für die ganze Familie ein großes Abenteuer. Egal ob drinnen oder draußen, die Möglichkeiten für coole Aktivitäten sind beinahe unbegrenzt:

Paddan Boote (**www.paddan.com**). Entdecken Sie die Stadt vom Wasser aus mit ganz neuen Einsichten und Aussichten.

Liseberg (**www.liseberg.com**). Der schönste und abwechslungsreichste Vergnügungspark in Skandinavien. Tolle Fahrgeschäfte, laute Konzerte und leckere Gastronomie inklusive.

Bummeln durch Haga (Haga Nygata). Erleben Sie die pulsierende Altstadt, besuchen Sie Skansen Kronan und probieren Sie die größten Kanelbullar weltweit.

Universeum (**www.universeum.se**). Einblicke in die Weltmeere in der Aquarienhalle, mit einem Regenwald, Themenräumen für Technik, Weltraum, Wasser, Gesundheit und vieles mehr.

Inselhüpfen (**www.goteborg.com**). Göteborg ist von vielen kleinen Inseln umgeben. Dank guter Bootsanbindungen kann man sie besuchen.

Fünf Lieblingscafés

Wie überall in Schweden gibt es auch in Göteborg unzählige tolle Cafés und Bäckereien. Egal ob man nur einen Kaffee trinken möchte oder richtig Lust auf Brunch hat, die Auswahl ist riesig.

da Matteo Magasingatan (**www.damatteo.se**). Hier wird die Kaffeezubereitung zelebriert. Dieses Café gehört zu den Besten in ganz Schweden.

Berzelii Choklad (**www.berzelii.com**). Hier dreht sich alles um Schokolade und Kaffee. Wenn man Glück hat, findet eine Schoko-Degustation statt.

Flickorna på färjenäs (**www.flickornapafarjenas.se**) Hunde sind hier besonders willkommen. Lisa und Susanna sind die Seelen dieses Cafés.

Bar Centro (**www.barcentro.se**). Hier gibt es wunderbares Brot, Gebäck, aber auch leckere und gesunde Tagesgerichte. Manchmal auch mit Livemusik.

Portens Bageri (**www.portensbageri.se**). Mein Lieblingscafé zum Frühstücken. Es gibt herrliches Sauerteigbrot, Schinken, Eier, Saft, Joghurt und Kaffee. •

#Fischauktion

Jeden Morgen, in der Frühe findet in Göteborg die große Fischauktion statt. Die Fänge der Fischer der ganzen Westküste werden von den verschiedenen Händlern ersteigert und anschließend frisch in die Läden und Restaurants transportiert.

Fischauktion

#UnterwegsInGöteborg

Mit über 100 Bussen und Straßenbahnlinien bietet Göteborg ein gut ausgebautes Nahverkehrsnetz, um die Stadt bequem zu erkunden. Sehr empfehlenswert ist die Fähre 285, die zwischen Lilla Bommens hamn und Klippan verkehrt. Dabei macht das Boot an verschiedenen Stellen auf beiden Seiten des Göta älv Halt. So kann man auch die Stadtteile Lindholm, Slottberget und Eriksberg besuchen.

Tickets kauft man am Automaten oder über die App »To Go« von Västtrafik (**www.vasttrafik.se**).

Der Göteborg Pass, der durch das Unternehmen »Stromma« herausgegeben wird, bietet Vergünstigungen und Gratiseintritte an vielen Orten (www.gothenburgpass.de). Der öffentliche Verkehr ist in der City Card nicht inbegriffen. Preis für Erwachsene von 339 bis 939 SEK

Alle Infos zu Göteborg finden Sie auf **www.goteborg.com**. Passend zur Webseite gibt es auch eine App für iOS und Android.

#malmö
Das Malmö-Fünf-mal-Fünf

Malmö, das Tor zu Schweden

Malmö ist mit rund 300.000 Einwohnern die drittgrößte Stadt Schwedens und liegt verkehrsgünstig am Öresund, der Brücke zum Kontinent. »Wer ein wenig kontinentale Atmosphäre erleben und dabei Schweden nicht verlassen will, muss nach Malmö«, sagen die Schweden selbst. Und das beschreibt wohl die Stimmung in der Stadt sehr gut.

Malmö wurde in der ersten Hälfte des 13. Jahrhunderts unter dänischer Krone gegründet und erst 1658 schwedisch. Mit dem Bau der Öresundbrücke hat die gesamte Region – auch auf dänischer Seite mit dem Großraum Kopenhagen – eine rasante Entwicklung genommen. Malmö setzt seit Jahren konsequent auf ökologisches Wachstum und gilt diesbezüglich als vorbildlich. Malmö ist auch die Stadt des Zweirads.

Fünf Lieblingsrestaurants

Internationale Einflüsse, aber regionale Zutaten – so könnte man die kulinarischen Präferenzen Malmös beschreiben. In der Stadt am Öresund findet man Multikulti-Food, ganz viele Bioprodukte und auf dem Teller einen Hauch der Aufbruchsstimmung von Malmö.

Kockeriet (www.kockeriet.se). Hier kocht Tareq Taylor, der wohl bekannteste Fernsehkoch in Schweden. Die Küche ist sehr regional, kreativ und voller Aromen.

#S:tPetriKyrka

Die S:t Petri kyrka ist das älteste Gebäude Malmös. Ihre Grundmauern gehen auf den Anfang des 14. Jahrhunderts zurück. Sie wurde im Stil der sogenannten »baltischen Ziegelgotik« gebaut.

1 Stortorget
2 Lilla Torg
3 Gustav Adolfs Torg
4 Schloss Malmöhus mit Schlossgarten
5 Technisches Museum, Schifffahrtsmuseum
6 Stadttheater (Intiman)
7 Stadttheater (Hipp)
8 Margareta Pavilion
9 Kunsthalle
10 Rundan Sightseeing

i Touristeninformation

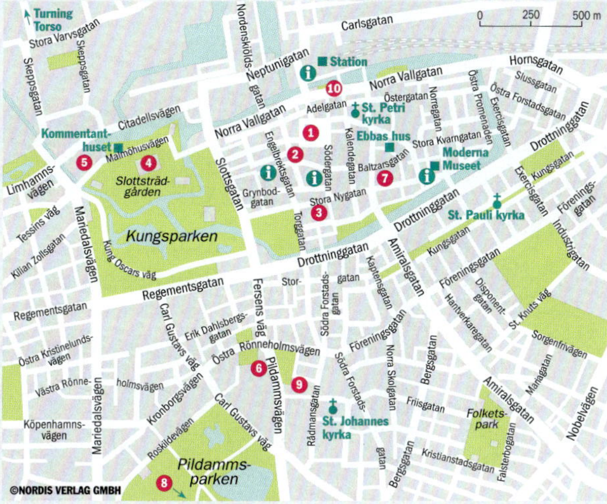

Snapphane (**www.snapphane.nu**). Die Küche ist das Zentrum und in Ihrem Blickfeld. Das angebotene Menü richtet sich nach der Verfügbarkeit lokaler Zutaten.

Kitchen & Table (**www.kitchenandtable.se/malmo**). Hoch über den Dächern von Malmö genießt man tolle Gerichte und eine phänomenale Aussicht.

Ruths (**www.ruthsmalmo.se**). Ganz neu, ganz lecker und sieben Tage die Woche geöffnet. Frühstück, Lunch, Fika, Abendessen, dazu eine Bäckerei. Ein Ort für alles.

Far i Hatten (**www.farihatten.se**). Mitten im Folkets Park. Egal ob auf der großen Außenterrasse oder drinnen, die Gerichte begeistern mit viel Geschmack.

Fünf Lieblingsmuseen

Die Museumsdichte in Malmö ist einigermaßen überschaubar. Speziell ist aber, dass immer wieder innovative und spektakuläre Ausstellungen eröffnen. Viele Museen befassen sich mit regionalen Aspekten oder zeitgenössischen Themen. Man merkt auch, dass Dänemark einen wichtigen Einfluss auf Malmö hatte und hat.

Möllevångstorget

#Möllevångstorget

Kaum ein Quartier in Malmö zeigt eindrücklicher auf, wie multikulti Schweden zum Teil ist. In Malmö sind 174 Nationen vertreten, und das spürt man am Platz Möllevångstorget und in den angrenzenden Straßen. Hier finden Sie alles, was Sie benötigen, um Speisen aus allen Ecken der Welt zu essen oder selbst zuzubereiten.

Lilla Torg

se

#LillaTorg

Am Lilla Torg, dem schönsten Platz in Malmö mit den bunten Fachwerkhäusern aus dem 16. bis 18. Jahrhundert, reiht sich ein Restaurant und Café an das nächste. Hier trifft sich Malmö zum Mittagessen, zum Aperitif oder für einen vergnüglichen Abend.

Disgusting Food Museum (**www.disgustingfoodmuseum.com**). Gibt es ekelhaftes Essen? Dieser Frage geht das spektakuläre Museum auf den Grund. Es darf probiert werden.

Teknikens och Sjöfartens hus (**www.malmo.se/museer**). Technisch Raffiniertes wie Autos, Motorräder und dazu viel Wissen über die Seefahrt finden Sie hier anschaulich dargestellt.

Funnys Äventyr (**www.funnysaventyr.se**). Das Kulturhaus speziell für Kinder. Auf dreitausend Quadratmetern ist ein herausragendes Kinderparadies entstanden.

Malmöhus slott (**www.malmo.se/museer**). Es ist das älteste erhaltene Renaissance-Schloss der nordischen Region und bietet eine Zeitreise durch die Geschichte.

Form/Design Center (**www.formdesigncenter.com**). Erfahren Sie, weshalb schwedische Ideen und Kreationen aus dem Designland Schweden so erfolgreich sind.

Fünf Shopping-Tipps

Shopping in Malmö ist auch gleichzeitig Stadterkundung. Um die wahren Perlen zu finden und gute Schnäppchen zu machen, darf man das »klassische« Zentrum durchaus verlassen. Besuchen Sie auch die Gegend um Möllevångstorget oder Triangeln.

Emporia (**www.emporia.steenstrom.se**). Eine phänomenale Shoppingmall. Hier findet man Kleider, Dekoratives, Technik, leckeres Food und eine tolle Aussicht über Malmö.

Malmö Saluhall (**www.malmosaluhall.se**). Jede gute Stadt hat eine Markthalle. In Malmö gibt es Fang- und Pflückfrisches zum Kaufen und zum vor-Ort-Essen.

AB Småland (**www.absmaland.com**). Der Lifestyle von Småland zu Gast in Skåne. Dieser Shop mit Textilien, Badezubehör und Gartenartikeln ist wie ein Wald in Småland.

Formargruppen (**www.formargruppen.se**). Kunsthandwerk von Künstlern, die sich genossenschaftlich organisiert haben. Megaschöner Shop in der Nähe des Lilla Torg.

Très Bien (**www.tres-bien.com**). Schlichte und gradlinige Streetwear mit einem Touch Haute Couture. Hier sind Sie dem Trend voraus.

Fiskehoddorna

#Fiskehoddorna

Fiskehoddorna ist der größte Markt für frischen Fisch und Meeresfrüchte in der Region Malmö und befindet sich bei Banérskajen beim Malmö Museum. Hier bekommen Sie an den Verkaufsständen eine breite Palette von Produkten, die von den Fischern vor Ort täglich gefangen werden.

Blick auf die Öresundbrücke

Die neue »Skyline mit Malmö live«

Ohboy Hotell

Fünf Lieblingsaktivitäten

Malmö ist hervorragend dafür geeignet, die Stadt auf eigene Faust zu erkunden. Egal ob zu Wasser, zu Fuß oder mit dem Rad, die Vielfalt an Aktivitäten ist beinahe unbegrenzt. Das Schöne ist, dass Sie auf Ihren Touren immer noch weitere Entdeckungen machen.

BookaBoat (**www.bookaboat.se**). Werden Sie Kapitän und erkunden Sie Malmö vom Wasser aus. Man bucht online, checkt ein und fährt los. Die Boote fahren ökologisch mit Strom.

Smaktur i Malmö (**www.travelshop.se**). Auf dem Fahrrad von Happen zu Happen. Nebst kulinarischen Entdeckungen lernt man auch noch die Stadt kennen.

Västra Hamnen mit Turning Torso: Erkunden Sie die moderne Architektur der Stadt, ökologische, durchmischte Flächen und natürlich den Turning Torso, das Wahrzeichen von Malmö.

Folketspark (**www.malmofolketspark.se**). Hier vergnügt sich Malmö. Gemütlicher Vergnügungspark mit Attraktionen, Bühnen und Gastronomie für die ganze Familie.

Ribersborgs Kallbadhuset (**www.ribersborgskallbadhus.se**). Ein Schmuckstück. Das Badehaus bietet die ganze Palette für das Wohlbefinden. Bad, SPA, Restaurant.

#Fahrradhotel

Das Ohboy Hotell ist das erste Fahrradhotel der Welt und eine urbane Oase in Malmös Västra Hamnen. Von hier aus ist fast jeder Ort in Malmö in 15 Minuten erreichbar. Zu jedem der 31 Loft-Hotelzimmer gehört ein eigenes Fahrrad.

Das »neue« Malmö

Fünf Lieblingscafés

Malmö ist für eine Stadt dieser Größe recht beschaulich. Man hat immer Zeit für eine Kaffeepause.

Lilla Kafferosteriet (**www.lillakafferosteriet.se**). Hier wird die Kaffeezubereitung zelebriert. Dieses Café gehört zu den Besten in ganz Schweden.

Söderberg & Sara på S:t Knut (**www.soderbergsara.se**). Das Café gibt es in Ystad und zum Glück auch in Malmö. Bester Kaffee und knuspriges Sauerteigbrot.

Konditori Katarina (**www.konditorikatarina.se**) Genau so stelle ich mir ein gemütliches Café mitten im Zentrum vor. Tolle Torten und Kuchen.

Kaffebaren på Möllan (**www.facebook.com/kaffebaren pamollan**) Direkt am pulsierenden Möllevångstorget gibt es hier Kaffee, mit Leidenschaft zubereitet.

Kaka på kaka (**www.kakapakaka.se**). Draußen in Limhamn. Allein deshalb lohnt sich ein Abstecher zu diesem aufstrebenden Quartier. •

#NaturumÖresund

Im Naturum Öresund können Sie das Leben unter der Wasseroberfläche kennenlernen, indem Sie die interaktive Ausstellung mit Aquarien, Stereobrillen, VR-Schnorcheln und vielem mehr erkunden.

#UnterwegsInMalmö

Malmö ist eine Fahrrad-Stadt. Mieten Sie ein Fahrrad und erkunden Sie so zügig und bequem jeden Winkel von Malmö. Fahrräder bucht man auf **www.malmobybike.se** oder **www.travelshop.se**. Im Travelshop kann man auch unterschiedliche Fahrradtouren buchen.

Der öffentliche Verkehr ist in Malmö ebenfalls sehr gut ausgebaut. Betrieben werden die Stadt- und Regionalbusse sowie die Zugverbindungen von Skånetrafiken (**www.skanetrafiken.se**). In den Bussen kann man nicht mit Bargeld bezahlen. Nutzen Sie die Möglichkeiten der Apps von Skånetrafiken für iOS und Android. Teilweise kann man in den Bussen auch mit Kreditkarte und Maestro bezahlen.

Mit dem »Öresund rundt-Ticket«, einem Zweitagesticket von Skånetrafiken, fahren Sie günstig durch die dänisch-schwedische Öresundregion. Das Ticket ist in fast allen Regionalbahnen und -bussen rund um Kopenhagen, Malmö, Ystad und Lund gültig und beinhaltet zwei Öresund-Überquerungen (eine Richtung über die Brücke, eine Richtung mit der Fähre). Die Fahrkarte ist auch für die Metro und Movia-Busse in Kopenhagen sowie auf den Forsea-Fähren zwischen Helsingborg und Helsingør gültig.

#örebro

Das Örebro-Fünf-mal-Fünf

Obwohl Örebro, Hauptort der Provinz Närke, mit über 140.000 Bewohnern die siebtgrößte Stadt in Schweden ist, erinnert die Innenstadt keineswegs an eine hektische Großstadt. Generell versprüht die ganze Provinz ländlichen Charme und die Stadt fröhliche Gemütlichkeit.

Naturreservat Oset

se

Örebro liegt ziemlich genau auf halbem Weg zwischen Göteborg und Stockholm. Das war schon im 13. Jahrhundert strategisch sehr wichtig, denn hier überquerte man über die heutige Storbron den Fluss Svartån. Zur Sicherung dieses Übergangs ließ Birger Jarl das prächtige Schloss bauen.

Fünf Lieblingsrestaurants

Ich habe Örebro als kulinarisch vielseitigen Ort kennengelernt. Aus allen Kulturen findet man Speisen in ganz unterschiedlichen Lokalen. Was man aber immer merkt, ist die lokale landwirtschaftliche Basis, die viele Gerichte charakterisieren.

A mano (www.a-mano.se). Der Lieblingsitaliener der Einheimischen. Hier wird gerne gefeiert. Hohes Niveau und sehr authentisch für ein italienisches Lokal in Schweden.

Cantina N3 (www.cantinan3.com). Und noch ein hervorragender Italiener. Die leckeren Ravioli und das sämige Kürbisrisotto muss man probieren.

Storbron

© Lena Lindell/pixabay

Legende Katrinelund Gästgiveri & Sjökrog

Gro (**www.groorebro.se**). Vegetarisch und vegan stehen klar im Fokus. Ein Fleisch- und ein Fischgericht sind mehr »zur Sicherheit« auf der Karte. So geht grüne Küche.

Hachi (**www.hachiorebro.com**). Eines dieser großartigen Sushi-Restaurants in Schweden. Maximal 15 Personen sitzen an der Bar und schauen zu, wie die Sushis entstehen.

Katrinelund Gästgiveri & Sjökrog (**www.katrinelund.se**). Direkt am Hjälmaren etwas außerhalb der Stadt. Bester Fischburger ever. Auch das Hotel ist toll.

Nikolai-Kirche

© Arne Bengtsson/pixabay

Fünf Lieblingssehenswürdigkeiten

Speziell für Kunstliebhaber wartet Örebro immer wieder mit tollen Überraschungen auf. Speziell in der wärmeren Jahreszeit gibt es in der Stadt viele Festivals und Kunstaktionen. Am besten lässt man sich einfach etwas treiben und überraschen.

Örebro slott (**www.orebroslott.se**). Mittelalterliches Schloss mit königlicher Eleganz. Tägliche Führungen im Sommer. Wechselnde Ausstellungen.

Svampen (**svampen.gastrogate.com**). Der Wasserturm ist Örebros berühmtestes Gebäude mit Restaurant, Café, Skybar und der legendären Pilzsuppe (schwed. svampsoppa).

Wadköping (**extra.orebro.se/wadkoping**). Freilichtmuseum mit Kunsthandwerk, Restaurant, Bäckerei, Café und einem Museum in historischer Umgebung.

Örebro slott

#KumlaUndSchuhe

Kumla, etwas außerhalb von Örebro, war früher die Hochburg der schwedischen Schuhindustrie. Noch heute werden hier die beliebten Kinderschuhe der Marke Kavat produziert. Mit den Kindern also ab in den Fabrikladen und dann diesen netten Ort genießen!

Svampen

© Jimmy Fuhr

Örebro konsthall (extra.orebro.se/orebrokonsthall). Galerie für schwedische und internationale zeitgenössische Kunst mitten im Zentrum von Örebro.

Kunst im öffentlichen Raum: Örebro ist auch eine große Kunstausstellung draußen. An vielen Orten findet man spannende Skulpturen und Installationen.

Fünf Shopping-Tipps

Wie überall findet man die großen Einkaufszentren am Rande der Stadt. In der Stadt selber kann man seine Einkaufsgelüste an der Storgatan und Drottninggatan befriedigen. Toll sind auch die vielen Hofläden in der Provinz Örebro.

Bruket Inredning (www.fb.com/bruketinredning). Inneneinrichtung und Design in einer alten Scheune mit Sachen, die das Zuhause noch schöner machen. Kaffee gibt es auch.

Oliv & Te (www.olivote.se). Delikatessen-Geschäft mit besonderen Olivenölen und Teesorten, aber auch vielen weiteren Köstlichkeiten. Probieren geht über Studieren.

ZilverZmen (www.zilverzmen.se). Schmuck ist etwas sehr Persönliches. Lassen Sie sich von diesen Schmuckstücken inspirieren. Mitten in Wadköping.

Kunst im Öffentlichen Raum

Johans Leksaksbod (**www.johansleksaksbod.se**). Die Passion für Spielsachen. Viel Traditionelles, aber auch Neues. Umwerfende Atmosphäre im Laden mit viel Liebe.

Mariaberg Galleria (**marieberg-galleria.steenstrom.se**). Shoppingmall mit über 100 Geschäften etwas außerhalb der Stadt. IKEA ist gleich nebenan.

Fünf Lieblingsaktivitäten

Eigentlich kann man das bei fast allen schwedischen Orten sagen: Die Aktivitäten finden draußen statt. Da Örebro flach ist, eignet sich das Fahrrad perfekt, um von Aktivität zu Attraktion zu radeln. Vielleicht machen Sie auch ein Schnäppchen auf einem der vielen »Loppis« (Trödelmärkte).

Gustavsvik (**www.gustavsvik.se**). Spektakuläres Abenteuerbad. So etwas haben Sie noch nie gesehen. Erleben Sie die Lost City mit viel Spannung und Überraschungen.

Naturens hus

Naturreservate (**www.naturenshus.se**). Naturreservate Rynningeviken und Oset, mit reichem Vorkommen vieler Vogelarten. Hier kann man baden, grillen und das Naturens hus besuchen.

Skåla klint (Hallsberg). Die Provinz Örebro ist flach. Skåla klint nicht. Tolles Ausflugsziel mit Aussicht und mystischen Wäldern 40 Minuten außerhalb der Stadt.

Lindbacka Bruk (**www.lindbacka.se**). Außerhalb der Stadt am Svartån findet man diese tolle historische Mühlenanlage mit Kaffeerösterei und viel Entdeckbarem.

Örebro hat schöne Parkanlagen.

Stadsparken. Schönster Park Schwedens, fünftschönster Europas. Blomstergården, Rosengården, Magnolialunden, Rhododendronparken und Kräutergarten. Wunderbar.

Fünf Lieblingscafés

Man muss kein Schwede sein, um gern Kaffee zu trinken und eine »Fika« zu machen. Oft lernt man nämlich viel über einen Ort, wenn man sich mit einer Tasse Kaffee und einer »fralla« in eine Ecke oder auf die Terrasse setzt und einfach beobachtet.

Bara Vara (**www.baravara.net**). Hier wird die Kaffeezubereitung zelebriert. Dieses Café gehört zu den Besten in ganz Schweden.

Konditori Vasa (**www.vasakonditori.se**). Tradition seit 50 Jahren. Traditionelles Gebäck und Süßspeisen. Tolle Sandwiches.

Café Java (**www.cafejava.se**). Zentral gelegen in der Stadt. Treffpunkt für Studenten. Beliebtes Frühstücksbuffet.

Reiduns café (**www.reidunscafe.se**). Wie ein zweites Wohnzimmer. Sehr gemütlich und die frischen Kuchen schmecken wie bei Großmutter.

Stadsträdgården (**www.stadstradgarden.nu**). Fika und Mittagessen unter Palmen? Tolles Café in einem Gewächshaus. Vegetarische Ausrichtung. •

#WasserUndKäse

Empfehlung: eine Erkundungstour in den Norden von Örebro (ca. 1 Stunde). In Bredsjö gibt es den Hof von Bredsjö Mjölkfår, der den besten Schafskäse weit und breit herstellt. Etwas südlicher in Grythyttan findet man die Quelle, die Ursprung des bekannten schwedischen Mineralwassers Loka ist.

Die Schafe von Bredsjö geben die Milch für den besten Schafskäse.

#WichtigZuWissen

Örebro erkundet man am besten zu Fuß oder mit dem Fahrrad. In der Stadt und Region verkehren die Busse von Länstrafiken (**www.lanstrafiken.se**). Tickets kann man an den Automaten oder in der App kaufen. Der Flughafen von Örebro befindet sich ungefähr 15 Minuten südwestlich der Stadt.

Touristisch gehören einige weitere Gemeinden zur Region Örebro. Auf den entsprechenden Webseiten finden Sie weitere Reisetipps.
Örebro (Touristeninformation): **www.visitorebro.se**
Kumla (Touristeninformation): **www.visitkumla.se**
Hallsberg (Touristeninformation): **www.hallsberg.se**
Laxå/Tiveden (Touristeninformation): **www.tiveden.se**

#umeå

Das Umeå-Fünf-mal-Fünf

Umeå ist mit rund 90.000 Einwohnern die größte Stadt in Norrland. Sie ist eine beliebte Universitätsstadt und war 2014 Europas Kulturhauptstadt. Studenten und Kultur begegnen Ihnen in dieser Stadt auf Schritt und Tritt. Umeå lebt, ist urban und entwickelt sich laufend weiter. Diese Stadt wird auch Sie begeistern.

Umeå ist eine Studentenstadt.

Umeå wird auch die Stadt der Birken genannt. 1888, am Mittsommertag, vernichtete ein verheerender Brand große Teile der Stadt. Beim Wiederaufbau wurden zwischen den neuen Holzbauten breite Straßen mit Birkenbepflanzung realisiert. Die Birken sollen dank der Blätter einen natürlichen Brandschutz bieten. Bei einem Stadtbummel fallen die schönen Parks, das Rathaus und der Dom besonders auf. Da Umeå am Wasser liegt, empfehle ich Ihnen zum Beispiel eine gemütliche Kanutour oder einen Besuch auf den vielen Inseln an der Küste.

Umeå wird Sie aber auch architektonisch begeistern. Neue, moderne und sogar schamlose Architektur wurde in den letzten Jahrzehnten auf dynamische und aufregende Weise mit alten Backsteingebäuden verwoben. Holz ist als Baumaterial wieder modern und bei den neu gebauten Häu-

#LeckerFisch

Etwas außerhalb von Umeå gibt es ein formidables Fischrestaurant: Das Kvarkenfisk bei Rovögern hamn. Das Sommerrestaurant serviert Selbstgefangenes mit Aussicht direkt aufs Meer. Super für Camper, es gibt hier auch tolle Stellplätze.

Eindrückliche Architektur

sern spielt poliertes Glas eine wichtige Rolle. Umeå bietet kontrastreiche, architektonische Juwelen, wie man sie nur selten sieht.

Fünf Lieblingsrestaurants

Hochstehende Kulinarik verbreitet sich in Umeå wie ein Lauffeuer. Immer mehr kreative und qualitätsbewusste Lokale öffnen die Tore. Sie können in Umeå den Geschmack des Nordens genießen oder sich mit internationalen Kreationen verwöhnen lassen.

Voller Geschmack

Gotthards Krog (**www.gotthardskrog.se**). Zutaten werden mit lokalen und internationalen Aromen kombiniert. Dieses Lokal hat Tradition.

Köksbaren (**www.koksbaren.com**). Eine tolle, lässige Gastrobar mit hervorragenden saisonalen Gerichten. Hier stimmen das Ambiente und die Küche.

Top Cocktails in der Rex Brasserie

Rex Brasserie (**www.rexumea.com**). Diese Brasserie ist eine Institution in Umeå. Hier befindet sich auch die Cocktailbar Juliette und der Rådhuskällaren.

Hunger och Törst (**www.hungerochtorst.se**). Jeder Besuch hier ist ein aufregendes Abenteuer. Das Menü wechselt wöchentlich, die warme Atmosphäre bleibt.

Tapas Bar Deli (**www.tapasbardeli.se**). Gemütliches Tapas-Restaurant mit Inspiration aus Spanien kombiniert mit lokalen Elementen. Einfach zum Wohlfühlen.

Bildmuseet

Fünf Lieblingsmuseen

Wenn in Umeå ein Museum eröffnet, dann richtig. Hier finden Sie keine belanglosen Ausstellungen. Ich finde, ein Museum muss Tiefe haben und berühren. Das hundertste Bild von Picasso interessiert mich nicht. Mich faszinieren Geschichten, die das Leben geschrieben hat und die zeigen, was Menschen zu bewegen im Stande sind. Das findet man in Umeå.

se

Guitars – the Museum (**www.guitarsthemuseum.com**). Die Brüder Åhdén haben eine der weltweit größten privaten Gitarrensammlungen. Das ist Musik.

Västerbottens Museum (**www.vbm.se**). Museum für die ganze Familie mit Kulturgeschichte, Kunst, Textilien, Fotografie und dem ältesten Ski der Welt.

Västerbottens Museum

Bildmuseet (**www.bildmuseet.umu.se**). Eine der interessantesten Ausstellungen des Landes für internationale zeitgenössische Kunst. Nicht nur für Erwachsene.

Kvinnohistoriskt Museum (**www.kvinnohistoriskt.se**). Museum für Frauengeschichte. Gegenwart, Geschichte und Zukunft der Frauen stehen hier im Mittelpunkt.

Curiosum (**www.curiosum.umu.se**). Von Chemieexperimenten bis zur Raumfahrt. Hier kommen alle mit Experimentier- und Entdeckergeist auf ihre Kosten.

Fünf Shopping-Tipps

Shopping in Umeå ist ziemlich entspannt. Die großen Einkaufszentren sind außerhalb der Stadt und so können Sie einfach durchs Zentrum bummeln und Ihre Entdeckungen machen. Auf diese Weise bin ich auf einige ganz tolle Läden gestoßen. Sicher finden Sie noch weitere.

Gårdshem (**www.gardshem.se**). Hier kauft man lokal Produziertes ein. Alle Produkte kommen von Höfen, Molkereien und Brauereien aus der unmittelbaren Umgebung.

At Home Store (**www.instagram.com/athomestoreumea**). Trendiges und handverlesenes Innendesign. Hier finden Sie alles, was Ihre Wohnung noch schöner macht.

Mias Lustgård (**www.miaslustgard.se**). Hier gibt es eine Mischung aus Mode und Innenarchitektur. Nur tolle Produkte, liebevoll ausgesucht und präsentiert.

Eljest (**www.eljestshop.se**). Geschmackvolles Kunsthandwerk und Design aus dem Norden. Gönnen Sie sich eine Pause im netten Café. Das alles finden Sie in einer alten Scheune auf Ön.

Tehörnan (**www.tehornan.se**). Tee, Kaffee, Süßwaren und Gewürze inklusive exklusivem Zubehör gibt es in diesem wunderbaren Shop in der Utopia-Mall.

#Hofläden

Genießen Sie den Geschmack von Västerbotten. Mehrere Hofläden rund um die Stadt produzieren großartige Lebensmittel von Käse über Gemüse bis zu Fleisch und Wurstwaren. Infos gibt es auf der Webseite von Visit Umeå.

Gårdshem

Abendstimmung in Umeå

Umedalens Skulpturpark

se

Fünf Lieblingsaktivitäten

Eigentlich braucht es in Umeå nicht viel, um aktiv zu sein. Es reichen ein paar Wanderschuhe oder ein Fahrrad. Wer spektakuläre Abenteuer sucht, der findet entlang des Umeälven oder Vindelälven tolle Outdoor-Angebote von River Rafting bis zu Reiten und zu Floßbauen. Alle Infos dazu gibt es auf der Webseite von Umeå. (**www.visitumea.se**)

Besuch auf Norrbyskär (**www.visitnorrbyskar.se**). Entdecken Sie eine der größten Sägewerksanlagen Europas aus dem 19. Jahrhundert. Vieles ist noch wie früher.

Norrbyskär

Umedalens Skulpturpark (**www.umedalenskulptur.org**). Eine der bedeutendsten Skulpturensammlungen Nordeuropas mit rund vierzig Werken. Freier Eintritt.

Umeå Energicentrum (**www.umeaenergi.se**). In Umeås erstem Kraftwerk gibt es Spannendes rund um das Thema Elektrizität zu entdecken. Tolles Spaziergelände.

Skateparken Sparken (bei der Tegsbron). Sparken ist einer der größten Skaterparks Schwedens und ein besonderer Treffpunkt für die jungen Leute der Stadt.

SCA Arena (**www.multiarenan.se**). Der perfekte Ort für Krafttraining, Trailrunning, Langlauf und Biking jeder Art. Toll angelegte Anlage.

Fünf Lieblingscafés

Man muss auch mal Pause machen. Legendär ist die schwedische »Fika«, eine kurze Kaffeepause mit einem kleinen süßen Gebäck. Und weil Fika so beliebt ist, gibt es auch in Umeå einige ganz tolle Cafés. Meine Auswahl ist natürlich nicht vollständig. Gehen Sie einfach in das nächste Café und machen Sie sich selber ein Bild.

Nya Konditoriet

Kulturbageriet (**www.kulturbageriet.se**). Hier ist Brotbacken noch ein Handwerk. Von morgens bis abends geöffnet. Und aus Teig kann man auch Pizza machen.

Nya Konditoriet (**www.nyakonditoriet.se**). Eine klassische schwedische Konditorei, wie man sie nicht mehr oft findet. Schauen Sie mal in den 2. Stock.

Fika! (**www.fikaumea.se**). Grell Pastell ist dieses Familiencafé mit sehr jungem Charme. Man merkt, hier verkehren die kreativen Leute. Toll der Blick aufs Wasser.

Västerbottens museums kafé (**www.vbm.se**). Nach dem Besuch des Museums zur Fika. Hier kann man sich mit Süßem und Pikantem verwöhnen lassen.

Costas Rosteri (**www.costasrosteri.se**). Hier ist Kaffee heilig. Tolle Röstaromen, individuelle Kaffeezubereitungen und hochwertiges Zubehör für die Liebhaber des Kaffees. •

#UnterwegsInUmeå

Umeå ist bestens für Fahrradfahrer erschlossen. Über 220 Kilometer Radwege verbinden die Quartiere und Sehenswürdigkeiten in der Stadt und außerhalb. Wer kein eigenes Fahrrad dabei hat, der kann bei Cykel & Mopedhandlaren i Umeå (**www.cykelochmopedhandlaren.se**) ein Rad mieten.

Auch der öffentliche Nahverkehr ist in Umeå sehr gut ausgebaut. Betrieben werden die Stadt- und Regionalbusse durch Länstrafiken Västerbotten und Ultra (Stadtverkehr). Die Fahrpläne finden Sie auf **www.tabussen.nu**. Mit dem Bus kommt man auch vom Flughafen in die Stadt und wieder zurück.

Von Umeå aus können Sie mit der Fähre nach Vaasa in Finnland fahren und die »andere Seite« des Bottnischen Meerbusens erkunden. Alle Infos auf **www.wasaline.com**.

Jokkmokk ist ideal zum Angeln.

Jokkmokk wird von der imposanten Natur und der Kultur der Sami dominiert. Einerseits sind die großen Wälder, die Moore und das Fjäll überall präsent, anderseits begegnet dem Besucher die Kultur der Sami auf Schritt und Tritt. Die Volkshochschule speziell für Sami und natürlich die Rentierzucht unterstreichen diese Tatsache. Mich hat dieser Ort immer sehr fasziniert und die Menschen hier sind dankbar für jeden Besuch.

#Fischen

Die Gewässer rund um Jokkmokk sind ein großartiges Angelparadies. Besonders cool ist eine Angeltour mit dem Kajak und anschließendem Grillplausch mit dem Fangfrischen.

Vier Lieblingsrestaurants und Cafés

In Jokkmokk merkt man deutlich, dass man im hohen Norden ist. Die Größe der Gemeinden und somit die Dichte an Gastronomie nimmt merklich ab. Gute Restaurants gibt es meist in Restaurants oder Lodges. Rentier, Elch, Beeren, Mandelkartoffeln, Wurzelgemüse sind dominierend.

Restaurang Ájtte (**www.restaurangajtte.se**). Restaurant des gleichnamigen Museums. Tolle Mittagsgerichte vom Buffet. Auch für Fika-Pausen ein netter Ort.

Hotel Jokkmokk (**www.hoteljokkmokk.se**). Der Geschmack von Lappland auch für Gäste, die nicht im Hotel logieren. Probieren Sie die Jokkmokkspanna.

Restaurant Opera (Storgatan 36). Pubatmosphäre mit sehr guten Pizzen. Auch die Pasta ist überraschend gut. Im Sommer sitzt man draußen. Preis-Leistung ist sehr gut.

City Konditoriet (Storgatan 28). Rustikales, aber recht gemütliches Café. Hier gibt es gutes Gebäck und eine große Tasse Kaffee. Perfekt auch für Regentage.

Verkostung bei Essence of Lappland

Vier Lieblingsaktivitäten

Dass sich in Jokkmokk vieles draußen abspielt, ist logisch. Für Menschen mit Outdoor-Affinität ist hier das Paradies. Es gibt unzählige Möglichkeiten, die Natur kennenzulernen. Oft macht es Sinn, auf einen Guide zu vertrauen.

Ájtte Museum (**www.ajtte.com**). Eindrückliche und spannende Ausstellungen über das Fjäll und das Leben der Sami. Absolute Empfehlung.

Essence of Lappland (**www.eolapland.se**). Geschmackvolle, lehrreiche und unterhaltsame Aktivitäten für alle Sinne. Eva kennt Lapplands Natur wie keine Zweite.

#Wintermarkt

Der Jokkmokk Winter Market hat eine Tradition von über 400 Jahren. Ende Januar findet jeweils das große Sami-Fest mit Musik, Rentierrennen, Markt und Darbietungen statt. Der Wintermarkt wird jeweils von tausenden Menschen besucht.

Traditioneller Wintermarkt in Jokkmokk

© Ted Logart

Rentiere sind im Fokus in Jokkmokk.

Weltnaturerbe Laponia

© Ted Logart

Wandern im Nationalpark (**www.sverigesnationalparker.se**). Auf dem Gebiet von Jokkmokk befinden sich nicht weniger als vier Nationalparks. Wandern, fertig, los!

Wild Sweden (**www.wildsweden.se**). Egal ob Elch, Wolf oder Biber-Safaris – mit erfahrenen Guides macht es einfach am meisten Spaß. Erleben Sie die wilde Natur Lapplands.

Vier Shopping-Tipps

Kaufen kann man in Jokkmokk beinahe alles. Für Gäste sind speziell die einheimischen Produkte sehr empfehlenswert. Samisches Kunsthandwerk oder landwirtschaftliche Erzeugnisse sind hier top.

Stoorstålka (**www.stoorstalka.com**). Stoorstålka ist eine samische Designfirma in Jokkmokk. Hier findet man Produkte mit Inspiration aus dem samischen Erbe.

Sapmi Ren och Vilt (**www.sapmirenovilt.se**). Fabelhafte Rentierprodukte aus eigener Schlachterei. Zudem gibt es Elch und Fisch aus der Region.

Sameslöjdstiftelsen Sámi Duodji (**www.sameslojdstiftelsen.com**). Hier gibt es tolles Kunsthandwerk von über 60 samischen Künstlern.

Mathantverket Vuollerim (**www.mathantverketvuollerim.se**). Hier gibt es köstlichen Käse, Beeren, Fleisch. Alles aus der Region, alles voller Lappland-Geschmack. •

#WichtigeInfos

Tourismusinformationen:
Destination Jokkmokk
(**www.destinationjokkmokk.se**)
Jokkmokk-Wintermarkt
(**www.jokkmokksmarknad.se**)

#jönköping

Das Jönköping-Drei-mal-Vier

Jönköping ist das Tor zum großen Binnensee Vättern und hat rund 95.000 Einwohner. Der wichtige Verkehrsknotenpunkt ist Einkaufs- und Messestadt und beheimatet eine Universität. Die Stadt ist der perfekte Ausgangspunkt, um den äußersten Norden Smålands zu erkunden.

Wunderbare Stimmung in Jönköping

Der Maler John Bauer (1882–1918), die ABBA-Sängerin Agnetha Fältskog (*1950) und der UNO Generalsekretär Dag Hammarskjöld (1905–1961) sind Kinder dieser sich stets wandelnden Stadt. Speziell spannend ist es, auf den Spuren von John Bauer zu wandeln, denn seine Trolle können Sie in vielen Wäldern Smålands entdecken.

Vier Lieblingsrestaurants und Cafés

Was in Jönköping passiert, grenzt an ein Wunder. Vor zehn Jahren herrschte hier kulinarische Tristesse. Und heute? Die Stadt strotz vor tollen Restaurants, Cafés und hochwertigen Lebensmittelanbietern.

Sjön (**www.sjon.se**). Hier kochen lokale Talente mit großem Ehrgeiz auf Topniveau. Im Sommer mit Außenküche und Blick über den Vättern.

#Rasenmäher GewehrKettensägen

Etwas außerhalb der Stadt lohnt sich ein Besuch im »Husqvarna Museum«, einem bekannten Hersteller von Gewehren, Rasenmäher, Motorsägen usw.

Das bekannte Streichholz-museum

#Radioaktiv

Bei der alten Streichholzfabrik (Tändsticksomradet) befindet sich das großartige Radiomuseum. Hier finden Sie über 1.000 Radios, Zubehör und Literatur mit technischen Beschreibungen.

se

Glädje (**www.restauranggladje.se**). Preisgekröntes Restaurant mit lokaler Küche und lockerer Atmosphäre. Am Wochenende wird auch getanzt.

Brasserie Park (**www.brasseriepark.se**). Sehr schöne Brasserie mit Gerichten für jedermann. Die französischen Klassiker sind eine Freude.

Bryggan Café & Bistro (**www.bryggancafebistro.se**). Treffpunkt in moderner, frischer Umgebung für einen tollen Kaffee oder ein leichtes Mittagessen. Perfekter Espresso!

Vier Lieblingsaktivitäten

Die Auswahl in der Region Jönköping ist immens. Allein der Vättern bietet wundervolle Aktivitäten für Jung und Alt. Museen zu ganz verschiedenen Themen lassen auch triste Tage zu spannenden Erlebnissen werden.

Jönköpings läns museum (**jonkopingslansmuseum.se**). Kunst- und Kulturgeschichte der Region Jönköping. Highlight: Die Ausstellung über den »Trollmaler« John Bauer.

Tändstickmuseet (**matchmuseum.jonkoping.se**). Alles über die Produktion und die Geschichte der Streichhölzer, die früher auch »Schwedenhölzer« genannt wurden.

Jönköpings läns museum

Polkagrisar in Gränna

Besuch in Gränna (Gränna). Besuchen Sie Gränna, schauen Sie bei der Produktion der bunten Zuckerstangen (polkagrisar) zu und machen Sie einen Abstecher auf die Insel Visingsö.

Paddeln in der Stadt (Piren). Mieten Sie am Hafen ein Kanu und paddeln Sie durch den Kanal in den Munksjön. Toll, die Stadt vom Wasser aus zu sehen.

Vier Shopping-Tipps

Man merkt sofort, dass Jönköping einer der großen Dreh- und Angelpunkte in Småland ist. Dank der Zentrumsfunktion ist auch das Shoppingangebot enorm. Große Shoppingcenter, kleine Boutiquen, internationale Marken und einheimische Produkte findet man problemlos.

Torghandel (Västra Torget). Jeden Samstag von 7.30 bis 13:00 ist großer Markt mit Lebensmitteln, Kleidern, Einrichtungsdingen und viel Vintage.

Östra Storgatan (im Zentrum). Haupteinkaufsstraße mit vielen Shops internationaler Marken. Bestens zum Flanieren geeignet.

Asecs (**www.asecs.se**), großes Shoppingcenter mit über 80 Boutiquen, Restaurants und regelmäßigen Centeraktivitäten.

Fabriken (**www.butikfabriken.se**). Sehr schönes Geschäft mit Designprodukten für drinnen und draußen. Zum Dekorieren, aber auch zum täglichen Gebrauch. •

Husqvarna Museum

#WichtigeInfos

Tourismusinformationen: Destination Jönköping (**www.jkpg.com**)

#helsingborg

Das Helsingborg-Drei-mal-Vier

Helsingborg ist mit über 100.000 Einwohnern die zweitgrößte Stadt in Skåne. Früher, als es die Öresundbrücke noch nicht gab, war die Stadt das Tor zu Schweden. Auch heute noch verschmelzen dänische und schwedische Einflüsse in dieser wachsenden und florierenden Stadt.

Lebendige Stadt Helsingborg

Helsingborg ist eine der ältesten Städte in Schweden. Die Stadt liegt strategisch günstig an der schmalsten Stelle zwischen Dänemark und Schweden. Noch heute werden hier jährlich rund 18 Millionen Passagiere mit der Fähre von einem Land ins andere transportiert. Die Stadt bietet mittelalterlichen Charme und moderne Raffinesse. Eine lebhafte Restaurant- und Cafészene und viele Shoppingmöglichkeiten sind gute Gründe, Helsingborg genügend Beachtung zu schenken.

#Kurzabstecher1

25 Kilometer südlich von Helsingborg liegt die Stadt Landskrona mit der beeindruckenden Zitadelle. Von Landskrona verkehren auch regelmäßig Schiffe auf die mitten im Öresund gelegene Insel Ven.
www.ventrafiken.se

Vier Lieblingsrestaurants und Cafés

Wie in vielen Städten vergleichbarer Größe entwickelte sich in Helsingborg in den letzten Jahren eine vielseitige Restaurant- und Cafékultur. Spitzengastronomie und traditionelle Wirtshausküche ergänzen sich perfekt. Dass auch in Helsingborg ausgiebig Kaffeepausen (Fika) gemacht werden können, versteht sich von selbst.

#HeiligesBarbecue

Holy Smoke BBQ ist das Mekka für Grill- und Smokerfans. Hier trifft geballte Kompetenz auf ganz viel Geschmack. Da nimmt man gerne eine Fahrt von ca. 40 Minuten auf sich.

Gastro (**www.gastro.nu**). Schwedische Aromen, lokale Zutaten, internationale Kompositionen. Dieses Lokal ist schon länger eine lohnende Adresse.

Sillen & Makrillen (**www.sillenmakrillen.se**). Direkt am Wasser gelegen, werden die Köstlichkeiten des Meeres aufgetischt. Der Name ist Programm.

Brödkultur 2.0 (**www.brodkultur.se**). Bestes Sauerteigbrot, frisch gebrühter Kaffee und der Duft von Bauernhof und Öresund in der Nase.

Conditori Två Systrar. Knusprige Brötchen, saftige Sandwiches, knackige Salate und vieles mehr. So geht »Lieblingsschwestern«.

Brödkultur 2.0

Vier Lieblingsaktivitäten

Küstenstädte sind erfahrungsgemäß auch das Zuhause vieler kultureller Schätze. Dies ist auch in Helsingborg nicht anders. Eine schöne kleine Altstadt mit viel Geschichte ist ebenso spannend wie die Region Skåne rund um die Stadt. Man findet hier viel Handwerk und Genuss.

Sofiero (**www.sofiero.se**). Zehntausende Besucher wollen jedes Jahr den wohl schönsten Garten Europas bestaunen. Ein königlicher Ort der Inspiration.

#Kurzabstecher2

In 20 Minuten mal schnell nach Dänemark? Das geht locker mit der Fähre von Helsingborg nach Helsingør. Genießen Sie etwas dänisches Flair und einen Hotdog.

Im Garten von Schloss Sofiero

Kärnan (**www.karnan.se**). Der 35 Meter hohe Wachturm der ehemaligen Festung hat alle Stürme überlebt. Tolle Aussicht vom Wahrzeichen der Stadt aus Richtung Meer.

Weingüter (**www.visithelsingborg.com/vingardar**). Überraschend: Das Klima im Nordwesten von Skåne ist gut für den Anbau nordischer Weine.

Wallåkra Stenkärlsfabrik (**www.wallakra.com**). In der 150 Jahre alten Fabrik werden klassische Töpfe und Gläser auf traditionelle Weise hergestellt.

Kärnan

Weinbau in Skåne

Vier Shopping-Tipps

Natürlich gibt es in Helsingborg auch unzählige Shopping-Perlen. Dabei lohnt sich auch ein Abstecher in die Umgebung zu den diversen Töpfereien.

Spritan (**www.spritan1897.se**). Wenn aus einer Brennerei ein Ort für Kunst, Shops und Zerstreuung wird. Hier kauft man nicht nur ein, hier verbringt man Zeit.

Kullgatan (**www.kullagatan.shop**). Schwedens älteste Fußgängerzone mit vielen lokalen Shops und internationalen Marken. Da braucht man kein Shoppingcenter.

Höganäs Outlets (30 Min. von Helsingborg). Hier finden Sie gleich mehrere Glas-, Keramik- und Modeoutlets. Top-Marken wie Kosta Boda, Orrefors oder Ittala zu Top-Preisen.

Chocolatte (**www.chocolatte.se**). Preisgekrönte Schokolade und Pralinen von bester Qualität und Kreativität. Warum sich nicht mit etwas Süßem belohnen? •

#WichtigeInfos

Tourismusinformationen:
Visit Helsingborg
(**www.visithelsingborg.com**)
Fahrradverleih:
Travelshop Helsingborg
(**www.travelshop.se**)

#falun

Das Falun-Drei-mal-Vier

Seit 2001 gehört Falun zum UNESCO-Welterbe. Die Stadt in Dalarna, welche im 17. Jahrhundert dank der Kupfergewinnung zu den international wichtigsten und größten Wirtschaftsplätzen gehörte, hatte auch maßgeblichen Einfluss auf die technische, soziale und politische Entwicklung Schwedens.

Falun strahlt in Falunrot

Falun hat ungefähr 60.000 Einwohner und ist bekannt für seine rote Farbe (Falu rödfärg) und die bekannteste schwedische Fleischwurst (Falukorv). Beide Produkte sind eng mit der ehemaligen Kupfermine verbunden. Es empfiehlt sich ein Besuch der alten Siedlungen Elsborg, Gamla Herrgården und Östanfors. Und natürlich, Falun ist das Sportmekka in Dalarna für Freizeit-, aber auch Wettkampfsportler.

Vier Lieblingsrestaurants und Cafés

Dalarna ist eine sehr ländliche Gegend. Sogar Falun wirkt gar nicht so städtisch. Entsprechend ist die Gastronomie rustikal mit eleganten Elementen. Die Küche in Dalarna ist ehrlich, voller Geschmack und der Tradition verpflichtet.

Banken Två rum & kök (**www.bankenfalun.se**). Tolles Restaurant, in der ehemaligen Bank untergebracht. Sehr leckere Landküche aus schwedischen Zutaten.

Smak Tapas, Deli & Mera (**www.smakfalun.se**). Hier isst man Tapas, nicht spanische, sondern schwedische. Sehr beliebt für den Aperitif am Wochenende.

#Schwedenrot

Die rote Farbe für den Anstrich der typischen Schwedenhäuser kommt aus der seit 1992 geschlossenen Kupfermine von Falun und wird immer noch produziert. Die sogenannte Falu rödfärg wird seit dem 17. Jahrhundert aus pulverisiertem Erz gewonnen. Die Färbung entsteht durch das Eisensulfat, das bei der Kupfergewinnung als Abfallprodukt entsteht. Nebst der roten Färbung bewirkt Eisensulfat eine sehr gute Holzkonservierung.

Auf der Radtour entdeckt

#Radtour

Ein toller Ausflug ist eine Radtour rund um den See Varpan. Man kommt an Bäckehagen, Varbo, Bergsgården, Gassarvet, Heden, Österå und Hult vorbei. Diese Orte sind ebenfalls Bestandteile des UNESCO-Welterbes.

#Fet-Mats

1677 unternahm Mats Israelsson kurz vor seiner Hochzeit aus unerfindlichen Gründen einen Abstecher in das Bergwerk. Er wurde verschüttet und galt jahrelang als »verschwunden«. 1719, also gut 40 Jahre später, wurde Mats zufällig unter den Steintrümmern entdeckt. Man dachte zuerst, dort würde jemand schlafen. Durch das Kupfervitriol in der Grube wurde der Leichnam praktisch vollständig konserviert.

Spruthuset (**www.spruthuset.se**). Das kleinste Restaurant von Falun im alten Feuerturm. Es gibt Bier und das, was der Küchenbrigade speziell schmeckt, also Burger und Tacos.

Focus Konditori (Myntgatan 10–14). Irgendwie Retro. Sehr gute Kuchen und leckerer Kaffee. Etwas abseits des Zentrums direkt beim Kulturhuset tio14.

Vier Lieblingsaktivitäten

In Dalarna gibt es zwei grundsätzliche Arten von Aktivitäten. Entweder ist man draußen und genießt die Natur auf alle erdenklichen Arten, oder man lässt sich von kulturellen Dingen und den vielen Protagonisten aus der nahen oder weiteren Vergangenheit inspirieren.

Falu gruva (**www.falugruva.se**). Der Besuch der ehemaligen Kupfermine ist Pflicht. Die Grube kann man auf eigene Faust umrunden oder an einer geführten Tour teilnehmen.

Dalarna-Museum (**www.dalarnasmuseum.se**). Ausstellung über die Kunst, Kultur und Geschichte Dalarnas. Erstrahlt nach seiner Renovierung in neuem Glanz und Charme.

Carl Larsson-gården (**www.carllarsson.se**). Hier erfahren Sie mehr über das legendäre Künstlerpaar Larsson. Ideal ist eine geführte Tour. Tickets am besten vorbestellen.

Lugnet (**www.lugnet.se**). Komplettes Sport- und Freizeitangebot kompakt an einem Ort. Schwimmen, Langlauf, Biken, Tennis, Trailrunning. Für Freizeit und Wettkämpfe.

Vier Shopping-Tipps

Dalarna ist bekannt für seine typische Bauernmalerei auf Möbeln und Dekoartikeln, für Schmuck sowie traditionelles Design und Mode. Einflüsse aus Dalarna hatten auf ganz Schweden einen Einfluss. Beim Shopping in Falun finden Sie viele dieser Dinge, die Dalarna zu Dalarna machen.

Falu Emaljskyltar (**www.faluemaljskyltar.se**). Bestellen oder kaufen Sie ihr eigenes Emaille-Schild. Egal ob Name, Straße, stilles Örtchen, ein Schild aus Emaille macht immer Eindruck.

Dalarnas Hemslöjd (**www.dalarnashemslojd.se**). Dalarna ist bekannt für sein farbiges und außergewöhnliches Kunsthandwerk. Hier gibt es nicht nur die bekannten hölzernen Dalapferde.

Falu Ljusstöperi (**www.faluljus.se**). Kerzen? Ja, Kerzen! Hier wird seit über zwanzig Jahren nach traditioneller Methode fabriziert. Etwas ganz besonderes sind die »Zweigkerzen«.

Stora Lunån Gårdsmejeri (**www.storalunan.se**). Besten Kuhmilchkäse und weitere Produkte gibt es auf diesem historischen Bauernhof. Nach dem Einkauf lädt das Hofcafé zur »Fika« ein. •

Falu rödfärg Fabrik

#Falukorv

Da man im 16. und 17. Jahrhundert Stahlseile noch nicht kannte, wurden Lederriemen aus Ochsenhaut hergestellt. Diese waren sehr stabil, »verbrauchten« aber viele Ochsen. Aus den Unmengen Fleisch machten die Leute eine Wurst und verkauften sie bis nach Stockholm. Die »Falukorv« (Falun-Wurst) kann in jedem Supermarkt in Schweden gekauft werden.

© Jakob Fridholm/imagebank.sweden.se

Leckeres mit Falukorv

#WichtigeInfos

Falu Turistbyrå (Touristen-Information): **www.visitdalarna.se/falun**
UNESCO-Welterbe Falun: **www.falun.se/varldsarvet-falun.html**

#SCHWED route

se

ROUTE

Von Stockholm nach Haparanda

Von Stockholm nach Lappland fahren, das wäre doch was? Klar, man fährt dabei ein paar Kilometer, aber dafür hat man ganz viel Abwechslung. Man erlebt die kunterbunte Mischung von verschiedenen Landschaften, spektakulären Naturschönheiten und kulinarischen Abstechern.

Die Route führt oft dem Wasser entlang.

Eine Reise von Stockholm nach Haparanda hat es in sich. Ein Höhepunkt reiht sich an den nächsten. Sie machen mit sieben Provinzen Bekanntschaft und erleben den Kvarken (Schwedisch für Bottnischer Meerbusen) hautnah in allen Facetten. Sie werden gewaltige Unterschiede sehen. Von Schären über sanfte Buchten bis zu steilen Klippen ist alles dabei, was ein Küstenland zu bieten hat. Machen Sie sich auf ein Wechselspiel der Emotionen gefasst. Wie immer mein Tipp: Nehmen Sie sich genügend Zeit!

Diese Route verspricht viel Natur und Aussicht.

Aus der Hauptstadt raus in die Natur

Stockholm ist eine Großstadt, für mich die Schönste überhaupt. Faszinierend die Mischung aus pulsierendem Alltag und ruhigen Oasen entlang des Wassers oder in den vielen Parks. Schauen Sie sich das Städteporträt ab Seite 172 an. Trotzdem ist Stockholm immer noch eine Großstadt, und so sehr ich das pulsierende Leben darin mag, so gerne fahre ich dann auch wieder raus in die Natur.

Die Region von Stockholm ist bekannt für ihre vielen Schäreninseln. Wenn Sie etwas Schärenfeeling genießen wollen, dann ist die E 18 und die Provinz Uppland Ihr erster Begleiter Richtung Ostküste im Norden und dem ersten Kontakt mit dem Kvarken. Sie können Richtung Kapellskär fahren und bei Norrtälje auf die Straße 76 wechseln. Auf verschiedenen Straßen und Sträßchen erkunden Sie nun die Küste und allenfalls die eine oder andere Insel.

Norrtälje ist der Dreh- und Angelpunkt der Region Roslagen. Im 17. Jahrhundert wurden hier Waffen produziert. Heute ist die idyllische Stadt ein beliebtes Ausflugsziel im Sommer. Wenn Sie etwas Zeit haben, dann besuchen Sie doch das Roslagsmuseet oder das Museum Pythagoras.

Wenn Sie einen Abstecher Richtung Åland unternehmen möchten, dann geht das ziemlich zügig mit einer der Fähren von Kapellskär oder Grisslehamn. Je nach Abfahrtsort kommt man in Eckerö oder Mariehamn auf Åland an.

#Marholmen

Ein tolles Resort direkt an der Küste ist Marholmen mit schönen Hotelzimmern und gemütlichen Stugas. Von hier aus kann man spannende Abstecher in die Umgebung unternehmen. **www.marholmen.se**

#Kreuzfahrt

Von Grisslehamn aus kann man mit der Fähre in zwei Stunden nach Eckerö auf Åland fahren. Die Überfahrt ist kostengünstig. Unterhaltsam ist auch eine knapp fünfstündige Kreuzfahrt mit Start und Ende in Grisslehamn.
www.eckerolinjen.se

Ein Stopp lohnt sich bei Axmar bruk.

Östlich von Norrtälje auf der Insel Arholma steht eine alte Militäranlage namens Batteri Arholma (**www.arholmanord.se/batteri**). Auf die Insel gelangen Sie mit einer Fähre und das lohnt sich wirklich, denn es gibt noch weitere nette Orte wie das Arholma-Idö Naturreservat zu entdecken.

Guten Fisch gibt es bei Kalles Fisk.

Eine lohnenswerte Station ist auch Grisslehamn. Am Hafen mit den alten Fischerschuppen kann man frischen Fisch kaufen. Wenn man der Straße weiter folgt, gelangt man zum hübschen Backbyns badplats auf der Insel Singö. Generell ist es sehr interessant, einfach mal loszufahren, um die Inseln auf gut Glück zu erkunden. Oft finde ich interessante Wegweiser, denen ich dann einfach folge und so neue Schwedenperlen entdecke.

Rund um Gävle oder nach Dalarna?

Egal welchen Weg Sie Richtung Norden gewählt haben, irgendwann kommen Sie in Gävle an. Rund um Gävle liegen ein paar interessante Orte. Erst diesen Sommer habe ich zum Beispiel Kalles Fisk in Hålläs (**www.kallesfisk.nu**) am Meer entdeckt. Probieren Sie hier den frisch geräucherten Fisch und schauen Sie dem Treiben bei den Bootshäuschen zu.

In Gävle selber – inzwischen sind wir in der Region Gästrikland – können Sie das Länsmuseet Gävleborg, das Gävle slott oder das Fängelsemuseet besuchen. Im Dezember darf man auf keinen Fall den Gävlebocken, den riesigen Julbock aus Stroh, verpassen. Mehr Inspiration und Infos zu

#Stilleben

Prinz Daniel kommt aus Ockelbo und macht hin und wieder einen Abstecher in das Hotel Stilleben, wenige Kilometer nördlich in Åmot. Hier kann man in schönen Zimmern schlafen, die Sauna und den Whirlpool nutzen und verschiedene Aktivitäten buchen.
www.stilleben.nu

Aktivitäten und Sehenswürdigkeiten gibt es auf der Webseite **www.visitgavle.se/en**.

Etwas versteckt im Landesinneren entdeckte ich nordöstlich von Gävle bei meiner Weiterfahrt das Örtchen Jädraås. Von dort aus fährt eine Museumseisenbahn bis nach Tallås und zurück. (www.jtj.org). Zudem findet man etwas außerhalb des Zentrums eine alte Schmiede und Eisenhütte. Wer da auf Entdeckungsreise geht, trifft auf einige »Hidden Places«.

Zurück an der Küste liegt ein toller Ort: Axmar bruk. Hier gibt es, wie an vielen Orten in dieser Region, eine alte Eisenhütte. Die ehemalige Fabrik ist noch sehr gut erhalten und wird zum Teil als Atelier und Ausstellung genutzt. Im angrenzenden Schlosspark kann man einen herrlichen Spaziergang machen. Das Schloss selbst steht nicht mehr, aber in der Orangerie gibt es ein Café, das bestens für eine Fika-Pause geeignet ist. (**www.axmarbruk.se**)

#Dalarna

Wer genug Zeit hat, sollte unbedingt noch einen Abstecher nach Dalarna unternehmen. Besuchen Sie die UNESCO-Welterbe-Stadt Falun mit der alten Mine und den Arbeiterquartieren (**www.falugruva.se**). Toll ist auch ein Abstecher nach Mora. Hier lohnen ein Besuch des Zorn Museums (**www.zorn.se**) oder etwas außerhalb der Stadt ein Blick in die Manufaktur der Dalapferde (**www.nilsolsson.se**). Nordische Raubtiere leben im Orsa Rovdjurspark (**www.orsarovdjurspark.se**), und die klassischen Schwedenhäuser stehen in Fryksås.

Wie wäre es mit einem Abstecher nach Dalarna?

Schöne Landschaften auf Schritt und Tritt

© Jakob Fridholm/imagebank.sweden.se

Lammfleisch auf dem Hof kaufen und dann etwas Leckeres kochen.

© Trolska Skogen

Direkt am Wasser befinden sich ein Wohnmobil-Stellplatz und ein tolles Restaurant. Kulinarisch ist Axmar Brygga Havskrog ein Hit. Es versteht sich von selbst, dass man hier sehr gut Fisch essen kann. Im Sommer ist es ein Traum, wenn man auf der Außenterrasse sitzt und den Blick vom Teller aus über das Wasser schweifen lässt. (**www.axmarbrygga.se**)

Auf dem Weg Richtung Höga Kusten

Auf dem Weg Richtung Höga Kusten empfehle ich Ihnen einige interessante Unternehmen, die spannende Produkte produzieren. Etwa 50 Kilometer von Hudiksvall landeinwärts liegt Jarse Ost, eine tolle Käserei mit Käsekiosk. (**www.jarseost.se**)

Nur wenige Kilometer weiter entfernt gibt es einen schönen Bauernhof mit Hofladen. Onsängs Gård hat sich auf die Schafzucht spezialisiert und man erhält hier von Lammfleisch über Lammfelle bis zu Wolle alles, was die Schafe hergeben. (**www.onsang.se**)

Auf dieser Route lernen Sie das Zick-Zack-Fahren. Sie haben es sicher bereits bemerkt, dass ich immer wieder versuche, Sie von der E 4 ins Landesinnere und dann wieder ans Meer zu locken. Folglich geht es jetzt wieder an die Küste. Wenn Sie mit Kindern unterwegs sind, empfehle ich Ihnen einen Abstecher nach Mellanfjärden in die Märchenwelt von Trolska Skogen, einem richtigen Abenteuerwald. (**www.trolskaskogen.se**)

Auch der Fischerort Mellanfjärden ist speziell im Sommer einen Besuch wert. Hier gibt es Hotels, Restaurants, einen Fischladen, und wenn Sie auf der Suche nach einem Wohnmobil-Stellplatz am Wasser sind, sollten Sie sich Mellanfjärdens Camping ansehen.

Wer auf echte schwedische Handwerkskunst steht, darf sich Gränsfors Bruk nicht entgehen lassen. Machen Sie dazu nochmals einen Abstecher Richtung Osten. Hier werden die legendären Äxte und Beile von Hand geschmiedet. Nicht nur die Schmiede, wo man teilweise bei der Produktion zuschauen kann, ist spannend, auch der Ort selber und die Umgebung haben viel Charme. (**www.gransforsbruk.com**)

In Sundsvall beginnt die Region der Höga Kusten (**www.hogakusten.com**). Hier zeigt die Natur eindrücklich, welchen Einfluss die Eiszeit und die Verschiebung der Kontinentalplatten auf das Aussehen des Landes hatten und noch immer haben. Die Aussicht über die Gegend ist

Viele tolle Rastplätze unterwegs

#Landhebung

Die Höga Kusten ist die höchste Landhebung der Welt seit der letzten Eiszeit. Seither wurde ihr Boden um fast 300 Meter angehoben.

Klettersteig an der Höga Kusten

© Hernö Gin

Top Gin aus Schweden

#Systembolaget

Alkohol kann man in Schweden ausschließlich in den staatlichen Läden »Systembolaget« kaufen. Diese Shops sind wahre Fundgruben für tolle Weine, Biere und Spirituosen. Oft findet man im »System« auch lokale Spezialitäten.

#HögaKustenApp

Speziell für Besucher der Höga Kusten gibt es für Apple- und Android Geräte eine empfehlenswerte App, die einfach zu bedienen ist und alle wichtigen Informationen in der Hosentasche bereithält. Einfach in den App Stores nach Höga Kusten suchen.

© Johan Willner/imagebank.sweden.se

Bootfahren entspannt

#Bootsführerschein

Wer in Schweden ein Boot unter schwedischer Flagge fährt, benötigt keinen Bootsführerschein. Fährt das Boot unter einer anderen Flagge, gilt das Gesetz des jeweiligen Landes auch auf schwedischen Gewässern.

atemberaubend und unglaublich abwechslungsreich. Hier findet man offenes Meer, tiefe Wälder und Berge, die den Namen auch verdienen.

Spannendes in und um Härnösand

Die Region Höga Kusten umfasst nicht nur die Küste. Wiederum im Zick-Zack-Kurs liegen die größten Orte der Region, Sundsvall, Härnösand, Sollefteå und Örnsköldsvik. Lassen Sie sich aber nicht nur von diesen Orten zu stark lenken, die Musik spielt auch außerhalb der Städte.

Auf dem Weg von Sundsvall nach Härnosand können Sie südlich der Stadt auf dem Häggby Gård einen Stopp einlegen und hochwertigen Käse direkt im Hofladen kaufen. Suchen Sie sich Ihren persönlichen Lieblingskäse aus. (**www.hagbygard.se**)

Hochprozentiges oder besser gesagt einen der besten Gins der Welt, macht man bei Hernö Gin im Westen von Härnösand. Der Bio-Gin wird aus Biopflanzen in handgehämmerten Kupferkesseln destilliert. Hernö Gin ist die am häufigsten ausgezeichnete Gin-Brennerei in Europa. (**www.hernogin.com**)

Ich habe mich auch im Ort Härnösand umgeschaut, was es Interessantes zu sehen gibt. Im Technikhaus gibt es AHA-Erlebnisse für die ganze Familie. (**www.technichus.se**). Wer auf alte Automobile steht, kann sich im Härnösands Bilmuseum sattsehen. Dieses Museum ist übrigens das Größte seiner Art in Schweden. (**www.harnosandsbilmuseum.se**) Was das Auto für die einen, ist das Boot für die anderen. Im Fritidsbåtsmuseet Härnösand kann man die Bootskultur förmlich riechen. Teer, Meer, Bootslack und das Gefühl von einem Picknick auf dem Wasser sind omnipräsent. (**www.vnmuseum.se/Fritidsbatsmuseet**)

Das Fritidsbåtsmuseet gehört übrigens zum Västernorrlands-Museum, das viele sehenswerte Sammlungen und Ausstellungen für die Besucher bereithält. Das Freilichtmuseum Murberget gehört ebenso dazu wie archäologische, historische und zeitgenössische Sammlungen. (**www.vnmuseum.se**)

Hemsö Fästning – Relikt aus dem Kalten Krieg

Wenn Sie nun Härnösand verlassen, dann geben Sie in Ihrem Navi »Hemsön« ein. Das ist etwas weiter als der Härnösands-Golfclub und Anlegestelle der Fähre zu einer der beliebtesten Sehenswürdigkeiten an der Höga Kusten: Hemsö Fästing ist eine der größten Festungsanlagen Schwedens aus der Zeit des Kalten Krieges. Sie wurde gebaut, als das Wettrüsten der Russen und Amerikaner seinen Höhepunkt erreichte. Im Bunker wartete man auf »den Russen«. Seit 1998 ist Hemsö Fästning ein Besuchermagnet, denn Bunker- und Außenanlagen sind mehr oder weniger noch im Originalzustand. (**hemso.butikhogakusten.se**)

Björkudden Hotel

Whisky, Hexen und kulinarische Spezialitäten

Über die legendäre Brücke Högakustenbron kommen Sie nun ins Herz der Höga Kusten. Zuerst schlage ich wieder einen Abstecher aufs Land vor.

In Bjärtrå thront die High Coast Distillery über dem Fluss Ångermanälven. Diese Brennerei hat vor zehn Jahren ihre Tore geöffnet und destilliert mit viel Leidenschaft erstklassige Whiskys. Sie können eine der beliebten Führungen buchen, und das Restaurant mit herrlicher Terrasse sorgt anschließend für das richtige Ambiente, wenn Sie dann den einen oder anderen Schluck aus dem Fass probieren

#Hotelstopp

Direkt bei der Högakustenbron gibt es zwei tolle Hotels, die sich für einen Stopp anbieten. Unten am Wasser liegt das Hotel & Restaurant Björkudden (**www.bjorkudden.se**), erhöht über der Brücke thront das Hotell Höga Kusten (**www.hotellhoga-kusten.se**).

Hier lagern die edlen Tropfen von High Coast Distillery.

wollen. Neu und gut: Seit 2020 hat High Coast Distillery auch Wohnmobilstellplätze mit Weitsicht im Angebot. (**www.highcoastwhisky.se**)

#Hexerei

Zwischen 1668 und 1676 wurden alleine auf dem Häxberget bei Kramfors 71 Menschen wegen Hexerei enthauptet und verbrannt. Das ist die größte dokumentierte Massenexekution Schwedens in Friedenszeiten.

Nur 15 Kilometer von der Brennerei entfernt gibt es ein spezielles Museum, das auch zum Nachdenken anregt. Das Häxmuseet in Prästmon hat nichts mit Zauberei und Verwünschungen zu tun, sondern mit der dunklen Zeit der Hexenverbrennung. (**www.haxmuseet.se**)

Bevor Sie nun in Depressionen verfallen, kümmern wir uns wieder um ein paar kulinarische Themen. Ich bin ein Fan von Hofläden und kleinen Lebensmittelmanufakturen. Eine der kulinarischen Perlen ist Mjälloms Tunnbröd in Ullånger. Hier können Sie in der ältesten Tunnbröd-Bäckerei das beste schwedische Fladenbrot weit und breit kaufen. Im Fabrikladen gibt es neben dieser knackigen Spezialität auch weitere Lebensmittel aus der Region zu kaufen. Außerhalb der regulären Öffnungszeiten macht man Selfservice – auch eine tolle Innovation. (**www.mjalloms.se/en**)

Tunnbröd in vielen Variationen

Wenn Sie anstelle von Tunnbröd lieber klassisches Brot mögen, dann ist das in Schweden nicht immer so einfach. Finger weg von der Supermarktware! Das ist meist grässliche Industrieware. Nur einen halben Kilometer weiter liegt Skogs-Hildas Stenugnsbageri & Café. Da gibt es traditionelle Sauerteigbrote, aber auch ein spezielles Backerzeugnis aus Gerste. Sehr beliebt ist auch das vielfältige »Fika-Zubehör«.

Viele Kuriositäten gibt es bei Mannaminne.

Ein traditioneller Hofladen befindet sich auch etwas außerhalb von Nordingrå Richtung Küste. Er nennt sich Gårdsbutiken und ist eine Oase für alle Sinne. Von Marmeladen über Säfte und Sirup bis zu Chutneys findet man unzählige Leckereien und Bioprodukte. Nutzen Sie die Gelegenheit und lassen Sie sich im Restaurant oder im Garten mit tollen Gerichten verwöhnen. (**www.gardsbutiken.net**)

Einen der wunderbarsten Plätze auf dieser Reise überhaupt finden Sie ebenfalls in Nordingrå. Hier steht das Lebenswerk von Anders Åberg (1945–2018) und nennt sich Mannaminne. Er hat eine Welt mit 50 Gebäuden, Kunst, Kultur, Technik, Geschichte und vielen Emotionen geschaffen. Das ganze Anwesen ist ein einziges Kunstwerk. Man trifft auf Ausstellungen mit Alltagsdingen, die Anders gesammelt hat, aber auch auf Kuriositäten wie eine Straßenbahn oder ein Kampfflugzeug. In Mannaminne kann man übernachten, essen, Aktivitäten beiwohnen oder einfach nur staunen. (**www.mannaminne.se**)

Wenige Kilometer von Mannaminne entfernt trifft man auf das kleine, aber feine Fischerdorf Norrfällsviken. Ein Badeplatz, ein gutes Fischrestaurant und weitere nette Kleinigkeiten sind Grund genug, um hier eine Rast auf der Reise einzulegen.

Endlich ist es Zeit, um die grandiosen Wandergebiete an der Höga Kusten zu entdecken. Es sind dies der Skuleberget und der Nationalpark Skuleskogen. Achtung, oft wirft

#YouTubeTipp

Um einen besseren Eindruck von Mannaminne zu bekommen, empfehle ich, einfach mal den Begriff in YouTube einzugeben und die verschiedenen Filme zu schauen.

Norrfällsviken

#Norrfällsviken Rum&Kök

Nutzen Sie die Gelegenheit und übernachten Sie im Hotel Norrfällsviken Rum & Kök. Wie es der Name schon sagt, gibt es auch ein hervorragendes Restaurant. Die Zimmer sind schön und der Pool erfrischend (**www.norrfallsviken.com**). Für Camper gibt es hier auch einen sehr schönen Campingplatz (**www.norrfallsvikens camping.com**).

Wandertraum Skuleskogen

man die beiden in einen Topf. Skuleberget ist ein 295 Meter hoher Berg, der deutlich über seine Umgebung ragt. Er gehört zum gleichnamigen Naturreservat. Skuleberget ist aber nicht Bestandteil des Nationalparks Skuleskogen, der etwa zehn Kilometer weiter nördlich Richtung Küste liegt.

Bleiben wir zuerst beim Skuleberget. Hier befindet sich das Naturum Höga Kusten. Es informiert wie alle dieser Informationspunkte über lokale Begebenheiten der Natur. Oft haben sie auch weitere thematische Schwerpunkte. In diesem Fall es das UNESCO-Welterbe Höga Kusten. Hier befinden sich auch ein Restaurant und sanitäre Anlagen. (**www.varldsarvethogakusten.se**)

Wenn Sie klettern möchten, dann empfehle ich Ihnen den Klettersteig von Via Ferrata, nur wenige Meter neben dem Naturum. Im Infozentrum kann man die Ausrüstung auch leihen. Für die Klettertour ist eine Anmeldung erforderlich. Es gibt verschiedene Schwierigkeitsgrade und Routen. (**www.viaferrata.se**)

Eine Wanderung im Nationalpark Skuleskogen ist sehr abwechslungsreich. Man durchstreift mystische Wälder, stapft über Geröllhalden und durchquert Felsklüfte. Belohnt wird man mit einer umwerfenden Aus- und Weitsicht über die Küste mit den Inseln und Buchten. (**www.sverigesnationalparker.se/park/skuleskogens-nationalpark**)

#Skuleberget

Das gemütliche Docksta Hotell mit 15 Zimmern befindet sich in der Nähe von Skuleberget und Skuleskogen (**www.dockstahotell.se**). Campingfreunde kommen bei Skuleberget Havscamping auf ihre Kosten mit Blick auf das Meer (**www.skulebergethavscamping.se**).

se

Der Skuleberget ist auch für Camper geeignet.

#Surströmming

Surströmming ist vergorener und fermentierter Fisch. Viele Legenden ranken sich um diese sehr spezielle Delikatesse. Richtig geöffnet und zubereitet ist der »Stinkefisch« jedoch durchaus essbar und bietet neue Geschmackserlebnisse.

Surströmming probiert man am besten beim Profi.

Ein unvergessliches Abenteuer auf meiner letzten Reise an der Höga Kusten war der Abstecher auf die Insel Ulvön. Dabei schlägt man nämlich zwei Fliegen mit einer Klappe: Zum einen erlebt man eine tolle Bootsfahrt von Köpmanholmen oder Docksta zur Insel. Zum andern lernt man das kulturelle Erbe der einst größten Fischergemeinde in Nordschweden kennen. Malerische Häuschen, schnuckelige Bootsschuppen, ein tolles Fischereimuseum und der legendäre Surströmming werden Ihnen auf Ulvön begegnen. Ein Spaziergang auf den Gipfel des Lotsberget oder ein Surströmming-Tasting im Ulvö Hotell lassen diesen Ausflug zu einem unvergesslichen Abenteuer werden. (**www.ulvon.info**)

An dieser Stelle möchte ich Ihnen noch eine weitere Insel an der Höga Kusten ans Herz legen. Trysunda wurde nämlich zur schönsten Insel Schwedens gewählt. Wunderbare Wälder, sanfte Ufer und magische Aussichtspunkte haben zu dieser Auszeichnung geführt. Auf die Insel gelangt man übrigens wie nach Ulvön, ab Köpmanholmen. Hier befindet sich auch der Herrgårdsparken, der zur Kunstausstellung Art Valley gehört.

Urbanes Umeå

Vor den Toren von Umeå liegt die Insel Norrbyskär. Sie ist geschichtlich sehr bedeutend, da hier einst das größte Sägewerk Europas stand. Ja, die Insel galt gar als industrielles

#Oase

Ulvöbyn – Café & Bistro ist eine kleine Oase in der Mitte von Ulvöhamn. Genießen Sie einen Snack, ein leckeres Mittagessen und einen Drink, bevor Sie die Insel weiter erkunden. **www.ulvobyn.se**

#Surströmmingsklämma

Ulvö Hotell ist der place to be auf der Insel Ulvön. Genießen Sie Hafenflair mit maritimen Zimmern und lokalem Essen. Wie wäre es mit einer Surströmmingsklämma als Mitternachtssnack? **www.ulvohotell.se**

#InselHopping

Damit man von Insel zu Insel kommt oder schöne Bootstouren buchen kann, gibt es zwei Unternehmen, die Gäste gerne an Bord nehmen: HögaKustenTurer (**www.hogakustenturer.se**) und Höga Kusten-Båtarna (**www.hkship.se**).

So sah es früher auf Norrbyskär aus (Modell).

Musterbeispiel zu dieser Zeit. Heute ist sie ein beliebtes Ausflugsziel. Besuchen Sie das Museum in der alten Maschinenhalle, essen Sie im Restaurant etwas Leckeres und spazieren Sie dann entlang der Långgrundsgatan. Hier können Sie die früheren Arbeiterhäuser und andere geschichtsträchtigen Sachen bestaunen. Auf die Insel gelangt man mit der Fähre ab Norrbyn. (**www.norrbyskar.se**)

Nach all den ländlichen Erlebnissen geht es nun in die größte Stadt in Nordschweden. Es lohnt sich, genug Zeit für die Kultur- und Universitätsstadt Umeå einzurechnen. Hier verschmelzen die Sami-Tradition mit modernster Architektur, der nördlichsten Oper und viel Lebensfreude. In Umeå, der Stadt der Birken, ist immer was los. Die tollen Restaurants und spektakulären Museen haben mich ebenso begeistert wie nette Läden und vielseitige Freizeitmöglichkeiten. Von Umeå aus lassen sich bequem Ausflüge in die umliegende Region organisieren. Mehr über Umeå finden Sie ab Seite 198. (**www.visitumea.se**)

Die Umgebung von Umeå

Etwas außerhalb des Zentrums von Umeå liegt der Umedalens Skulpturpark. Kostenlos können Sie hier viele Skulpturen von internationalen Künstlern begutachten. Die Skulpturen fügen sich perfekt in die Umgebung ein und laden auch mal zum Innehalten ein. (**www.umedalenskulptur.org**)

#VisitUmeå

Alle Informationen zu Umeå und Umgebung findet man auf der Webseite **www.visitumea.se**.

se

#Wasaline

Von Umeå aus fährt die Fähre der Wasaline in die Schwesterstadt Vaasa in Finnland. Nutzen Sie die Gelegenheit, um auch die finnische Seite des Kvarken zu erkunden. **www.kvarkendestinations.com**

Naherholungsgebiet Nydalasjön

Alte und neue Architektur verschmelzen in Umeå.

Wenn Sie sich dem Umeälven entlang Richtung Westen begeben, kommen Sie zum Umeå Energiecentrum. Hier gibt es einen Einblick in die Ursprünge der Energiegewinnung in der Region. Ausstellungen, alte Installationen und schöne Spaziergänge locken Jung und Alt hierhin. (**www.umeaenergi.se**)

Zwei coole Abstecher ins Landesinnere habe ich noch für Sie. Wenn man dem Umeälven auf dem Blå vägen folgt, dann trifft man auf Granö und den Sjungaregården. Hier gibt es ein sehr schönes kleines Museum mit Kunstausstellung und Café. (**www.granobeckasin.com/sjungaregarden**) Sjungaregården gehört zu Granö Beckasin, einem Resort mit Hotel, Baumhäusern und einem Campingplatz. Hier

#Kvarkenfisk

Südöstlich von Umeå am Meer bei Rovögern hamn liegt das Restaurant Kvarkenfisk. Direkt am Wasser kann man köstliche Fischgerichte bestellen und den Blick in die Ferne schweifen lassen. Tipp für Camper: Es gibt hier auch einen schönen Stellplatz.

Umeå Energiecentrum

Floßfahrt auf dem Umeälven

gibt es viele coole Aktivitäten. Bauen Sie beispielsweise Ihr eigenes Floß und erkunden Sie mit diesem dann den Fluss. Sie können aber auch mit Huskys wandern gehen oder mit dem Fahrrad herrliche Touren unternehmen. (**www.granobeckasin.com**)

Die Stromschnellen bei Mårdsele

Flüsse sind manchmal zahm, manchmal wild. Gar aufbrausend ist der Vindelälven, er verläuft mehr oder weniger parallel zum Umeälven, bei Mårdsele, etwa 90 Minuten von Umeå entfernt. Die Stromschnellen zeigen die unendliche Kraft des Wassers. Auf Stegen und über Brücken kann man dieses Naturreservat zu Fuß erkunden. Der Fluss hat sich hier seine eigenen Läufe geschaffen und lädt auf den Außenarmen zum Baden in natürlichen »Badewannen« ein. Mehrere Lager- und Grillplätze lassen den Alltagsstress vergessen. Die Rundwanderung in diesem Naturschutzgebiet ist für die ganze Familie geeignet.

Leuchtturm von Bjuröklubb

Weiter bis zur Mündung des Bottnischen Meerbusens

Etwa auf halben Weg von Umeå nach Skellefteå liegt der Ort Lövånger. Halten Sie an und besuchen Sie die bestens erhaltene Kirchenstadt (**www.lovangerkyrkstad.se**). Hier erfahren Sie viel über die Funktion der sogenannten Kirchenstädte, die eng mit der Geschichte von Nordschweden verknüpft sind. Ein weiteres sehr lohnendes Ausflugsziel ganz in der Nähe ist das Bjuröklubb-Naturreservat. Am Leuchtturm genießt man die herrliche Aussicht über den Bottnischen Meerbusen. (**www.bjuroklubb.se**)

In Skellefteå gibt es ebenfalls eine Kirchenstadt (**www.bonnstan.se**), dazu viel Gastronomie und im Sommer ein tolles Festival. In der warmen Jahreszeit spielt sich das Leben an der Strandpromenade des Skelefteälven ab. Auch Freunde gepflegter Museumsbesuche kommen in dieser Stadt nicht zu kurz.

UNESCO-Welterbe: Gammelstad in Luleå

Was für Skellefteå gilt, ist auch für Luleå richtig. Hier ist nicht Provinz. Oft vergisst man die Orte ganz im Norden Schwedens. Zu Unrecht. Luleå hat zum Beispiel ein gutes Theater, hervorragende Restaurants und viele kulturelle Höhepunkte. Ein Muss ist der Besuch in der alten Kirchensiedlung Gammelstad. (**www.visitgammelstad.se**)

Nun ist es nicht mehr weit bis nach Haparanda, dem Ort, an dem der Torne älv in den Bottnischen Meerbusen mündet. Auf der andern Flussseite ist Tornio und somit Finnland. Meine Reise endet hier, Ihre muss es aber nicht. Fahren Sie einfach weiter Richtung Norden, Richtung Polarkreis. Ein letzter Gratistipp meinerseits ist die Norrsken Lodge in Övertorneå. Dort können Sie eine tolle Zeit bei netten Menschen und viel Samikultur erleben. (**www.norrskenlodge.com**)

#Junköfiskarna

Auf der Insel Junkön, vor der Küste von Luleå, lebt die Familie Ökvist Thurfjell. Sie lebt vom Fischfang und von der Produktion der Delikatesse Kalix Löjrom, dem Rogen der Kleinen Maräne. Frischen Fisch bekommt man fast täglich direkt ab Kutter am Hafen in Luleå, für den Kalix Löjrom muss man ein Delikatessengeschäft aufsuchen.
www.junkofiskarna.se

Lappland erleben in der Norrsken Lodge

Wasser, Quell des Lebens und Vergnügens

Wasser ist das Lebenselixier aller Lebewesen. Ohne Wasser wären wir nichts. Vielleicht ist das ein Grund, weshalb wir uns am Wasser so wohl fühlen. Ich finde jedenfalls, dass Sie mehr über die größten und wichtigsten Seen in Schweden erfahren sollten.

Kann man sich etwas Besseres vorstellen, als an einem solchen See zu sein?

Schweden ist durchzogen von Flussläufen und übersät mit kleinen und großen Seen. Oft fällt das gar nicht auf. Erst wenn man mal von oben auf das Land schaut, entdeckt man all diese Wasserstellen. Manchmal habe ich das Gefühl, dass für jeden Schweden ein eigener See erschaffen wurde.

Die Seen in Schweden sind komplett verschieden. Da gibt es die mystischen, von Wald umfassten Oasen, die kaum erschlossen und folglich beinahe unberührt sind. Oder man trifft auf Riviera mit viel Action, Wasserspaß und einem bunt gemischten Volk aus Einheimischen und Urlaubern. Die Bedeutung des Wassers wird mir auch immer wieder bewusst, wenn ich auf majestätische Schlösser treffe, die am Ufer eines Sees Wehrhaftigkeit gegen Eindringlinge demonstrieren.

Auch bei den Flüssen gibt es ein Nord-Süd-Gefälle. Wenn im Süden die Gewässer gut frequentiert sind, dann trifft man im Norden kaum auf Menschen. Oft sind die Übergänge von Seen zu Flüssen fließend, und die Kraft, die das Wasser im Norden entwickelt, entspricht genau der Rauheit und Unzähmbarkeit in diesem Teil von Schweden.

Schweden ist ein Land des Wassers und des Waldes. Es würde den Rahmen dieser kleinen Reportage bei Weitem sprengen, wenn ich nur schon auf jeden der zehn größten Seen ausführlich eingehen wollte. Zudem stellt sich ja auch die Frage, ob die größten Seen auch die schönsten sind? Diese Frage kann man sowieso nicht beantworten, denn jeder wird mit Bestimmtheit seinen eigenen Lieblingssee haben.

Die zehn größten Seen in Schweden und ein paar Fakten

In Schweden gibt es fast 100.000 Seen. Eine immense Zahl. Sie belegen über 40.000 km^2 des Landes, was 9 % der Fläche Schwedens entspricht. Und dabei sind die Fließgewässer noch gar nicht eingerechnet.

Die Anzahl der Seen ändert sich laufend, zwar nicht schnell, aber stetig. Gründe sind, dass Schweden nach wie vor in die Höhe wächst, an der Höga Kusten ist das bis zu einem Zentimeter pro Jahr. Gleichzeitig gibt es auch immer wieder Senkungen und Erosionen.

Viele Seen sind klein, oft nur ein paar Quadratkilometer groß und über das ganze Land verstreut. In Schweden gibt es nur sechs Gemeinden (fünf davon in Skåne), die keinen See ihr Eigen nennen dürfen. 30 % der Seen befinden sich in Norrbotten, davon gehören vier in die Top 10 in Bezug

Schweden ist von kleinen und großen Seen überzogen.

auf die Größe. Apropos Größe: Das sind die zehn größten Seen in Schweden.

1	Vänern	5.519 km²
2	Vättern	1.886 km²
3	Mälaren	1.090 km²
4	Hjälmaren	477 km²
5	Storsjön	456 km²
6	Torneträsk	330 km²
7	Siljan	292 km²
8	Hornavan	262 km²
9	Akkajaure	260 km²
10	Uddjaure	249 km²

Was man darf und was nicht

Es ist für alle Besucher in Schweden natürlich traumhaft, auf so viele Seen und Gewässer zu treffen. Einen Sprung ins kühle Nass, eine kleine Kanutour, das Abendessen mit der Rute aus dem Wasser fischen – Herz, was willst du mehr? Das Schöne ist, dass man ganz viele Dinge ohne Erlaubnis oder Bewilligung tun kann. Das »Allemansrätten« gilt auch hier grundsätzlich.

Auf den Gewässern Schwedens darf man problemlos Boot fahren. Wenn das Boot unter 12 Meter lang und unter 4 Meter breit ist, braucht man keinen Führerschein. Sie können also mit einem kleinen Boot, egal ob motorisiert oder nicht, locker auf dem See herumfahren. Es macht jedoch Sinn, wenn Sie bei Ihrer Versicherung abklären, ob etwaige Schäden in Ihrer Police abgedeckt sind.

Das Schöne in Schweden ist, dass man mit seinem Boot für eine Nacht an Ufern anlegen und übernachten kann, vorausgesetzt, das Ufer ist unbewohnt. Es ist nur in Notfällen erlaubt, an privaten Bootsstegen anzulegen. Grundsätzlich gelten hier die gleichen Regeln wie beim Campen. Die Regeln gelten auch, wenn man mit dem Kanu, dem SUP oder dem Floß unterwegs ist.

Streng verboten ist das Befahren von Vogel- und Robbenschutzgebieten. Generell sind Naturschutzgebiete zu meiden. Erkundigen Sie sich beim lokalen Touristenbüro betreffend Zutrittsverboten. Es sollte zwar selbstverständlich sein, aber ich erwähne es trotzdem jedes Mal: Nehmen Sie Ihren Abfall wieder mit und verrichten Sie Ihr Geschäft nicht in der Natur.

Viele Schweden haben ein Boot.

Toll: Angeltour mit dem Kajak

Wenn so viel Wasser da ist, kommt man schnell in Versuchung, den Angelhaken auszuwerfen. Dank umsichtiger Regelungen der Fischerei sind die Fischbestände in Schweden wieder in einem guten Zustand. Mit etwas Petri Heil ist die Chance also groß, einen Fisch zu fangen. Auch hier gibt es ein paar Dinge zu beachten, denn Jagen und Angeln ist vom Allemansrätten ausgenommen. In Schweden brauchen Sie zwar keinen Angelschein. In vielen Fällen müssen Sie aber eine Angelkarte (fiskekort) kaufen. Diese Karten bekommt man meist im Touristenbüro, in Geschäften und Hotels. Sie sind immer für ein oder mehrere zusammenhängende Gewässer gültig und zeitlich beschränkt.

Es gibt aber auch Ausnahmen. Für die fünf größten Seen (siehe oben) und die gesamte Ostküste benötigt man keine »fiskekort«. Eine Ausnahme gibt es aber auch hier wieder. An der Küste von Norrbotten dürfen Sie keine Lachse angeln. Und noch etwas ist komplett zu unterlassen: Angelleinen oder -haken dürfen niemals in der Natur zurückgelassen werden.

Rund um den Vänern

Wie könnte man den Vänern beschreiben? Er ist groß, der größte See Schwedens, der drittgrößte Europas und er scheint endlos zu sein. Die Zahlen besagen, dass der Vänern 75 Kilometer breit und 140 Kilometer lang ist. Man spricht oft auch von einem Binnenmeer. Der See hat ganz viele kleine Inselchen, man schätzt, dass es rund 20.000 sein müssen. Soll man die weißen Sandstrände hervorheben, die zum ausgedehnten Sonnenbad einladen, oder eher die zum Teil winzigen kleinen Felsen, die ebenfalls von Sonnenanbetern geliebt werden? Wussten Sie, dass der Vänern vor 9.000 Jahren fast doppelt so groß war? Da haben wir wieder diese Landhebung, die das Aussehen von Schweden laufend ändert.

Wobei die Legende sagt, dass Vänern und Vättern bei einem Wutanfall eines Riesen entstanden seien. Als dieser lange Kerl vor einer Ewigkeit seine Felder mit dem Pflug beackern wollte, klappte das nicht wie gewünscht. Aus Wut riss er zwei riesige Erdstücke aus der Erde und schleuderte sie Richtung Ostsee. Voilà, Gotland und Öland

Läckö slott am Vänern

waren gebaut und die beiden Erdlöcher füllten sich mit Wasser und wurden zu den obigen Seen. Über den Trollhätte-Kanal ist der Vänern mit dem Kattegat und via Götakanal mit der Ostsee verbunden. Sie können von Göteborg mit dem Schiff bis nach Stockholm tuckern. Eine tolle Sache.

Der Vänern ist wirklich riesig, aber er ist auch gemütlich und mindestens am Westufer auf den ersten Blick eher unspektakulär. Die Natur liegt hier im Vordergrund. Nachfolgend einige Orte oder Sehenswürdigkeiten, die ich Ihnen ans Herz legen möchte. Ich versuche, Sie möglichst im Uhrzeigersinn um den See zu lenken.

Ein wichtiger Ort am Vänern ist Trollhättan am Südufer des Sees. Touristisch sind das Saab-Car-Museum, das Innovatium Science Center und die Schleusenanlage mit dem Kanalmuséet spannend.

Wenn Sie entlang des Westufers Richtung Karlstad fahren, können Sie bei mehreren kleinen, aber sehr hübschen Orten Halt machen. Vänersborg ist ein kleiner, verträumter Ort, ebenso Mellerud, das speziell im Sommer sehr lebhaft ist. Håverud ist bekannt durch das Aquädukt des Dalslandkanal. Auf dem Kanal können Sie Boots- und Kanuausflüge unternehmen.

2005 wurde Åmål von der UNO zur zweitbesten Kleinstadt der Welt gewählt. Da machen Sie bestimmt nichts Verkehrtes, wenn Sie sich selber einen Eindruck verschaffen. Karlstad seinerseits ist der größte Ort in Värmland und liegt am Mündungsdelta des Klarälven. Karlstad gilt als einer der Orte in Schweden mit den meisten Sonnenstunden. Karlstad ist aber auch der Ort der Bausünden. Schön ist das Zentrum nicht, dafür kann man hier bestens shoppen.

Am Ostufer ist Kristinehamn der erste erwähnenswerte Ort. Von hier aus können Sie mit den Passagierschiffen in die Schären gondeln. Bemerkenswert ist die Picasso-Statue »Jacqueline« und im Zentrum gibt es einige schöne Villen zu bestaunen.

Götakanal-Luft schnuppern Sie in Sjötorp. Bestaunen Sie die Schiffe und Boote beim

Das saubere Wasser des Vättern lädt zum Baden ein.

Erklimmen der Schleusen oder sammeln Sie wichtige Informationen im Kanalmuseum rund um den Kanalbau.

Mariestad wird gerne auch als Perle am Vänern bezeichnet. Die Altstadt mit den gut bewahrten Holzhäusern ist wirklich ein Hingucker. Gemütlich ist es auch am Ufer. Da können Sie einfach die Zeit etwas genießen und einen Kaffee genießen.

Nebst all den Orten darf die Natur natürlich nicht zu kurz kommen. Ich empfehle Ihnen einen Abstecher auf den Berg »Kinnekulle«. Hier gib es einen tollen Aussichtsturm und eine atemberaubende Weitsicht über den Vänern.

Zum Schluss der Runde um den Vänern wollen wir noch Schloss Läckö besuchen. Es ist eines der Schönsten in Schweden und liegt auf einer Landzunge. Ich finde es herrlich, das Schloss von allen Seiten zu betrachten. Als kleines Schmankerl zum Schluss dürfen Sie noch dem Schlossgarten mit Blumen, Gemüse und Kräutern einen Besuch abstatten. Ein schöner Abschluss für diesen See.

Rund um den Vättern

Es ist schwierig zu sagen, ob mir nun der Vänern oder der Vättern besser gefällt. Beide haben ganz tolle Orte zu bieten. Wenn ich aber wählen müsste, dann ist der Vättern der See meiner Wahl. Er hat etwas Geheimnisvolles an sich, bietet ein paar wahre Highlights und zieht mich einfach magisch an.

Das Wasser des Vättern ist klar und sauber. Einer der Gründe dafür ist, dass der See durch mehrere Quellen im Untergrund gespeist wird. Dank der Klarheit und der schnell abfallenden Ufer ist der Vättern ein beliebtes Gewässer für Tauchsportler. Im Gegensatz zum Vänern sind seichte Badestellen eher selten zu finden.

Wassersportler müssen beim Vättern besonders vorsichtig sein. Das tiefblaue und klare Wasser kann sich bei schlechtem Wetter schnell in eine schwarzgraue bedrohliche Suppe verwandeln. Man kennt über 120 Schiffwracks, die am Boden des Sees die letzte Ruhe gefunden haben. So ist auch der aus Småland stammende Maler

Auf den Spuren von John Bauer mit Trolska Båtturer

John Bauer bei einer Schifffahrt auf dem Vättern zu Tode gekommen.

se

Am Vättern ist das Westufer eher spärlich besiedelt, die Orte liegen weiter auseinander. Dafür kann man die Natur hier in allen Variationen genießen. Wer baden möchte, findet hier die interessanten Strände. Der wichtigste, größte und auch urbanste Ort am Vättern ist Jönköping. Mehr über den Hauptort des Jönköpings län ab Seite 207.

Ein sehr schöner Ort ist der ehemalige Kurort Hjo. Hier gibt es wunderbare alte Holzhäuschen und Gassen, wie sie typisch für Småland sind. Im Sommer können Sie jeweils am Wochenende einen historischen Dampfer besteigen und eine Bootsfahrt von Hjo nach Visingsö unternehmen.

Eine der wenigen Sehenswürdigkeiten an der westlichen Wasserlinie ist die Karlsborgs Fästning. Die Festungsanlage wurde durch die Royals als Zufluchtsort in Kriegszeiten für den König, die Kronjuwelen und den Goldschatz »in Auftrag gegeben«. Die Bauzeit dauerte 90 Jahre, die Kosten stiegen ins Unermessliche und bei Eröffnung war sie technisch bereits veraltet. Trotzdem wird die Anlage noch heute vom Militär genutzt, kann aber auch von Touristen besucht werden.

Am Ostufer des Vättern ist Motala die heimliche Hauptstadt des Götakanals. Hier legte Baltzar von Platen 1822 Motala Werkstad an, die bei vielen als Wiege der schwedischen Industrie gilt. Heute wird der Götakanal nur noch touristisch genutzt und ist eine der größten Attraktionen im Land.

Etwas südlicher in Vadstena gründete Schwedens einzige Heilige, Brigitta, ihr Kloster und König Gustav Vasa ließ eines seiner imposanten Schlösser bauen. Einer der Höhepunkte am Vättern ist zweifellos Gränna. Hier werden die legendären Polkagrisar (Zuckerstangen) hergestellt. Sie können bei der Produktion zuschauen. Dann begeistert Grenna museum mit dem Polarcenter, und einen Abstecher auf die Insel Visingsö empfehle ich Ihnen ebenfalls.

Blick von Gränna nach Visingsö

Das Schloss Drottningholm liegt am Mälaren.

© Melker Dahlstrand/imagebank.sweden.se

Das Labyrinth des Mälaren

Von oben sieht der Mälaren nicht wie ein typischer See aus. Er gleicht einem Labyrinth mit vielen Verzweigungen und Verbindungen. Der Mälaren hat einen direkten »Meeranschluss« mitten in Stockholm und ist das Trinkwasserreservoir der gesamten Region Stockholm. 1,5 Millionen Menschen beziehen ihr Trink- und Gebrauchswasser aus dem See. Der Mälaren ist sehr sauber und beheimatet über dreißig Fischarten und ganz viele verschiedene Vögel wie Fischadler, Stockente, Flussläufer und Kormoran.

Die Region am Mälaren ist sehr geschichtsträchtig mit Zeitzeugen der Bronze-, Eisen- und Wikingerzeit. Entsprechend findet man große Steinsetzungen, Grabhügel, Runensteine usw. Bestes Beispiel dafür ist die Stadt Birka, die auf der Mälarinsel Björkö liegt und zwischen den Jahren 760 und 960 einer der wichtigsten Handelsplätze im Norden war.

Lauschige Plätze am Mälaren.

Königlich: Gripsholm slott

Für die Städter ist der Mälaren ein sehr willkommenes Naherholungsgebiet mit massenhaft vielen Ferienhäusern (stugas) sowie Anlegestellen für die vielen Boote. Auch Sie können hier nach Lust und Laune alle Vergnügungen im Wasser unternehmen, die Ihnen in den Sinn kommen.

Die erste größere Stadt nach Stockholm ist Södertälje. Optisch ist diese Stadt keine Augenweide, zu sehr dominieren Industriebauten. Immerhin gibt es das Wissenschaftszentrum und Kindermuseum Tom Tits Experiments, das durchaus einen Besuch wert ist.

Eine der großen Sehenswürdigkeiten am Mälaren ist Schloss Gripsholm in Mariefred. Das Schloss mit seinen imposanten Rundtürmen befindet sich am Rande des Orts und ist nicht zu übersehen. Zwischen Schloss und dem eigentlichen Zentrum liegt der pittoreske »Bilderbuchbahnhof«. Hier ist Start und Ende der nostalgischen Museumseisenbahn, die in der Saison viele Besucher transportiert.

Der nächste Ort am Mälaren ist Strängnäs. Der Stadtkern liegt herrlich am Wasser und lockt die Gäste speziell im Sommer mit netten Cafés und Restaurants. Markant sind die große Bockwindmühle und natürlich der reich ausgestattete Dom.

Am westlichen Ende des Mälaren liegt Köping. Die ehemalige Bischofsstadt ist vor allem durch den Chemiker C. W. Scheele bekannt. Dieser erfand unter anderem Sauerstoff, Stickstoff und Chlor. Kein Wunder, dass ihm in Köping ein Museum gewidmet ist.

Västerås ist ebenfalls eine wichtige Industriestadt. Unter anderem sind hier ABB und Gränges ansässig. Die Sehenswürdigkeiten in der Stadt sind der Dom, das Viertel Kyrkbacken mit niedrigen alten Holzhäusern und das Schloss am westlichen Ufer des Flusses Svartån.

Warum nicht mit dem Floß auf den Mälaren?

Nicht alle wichtigen Orte am Mälaren liegen direkt am See. Bei Enköping und Skokloster müssen Sie jeweils etwas ins Landesinnere fahren. Dafür gibt es auch hier schöne Kirchen und viele historische Zeitzeugen.

Einer der Höhepunkte kommt zum Schluss. Sigtuna gilt als älteste noch bestehende Stadt Schwedens. Dies belegen untern anderem die gut 150 Runensteine, die man in der Kommune findet. Fast logisch ist, dass die älteste Stadt in Schweden auch die älteste Straße des Landes hat. Hier reihen sich viele bunte Holzhäuschen mit kleinen Boutiquen, Cafés und Restaurants. Das pittoreske Rathaus mit einem kleinen Glockentürmchen ist, nein, nicht das Älteste, aber das Kleinste in Schweden. Ein Besuch im Sigtuna-Museum zeigt Ihnen, wie die Stadt im Mittelalter aussah. Die Marienkirche ist ebenfalls eindrücklich.

Peinlich. Fast hätte ich vergessen, Drottningholm Slott zu erwähnen. Immerhin wohnt hier der König mit seiner Familie. Man erreicht es mit dem Bus, dem Fahrrad, zu Fuß oder mit dem Schiff. Ist die Flagge oben, ist der König zu Hause, wenn nicht, ist »sturmfrei«.

Das Phänomen Siljan

Ich behaupte ja immer, dass Dalarna das »Schweden Schweden« ist. Einerseits ist Dalarna fruchtbar und grün wie der Süden, aber es hat schon Berge und unendlich große Wälder wie der Norden. Dann noch die Dalahästar (Dalapferde), die roten Schwedenhäuschen und die Bauerntrachten – alles typisch Schweden. Und natürlich hat auch Dalarna einen bedeutenden See, den Siljan.

Es ist zwar noch nicht restlos geklärt, aber man nimmt an, dass der Siljan durch einen Meteoriteneinschlag vor 360 Millionen Jahren entstanden ist. Da ich keine Augenzeugen auftreiben konnte, die das Gegenteil beweisen, können auch Sie davon ausgehen, dass diese Geschichte korrekt ist.

Auf einer Reise rund um den See erleben Sie, welche Rolle das Kunsthandwerk in dieser Region einnimmt. Man findet ge-

Tradition: Kirchenbote auf dem Siljan

© Erik Wahlström/Folio/imagebank.sweden.se

Blick über den See Siljan

©Jacque de Villiers/Imagebank.sweden.se

se

flochtene Körbe, Uhren, Messer, Holzgefäße, Lederwaren und natürlich die Dalapferde. Für viele Kleinbauern war dieses Handwerk geeignet, ein kleines Zubrot zu verdienen. Schön, dass sich diese Traditionen bis heute erhalten haben.

Der Siljan ist natürlich für sämtliche Freunde des Wassersports ein Paradies. Sie können hier angeln, eine Kanutour machen oder Ihre Schwimmskills trainieren. Sehr empfehlenswert ist auch eine gemütliche Radtour entlang des Sees. Mit dem Siljansleden haben auch Wanderfreunde eine 340 Kilometer lange Route zur Verfügung.

Wir beginnen unsere Siljan-Erkundung in Leksand. Zu dieser Gemeinde gehören neben dem Hauptort rund 90 weitere Dörfer, fast alle in prächtigem Falunrot gestrichen. Wenn Sie gerne Knäckebrot essen, dann kennen Sie vielleicht Leksand. Im Fabrikladen können Sie sich für den Eigenbedarf oder zu Souvenirzwecken eindecken. Spektakulär ist das Midsommarfest von Leksand. Da kommen jeweils 30.000 Menschen zusammen und tanzen um den »Majstång«. Wenn Sie Glück haben, können Sie auch einer der spektakulären Ruderwettfahrten mit den Kirchenbooten beiwohnen.

Der wichtigste Ort am Siljan ist Mora. Hier ist das Ziel des Vasaloppets (Vasalauf), dem populärsten Volkslanglauf der Welt. Natürlich gibt es auch ein Museum dazu, das Vasaloppsmuseet.
Bekanntestes Kind von Mora ist der Maler Anders Zorn. Ihm ist ein Museum mit Café und der Zorngården gewidmet. Im Sommer können Sie sich auf eine gemütliche Kreuzfahrt auf dem Siljan begeben. Der Dampfer M/S Gustaf Vasa verkehrt zwischen Mora, Rättvik und Leksand. Und wenn Sie im Zentrum shoppen gehen, dann machen Sie im Flagshipstore von Morakniv Halt. Morakniv stellt die weltbekannten schwedischen Messer her, für einen Abenteurer ein absolutes Muss.

Eine typische Smultronställe

Etwas südlich von Mora liegt Nusnäs. Hier dreht sich alles um die Dalahästar. Noch heute werden diese legendären Figuren von Hand geschnitzt und bemalt. Sie können den Schnitzern zuschauen und sich ein Unikat aussuchen.

Ich habe mal ein lustiges Zitat gehört: »Treffen sich zwei Rättviker, spielen drei von ihnen Geige«. Das ist eine wahre Aussage, denn die Begeisterung für Musik, Kultur und Tradition in Rättvik kennt kaum Grenzen. Zu den Höhepunkten im Ort zählen natürlich das Midsommarfest, die Kirchenbootrennen und das Classic Car Week Festival.

Und zu guter Letzt müssen Sie natürlich auch schlafen. Machen Sie sich über ein Quartier keine Sorgen. Es gibt nämlich Tällberg, auch Hotellberg genannt. Hier gibt es die größte Hoteldichte in Schweden und Sie finden neben toller Aussicht über den Siljan bestimmt ein bequemes Bett. •

Und immer wieder kleine Inseln im See.

#schweden #wasserspaß

10 Abenteuer auf dem Wasser

Mit dem Kanu in Värmland unterwegs

Nach der Reportage über die Seen in Schweden folgen nun weitere Wasseraktivitäten, die richtig Spaß machen. Neben den vielen großartigen Seen gibt es auch bezaubernde Flüsse, die erkundet werden wollen. Ich habe Ihnen zehn Vorschläge zusammengestellt, wie Sie Ihre Freundschaft mit dem Wasser ausbauen können.

1. Kanuabenteuer in Värmland

Arvika ist das Kanumekka in Värmland. Von hier aus kann man ein- oder mehrtägige Touren auf die Flüsse und Seen unternehmen. Alle Instruktionen, Proviant und das nötige Material bekommen Sie bei Arvika Kanot. Die Touren sind für die ganze Familie ein riesiges Abenteuer und dank perfektem Support auch sehr sicher.
(**www.arvikacanoe.se**)

2. Hausbootferien in Dalsland

In Bengtsfors können Sie tolle Hausboote inklusive Zusatzboot mieten und auf dem See Lelång erholsame Ferientage verbringen. Die kleinen »Stugas« haben alles dabei, was Sie für ein paar entspannte Tage auf dem Wasser brauchen.
(**www.stugbaat.se/home**)

3. Paddeln mitten in Stockholm

Stockholm wird auch liebevoll »Das Venedig des Nordens« genannt, da es auf 14 Inseln liegt und durch 57 Brücken verbunden ist. Eine Tour mit dem Kajak oder dem SUP ist also eine großartige Möglichkeit, die Stadt zu erkunden! Auf Wunsch können Sie das Abenteuer mit einem Guide machen.
(**www.stockholmadventures.com**)

4. Kajak-Fischen in Lappland

Fischen kann man nicht nur vom Ufer aus. Viel cooler ist es, wenn man das mitten auf dem Wasser aus einem speziellen Kajak macht. Bestens geeignet dazu sind die Seen in Lappland. Der erfahrene Guide Robert Westin zeigt Ihnen, wo es die fettesten Kerle zu angeln gibt.
(**www.arcticadventure.se**)

5. Quer durch Schweden auf dem Götakanal

Eine »Kreuzfahrt« von Göteborg nach Stockholm auf einem der legendären Schiffe ist Erholung pur. Über Seen, durch Flüsse und Kanäle schlängelt sich das »Blaue

Band« durch die Natur. Man sitzt gemütlich an Deck und sieht dem Treiben bei den Schleusen zu. (**www.gotacanal.se/de**)

Fahrt auf dem Götakanal

6. Floßfahren auf dem Umeälven

Das ist ein Spaß! Zuerst bauen Sie selbst Ihr Floß unter kundiger Anleitung aus Baumstämmen und Seilen zusammen, und dann gondeln Sie gemütlich den Umeälven hinunter. Geschlafen wird im Zelt und gegessen am Feuer. (**www.granobeckasin.com**)

7. Kanutouren in Immeln

Das Kanuparadies in Skåne heißt Immeln, der See ebenso. Von hier aus können Sie kurze oder längere Touren unternehmen. Damit Ihr Abenteuer nachhaltig ist, bekommen Sie beim Immeln Canoe Center alle wichtigen Informationen. (**www.immeln.co**)

8. Wassersport auf dem See Runn in Falun

Falun ist eine sportbegeisterte Stadt. Auf dem See namens Runn kann man alle nur erdenklichen Wassersportarten unternehmen. Wie wäre es mit Rudern oder einem Testversuch auf dem SUP? Guter Ausgangspunkt für die Aktivitäten ist Sjösidan Falun bei Främby Udde.
(**www.sjosidanfalun.se**)

9. Kanumarathon in Dalsland

Wollen Sie Ihre Kondition bis aufs Äußerste ausreizen? Dann melden Sie sich zum Dalsland Kanotmaraton an. Hier benötigen Sie Kondition, Taktik und Durchhaltevermögen, um die 55 Kilometer auf Dalslands Gewässern zu überstehen.
(**www.campdalsland.se**)

10. Planschen in der Blauen Lagune auf Gotland

Einer der schönsten Badeplätze in Schweden ist die Blaue Lagune auf Gotland. Glasklares Wasser in türkisblauen Farben lädt zum Schwimmen und Sonnenbaden ein. Sie befinden sich hier in einem kleinen »Südseeparadies«. (**www.gotland.com**) •

Hausboot-Ferien in Dalsland

© Visit Dalsland

Kajak fahren in Stockholm

© Henrik Trygg/Stockholm Archipelago

#schweden

Kurs Schweden

ANREISE MIT DEM EIGENEN AUTO ODER WOHNMOBIL

Seit der Eröffnung der Öresundbrücke im Juli 2000 und der schon vorher fertiggestellten Storebæltbrücke ist Schweden via Dänemark vollständig auf dem Landweg mit dem Pkw oder dem Wohnmobil erreichbar. Die Überquerung der beiden Brücken ist mautpflichtig.

- Die Preise für eine Brückenüberquerung der Storebæltbrücke: **storebaelt.dk/de/preise/**
- Die Preise für eine Brückenüberquerung der Öresundbrücke: **www.oresundsbron.com/de**

Die Bezahlung ist bar in DKK und SEK oder mit den gängigen Kreditkarten (Visa, Master, Eurocard etc.) möglich. Vergünstigte Tickets können online gekauft werden.
Mit einem BroPass (43 Euro/Jahr) fährt man jeweils zum halben Preis über die Brücke.
Scandlines bietet Kombitickets für die Fährverbindung Puttgarden – Rødby sowie die Fährverbindung Rostock – Gedser und die Öresundbrücke an.
Für Vielreisende empfiehlt sich die Anschaffung eines Bizz-Transponders (www.easygo.com), der die Brückenüberquerungskosten automatisch abbucht und erheblich vergünstigt.

Allgemeine Verkehrsbestimmungen

- In Schweden herrscht Rechtsverkehr und Anschnallpflicht auf Vorder- und Rücksitzen.
- Das Abblendlicht muss auch am Tag eingeschaltet sein. Standlicht reicht nicht.
- Promillegrenze: 0,2
- Handyverbot beim Fahren
- Höchstgeschwindigkeiten: innerhalb geschlossener Ortschaften 50 km/h, außerhalb geschlossener Ortschaften 70 km/h, auf Schnellstraßen/Autobahnen 90–120 km/h
- Für Wohnwagen (gebremste und ungebremste) gilt generell eine Höchstgeschwindigkeit von 80 km/h.

Schnellstraßen sind Vorfahrtsstraßen, Seitenstraßen haben Stoppschilder. Es gilt rechts vor links; wird aber nicht so strikt befolgt, also aufpassen. Durchgehende gelbe Linie am Fahrbahnrand: Halteverbot. Ist sie gestrichelt oder im Zickzack: Parkverbot. Weißes M auf blauem Grund: Gegenverkehr beachten und ggf. in Ausweichbuchten ausweichen.
In den Innenstädten von Stockholm und Göteborg sowie bei der Benutzung der Brücken von Motala und Sundsvall werden Mautgebühren erhoben.

ANREISE MIT DER FÄHRE

Die Anreise mit der Fähre ist der klassische Beginn eines Schwedenurlaubs mit dem eigenen Fahrzeug. Je nach Strecke genießt man die gemütliche Überfahrt mit Übernachtung auf einem modernen Schiff mit Restaurants und Unterhaltungsprogramm oder kombiniert kürzere Fährpassagen mit der Anreise über den Landweg durch Dänemark.

Direkte Verbindungen

- Kiel – Göteborg (Stena Line)
- Travemünde – Trelleborg (TT-Line)
- Rostock – Trelleborg (TT-Line, Stena Line)
- Travemünde – Malmö (Finnlines)
- Sassnitz – Ystad (FRS Baltic)
- Rostock – Nynäshamn (Hansa Destinations) neu seit August 2021

Verbindungen über Dänemark

- Frederikshavn – Göteborg (Stena Line)
- Grenå – Varberg (Stena Line)
- Helsingør – Helsingborg (Scandlines)
- Puttgarden – Rødby (Scandlines)
- Rostock – Gedser (Scandlines)

Verbindungen nach Gotland (Schweden)

- Oskarshamn – Visby (Destination Gotland)
- Nynäshamn – Visby (Destination Gotland)

Kontakte zu den Fährlinien

- Destination Gotland: Tel. +46-77 12 23 300, **www.destinationgotland.se**
- Finnlines: Tel. +49 450-28 05 443, **www.finnlines.com**
- Scandlines: Tel. +49 381-77 88 77 66, **www.scandlines.de**
- Stena Line: Tel. +49 180-60 20 100, **www.stenaline.de**
- TT-Line: Tel. +49 4502-80 181, **www.ttline.com**

se

- FRS Baltic: +49 461864608, **www.frs-baltic.com**
- Hansa Destinations: Tel. +46 (0)771 702 550 **www.hansadestinations.com**

ANREISE MIT DEM FLUGZEUG

Schweden ist von Deutschland, Österreich und der Schweiz aus bequem mit dem Flugzeug zu erreichen. Einige Strecken werden jedoch nicht ganzjährig bedient. Da sich Flugverbindungen schnell ändern können, erheben wir keinen Anspruch auf Richtigkeit und Vollständigkeit und verweisen für aktuelle Informationen auf die Website der jeweiligen Fluggesellschaft.
Nachfolgend einige Fluggesellschaften, die ganzjährig oder saisonal Flüge nach Schweden anbieten.

- Austrian Airlines: **www.austrian.com**
- BRA: **www.flygbra.se/en**
- Czech Airlines: **www.csa.cz/ch-de**
- Eurowings: **www.eurowings.com**
- EasyJet: **www.easyjet.com**
- FlyCar: **www.fly-car.de**
- FlyBMI: **www.flybmi.com**
- Laudamotion: **www.laudamotion.com**
- Lufthansa: **www.lufthansa.com**
- Norwegian: **www.norwegian.com**
- Ryan Air: **www.ryanair.com**
- SAS: **www.flysas.com/en**
- Swiss: **www.swiss.com**
- TUIfly: **www.tuifly.com**
- Wizz Air: **wizzair.com/de-de**
- Reisende nach Malmö fliegen in der Regel nach Kopenhagen (Kastrup) und nehmen dann die Bahnverbindung über die Öresundbrücke.

ANREISE MIT DER BAHN

Es gibt zwei Möglichkeiten, mit dem Zug nach Schweden zu reisen. Mit dem ICE oder EC fährt man ab Hamburg über die Storebæltbrücke bis nach Kopenhagen und von dort über die Öresundbrücke (SJ oder Öresundtåg) nach Malmö.
Eine zweite Verbindung besteht in den Sommermonaten ab Berlin Hbf mit dem Nachtzug von Snälltåget über Hamburg nach Malmö und weiter bis Stockholm. Ab hier hat man Anschluss zum schwedischen Streckennetz, das sich in alle Teile des Landes erstreckt. Die Tickets sollten im Voraus, am besten online gebucht werden.
www.bahn.de, www.sj.se, www.snalltaget.se

ANREISE MIT DEM BUS

Aktuell bedienen zwei Busunternehmen verschiedene Ziele in Schweden. Nachdem Swebus von Flixbus übernommen wurde, teilen sich Eurolines und Flixbus die Strecken. Da die Haltestellen und Frequenzen unterschiedlich sind, orientiert man sich am besten an den Onlinefahrplänen der Unternehmen.

- Eurolines: **www.eurolines.de**
- Flixbus: **www.flixbus.de**

Gute Nacht in Schweden

HOTELS

Wie in den anderen skandinavischen Ländern ist das Hotelangebot auch in Schweden sehr vielfältig und bietet alles von einfachen Herbergen bis hin zu Luxusunterkünften. Viele Hotels haben Sonderangebote für Familien und bieten ganzjährig günstige Wochenendpauschalen oder reduzieren im Sommer (von Mitte Juni bis Mitte August) ihre Preise.
Geld spart man mit Hotelschecks, die von mehreren Hotelketten angeboten werden. In Schweden vertreten sind u. a. die Hotelketten Best Western, Radisson Blu, Ibis, Clarion und Scandic. Wer kleine und feine Hotels abseits der Hauptstraße sucht, findet bei Petit Hotel seine Traumunterkunft. (**www.petithotel.se/de/**)

JUGENDHERBERGEN

Die STF (Svenska Turistföreningen) betreibt über 300 Herbergen im ganzen Land. In allen Häusern steht den Gästen eine Selbstverpflegungsküche zur Verfügung. Eine Besonderheit sind die Gebirgshütten der STF, die besonders für Wanderer und andere Freiluftsportler interessant sind. SVIF (Sveriges Vandrarhem i Förening) ist eine Vereinigung von 200 unabhängigen Jugendherbergen in Schweden, die keine Mitgliedschaft voraussetzen. Die Unterkünfte liegen oft in attraktiven Urlaubsregionen und sind eine gute und preisgünstige Alternative zum Standardhotelzimmer.

- Svenska Turistföreningen: **www.svenskaturistforeningen.se**
- SVIF – Sveriges Vandrarhem i Förening: **www.svif.se**

#schweden

PRIVATUNTERKÜNFTE

Wer das Schild »rum« am Straßenrand sieht, sollte nicht überrascht sein, wenn er statt Hochprozentigem eine Unterkunft angeboten bekommt. Denn »rum« heißt nichts anderes als »Zimmer«. Meist bekommt man außer der Bleibe auch ein Frühstück und den Kontakt zu den Vermietern. Die meisten privaten Zimmer werden über die Touristenbüros vermittelt. Auch rund hundert Bauernhöfe (**www.bopalantgard.org**) bieten Bed & Breakfast an.

FERIENHÄUSER

Ein Ferienhausurlaub ist eine überaus populäre Art, die schönsten Tage des Jahres in Schweden zu verbringen. Besonders gefragt ist natürlich das Häuschen am See mit dem Boot am Steg. Aber auch Domizile in einsamen Wäldern oder dem Fjäll versprechen Erholung und reizvolle Naturerlebnisse. Ferienhäuser vermitteln u. a.
Schweden-Ferienhäuser (**www.schweden-ferienhaeuser.de**),
SveVilla (**www.svevilla.de**),
DanCenter (**www.dancenter.de**),
TUI (**www.tui-ferienhaus.de**),
Interchalet (**www.interchalet.de**),
Småland Ferienhaus/Ferienhausvermittlung Kröger + Rehn (**www.svensk.de**),
Novasol (**www.novasol.de**)
und der SCR (**www.camping.se**)

CAMPING

Mit über 500 Campingplätzen und mehr als 75.000 Stellplätzen sowie zahllosen Ferienhäusern und -hütten ist Schweden ein Paradies für Camper. Viele Plätze sind herrlich gelegen am Meer, an Flüssen und Seen oder im Gebirge. Für den Aufenthalt auf einem schwedischen Campingplatz benötigt man auf vielen Plätzen eine Camping Key Europe-Karte, mit der man außerdem eine Reihe von Vergünstigungen erhält. (**www.campingkey europe.se**)
Etliche Campingplätze sind das ganze Jahr über geöffnet. Das Angebot an festen Domizilen auf den Plätzen reicht von der einfachen Hütte bis zum voll ausgerüsteten Ferienhäuschen für Selbstversorger; einige Campingplätze bieten zudem die Unterkunft in Jugendherbergen an. Infos beim Schwedischen Campingverband SCR

se

Schlafen im Wildgehege

unter **www.scr.se**. SCR Svensk Camping betreibt Camping.se – Schwedens größtes Onlineportal für die Buchung von Campingunterkünften. First Camp ist Skandinaviens größte Campingkette mit 45 Zielen in Schweden und Dänemark (**www.first camp.de**).

UNGEWÖHNLICH ÜBERNACHTEN

Wer extravagante Unterkünfte mag, kann sich im Granö Beckasin bei Umeå an der Ostküste in einem Baumhaus oder in der Silbergrube Sala in Västmanland einquartieren. Außergewöhnliche »Baumhausappartements« hält auch das Treehotel im nordschwedischen Harads bereit. Ein tolles Erlebnis ist auch eine Übernachtung im »Elchhotel Wrågråden« in Falköping. Wahrhaft cool sind in den Wintermonaten das aus Schnee gebaute Iglootel in Arjeplog oder das Eishotel in Jukkasjärvi. Darüber hinaus kann man in Schweden in zahlreichen Schlössern und Herrenhäusern ruhen wie ein König. Als Highlight haben sich die Glashäuser, welche im Rahmen des Projekts »The 72 Hour Cabin« entstanden sind, entwickelt. Diese stylischen Häuschen findet man an drei Orten in Dalsland (**www.vastsverige.com/de/72hcabin**).

GELD – BRAUCHT MAN NOCH BARGELD?

Schweden ist wie Norwegen und Dänemark kein EURO-Land. Die Schwedische Krone (SEK) ist relativ stabil (1 Euro = ca. 9,98 SEK/1,06 CHF, Stand Oktober 2021). Schweden ist ein mehr oder weniger bargeldloses Land. Hier ist das mobile Bezahlsystem Swish beliebt – eine Bezahl-App, die von sechs schwedischen Kreditinstituten entwickelt wurde. Sie kommuniziert über die Handynummern. Fast zwei Drittel aller Schweden nutzen Swish. Der Nachteil für deutsche Urlauber: Swish funktioniert nur mit der in Schweden obligatorischen Personalnummer und ist somit nur für Schweden nutzbar. Zwar kann man an vielen Orten noch bar bezahlen, meist wird jedoch das Zahlen mit Karte bevorzugt. In Restaurants und Boutiquen ist es üblich, dass Bargeld nicht mehr akzeptiert wird. Achten Sie auf Hinweisschilder wie »Inge kontanter« (Kein Bargeld) oder »Vi hanterar ej kontanter« (Wir nehmen kein Bargeld). Dann ist man auf Kredit- oder EC-Karte angewiesen. Es reicht also völlig, eine Karte (MasterCard, VISA, V Pay, Maestro usw.) mit genügend hohem Limit und einen kleinen Notgroschen als Reserve einzuplanen. Wichtig ist, dass die Karten mit Code funktionieren und auf dem neusten technischen Stand sind. Bezahlen Sie immer in der Landeswährung, damit Sie einen akzeptablen Wechselkurs bekommen. Bei längeren Aufenthalten in Schweden sollten Sie sich überlegen, eine der neuen kostenlosen Prepaid-Kreditkarten anzuschaffen. REVOLUT z. B. bietet Transaktionen zum bankinternen Wechselkurs an. Wenn Sie die Karte mittels Überweisung in Ihrer Landeswährung »aufladen« und dann in der dazugehörenden APP in Kronen wechseln, können Sie richtig Geld sparen.
Wenn Sie Bargeld mitnehmen wollen, sollten Sie es sich bereits zu Hause besorgen. Bargeld gibt's in Schweden nur noch am Automaten. Empfehlenswert sind die der regulären schwedischen Banken. Wechseln auf der Bank ist nicht mehr möglich, und Wechselstuben sind nicht zu empfehlen.

COVID-19-HINWEIS

Da die Pandemielage fortwährenden Änderungen unterliegt, könnte es weiterhin zu kurzfristigen Grenzschließungen, Einschränkungen oder Streichungen im Fähr-, Flug-, Zug und Busbetrieb sowie Schließungen von Unterkünften kommen. Bitte beachten Sie aktuelle Reise- und Sicherheitshinweise und informieren Sie sich aktuell bei allen für Ihre Reise relevanten Verkehrs- und Beherbergungsbetrieben.

Shopping am besten ohne Bargeld

Ausblick vom Riisitunturi

FINNLAND
0 50 100 km
Utsjoki
E75
Karigasniemi
Kaamanen
Inari-järvi
Inari
Kilipsjärvi
Ivalo
Kaaresuvanto
Enontekiö
Porttipahdan tekojärvi
Vuotso
E8
Lokan tekojärvi
Muonio
Lappi
Kittilä
Sodankylä
Kolari
Meltaus
Salla
Pello
Vikajärvi
E63
Rovaniemi
Yli-Kitka
Ylitornio
Posio
Kuusamo
Nuupas
Tornio
Kemi
Olhava
Pudasjärvi
Kianta-järvi
Oulu
Ämmänsaari
Puolanka
Hyrynsalmi
Raahe
Vaala
Rantsila
Oulujärvi
Kajaani
Kalajoki
Pulkkila
Pyhäntä
Kuhmo
Vuokatti
Mainua
Kärsämäki
Nivala
Maanselkä
Kokkola
Pyhäjärvi
Nurmes
Pietarsaari
Iisalmi
Kuopio
Lieksa
Kaustinen
Vaasa
Pihtipudas
Juuka
Pohjois-karjala
Vallgrund
Maaninka
Siilinjärvi
Kontiolahti
Kyyjärvi
Kuopio
Outokumpu
Lapua
Laihia
Keitele
Kallvesi
Joensuu
Suonenjoki
Äänekoski
Kurikka
Alavus
Keskisuomi
E63
Pieksämäki
Hauki-vesi
Kristinestad
E12
Kitee
Jyväskylä
Lieves-tuore
Lappfjärd
Virrat
Savonlinna
Juva
Parkano
Ruovesi
Mikkeli
Jämsä
Puula-vesi
Kankaanpää
Näsi-järvi
Orivesi
Mikkeli
Parikkala
Päijänne
Puumala
Riistina
Pori
Nokia
Tampere
Padasjoki
Savital-pale
Imatra
Turkupori
Huittinen
Hame
Heinola
Lappeenranta
Rauma
Tuulos
Hämeen-linna
Lahti
Taavetti
Humppila
Laitila
Kouvola
Kymi
Forssa
Riihimäki
Mynämäki
Aura
Mäntsälä
Hamina
Naantali
Turku
Vantaa
Kotka
E18
Porvoo
Salo
Åland
Åland
Pargas
Helsinki
Mariehamn
Karis
Espoo
Uusimaa
Ekenäs
Hangö
Bottnischer Meerbusen
Finnischer Meerbusen

#finnland

#Land

Finnland hat eine Fläche von insgesamt 338.448 Quadratkilometern, 34.000 davon sind Wasserfläche – es gibt rund 188.000 Seen. Im Land leben etwa 5,5 Millionen Einwohner, das bedeutet im Durchschnitt 16,3 Menschen pro Quadratkilometer. Die Mehrzahl der Finnen spricht Finnisch, 5,3 Prozent haben Schwedisch als Muttersprache. Schwedisch ist neben Finnisch die zweite Amtssprache. Etwa 6.000 Einwohner sprechen Samisch. Der Großteil der Finnlandschweden, diejenigen, die Schwedisch als erste Sprache haben, bewohnt die Küstenregionen West- und Südwestfinnlands sowie die Åland-Inseln, die Sámi leben in Lappland. Etwa 73 Prozent der Gesamtbevölkerung sind evangelisch-lutherisch (Staatskirche), 1,1 Prozent orthodox.

Finnland ist nach schwedischer und russischer Herrschaft seit dem 6. Dezember 1917 unabhängig. Die parlamentarische Republik gehört seit 1995 zur EU und verwendet seit 2002 den Euro. Der Präsident wird für sechs Jahre direkt gewählt, im Reichstag sitzen 200 für vier Jahre gewählte Abgeordnete. Gegenwärtig wird Finnland von einer Mitte-links-Koalitionsregierung aus Sozialdemokraten, Zentrum, Grünen, dem Linksbündnis und der Partei der schwedischen Minderheit geführt. An der Spitze der Regierung steht die Sozialdemokratin Sanna Marin. Wegen seines hohen Frauenanteils sorgte das 2020 ins Amt eingeführte Kabinett Marin für internationale Schlagzeilen. Präsident Sauli Niinistö gehört der konservativen Nationalen Sammlungspartei an.

Die größten Städte im Land sind Helsinki/Helsingfors mit 657.000 Einwohnern, Espoo/Esbo mit 284.000 Einwohnern, Tampere mit 235.000 Einwohnern, Vantaa/Vanda mit 228.000 Einwohnern, Oulu mit 203.000 Einwohnern und Turku/Åbo mit 191.000 Einwohnern.

#Leute

Als der finnische Präsident Sauli Niinistö gefragt wurde, was er unter dem Begriff »Sisu« verstehen würde, überlegte er kurz und sagte dann »nicht aufzugeben«. Sisu ist so typisch finnisch, dass es eigentlich keine Übersetzung dafür gibt. Es ist eine Mischung aus Ausdauer und Beharrlichkeit, etwas Verbissenheit und Sturheit und einer Menge Geduld. Sisu soll es gewesen sein, das den Finnen geholfen hat, im Zweiten Weltkrieg gegen die übermächtige Sowjetunion zu bestehen. Sisu soll Paavo Nurmi seine Goldmedaillen eingebracht haben. Sisu ist, wenn man als kleine Nation neben einer Weltmacht lebt, aber durch zähe Verhandlungen seine Eigenständigkeit bewahren kann. Sisu ist aber auch, wenn man solange in verkehrter Richtung durch die eine Drehtür geht, bis die Tür nachgibt.

Sisu braucht Zeit und davon hat man in Finnland mehr als im hektischen Deutschland. Ein bekanntes finnisches Sprichwort lautet: »Gott hat die Zeit geschaffen, von Eile hat er nichts gesagt!« Diese Zeit nimmt man sich auch und vor allem im Sommer. Dann ist das Land für einige Wochen geschlossen. Jeder, der die Möglichkeit dazu hat, sitzt endlich vor seinem Sommerhaus, dem mökki, und genießt die Ruhe und die Einsamkeit. Die Sonne und die hellen Nächte versetzen das ganze Land in einen kollektiven Glücksrausch, der nur noch durch den allabendlichen Saunagang gesteigert werden kann. Im finnischen Sommer tanken die Menschen Kraft und Energie – Kraft, die sie dringend brauchen, um die langen Herbst- und Winternächte einigermaßen zu überstehen.

TEXT & FOTOS #FINNLAND: RASSO KNOLLER
(sofern nicht anders gekennzeichnet)

fin

Hoch oben im Norden

Die Region Aavasaksa/Ylitornio liegt im nördlichen Teil Finnlands, knapp unterhalb des Polarkreises. Der 242 Meter hohe Aavasaksanvaara ist der südlichste Ort in Finnland, an dem man am längsten Tag des Jahres die Mitternachtssonne sehen kann.

Winterlicher Blick über die Grenze nach Schweden

© Matti Björninen / AavasaksaLapland

Vom Fluss geprägt: die Landschaft in der Region Aavasaksa/Ylitornio

Wer die Mitternachtssonne sehen will, muss an Mittsommer auf den Gipfel des Aavasaksanvaara wandern. Er liegt zehn Kilometer nördlich von Ylitornio, knapp unterhalb des Polarkreises, und ist der südlichste Punkt Finnlands, an dem man dieses Naturschauspiel erleben kann.

Außerdem ist der Berg Teil des Welterbes. Im 19. Jahrhundert hatte der deutsch-baltische Astronom Wilhelm von Struve anhand von 265 Messpunkten entlang einer Strecke von fast 3.000 Kilometern die Größe, Form und Abplattung der Erde bestimmt. 34 dieser Messpunkte wurden 2005 von der UNESCO in die Liste des Welterbes aufgenommen, darunter der Gipfel des Aavasaksanvaara und gut 60 Kilometer weiter südlich die Kirche von Alatornio. Sie ist neben der Sternwarte im estnischen Tartu der einzige von Menschen geschaffene Messpunkt.

Das Monument am Gipfel erinnert, anders, als man vielleicht vermuten möchte, aber nicht an Struve, sondern an den Franzosen Pierre Maupertuis. Er kam 1736 im Auftrag von König Ludwig XV. hierher, um den Abstand zweier Breitengrade zu vermessen. Dank der hier gewonnenen Daten konnte er später nachweisen, dass die Erde an den Polen abgeplattet ist. Offenbar hat den Franzosen sein Aufenthalt in Lappland sehr beeindruckt, denn seit seinem Besuch trug er häufig, auch lange nach seiner Rückkehr in die Heimat, die Tracht der Sami. Struve und Maupertuis haben den Aavasaksanvaara zwar auf die Weltkarte der Wissenschaft gesetzt, trotzdem steigen nur die wenigsten Wanderer den Berg hinauf, um auf den

Spuren der beiden Wissenschaftler zu wandeln. Viel mehr als historische Leistungen interessiert sie die Natur. Vom 13 Meter hohen Aussichtsturm aus Ziegelstein, der seit 1969 am Gipfel steht, schweift der Blick weit über die südlappländische Landschaft mit ihren Wäldern, Seen und dem mächtigen Torniofluss.

Zarenhütte ohne Zar

Schon im 19. Jahrhundert war der Aavasaksanvaara ein beliebtes Ziel für Reisende. An seinem Hängen liegt die »Kaiserhütte«, die Keisarinmaja, die die Geschichte eines »Beinah-Besuches« des Zaren erzählt. Sie war nämlich als Jagdhütte für Alexander II. erbaut worden. Weil dieser aber seinen Besuch wegen der angespannten politischen Lage in seinem Reich absagte, beherbergte die Kaiserhütte fortan ganz normale Sterbliche. Sie konnten hier essen und trinken und fanden bei schlechtem Wetter Unterschlupf. In den 1890er-Jahren erbaut, ist die Keisarinmaja das älteste zu touristischen Zwecken errichtete Gebäude Lapplands.

Petri Heil am Miekojärvi

© AavasaksaLapland

Die reich verzierte Hütte ist heute ein Museum und im Sommer für Besucher geöffnet.

Außerhalb ihrer lappländischen Heimat kennt vermutlich niemand die Schriftstellerin und Generalsgattin Annikki Kariniemi. Nur ein paar Schritte von der Kaiserhütte entfernt, wird sie mit einem Denkmal geehrt. Der kleine Umweg lohnt sich schon deshalb, weil die Statue an einem Platz mit grandioser Aussicht steht. Kenner finnischer Literatur haben über Annikki Karinie-

Die Brücke hinüber nach Schweden

© Matti Björninen / AavasaksaLapland

Mitternachtssonne am Torniofluss

mi aber vielleicht schon einmal gelesen, ohne es zu wissen – Rosa Liksom, eine der berühmtesten finnischen Autorinnen unserer Zeit, 1958 in Ylitornio geboren, hat Kariniemis Leben als Vorlage für die Hauptdarstellerin in ihrem Roman »Die Frau des Obersts« gewählt.

Menschen am Fluss

Der Torniojoki, der letzte große unverbaute Fluss Europas, ist die Lebensader der Region, und weil er schon immer die Orte miteinander verbunden hat, nennen ihn die Einheimischen auch nur den »Weg«. An seinen Ufern siedelten schon seit vielen Jahrhunderten Menschen. In seinem südlichen

Der Aussichtsturm vom Aavasaksa

Teil ist er heute Grenzfluss zwischen Finnland und Schweden. Haparanda und Tornio heißen die beiden Nachbarstädte auf der schwedischen und finnischen Seite. Eine knappe Fahrstunde weiter im Norden liegen Ylitornio rechts und Övertorneå links des Flusses, der eine Ort in Finnland, der andere in Schweden. So, als würden sie dokumentieren wollen, dass sie trotz der Grenze zusammengehören, tragen beide auch den gleichen Namen. Das finnische »yli« und das schwedische »över« bedeuten beide »über« bzw. »oberhalb« und geben damit einfach die geografische Lage der Orte »oberhalb von Tornio« an. Bis 1809, damals musste Schweden Finnland an das russische Zarenreich abtreten, waren Ylitornio und Övertorneå ohnehin eine Gemeinde. Wirklich trennen konnte auch die Grenze die Gemeinden nie. Im Torniotal verbindet die Menschen nämlich eine gemeinsame Kultur und Sprache. Dort spricht man beispielsweise »Meänkieli«. Es hört sich an wie fehlerhaftes Finnisch mit ein paar Brocken Schwedisch vermischt und heißt übersetzt »unsere Sprache«. Etwa 70.0000 Menschen sprechen bzw. verstehen Meänkieli, sogar Bücher und Zeitschriften erscheinen in der Sprache. Selbst was die Einwohnerzahl angeht, scheinen

KUOPIO REGION 2020-2021
EUROPEAN REGION OF GASTRONOMY

Die Region Kuopio ist die Europäische Region der Gastronomie 2020-21! Die Auszeichnung rückt den kulinarischen Tourismus in der Region Kuopio mit seinen hochwertigen Lebensmitteln, Restaurants und Dienstleistungen ins wohlverdiente Rampenlicht. Genießen Sie mit uns!

Freunde am Grillfeuer

© AavasaksaLapland

sich die Nachbarn Ylitornio und Övertorneå nicht in die Haare kriegen zu wollen. Links wie rechts des Flusses leben etwa 4.000 Menschen. Toni Kraatari vom Touristoffice in Ylitornio sieht die Grenze sogar als Marketingvorteil. »Über die Brücke kann man ja leicht hinüberfahren und schon hat man dann zwei Länder bereist.« Gleichzeitig ist man auch auf eine Zeitreise gegangen. In Schweden gehen die Uhren nämlich anders. Dort hält man sich an die mitteleuropäische Zeit, die eine Stunde hinter der in Finnland geltenden osteuropäischen Zeit zurückhängt. Wer also in Aavasaksa über die Brücke fährt, kommt drüben an, bevor er losgefahren ist.

Outdoor all year round

Natur, soweit das Auge reicht. Das erkennt nicht nur, wer vom Aavasaksanvaara übers Land blickt. Die Region rund um Ylitornio ist ganzjährig ein Paradies für Outdoorfans. Vor allem deutsche Touristen schnüren hier im Sommer gerne die Wanderschuhe. Die Auswahl an Tageswanderungen ist groß. Wer aber ein wirkliches Wildnisabenteuer sucht, macht sich auf zu Mikkos Pfad, einem 23 Kilometer langen Wanderweg vom Miekojärvi nach Vietonen, bei dem man die Gipfel der Hügel Raakonvaara und Lehtilaki überquert. Übernachten kann man in offenen Kotas oder im eigenen Zelt.

Auch die Mittsommer-Kanuroute führt zum Miekojärvi und ist in diesem Bereich auch für Anfänger das perfekte Terrain. Wer die gesamten 160 Kilometer vom Alisjärvi bei Kolari bis zur Mündung in den Torniojoki in Angriff nehmen will, sollte aber schon etwas Erfahrung mitbringen. Ebenfalls auf dem Boot, aber eher geruhsamer unterwegs, sind Angler, die einen Tag mit einem Guide auf einem der vielen Seen und Flüsse hinausfahren. Andere versuchen sich an den Stromschnellen des Torniojoki beim Lachsfang – vermutlich mit Erfolg, denn der Fluss gehört zu den besten Lachsgewässern Europas. Im Herbst zieht es dann Ein-

Einsamer Winterwanderer

Auf Nordlichtsafari

heimische wie Gäste in die Wälder, um Beeren und Pilze zu sammeln oder um mit der Kamera die bunten Farben der Ruska-Zeit festzuhalten. Der lappländische Herbst ist kurz, dafür aber umso spektakulärer.

Angeln geht auch im Winter. Beim Eisangeln, dem Pilkki, erlebt man Finnland, wie es typischer nicht sein kann. Wer es wie die Einheimischen macht, schließt den Angeltag abends zum Aufwärmen mit einem Saunagang ab. Im Winter kann das Thermometer in Südlappland nämlich schon mal auf minus 20 Grad fallen. Mit der richtigen Thermokleidung, die die Veranstalter stellen, kann man auch dann auf eine Huskysafari gehen, sich mit dem Rentierschlitten durch verschneite Wälder kutschieren lassen oder mit dem Schneemobil in Adrenalinrausch kommen. Beim Schneeschuhwandern oder Skilanglauf – 40 Kilometer präparierte Loipen warten darauf erobert zu werden – kommt man vermutlich auch ohne mehrschichtige Kleidung ins Schwitzen. Sogar ein kleines Skigebiet mit zwei beleuchteten Pisten findet man am Aavasakanvaara. Schneegarantie gibts in Lappland inklusive, die Skisaison reicht bis in den Mai hinein.

Fuchsschweif am Himmel

Und dann ist da noch das Nordlicht. Nie gleicht ein Nordlicht dem anderen. Wie beim Menschen gibt es schüchterne und wilde, vorlaute und zurückhaltende. Das eine begnügt sich bescheiden mit einer Ecke des Himmels, das andere nimmt fordernd das ganze Firmament ein. Und das dritte vereint beide Charaktere. In der einen Minute verharrt es ruhig und unbeweglich, nur um sich wenig später wie eine wild flackernde Feuersbrunst über den Himmel auszubreiten.

Mal bilden Nordlichter Schleier, mal Vorhänge. Vom einen spricht der Fachmann, wenn die Lichter waagrecht über den Himmel verlaufen, vom andern, wenn sie wie ein Vorhang senkrecht am Himmel »hängen« und scheinbar den Erdboden berühren.

Rot, grün, violett oder blau – und alle nur denkbaren Zwischentöne: Auch bei der Farbauswahl des Ausgehkleides legt sich ein Nordlicht nicht fest.

Für Physiker sind Nordlichter nur ein wissenschaftliches Phänomen, ein Leuchten, das entsteht, wenn elektrisch geladene Teilchen des Sonnenwindes auf Sauerstoff- und Stickstoffatome in den oberen Schichten der Erdatmosphäre treffen. Für die Finnen sind sie aber ein Feuer am Firmament. Und zwar eines, das von einem Fuchs entfacht wird, der mit seinem Schweif über die Schneewehen peitscht, sodass die Funken – die Nordlichter – sprühen. »Revontulet«, Fuchsfeuer, nennen die Finnen das Lichterspektakel am Himmel deswegen.

Touristiker Toni Kraatari empfiehlt Nordlichtjägern, sich einen Platz an einem Seeufer oder auf dem Gipfel eines unbewaldeten Hügels zu suchen. »Wichtig ist, dass man einen freien Blick nach Norden hat, denn da kann man die Nordlichter zuerst sehen«, so Kraatari.

Honka Säikkärä, die Lodge am Raanujärvi

© Kaisa Sirén / AavasaksaLapland

Kanutour auf dem Torniofluss

© Matti Björninen / AavasaksaLapland

Wer es etwas luxuriöser will, bucht sich in ein Hotel, einen gläsernen Iglu ein oder ein Ferienhaus mit einem Dachfenster aus Glas ein und schaut sich das Himmelsspektakel aus seinem kuscheligen Zimmer heraus an. Auch davon gibt es einige in Aavasaksa/Ylitornio.

Egal ob Sommer oder Winter, die faszinierende Natur Südlapplands bietet sich das ganze Jahr als Spielwiese an – weil hier die Landschaft besonders schön ist, zählt die Region um Aavasaksa/Ylitornio ganz offiziell zu einer der 27 Nationallandschaften Finnlands. •

#Aavasaksa/Ylitornio

Weitere Infos zu Aavasaksa/Ylitornio:
Touristen-Info Ylitornio
Alkkulanraitti 55
95600 Ylitornio
aavasaksa.fi

#helsinki/helsingfors

Die finnische Hauptstadt zählt 657.000 Einwohner. Im gesamten Ballungsraum, zu dem auch die Städte Vantaa und Espoo gehören, leben mehr als eineinhalb Millionen Menschen.

Der Dom im Stadtzentrum von Helsinki

Helsinki wurde 1550 auf Befehl des schwedischen Königs Gustav I. Wasa an der Mündung des Flusses Vantaanjoki gegründet. Er wollte eine Handelsstadt schaffen, die dem auf der anderen Seite der Ostsee gelegenen Tallinn (damals Reval) Konkurrenz machen und russische Händler in die schwedische Provinz Finnland locken sollte. Trotz der hochfliegenden königlichen Pläne blieb Helsinki lange Zeit nichts anderes als ein kleines bedeutungsloses Städtchen am Ende der Welt. Erst 1812 löste Helsinki, das damals 4.000 Einwohner zählte, Turku als Hauptstadt ab. 1828 verlegte man auch die Universität hierher. Der Ausbau zur Hauptstadt ist untrennbar verbunden mit den Namen des Politikers und Städteplaners Johan Albrecht Ehrenström und des in Berlin geborenen Architekten Carl Ludwig Engel. Der eine legte den Stadtplan für den Wiederaufbau nach dem Brand von 1808 fest, der andere entwarf die meisten wichtigen Gebäude der Stadt. Helsinkis Reiz liegt in seinem Kontrastreichtum: Alte Wohnviertel harmonieren mit neuer Hightech-Architektur, lebhafte Aus-

#CoronaBar

Kaurismäki-Fans werden traurig sein. Die alte Corona Bar und das Cafe Moskva in der Eerikinkatu sind geschlossen. Kein kleiner Trost: In ähnlichem Stil hat im Stadtteil Vallila in der Traverssikuja 3 die Corona Bar & Billiards Pop Up eröffnet.

1. Markt, Präsidentenplatz
2. Präsidentenpalast
3. Uspenski-Kathedrale
4. Esplanade
5. Schwedisches Theater
6. Ateneum Kunstmuseum
7. Kiasma Museum für zeitgenössische Kunst
8. Parlament
9. Temppeliaukio-Kirche
10. Nationalmuseum
11. Stadthalle
12. Finlandia Halle
13. Hietaniemi-Friedhof
14. Sibeliusmonument
15. Olympiastadion
16. Linnanmäki-Vergnügungspark
17. Korkeasaari-Zoo
18. Bibliothek Oodi
19. Amos Rex Museum

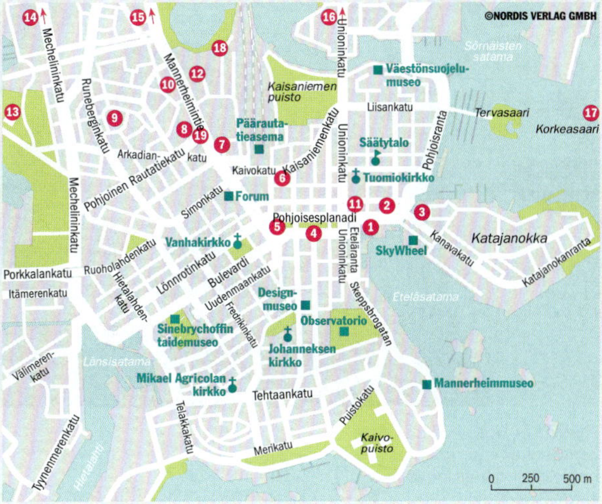

gehbezirke und idyllisch-ruhige Quartiere liegen dicht beieinander. Überall ist das Meer zu spüren, lockt das Grün der zahlreichen Parks. Die vielen Restaurants, Kneipen und Bars machen die Stadt attraktiv.

Helsinki – 10 Tipps für einen Besuch

Tipp 1:

Einen Stadtrundgang durch das Zentrum beginnt man am besten am prachtvollen Senatsplatz (Senaatintori), dem »Wohnzimmer Helsinkis«. In seiner Mitte steht die Statue des russischen Zaren Alexander II. Eine breite Treppe führt zum mächtigen Dom (Tuomiokirkko) hinauf, dem Wahrzeichen der Stadt. Sein Baumeister Carl Ludwig Engel stattete ihn mit einem schlichten Innenraum aus, dessen einziger Schmuck die Statuen der Reformatoren Luther, Melanchthon und Agricola sind. Wenn man mit dem Dom im Rücken auf den Platz blickt, sieht man auf der rechten Seite das Hauptgebäude der Universität von 1832, auf der anderen Seite des Platzes liegt das Regierungspalais. Es wurde 1822 fertiggestellt und war damals der Sitz des Kaiserlichen Senats von Finnland – das höchste Verwaltungsorgan im Land. Heute hat hier die finnische Regierung ihre Arbeits- und Sitzungsräume. Im ersten Stock liegt das Büro des Ministerpräsidenten.

Die Statue von Zar Alexander II. auf dem Senatsplatz

#Metropole

Im Großraum Helsinki leben über 20 % der Gesamtbevölkerung Finnlands.

Finnischer Humor: Die Lampenhalter am Bahnhofseingang werden immer aktuell »eingekleidet«.

Das SkyWheel vor der Uspenski Kathedrale

#VanGogh

Im Ateneum hängt das Gemälde »Straße in Auvers-sur-Oise (1890)« von Vincent van Gogh. Das ist deswegen bemerkenswert, weil das eines der letzten Gemälde des Künstlers war und gleichzeitig das erste, das je in einem Museum ausgestellt wurde.

Tipp 2:
Besonders schön ist die Gegend um den Marktplatz am Hafen, mit der alten Markthalle von 1888. Ganz in der Nähe auf einem Hügel thront die prächtige russisch-orthodoxe Uspenski-Kathedrale (1868) mit ihren goldenen Zwiebeltürmen. Aus den Gondeln des SkyWheel Helsinki, einem 40 Meter hohen Riesenrad, genießt man den perfekten Blick über das Zentrum der finnischen Hauptstadt. Im Sommer 2017 hat die Saunalandschaft »Allas Sea Pool« eröffnet und sich seitdem zu einer der großen Attraktionen der Stadt entwickelt. Hier kann man sich nach dem Schwitzbad mit Blick auf den Dom im Ostseewasser abkühlen. Gleich gegenüber an der Eteläespalandi liegen das Rathaus und der Präsidentenpalast. Auf dem kleinen Platz zwischen Marktplatz und Esplanade steht der Springbrunnen Havis Amanda. Die Frau mit dem perfekten Körper, die den Brunnen schmückt, ist ein beliebtes Fotomotiv. Glück hatte der Künstler, der die Skulptur geschaffen hat, denn angeblich hat er sie nach der eigenen Gemahlin modelliert. Die Havis Amanda hat jedes Jahr am Vorabend zum 1. Mai ihren großen Auftritt. Dann wird sie von den Studenten gewaschen und bekommt anschließend unter den Anfeuerungsrufen tausender Zuschauer eine riesige Studentenmütze aufgesetzt.

Tipp 3:
Die Esplanade ist viel mehr als eine Grünanlage im Herzen der Stadt. Sie ist gleichzeitig auch das Wohnzimmer der

Helsinkier. Hier trifft man sich in der Mittagspause, zu einem kleinen Spaziergang am Wochenende oder zum Feiern an großen Festtagen. Oder man hört im Sommer im Vorbeigehen einem Sänger, einer Sängerin oder einer Band zu, die auf der kleinen Bühne am Ostende des Parks auftreten. Die Esplande schließt unmittelbar an den Marktplatz an und führt von dort bis zum Schwedischen Theater. Nicht weit entfernt liegt der Bahnhof (1919), der nach dem Entwurf des bekannten finnischen Architekten Eliel Saarinen gestaltet wurde. Die steinernen Männerfiguren am Eingang, die sogenannten Lampenhalter, wurden von Emil Wikström geschaffen und sind das heimliche Wahrzeichen Helsinkis.

An Vappu setzt man der Statue Havis Amanda eine Studentenmütze auf.

Tipp 4:
In der Mannerheimintie liegen Moderne und Vergangenheit zumindest architektonisch eng beieinander. Da ist einerseits das zwischen 1926 und 1931 im neoklassizistischen Stil erbaute Reichstagsgebäude. Mit seiner wuchti-

Ende 2018 eröffnet: die Bibliothek Oodi

Sieht ein wenig aus wie ein auftauchendes U-Boot: das Kunstmuseum Amos Rex

#Sterneküche

Am Marktplatz liegt das Sternelokal Olo, das seit 2011 Jahr für Jahr vom Guide Michelin ausgezeichnet wurde.
www.olo-ravintola.fi/en

gen Fassade wirkt es ein wenig aus der Zeit gefallen, zumal ihm gegenüber die Gebäude liegen, die das moderne Helsinki prägen. Da ist einmal das 1998 eröffnete moderne Museum Kiasma. Das während der Bauphase wegen seines futuristischen Aussehens höchst umstrittene Gebäude hat sich längst zum Stolz der Hauptstadtbewohner entwickelt. Im Kiasma sind Werke der führenden Künstler der Zeit nach 1960 ausgestellt. Wenige Schritte davon entfernt liegt das Musikhaus, Musiikkitalo. Seit die Konzerthalle im August 2011 eröffnet wurde, bricht sie einen Besucherrekord nach dem anderen. Die Aufführungen im Heimathaus der Helsinkier Philharmoniker, des Orchesters der Sibelius Akademie und des finnischen Radio Symphonieorchesters sind fast immer ausgebucht. Die im Dezember 2018 eröffnete architektonisch spektakuläre Bibliothek Oodi ist weit mehr als nur ein Haus der Bücher, sie ist ein Kunst- und Kulturzentrum, das allen offensteht. Wer will, kann hier sogar seine private Kunstausstellung arrangieren oder ein Konzert geben. Die Veranstaltungsräume stellt die Stadt kostenlos zur Verfügung.

Auch die von Alvar Aalto erbaute Finlandiahalle aus weißem Marmor und grauem Granit liegt nur wenige Schritte vom Reichstag entfernt. Die Finnische Nationaloper (1993) mit ihren Glasfassaden erhebt sich an der Töölöbucht, um die sich wiederum ein schöner, gern genutzter Parkstreifen zieht. Abseits der Bucht, trotzdem aber nur zehn Spaziergangsminuten entfernt, liegt die beeindruckende Temppeliaukio-Kirche, die man 1968/69 in den Felsen hineingesprengt hat. Von außen ist nur die niedrige Kupferkuppel zu sehen, die ein wenig an eine fliegende Untertasse erinnert.

Tipp 5:
Helsinki ist auch eine Stadt herausragender Museen. Das Ateneum (Finnische Nationalgalerie) beherbergt Werke führender finnischer Künstler von 1700 bis heute, zudem ausländische Kunst aus verschiedenen Epochen. Im architektonisch auffälligen Kiasma wird Gegenwartskunst ausgestellt. Die Werke alter Meister, unter anderem Rembrandt, Tiepolo, Jan van Goyen und Lucas Cranach d. Ä., findet man im Sinebrychoff-Kunstmuseum, untergebracht

Der Reichstag

im ehemaligen Hauptgebäude einer Brauerei. Jüngstes Juwel in der Helsinkier Museumsszene ist das im August 2018 eröffnete Amos-Rex-Kunstmuseum. Dort kann man sowohl die Sammlung des ehemaligen Amos-Anderson-Museums als auch in Wechselausstellungen innovative Kunst des 20. Jahrhunderts bewundern. Spektakulär ist aber auch die Museumsarchitektur, denn die Schächte, die Licht in die unterirdischen Ausstellungsräume bringen, erinnern ein wenig an eine Eislandschaft in einer Zauberwelt. In der etwas außerhalb des Zentrums gelegenen alten Kabelfabrik (Kaapelitehdas) sind das nationale Fotografiemuseum, das Theatermuseum und das Hotel- und Restaurantmuseum beheimatet. Das sehenswerte Design-Museum, das 2012 eine der Hauptattraktionen des »World Design Capitals« war, präsentiert unter anderem Gebrauchsdesign der vergangenen Jahrzehnte. Außerdem finden regelmäßig Wechselausstellungen statt. Das Nationalmuseum (Kansallismuseo) zeichnet in den ersten beiden Stockwerken in chronologischer Form die finnische Geschichte nach. Im dritten Stockwerk nimmt sich das Museum unter dem Titel »Ein Land und sein Volk« spezieller Themen an. Einen Besuch wert ist auch das Freilichtmuseum auf der schön gelegenen Insel Seurasaari mit alten Gebäuden aus ganz Finnland und der Holzkirche von Karuna aus dem 17. Jahrhundert. Hier feiern die Helsinkier ihr Mittsommerfest.

Weltbekannt, finnisches Design. Hier Tassen von Arabia

#ZaralsBaumeister

Zar Nikolaus I. mischte sich immer wieder in den Bau des Domes ein. Auf seinen ausdrücklichen Wunsch wurden beispielsweise die Apostelplastiken auf dem Dach der Kirche aufgestellt und die vier kleinen Kuppeln an den Ecken des Gebäudes angefügt.

Die Festungsinsel Suomenlinna gehört zum Weltkulturerbe.

Das Café Fazer ist bekannt für seine Kuchen.

Mit der Helsinki-Card: Freifahrt in der Straßenbahn

#Eisbrecher

Auf der Nordseite der Halbinsel Katajanokka liegt im Sommer die finnische Eisbrecherflotte vor Anker.

Den Tierpark Korkeasaari, mit Aquarium und Südamerika-Haus, erreicht man mit dem Wasserbus vom Marktplatz aus. Das Sea Life-Aquarium zeigt Fische aus der Ostsee und der ganzen Welt. Es liegt nur einen Steinwurf von Linnanmäki entfernt, dem populären Vergnügungspark, dessen größte Sehenswürdigkeit eine über 60 Jahre alte Achterbahn aus Holz ist.

Tipp 6:

Eine ganz besondere Sehenswürdigkeit ist die Festungsinsel Suomenlinna, die die UNESCO 1991 zum Weltkulturerbe erklärt hat. 1748 begannen die Schweden mit dem Bau der riesigen Festung, kurz nach der Fertigstellung musste sie 1808 nach langer Belagerung nahezu kampflos an die Russen übergeben werden. Heute ist Suomenlinna ein eigenständiger Stadtteil, in dem knapp 1.000 Menschen leben. Auf der Insel liegen mehrere Museen, unter anderem das Suomenlinna-Museum, das Zollmuseum, das Ehrensvärdsmuseum, das Kriegsmuseum, das Küstenartilleriemuseum, das U-Boot Vesikko und das Spielzeugmuseum. Man erreicht die Insel binnen weniger Minuten mit Fähren vom Marktplatz aus. Setzen Sie mit den städtischen Fähren über, die deutlich günstiger als die privaten Anbieter sind.

Tipp 7:

Helsinki lässt sich bestens zu Fuß sowie mit öffentlichen Verkehrsmitteln erkunden. Die Helsinki-Card gewährt freien Eintritt zu vielen Museen und Sehenswürdigkeiten (Preisbeispiel: 44 Euro/1 Tag/Erw., 52 Euro/2 Tage, 59 Euro/3 Tage, www.helsinkicard.com) in der Helsinki-Card inkl. Travelcard (51/63/74 Euro) ist auch die Benutzung der öffentlichen Verkehrsmittel eingeschlossen.

Das Restaurant Sea Horse kennt man aus den Filmen von Aki Kaurismäki.

Tipp 8:

Zu den Attraktionen Helsinkis gehören ausgezeichnete Restaurants, wobei der russische Einschlag besonders interessant ist. Traditionsreiche Lokale sind das Karl Fazer Café in der Kluuvikatu 3 mit seiner stylishen Inneneinrichtung, das Café Engel am Senatsplatz und das Café Ekberg am Beginn des Bulevardi. Das Nachtleben hat sich in den vergangenen Jahren kräftig entwickelt. In den Stadtteilen Punavuori, Töölö, Kallio und Kamppi ist die Auswahl an trendigen Kneipen und Bars am größten.

Tipp 9:

Die finnische Hauptstadt entwickelt sich mehr und mehr zur Fahrradstadt. Hohe Erhebungen gibt es ohnehin nicht und das Radwegenetz wird von Jahr zu Jahr besser ausgebaut. Die knallgelben Cityfahrräder kann man schon für 5 €/Tag bzw. 10 €/Woche mieten, **www.hsl.fi/kaupunkipyorat**. Ein weiterer sehr etablierter Anbieter ist Ecobike, Savilankatu 1 b, **www.ecobike.fi**.

Helsinkis Innenstadt erschließt man sich am besten mit dem Leihfahrrad.

Tipp 10:

In Helsinki findet man eine lange Liste von Spitzenhotels für jeden Geschmack. Auf eine besondere Geschichte blickt das Hotel Torni (Yrjönkatu 26, **www.sokoshotels.fi**) zurück, 1931 erbaut, war es mit 14 Stockwerken der erste »Wolkenkratzer« Finnlands. Von der Dachbar, die für jedermann zugänglich ist, hat man immer noch eine der besten Aussichten über Helsinki. Das Hotel Katajanokka (Merikaserminkatu1, **www.hotelkatajanokka.fi**) wiederum war bis 2002 ein Gefängnis. Die einstigen Zellen sind heute bequeme Hotelzimmer, in den Gängen kann man die Gefängnisatmosphäre aber noch nachvollziehen. Spannend. •

#tampere/tammerfors

Das im südlichen Finnland gelegene Tampere ist mit 235.000 Einwohnern die drittgrößte Stadt Finnlands. Im 19. Jahrhundert entwickelte sich Tampere zum »Manchester Finnlands« – zu einer wenig reizvollen Industriestadt. Den Strukturwandel in den 1990er-Jahren hat Tampere mit Bravour vollzogen und hat sich inzwischen einen Ruf als Universitäts- und Kulturstadt erarbeitet.

Tampere und der Näsijärvi

© Visit Finland/Jari Mäkinen

Visit Finland/Krista Keltanen

Museumszentrum Vapriikki

Drei Tipps für Tampere

Tipp 1:

Wer sich für Architektur interessiert, findet in Tampere eine spannende Mischung von Bauten aus dem 19. und 20. Jahrhundert. Sehenswert sind der zwischen 1902 und 1907 im finnischen Jugendstil erbaute Dom, die moderne Kaleva-Kirche, fertiggestellt 1996, und die Stadtbibliothek Metso, die – das sagt auch der finnische Name – dem Körper eines Auerhahns nachempfunden ist. Das allerdings kann man nur aus der Vogelperspektive erkennen. Hübsche Holzhäuser findet man in den Stadtteilen Pispala und Käpylä. In vielen der alten Fabrikanlagen sind heute Wohnungen, Restaurants oder Museen untergebracht.

Tipp 2:

Aus der ehemaligen Industriestadt ist heute eine spannende Kulturstadt geworden. Entsprechend vielfältig ist das Angebot an Museen. Das Kunstmuseum präsentiert vor allem Werke aus dem 19. und 20. Jahrhundert. Außerdem finden regelmäßig Wechselausstellungen mit Werken junger finnischer Künstler statt. Eine Topadresse für zeitgenössische Kunst ist das Sara-Hildén-Kunstmuseum, unter anderem mit Werken von Picasso, de Chirico, Miró und Klee. Im Hiekka Kunstmuseum sind Gemälde und andere Kunstwerke aus der Privatsammlung eines vermögenden Juwe-

#Steuereintreiber

Die Hämeensilta, die wichtigste Brücke in der Innenstadt, wird von vier Statuen geschmückt. Eine der Figuren stellt einen Steuereintreiber dar. Damit dürfte Tampere die einzige Stadt der Welt sein, die dieser Profession ein Denkmal gesetzt hat.

liers zu sehen. Das Museumszentrum Vapriikki ist ein Ausstellungs- und Veranstaltungszentrum, untergebracht in der ehemaligen Maschinenwerkstatt der Firma Tampella. Hier kann man acht Museen besuchen, unter anderem das Naturkundliche Museum, das Spielzeugmuseum, das Stadtmuseum, das Eishockeymuseum und eine Ausstellung zum Finnischen Bürgerkrieg von 1918. Sehenswert ist auch das Arbeiterviertelmuseum Amuri, ein in unverändertem Zustand belassener Straßenzug mit einem halben Dutzend Holzhäusern. Man erhält einen Eindruck von den Lebensverhältnissen, unter denen finnische Arbeiter im 19. und 20. Jahrhundert lebten. Mit demselben Thema setzt sich auch das Arbeitermuseum Werstas auseinander, das in einer ehemaligen Färberei untergebracht ist. Originell ist das in der westlichen Welt einmalige Lenin-Museum, das in dem Gebäude liegt, in dem sich Lenin und Stalin 1905 erstmals getroffen haben (Hämeenpuisto 28). Spannend ist auch der Besuch des Spionagemuseums, das im alten Fabrikgebäude der Finlayson Fabrik am Ufer der Stromschnelle Tammerkoski liegt. In der Yliopistonkatu 55 liegt in der Tampere-Halle das 2017 eröffnete Mumin-Museum. Auf zwei Stockwerken kann man hier auf den Spuren der liebenswerten Trolle und ihrer Erfinderin Tove Jansson wandeln.

Tipp 3:
Den besten Blick über Tampere hat man vom 168 Meter hohen Näsinneula-Aussichtsturm, der unmittelbar neben dem Särkenniemi-Erlebnispark liegt. Ein anderer bekannter Aussichtspunkt ist der Pyynikki-Turm, mit seinem stadtbekannten Café, das man in Tampere vor allem wegen seiner Munkki, einer Art finnischer Schmalzkringel, und seinem Kardamomkaffee schätzt. •

Der Dom aus dem Anfang des 20. Jahrhunderts

© Visit Tampere/Laura Vanzo

#Bier

Im urigen Restaurant Plevna, (Itäinenkatu 8, **www.plevna.fi**), in der ehemaligen Weberei der Finlayson-Fabrik, fühlen sich besonders Bierfreunde wohl. Neben einer reichhaltigen Auswahl einheimischer und internationaler Biere bietet man hier auch Selbstgebrautes an.

© Visit Finland/Julia Kivelä

Der Stadtteil Pispala ist bekannt für seine Holzhäuser.

Bietet eine perfekte Aussicht: der 168 Meter hohe Näsinneula-Turm

© Visit Finland/Tuukka Kaski

#oulu/uleåborg

Mit 203.000 Einwohnern ist Oulu (gegründet 1605 vom Schwedenkönig Karl IX.) die bevölkerungsreichste Stadt im Norden Finnlands und gleichzeitig die nördlichste Großstadt der Europäischen Union. Sie liegt an der Küste des Bottnischen Meerbusens an der Mündung des Flusses Oulujoki. Heute ist Oulu eine wichtige Universitätsstadt und bedeutendes Technologiezentrum.

Fotos (4): © Visit Finland

fin

Das Rathaus von Oulu

#Luftgitarre

Jedes Jahr im August findet in Oulu die Weltmeisterschaft im Luftgitarre spielen statt.

#Champions

Die Eishockeymannschaft von Oulun Kärpät gehört zu den besten in Finnland. Schon mehrmals holte sie den Meistertitel – letztmalig 2018.

Drei Tipps für den Besuch von Oulu

Tipp 1:

Am besten beginnt man seinen Stadtrundgang in der Fußgängerzone Rotuaari. An einem Ende, an der Kirkkokatu, steht der gelbe Dom von 1832. Wie so viele Kirchen im Land wurde er vom deutsch-finnischen Architekten Carl Ludwig Engel erbaut. Am anderen Ende der Fußgängerzone stößt die Kauppurienkatu auf den am Meeresufer gelegenen Marktplatz. Verkaufsstände, Cafés, Restaurants mit Wasserblick und die alte Markthalle machen den Platz zu einem beliebten Treffpunkt der Einheimischen. Dafür, dass alles mit rechten Dingen zugeht, sorgt der Toripolliisi. Diese Skulptur eines pummeligen Marktpolizisten, bei deren Anfertigung sich der Künstler von einem wirklichen Polizisten hat inspirieren lassen, ist inzwischen längst der Liebling aller. Vom Marktplatz legen auch die Ausflugsboote für die Tageskreuzfahrten vor der Küste Oulus ab.

Tipp 2:
In Oulu gibt es erstaunlich viele Museen. Am nördlichen Rand des Zentrums liegt im Ainolapark das Regionalmuseum der Provinz Nord-Österbotten mit zahlreichen Informationen zur Geschichte der Region und zum Teerbrennen. Hier befindet sich auch das Städtische Kunstmuseum, das wechselnde Ausstellungen zeitgenössischer finnischer Kunst zeigt. Leicht zu erkennen an dem roten Backsteinturm ist das Wissenschaftszentrum Tietomaa, die bekannteste Sehenswürdigkeit der Stadt. Große und kleine Kinder versuchen sich hier an wissenschaftlichen Experimenten. Von der Aussichtsplattform auf dem Turm genießt man einen weiten Blick über die Stadt. Mit dem Boot gelangt man auf dem Oulujoki zum Freilichtmuseum auf der Insel Turkansaari.

Tipp 3:
Kleiner Ausflug für Architekturfreaks: Auf der Insel Toivoniemi liegt am Rande der Innenstadt ein modernes Wohnviertel. Es wurde in den 1940er-Jahren nach Plänen von Alvar Aalto erbaut. An seiner Ostseite befindet sich ein Kraftwerk, das die unterste Stromschnelle des Oulujoki ausnützt. Das 1949–1957 errichtete Gebäude zählt zu den hervorragendsten Bauten finnischer Industriearchitektur der Nachkriegszeit. •

In der Fußgängerzone Rotuaari

#Ölgemälde

Im Dom hängt über der Tür zur Sakristei das älteste Ölgemälde Finnlands. Es stammt aus dem frühen 17. Jh. und zeigt den schwedischen Schriftsteller und Historiker Johannes Messenius.

Die Marina und der Dom (im Hintergrund)

#Universität

Mit über 17.000 Studenten gehört die Universität von Oulu zu den größten des Landes.

Beliebtes Ausflugsziel: Das Tähtitornin kahvila auf den Ruinen der alten Burg.

#turku/åbo

Wesentlich bedeutender als die heutige Hauptstadt Helsinki war einst das im Südwesten des Landes gelegene Turku (191.000 Einwohner). Bis 1812 war Turku Hauptstadt des Landes und Sitz der ersten Universität. Gemeinsam mit dem estnischen Tallinn war Turku im Jahr 2011 Europäische Kulturhauptstadt.

Die alte Burg aus dem 13. Jahrhundert

Der Dom von Turku ist die einzige mittelalterliche Kathedrale des Landes.

#Spezialität Schärenbrot

Schon seit 1896 ist die Markthalle in der Eerikinkatu 16 das erste Anlaufziel für alle, die in Turku einkaufen wollen. An den 40 Verkaufsständen gibts regionale Spezialitäten wie Schärenbrot, Saaristolaisleipä oder heiße Rosinenwurst.

Vier Tipps für Ihren Besuch in Turku

Tipp 1:

Nicht verpassen darf man die beiden größten Sehenswürdigkeiten Turkus – die Burg und den mittelalterlichen Dom. Mit dem Bau der Burg (Turun linna) hatte man 1280 begonnen. Damals lag sie auf einer kleinen Insel in der Mündung des Aurajoki. Weil sich das Land seitdem um dreieinhalb Meter gehoben hat, kann man Turun linna heute trockenen Fußes erreichen. Das Gebäude wurde mehrfach verwüstet und brannte teilweise nieder, und doch sind noch Überreste aus dem Mittelalter und dem 16. Jahrhundert erhalten. In der Festung sind das Historische Museum, eine Kirche und ein prachtvoller Bankettsaal untergebracht. Der Dom von Turku mit Dommuseum ist Finnlands Nationalheiligtum. Er wurde in den Jahren zwischen 1229 und 1300 erbaut. Im Innern sind viele bedeutende Männer aus der finnischen Geschichte begraben.

Tipp 2:

Selbst Museumsmuffel müssen in Turku mindestens ein Museum besuchen. Und zwar das am Stadtfluss Aura gelegene Aboa Vetus & Ars Nova. Eigentlich sollte in den 1990ern nur eine alte Villa als Heimstatt für das Kunstmuseum renoviert werden. Bei den Aus- und Umbauarbeiten hat man dann aber im Kellergeschoss Siedlungsreste aus dem 15. Jahrhundert entdeckt. Kurzentschlossen haben die Finnen daraufhin einfach die Pläne geändert und aus einem zwei Museen gemacht. Im Untergeschoss spazieren die Besucher jetzt durch das Turku früherer Jahrhunderte und oben gibt es Kunst vom Feinsten – Bilder von Max Ernst,

1 Dom
2 Sibeliusmuseum
3 Marktplatz
4 Apotheker-museum & Owensel-Haus
5 Kunstmuseum
6 Freilichtmuseum Luostarinmäki
7 Aaltonen-Museum
8 Museumsschiff Sigyn, Segelschiff Suomen Joutsen
9 Burg Turku
10 Auferstehungs-kapelle

i Touristen-information

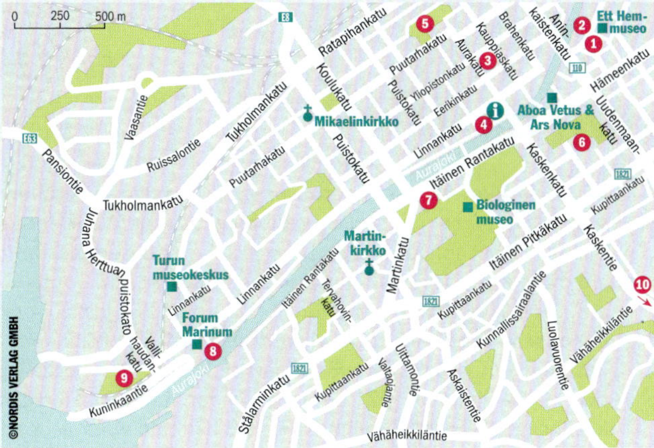

Pablo Picasso, Andy Warhol und David Hockney hängen hier.

Tipp 3:

Museumsfans finden in Turku eine noch größere Auswahl. Das Forum Marinum kombiniert das Seefahrtsmuseum und das Museum der finnischen Marine, unter anderem zeigt es das Segelschiff Suomen Joutsen. Weitere interessante Museen sind das kürzlich renovierte Kunstmuseum, das Apothekermuseum im ältesten Haus der Stadt, das Sibeliusmuseum und das Wäinö Aaltonen-Kunstmuseum.

Tipp 4:

In seiner Jugend hätte man sich dafür einen Schulverweis eingehandelt, in Turku aber darf man in der Schule straffrei Bier oder Schnaps trinken – oder zumindest in einer ehemaligen Schule. Dort, wo heute das Panimoravintola Koulu (www.panimoravintolakoulu.fi) die »Brauereigaststätte Schule«, liegt, gingen ab 1899 die »Schwedischen Fräulein« zur Schule. Stolz vermerkt das Schularchiv als Höhepunkt der Schulgeschichte, dass im Februar 1941 Marschall Mannerheim zu Besuch kam. Die »Neue Apotheke« wiederum eröffnete 1907 ihre Pforten und versorgte seitdem die Turkuer mit allem, was ihrer Gesundheit guttat. Seit 1993 hat diese Aufgabe an selber Stelle das gleichnamige Restaurant übernommen (**www.uusiapteekki.fi**). •

#Stadtbrand

1827 brannte Turku nieder – nur ein paar Holzhäuser am Rande der Stadt blieben von dem Großfeuer verschont. Die liegen auf dem Luostarinmäki, dem Klosterhügel, und sind heute Teil eines Freilichtmuseums (**www.turku.fi/en/handicraftsmuseum**). Die kleinen Häuser haben die Katastrophe nur deshalb unbeschadet überstanden, weil die hier ansässigen Handwerker mit ihren lauten und stinkenden Betrieben außerhalb des damaligen Zentrums leben mussten.

Das Segelschiff Suomen Joutsen ist heute ein Museum.

#åland/ahvenanmaa

Mitten im Bottnischen Meerbusen zwischen dem finnischen Turku und der schwedischen Hauptstadt Stockholm liegen die Åland-Inseln, auf denen 30.000 Menschen leben. Noch im 7. Jahrhundert gehörten die Inseln zu den am dichtesten besiedelten Gebieten in Nordeuropa. Alte Gräber und Funde aus der Wikingerzeit sowie Kirchen aus dem 13. Jahrhundert erinnern an das historische Erbe. Åland ist schwedischsprachig, besitzt eine eigene Flagge und gibt seit 1984 eigene Briefmarken heraus. Auf Beschluss des Völkerbundes wurde die Insel 1921 der noch jungen Republik Finnland zugeschlagen. Die Inselgruppe ist demilitarisiert und hat eine weitreichende Selbstverwaltung mit eigenem Parlament. Lediglich in zentralen Fragen der Außen- und Sicherheitspolitik sind die Åländer an Vorgaben aus Helsinki gebunden.

Felsen und Meer, die typische Landschaft Ålands

Fünf Tipps für Åland-Besucher

Tipp 1:

Bevor man sich zu einer Rundfahrt aufmacht, sollte man die Inselhauptstadt Mariehamn besuchen. Die »Stadt der tausend Linden« wurde gegründet, als Åland noch zum russischen Zarenreich gehörte, und nach Maria, der Gattin des Zaren Alexander II., benannt. Das beeindruckende Seefahrtsmuseum dokumentiert die Geschichte der Segelfahrzeuge anhand vieler Gallionsfiguren und Schiffsmodelle. Der Viermastsegler »Pommern«, Baujahr 1903, der heute

#AlteKirche

Die Kirche von Jomala wurde 1280 erbaut und zählt damit zu den ältesten Gotteshäusern Finnlands.

im Westhafen liegt, verkehrte früher als Getreidetransporter zwischen Australien und England. Das Ålandmuseum bietet wechselnde Ausstellungen zu den Themen Geschichte und Kulturgeschichte. Im selben Haus befindet sich das Kunstmuseum mit einer Dauerausstellung åländischer Kunst.

Tipp 2:
Eckerö, im Westen des Archipels gelegen, ist der zweite wichtige Ort auf Aland. Hier sind die festungsähnliche Kirche St. Lars aus dem 13. Jahrhundert und das Postmuseum besonders sehenswert. Das Museum ist heute in einem Flügel der ehemaligen Post- und Zollstation untergebracht. Das pompöse Gebäude wurde von C. L. Engel entworfen und sollte die Besucher des kaiserlichen Russlands beeindrucken, die aus Schweden kommend dieses als Erstes auf dem Staatsgebiet sahen.

Tipp 3:
Das Schloss Kastelholm (**www.kastelholm.ax/en**), erbaut Ende des 12. Jahrhunderts, ist eine der ältesten Befestigungsanlagen Finnlands. Im Laufe seiner Geschichte brannte Kastelholm mehrmals ab, bei jedem Wiederaufbau wurden Erweiterungen und Umbauten vorgenommen. Im 16. Jahrhundert verlor die Befestigungsanlage ihre militärische Bedeutung und fortan diente Kastelholm dem schwedischen König als Jagdschloss. Damit dem blaublütigen Jäger genügend Wild vor die Flinte lief, wurde die Jagd für die Inselbewohner verboten. Wer beim Wildern erwischt wurde, musste seine Vergehen mit dem Leben bezahlen. Ab dem 18. Jahrhundert kamen die königlichen Gäste nicht mehr nach Kastelholm; das Schloss verfiel. Deswegen war auch niemand richtig traurig, als es 1745 niederbrannte. Erst im Laufe des 19. und 20 Jahrhunderts wurden Renovierungsarbeiten durchgeführt – allerdings zunächst halbherzig und ohne großen Sachverstand. Ernsthaft um den Wiederaufbau bemühte man sich erst in den Achtzigerjahren des 20. Jahrhunderts. Inzwischen gehört das Schloss wieder zu den größten Attraktionen Ålands.

Neben dem Kastelholm liegt das Freilichtmuseum Jan Karlsgården, in dem ein altes Bauerngehöft für die Nach-

#Wikinger
Jedes Jahr Ende Juli findet in Kvarnbo ein großer Wikingermarkt statt.

Post in die Heimat, zu lesen im Seefahrtsmuseum in Mariehamn

Schloss Kastelholm

#Aussicht
In Geta sollte man eine kleine Wanderung auf den Hügel Geta bergen machen. Von hier genießt man eine herrliche Aussicht über die Ostsee.

Im Bomarsund-Museum kann man eine kleine Ausstellung zur Festungsgeschichte besuchen.

Von der Festung Bomarsund blieb nur eine Ruine.

#Autonomie

Auf Åland dürfen nur auf der Insel geborene Menschen Grund erwerben. Selbst Festlandfinnen, die hier ein Häuschen kaufen wollen, müssen nachweisen, dass sie fünf Jahre auf der Insel gelebt haben und ausreichend Schwedisch sprechen.

welt erhalten wird. Zum Freilichtmuseum gehört auch das Gefängnismuseum Vita Björn.

Tipp 4:
Nur wenige Kilometer von Kastelholm entfernt, erreicht man die Ruinen von Bomarsund – eine riesige Festungsanlage aus dem 19. Jahrhundert und eine gigantische Fehlkonstruktion. 1809 hatte Schweden Finnland an Russland verloren. Da der Zar fürchtete, dass Schweden bald zur Rückeroberung Ålands ansetzen würde, ordnete er den Bau einer gewaltigen Festung an. Aus ganz Russland kamen Bauarbeiter auf die Åland-Inseln. 14 Verteidigungstürme sollte Bomarsund bekommen, ein jeder von ihnen mit 20 riesigen Kanonen bestückt und mit 125 Soldaten bemannt. Das Riesenbauwerk war noch lange nicht fertig, als 1853 der Krimkrieg zwischen Russland und der Türkei ausbrach. Im Verlauf des Krieges schlugen sich die Franzosen und Engländer auf die Seite des türkischen Sultans und errichteten im Norden eine zweite Front.

So kam es 1854 zum ersten und einzigen Angriff auf Bomarsund. Die Festung liegt zwischen zwei Meeresarmen – einem tiefen im Süden und einem flachen im Norden. Die russischen Festungskonstrukteure hatten angenommen, dass der Feind von der »tiefen Seite« angreifen würde, und entsprechend waren alle Kanonen in diese Richtung ausgerichtet. Gemeinerweise hielt sich die vereinte englisch-französische Flotte nicht an die Vermutungen der russischen Baumeister und »schlich« sich von hinten an die Festung an. Die Folge: Die stärkste und beste Verteidigungsanlage der Welt wurde nahezu kampflos eingenommen. Wer heute nach Bomarsund kommt, den wird das wundern, denn von der Festung sind nur noch Ruinen erhalten. Nach Ende des Krimkrieges erhielten die Russen zwar Åland zurück – allerdings mussten sie den demilitarisierten Status der Inselgruppe anerkennen und alle Befestigungsanlagen zerstören.

Tipp 5:
Auf Åland sollte man das »Stallhagen 1843« probieren. 1843 – daher der Name des Biers – war vor der Inselgruppe ein Frachtschiff im Sturm gesunken und nahm einige Kisten

Champagner und ein paar Flaschen Bier mit auf den Meeresgrund. 2010 wurde das Schiff entdeckt, die Getränke wurden geborgen. Von den 145 Flaschen Champagner waren 79 noch trinkbar und die erzielten auf internationalen Auktionen Rekordpreise von bis zu 30.000 Euro pro Flasche. Das Bier dagegen war nur noch Plörre. Die Braumeister von Stallhagen ließen den Inhalt der Bierflaschen chemisch analysieren und brauten dann nach dem Rezept des 19. Jahrhunderts das Bier nach. Der Geschmack des ältesten bekannten Bieres ist durchaus gewöhnungsbedürftig, es half aber kräftig mit, die kleine Brauerei bekannt zu machen. »Gutes Bier haben wir schon immer gemacht«, sagt Christian Ekström, der Chef des Brauereirestaurants, »nur verkauft haben wir kaum etwas«. Durch das Stallhagen 1843 und die Craft-Beer-Welle aber läuft das Geschäft. Unter der Aufsicht von Braumeister Mats Ekholm brauen die Stallhagener jährlich 800.000 Liter, verteilt auf 20 Sorten. Ekholm grinst und sagt: »Das ist in etwa so viel, wie Heineken in einer Stunde produziert«. **www.stallhagen.com** •

Gebraut nach einem Rezept von 1843, das Bier der Brauerei aus Stallhagen

#Recycling

Ziegelsteine aus der abgerissenen Festung Bomarsund wurden unter anderem zum Bau der Uspenski-Kathedrale in Helsinki verwendet.

#FINNLAND route

ROUTE 1

Von Turku entlang der finnischen Westküste über Rauma, Pori, Vaasa bis nach Kemi

Die Tour führt an der finnischen Westküste entlang von Turku, der ältesten Stadt des Landes, bis hinauf nach Kemi. Die Höhepunkte der Fahrt sind der Besuch der Weltkulturerbestadt Rauma und der langen Strände von Yyteri. Die Route eignet sich sehr gut für Reisende, die während ihres Urlaubs sowohl Finnland als auch Schweden besuchen wollen. Von Turku und Vaasa erreicht man Finnlands westlichen Nachbarn bequem mit dem Fährschiff.

Die Route entlang der finnischen Westküste beginnt in Turku. Bevor man seine Fahrt auf der Straße Nummer 8 in Richtung Norden startet, sollte man in dem 15 Kilometer östlich von Turku gelegenen Urlaubs- und Badeort Naantali vorbeischauen. Dort kann man in den Cafés und Restaurants am Meeresufer mit Leichtigkeit einen ganzen Tag verträumen. Hauptsehenswürdigkeit in der 19.000 Einwohner zählenden Stadt ist die 1462 fertiggestellte Klosterkirche, die als einziges Bauwerk vom ehemaligen Birgittenkloster erhalten geblieben ist. Im Inneren lohnen vor allem die Teppiche an der Westwand einen Blick, die die Nonnen des Klosters gewebt haben. Ebenfalls sehenswert ist der Altarschrein – eine Lübecker Arbeit von 1490. Die meisten Besucher kommen aber nach Naantali, um die Mumins zu besuchen. In dem Themenpark Muumimaailma dreht sich alles um die von der finnland-schwedischen Schriftstellerin Tove Jansson geschaffenen, an Nilpferde erinnernden, Fabelwesen. Mit einem Besuch in der Muminwelt bringt man Kinderaugen zum Leuchten. Auch der fin-

Kultaranta in Naantali, der Sommerpalast des Präsidenten

Nicht ungewöhnlich: das eigene Boot vor dem Ferienhaus

Auf dem Markt von Uusikaupunki

nische Staatspräsident wohnt in Naantali – zumindest im Sommer. Sein Feriendomizil Kultaranta (Goldstrand) liegt etwas außerhalb des Ortes. Das Herrschaftshaus wurde 1916 von Lars Sonck, einem der damals berühmtesten finnischen Architekten, erbaut. Man kann es zwar nicht besichtigen, der ausgedehnte Park mit seiner bekannten Rosenzucht ist aber zugänglich.

Die Hauptverbindungsstraße Richtung Norden ist die E 8. Von ihr sollten Reisende aber immer wieder einmal abbiegen, um einige abseits gelegene Sehenswürdigkeiten zu besuchen. Westlich der Gemeinde Nummi liegt die Ortschaft Askainen, in der der Besuch des Herrenhofes Louhisaari und der Kirche aus dem 17. Jahrhundert lohnen. Sowohl die Eingangstür als auch die Kanzel sind Arbeiten aus Deutschland, die von schwedischen Truppen während des Dreißigjährigen Krieges gestohlen wurden. Der Herrenhof Louhisaari, 1655 erbaut, zählt zu den schönsten Herrschaftsgebäuden aus der Schwedenzeit. Einen Besuch wert ist er auch deshalb, weil hier der Weltkriegsheld und Präsident Carl Gustav Emil Mannerheim (1867–1951) zur Welt kam. Östlich von Nummi steht in der Gemeinde Nousiainen die Grabkirche von Henrik, dem ersten Bischof von Finnland. Sie wurde um 1300 erbaut und ist unter anderem wegen ihrer Wandmalereien sehenswert. Der wertvollste Besitz der Kirche ist das Grabmal des Bischofs. Die Gebeine Henriks befinden sich jedoch nicht im Inneren des Sarkophags. Der Bischof, der 1156 erschlagen wurde, war in der Vorgängerkirche des heutigen Gotteshauses beigesetzt worden. Wo genau sein Leichnam begraben liegt, ist nicht mehr bekannt.

Knapp 20 Kilometer westlich der Straße Nummer 8 liegt die Autostadt Uusikaupunki, in der die einzige finnische und zugleich nördlichste Autofabrik der Welt steht. In der 15.000 Einwohner zählenden Stadt lag früher eine Produktionsstätte des Saab Konzerns. Nach dessen Konkurs hat »Valmet Automotive« das Werk übernommen und arbeitet als Auftragnehmer für Autokonzerne weltweit, unter anderem wird hier auch der Mercedes-Benz GLC hergestellt. Dass an einem Ort, der so eng mit dem Autobau verbunden ist, ein Automuseum die größte Sehenswürdigkeit ist,

Typische Küstenlandschaft in Südwestfinnland

kann kaum verwundern. Doch auch die beiden Kirchen sind durchaus einen Blick wert. Die Alte Kirche stammt aus dem Jahre 1629, die Neue Kirche wurde 1858 bis 1863 im neugotischen Stil erbaut und begrenzt heute die Nordseite des Marktplatzes. Am Myllymäki (Mühlenhügel) stehen vier rote Mühlen, die in den Dreißigerjahren des 20. Jahrhunderts hierher versetzt wurden. Sie sind bei Touristen ein beliebtes Fotomotiv. Ihren Sinn fürs Skurrile beweisen die Finnen im Bonk-Museum. Eine ganze Ausstellung widmen sie einem fiktiven Erfinder und seinen Maschinen, die angeblich so genial waren, dass er damit ein Weltimperium aufbauen konnte. Wirklich witzig.

Die Altstadt von Rauma

Rauma zählt zweifellos zu den schönsten Städten Finnlands, nicht umsonst nahm die UNESCO ihre Altstadt mit 600 Holzhäusern 1991 in die Liste erhaltenswerter Kulturdenkmäler der Menschheit auf. Rauma wurde 1442 gegründet und ist damit nach Turku und Porvoo die drittälteste Stadt Finnlands. Einen Rundgang durch die Stadt beginnt man am besten am Rande der Altstadt an der Kirche des Heiligen Kreuzes, die Ende des 15. Jahrhunderts von Franziskanermönchen erbaut wurde. Im Inneren sollte man seinen Blick vor allem nach oben richten – die mittelalterlichen Decken- und Gewölbemalereien sind äußerst sehenswert. Für deutsche Besucher interessant ist die aus Norddeutschland stammende Renaissance-Kanzel von 1627. Der Turm der Kirche wurde erst 1816 angefügt und diente damals den Seefahrern als Orientierungspunkt. Deswegen war es auch

Rauma, Kirche des Heiligen Kreuzes

Das Alte Rathaus von Rauma

Badenixen im Stadtkanal von Rauma

wichtig, dass seine weiße Farbe immer leuchtend strahlte. Um ihn regelmäßig nachstreichen zu können, mussten die Bürger von Rauma sogar eine Kirchturmsteuer bezahlen. An der Südseite des Marktplatzes steht das Alte Rathaus von 1776. Heute ist dort das Stadtmuseum untergebracht, das unter anderem auch eine umfangreiche Ausstellung von Spitzen präsentiert. Ab dem 18. Jahrhundert wurde Rauma nämlich zu einem Zentrum der Klöppelkunst. Bis heute wird das traditionelle Handwerk in der Stadt betrieben und jedes Jahr Ende Juli im Rahmen der »Raumaer Spitzenwoche« besonders gewürdigt. Von den vielen alten Häusern im Ort sind vor allem zwei besonders sehenswert: das Haus Marela – dort wohnte im 19. Jahrhundert ein Reeder mit seiner Familie – und das wesentlich bescheidenere Haus Kirsti, einst Wohnung eines Seemannes. Noch umfassender zum Thema Seefahrt wird man im Merimuseo informiert.

#Schwedischsprachig

Alle Städte in Finnland, in denen sowohl Bewohner mit finnischer als auch schwedischer Muttersprache wohnen, haben zwei Namen. Demokratisch wie es im Lande zugeht, steht der Name der Bevölkerungsmehrheit am Ortsschild immer oben.

50 Kilometer nördlich von Rauma erreicht man Pori. Mit gut 85.000 Einwohnern zählt sie zu den größten Städten an der Westküste. Bekannt ist der Ort wegen seines internationalen Jazzfestivals, das jedes Jahr im Juli stattfindet und bei dem Spitzenmusiker aus aller Welt auftreten. Sehenswert ist das von dem deutsch-finnischen Architekten Carl Ludwig Engel erbaute Rathaus – Engel war unter anderem auch der Baumeister des Domes in Helsinki. Unmittelbar

dahinter liegt am Flussufer das Kunstmuseum, in dem unter anderem Gemälde bedeutender finnischer Maler wie Akseli Gallen-Kallela, Albert Edelfelt oder Fanny Churberg ausgestellt werden. Ebenfalls einen Blick lohnt das Anfang des 20. Jahrhunderts erbaute Juselius-Mausoleum, dessen Form an die Turmspitze des Frankfurter Doms erinnert. Im Inneren sind Fresken von Gallen-Kallela zu sehen.

Blick über den Kokemäenjoki hinüber zum Rathaus von Pori

Die Landspitze vor Pori – Meri-Pori – zählt zu den populärsten Sommerferienregionen des Landes. Besonders beliebt ist der Ferienort Yyteri mit seinen Dünen und kilometerlangen Sandstränden. Auf der vorgelagerten, über eine Brücke erreichbaren Insel Reposaari liegt der gleichnamige Ort mit seinen malerischen Holzhäusern und Restaurants am Meer. Die Kirche von 1875, erbaut im Norwegerstil, ist bei Hochzeitspaaren geschätzt. Dort hat 2009 auch der gegenwärtige finnische Präsident Sauli Niinistö geheiratet. Nördlich von Pori beginnt das »Herzland« der schwedischsprachigen Finnen, hier stellen sie in den meisten Gemein-

Sonnenuntergang bei Kristinestad

#Sonne

Die Gegend um Kristinestad ist die sonnenreichste in Finnland. Der Landwirtschaft kommt dies zu Gute und so ist es nicht verwunderlich, dass hier die Gemüsebauern besonders hohe Ernten einfahren.

Die Mühle von Kristinestad

den die Bevölkerungsmehrheit. So auch in Sideby (Siipyy), einem kleinen Dorf 80 Kilometer nördlich von Pori. Der Ort liegt etwas abseits der Hauptstraße E 8, doch ein Abstecher dorthin lohnt sich wegen der schönen Lage am Meer und wegen des Freilichtmuseums Kilen, das sicherlich zu den schönsten seiner Art in Westfinnland gehört.

In dem gemütlichen Städtchen Kristinestad (Kristiinankaupunki) scheint die Zeit stehen geblieben zu sein. Kleine, bunte Häuser säumen die Straßen, verschlafene Katzen rekeln sich in der Sommersonne, und auch die Menschen haben es hier nicht besonders eilig. Warum auch? Die Zeit des hektischen Treibens und der großen Geschäfte hat das Städtchen schon hinter sich. Im 18. und 19. Jahrhundert besaß der Ort einen der wichtigsten Häfen des ganzen Landes. Heute erinnert nur noch eine Ausstellung im Seefahrtsmuseum an die große Zeit. Die Ulrika Eleonore Kirche aus dem Jahre 1700 zählt zu den schönsten Holzkirchen im Land. Auf dem Weg nach Vaasa lohnen die Fischerorte Närpes, Korsnäs, Malax und Studars einen Abstecher abseits der in diesem Streckenabschnitt wenig spektakulären E 8. In Studars liegt ein großes Freilichtmuseum mit 60 Gebäuden, die allesamt aus der Region um Vaasa stammen, an anderer Stelle ab- und hier wieder aufgebaut wurden. In Söderfjärden, etwa zehn Kilometer südlich von Vaasa, erreicht man das Besucherzentrum von Meteoria. Hier begibt man sich auf eine Zeitreise von 520 Millionen Jahren, als hier ein riesiger Meteorit eingeschlagen ist. Abseits vom eigentlichen Thema lockt ein Beobachtungsturm Vogelfreunde an – denn hier ist einer der wichtigsten Rastplätze für Kraniche in Finnland.

Vaasa ist mit 68.000 Einwohnern das Zentrum der Region Österbotten. Während des Bürgerkrieges 1918 war Vaasa für kurze Zeit provisorische Hauptstadt Finnlands. Heute bietet die Stadt einige besuchenswerte Museen. Das Museum von Österbotten beherbergt eine große Sammlung zur Geschichte der Region. Das kleine Tikanoja Kunstmuseum überzeugt mit Werken von Gauguin, Matisse und Picasso. Und das Freilichtmuseum Bragegården gewährt Einblicke in die finnland-schwedische Bauernkultur vergangener Jahrhunderte. Etwa sieben Kilometer vom heutigen Stadtzentrum entfernt lag Alt-Vaasa, das bis zu einem heißen Augusttag im Jahre 1852 die eigentliche Stadt war. Der Legende nach soll damals ein Reisender mit brennender Pfeife auf seinem Lager im Stroh eingeschlafen sein. Das Stroh entzündete sich, die Scheune fing Feuer, und bevor die auf den Feldern arbeitenden Bauern zur Rettung ihrer Stadt herbeieilen konnten, waren schon fast alle Gebäude dem Erdboden gleichgemacht. Lediglich der barocke Steinbau des Hofgerichts, der 1862 zur Gemeindekirche umgebaut wurde, überstand das Feuer unbeschadet. Und auch ein Kaufmannshaus, das heute das Heimatmuseum beherbergt, trotzte dem Brand. Von den anderen Gebäuden, wie etwa der im 14. Jahrhundert erbauten Marienkirche, dem Rathaus oder der Schule blieben nur die Grundmauern stehen. Apropos Schule: Hier drückte auch Johan Ludvig Runeberg, dem die Finnen ihre Nationalhymne verdanken, die Schulbank.

Vor der Küste von Vaasa liegt der Kvarken-Archipel, eine in ihrer Art weltweit einmalige Insellandschaft. Zusammen mit

Küste bei Kristinestad

Vaasa: Das Freiheitsdenkmal steht auf dem Marktplatz.

Der innere Hafen von Vaasa

Ein kleines rotes Haus. Für manche ist das der Traum vom Norden.

Kokkola ist bekannt für seine Holzgebäude.

#Schneeburg

Seit 1996 wird in Kemi jeden Winter eine riesige Schneeburg errichtet (geöffnet Ende Januar bis Mitte April), zu der auch ein Schneerestaurant und ein Schneehotel gehören.

der gegenüberliegenden Höga Kusten in Schweden wurde sie 2006 von der UNESCO zum Weltnaturerbe erhoben. Das Besondere am Kvarken-Archipel ist, dass die postglaziale Landhebung besonders stark ausgeprägt ist. Während der letzten Eiszeit war das Land hier von einer mehr als drei Kilometer dicken Eisschicht bedeckt, die die Landschichten durch ihr Gewicht nach unten drückten. Seit das Eis abgeschmolzen ist, hebt sich das Land. Nirgends geschieht das mit so hoher Geschwindigkeit wie hier. Noch heute steigt das Land mit einer Geschwindigkeit von etwa einem Zentimeter im Jahr aus dem Meer.

Via Nykarleby/Uusikaarleby erreicht man 90 Kilometer nördlich von Vaasa Jakobstad (Pietarsaari, 19.000 Einwohner). Die Stadt wurde 1652 von Ebba Brahe gegründet und von ihr nach ihrem verstorbenen Gatten, dem Reichsmarschall Jakob de la Gardie, benannt. Bekannt ist die Stadt vor allem als Geburtsstadt von Johan Ludvig Runeberg, dem Dichter der finnischen Nationalhymne. Er erblickte hier im Jahre 1804 die Welt. Wer auf den Spuren des Dichters wandeln will, kann dessen erste Schule (Visamäki 4) besuchen und im Rathauspark eine von dessen Sohn Walter zu Ehren des Vaters geschaffene Statue besichtigen. Hauptanziehungspunkt ist aber das arktische Museum Nanoq, in dem einige Polarexpeditionen in ihrem Verlauf nachgezeichnet werden. Im Freigelände wurden 18 für unterschiedliche Polarregionen typische Gebäude wieder aufgebaut. Kokkola (48.000 Einwohner) war ursprünglich unmittelbar ans Meeresufer gebaut worden. Infolge der nacheiszeitlichen Landhebung – die Gletscher schmolzen ab, dadurch ließ der Druck auf das Land nach und es hob sich – »wanderte« der Ort fünf Kilometer landeinwärts.

Raahe war Mitte des 19. Jahrhunderts ein bedeutender Hafen. Damals besaßen die Reeder der Stadt die größte Handelsflotte des Landes. Der berühmteste »Bürger« der Stadt wohnt im Raahe Museum. Dort hat der »Wanha Herra« – der alte Herr – seinen Platz. Damit ist der älteste Taucheranzug der Welt gemeint, und der sieht in der Tat ein bisschen so aus wie ein Mensch, hat er seinen Träger doch von Kopf bis Fuß in steifes Schweinsleder gehüllt und so die menschlichen Formen nachgebildet. Dass der Wanha Her-

Die Inselwelt im Kvarken-Archipel

ra seine Aufgabe wirklich erfüllt hat, konnte man 2012 nachweisen, als man einen Taucher mit einer Kopie des Anzugs zu Wasser gelassen hat. Knapp 80 Kilometer sind es von Raahe bis nach Oulu, und von dort nochmals gut 100 Kilometer nach Kemi, dem Endpunkt dieser Tour. Die größte Sehenswürdigkeit der 22.000 Einwohner zählenden Stadt ist ein Eisbrecher! Im Sommer kann man auf dem Restaurantdeck der Sampo einen Imbiss oder eine gemütliche Tasse Kaffee einnehmen. Im Winter – und der dauert hier ein halbes Jahr – geht es wesentlich abenteuerlicher zu. Dann läuft der 1961 erbaute Eisbrecher mit Touristen an Bord zu Touren durch den nördlichen Teil des Bottnischen Meerbusens aus und man erlebt, wie das Schiff unter großem Geächze die bis zu 60 Zentimeter dicke Eisschicht auseinanderbricht. Besonders Mutige können dann in Spezialtaucheranzügen in den Eislöchern baden. Die Edelsteingalerie in der Kauppakatu 22 verfügt über eine Sammlung von über 3.000 wertvollen Schmucksteinen. Highlight der Ausstellung ist die Krone, die für den finnischen König gefertigt wurde – diesen Titel hätte der hessische Prinz Friedrich Karl bekommen sollen. Da Deutschland aber den Ersten Weltkrieg verloren hatte und deswegen keinen König »liefern« konnte, wurde Finnland eine Republik. Spektakulär auch die Nachbildung der »Imperial State Crown of Great Britain« – sie ist angeblich so perfekt, dass selbst Experten Original und Kopie nicht voneinander unterscheiden können. •

»Wanha Herra«, der älteste Tauchanzug der Welt

Ein Badeausflug mit der Sampo

© Icebreaker Sampo

FINNLAN #route2

ROUTE 2

Rundfahrt durch Nordkarelien Nurmes–Lieksa–Ilomantsi–Värtsilä–Kitee–Joensuu–Koli–Nurmes

fin

Diese Rundreise beginnt in Nurmes, einer Stadt am Nordufer des Sees Pielinen. Von dort fährt man via Lieksa, mit seinem landesweit bekannten Freilichtmuseum, nach Ilomantsi, der östlichsten Gemeinde Finnlands. Entlang der russischen Grenze führt die Strecke nach Värtsilä, bevor man über Kitee nach Joensuu, der Hauptstadt Nordkareliens, kommt. Am Westufer des Pielinen erreicht man den Koli-Nationalpark und kehrt schließlich nach Nurmes zurück.

Das Bomba-Talo in Nurmes

Der Pielinen ist einer der schönsten Seen Finnlands. An seinem Nordufer liegt Nurmes (7.500 Einwohner). Sehenswert ist hier das Bomba-Talo (dt. Bomba-Haus), ein 1978 errichteter Nachbau eines karelischen Hofes. Heute sind dort u.a. ein großer Hotelkomplex und ein Restaurant untergebracht. Sehenswert sind die beiden Holzhausviertel Puu Nurmes und Vanha Kauppala mit Häusern aus der Zeit zwischen1880 und 1930. Die Stadtkirche im neugotischen Stil aus dem 19. Jahrhundert ist mit 2.300 Sitzplätzen die fünftgrößte Kirche Finnlands. Lieksa, ein paar Kilometer weiter südlich, ist mit 11.000 Einwohnern die größte Stadt am Pielinen. Hier ist vor allem das Freilichtmuseum besuchenswert – mit seinen mehr als 70 Gebäuden aus der Region. Wanderfreunde können von Lieksa aus einen Abstecher zu den Stromschnellen von Ruunaa oder zum Patvinsuo-Nationalpark unternehmen. Dort ist der 15 Kilometer lange Rundweg Suomunkierto beliebt, der um den See Suomunjärvi herumführt. Der wiederum ist wegen seiner langen Sandstrände bekannt. In der Nähe von Lieksa liegt Vuonislahti, mit Paateri, dem Atelier der 2001 verstorbenen Bildhauerin Eva Ryynänen. Die Holzskulpturen der Künstlerin stellen vor allem Kinder- und Tiermotive dar. Neben dem Atelier kann man die von ihr erbaute Holzkirche besuchen.

Die Kapelle der Künstlerin Eva Ryynänen

Über Hatunkylä und Haatuvaara (um 1790 erbaute, und damit älteste orthodoxe Kapelle des Landes) erreicht man Ilomantsi, die östlichste Gemeinde des Landes und das Zentrum des orthodoxen Glaubens in Finnland. Knapp 18 Prozent der 5.000 Bewohner gehören dieser Glaubensrichtung an. Das 1891 erbaute, dem hl. Elias geweihte Gotteshaus hält einen kleinen finnischen Rekord – sie ist die größte orthodoxe Holzkirche in Finnland. Die bedeutendste Sehenswürdigkeit in Ilomantsi ist das Runendorf Parppeinvaara, ein Freilichtmuseum, in dem den Besuchern die karelische Kultur vermittelt wird. Um Irrtümern vorzubeugen sei erwähnt, dass mit »Runen« hier nicht die alten ger-

#Nationalbewusstsein

Im 19. Jahrhundert gehörte Finnland noch zum russischen Zarenreich. Das Nationalepos Kalevala trug damals zur Schaffung eines eigenen finnischen Nationalbewusstseins bei.

Im Runendorf Parppeinvaara erfährt man, wie Kantele gespielt wird.

Von Möhkö kann man hinüberblicken auf die russische Seite der Grenze.

manischen Schriftzeichen gemeint sind, sondern die Verse aus dem finnischen Nationalepos Kalevala. Lieder aus der Kalevala bekommen die Gäste in der Runensängerhütte zu hören, begleitet werden die auf der Kantele, der finnischen Entsprechung zur Zither. Überall in Ilomantsi stehen Bärenstatuen herum. Die sind das Ergebnis des jedes Jahr im August stattfindenden Bärenfestivals, bei dem die Teilnehmer die Aufgabe haben, einen Holzpflock mit der Kettensäge so zu bearbeiten, dass zum Schluss eine Bärenfigur übrig bleibt. Am Ende des Wettbewerbs fahren die Teilnehmer wieder nach Hause, die hölzernen Bären aber bleiben in Ilomantsi. Das Ziel ist es, dass irgendwann einmal tausend Bärenskulpturen in den Straßen der Stadt stehen. In der Nähe von Ilomantsi liegt der Petkeljärvi-Nationalpark. Ihn kann man mit dem Auto auf einer Nebenstraße erreichen oder zu Fuß auf dem 31 Kilometer langen Wanderweg Taitajan Taival. Fährt man weiter Richtung Osten erreicht man Möhkö, die letzte finnische Siedlung vor der russischen Grenze. Das Eisenhüttenmuseum des Ortes erinnert an seine industrielle Vergangenheit. In der Nähe der Gemeinde beginnt der knapp 100 Kilometer lange Wolfspfad (fin. Susitaival), der bis in den weiter nördlich gelegenen Patvinsuo-Nationalpark führt. Dort ist der Suomunjärvi mit seinen sandigen Stränden das Ziel vieler Wanderer.

#Eisstraße

Im Winter kann man die Fahrstrecke um den See Pielinen oft abkürzen, denn dann führt bei Vuonislahti eine Straße über den zugefrorenen See hinüber zu den Kolibergen.

Der Petkeljärvi-Nationalpark ist bei Wanderern beliebt.

Parallel zur russischen Grenze fährt man Richtung Süden nach Värtsilä. Der Ort ist seit dem Zweiten Weltkrieg geteilt und heute ein Grenzübergangspunkt. In Kitee hat im Sommer 2020 das Nightwish-Museum eröffnet. Fans der Symphonic-Metal-Band können in der kleinen Ausstellung den Karriereweg der Jungs aus der karelischen 10.000-Einwohner-Stadt nachverfolgen, und natürlich auch den von Tarja

Turunen. Denn obwohl die ehemalige Frontfrau 2005 die Band im Streit verlassen hat, wird auch sie ausführlich gewürdigt. Neben Nightwish sind die Pesäpallospieler von Kiteen Pallo die anderen großen Berühmtheiten in Kitee. Pesäpallo, eine Art finnischer Baseball, ist extrem beliebt und weil Kitee schon mehrfach finnischer Meister wurde, passt es ganz ausgezeichnet, dass Nightwish die offizielle Einmarschmusik für die lokalen Sporthelden geschrieben haben.

Grenzfluss zu Russland, der Anninkoski bei Möhko

Knapp 70 Kilometer sind es von Kitee nach Joensuu, der mit 76.500 Einwohnern größten Stadt Nordkareliens. Obwohl Joensuu erst 1848 von Zar Nikolaus I. gegründet wurde, lebten hier schon mehrere Jahrhunderte vorher Menschen. 1894 wurde die Stadt an das Bahnnetz angeschlossen und 1950 eröffnete der Flughafen. Zwischen diesen beiden Daten vollzog sich ein langsamer und unspektakulärer, gleichzeitig aber auch stetiger Aufstieg der Stadt, die heute ein wichtiges regionales Zentrum ist. Das Rathaus aus rotem Backstein mit dem charakteristischen Turm stammt von 1913 und wurde von dem bekannten finnischen Architekten Eliel Saarinen erbaut. Der hat u.a. auch den Bahnhof von Helsinki geplant. In der Kirkkokatu 23 befindet sich das Kunstmuseum, in dem finnische Kunst aus der Zeit von ca. 1850 bis heute ausgestellt ist. Das bekannteste hier »beheimatete« Werk ist »La Parisienne« von Albert Edelfelt. Im Carelicum am Rande des Marktplatzes sind die Touristeninfo, ein Kulturzentrum, ein Café und das Museums von Nordkarelien untergebracht. Die modern aufbereitete Ausstellung stellt Geschichte und Kultur der

Region dar. Kinder haben in der »Kinderstraße« ihren Spaß. Hier wurde eine Straßenszene mit bunten Holzhäuschen, einem Marktplatz und einem Hafen nachgebaut. Ein Mini-Disneyland in Mittelfinnland.

Ausflug:

Wer sich für die orthodoxe Kultur interessiert, sollte von Joensuu einen Ausflug nach Uusi Valamo unternehmen. Dorthin ist man mit dem Auto knapp eine Stunde unterwegs.

Uusi Valamo ist das einzige orthodoxe Männerkloster Finnlands. Die geschäftstüchtigen Mönche haben ihr Kloster zu einer Art von »religiösem Erlebnispark« ausgebaut, in dem die Besucher nicht nur beten und meditieren können. Hier werden auch Andenken aller Art verkauft. Wer will, kann essen gehen, das Café-Restaurant Trapesa bietet Essen vom Buffet und den klostereigenen Wein zum Verkauf; je nach Dicke des Geldbeutels bucht man sich in der Herberge oder im Hotel ein, mit dem klostereigenen Boot geht es zu Rundfahrten auf den See hinaus, und wer eine Firma hat, kann sogar eine Konferenz abhalten. Gegründet wurde das Kloster im Sommer 1940, als die Mönche des auf einer Insel im Ladogasee gelegenen Klosters Valamo vor den sowjetischen Truppen fliehen mussten. Damals gehörten 150 Mönche zu der Bruderschaft, die sich in der Nähe der Gemeinde Heinävesi nieder ließen und ein neues Kloster aufbauten – dessen finnischer Name Uusi Valamo bedeutet denn auch nichts anderes als Neu Valamo. Im Laufe der Jahrzehnte starben viele der älteren Brüder, da aber kaum Nachwuchs angeworben werden konnte, drohte Uusi Valamo zu Beginn der 1970er-Jahre die Schließung. Dann aber profitierten die Mönche von der »Selbstfindungswelle«, die Finnland ebenso wie viele europäische Länder erfasste. Während sich aber in Deutschland und anderen Ländern viele Jugendliche den fernöstlichen Religionen zuwandten, entdeckte man in Finnland den orthodoxen Glauben neu. Zwar bekennt sich auch heute nur rund ein Prozent der Bevölkerung zu dieser Glaubensrichtung, doch von der Schließung ist das Kloster schon lange nicht mehr bedroht. Neben der 1977 erbauten Kirche, die u.a. mit Ikonen aus dem alten Kloster Valamo geschmückt ist, sollten sich die

Heute leben nur noch zehn Mönche in Uusi Valamo.

#Wanderweg

Auf dem 75 Kilometer langen Kolinpolku erreicht man von Joensuu (bzw. 63 km ab Uuro) den Koli-Nationalpark.

Uusi Valamo: Die meisten Ikonen brachten die Mönche mit aus ihrem alten Kloster in Russland.

Besucher vor allem das Klostermuseum ansehen. Besonders lohnend ist die Fahrt nach Uusi Valamo an hohen kirchlichen Festtagen, vor allem an Ostern, wenn hier nach traditionellen Regeln die Feiertage begangen werden.

In der Nähe von Uusi Valamo liegt das orthodoxe Frauenkloster Lintula. Da die Nonnen aber offenbar weniger geschäftstüchtig sind als ihre männlichen Kollegen, wird für Touristen nur wenig geboten – einen Souvenirshop, eine kleine Herberge und ein Café gibt es aber trotzdem. Lintula liegt 18 Kilometer von Valamo entfernt. Man kann es außer mit dem Rundfahrtboot der Mönche auch zu Fuß über einen Wanderpfad erreichen. Valamo ist leicht mit öffentlichen Verkehrsmitteln zu erreichen. Nach Joensuu verkehrt mehrmals täglich ein Bus.

Über Kontiolahti, das man international als Austragungsort großer Biathlonwettbewerbe kennt, erreicht man wieder den See Pielinen und damit den Koli-Nationalpark. Von den Gipfeln der Koliberge hat man einen faszinierenden Blick auf den See und seine zahllosen Inseln. Dies, obwohl die höchste Erhebung, der Ukko-Koli, lediglich 347 Meter hoch ist und in Deutschland allenfalls unter dem Begriff Hügelchen geführt würde. Wahrscheinlich ist der Ukko-Koli der Punkt in Finnland, an dem die meisten Fotos geschossen werden. Denn nirgendwo sonst findet man ein Motiv, das dem typischen Finnlandbild – tiefblaue Seen und ein Meer grüner bewaldeter Inseln – so sehr entspricht, wie der Ausblick von hier oben. Seit 1991 ist das Gebiet als Nationalpark geschützt und durch zahlreiche Wanderwege unterschiedlicher Länge erschlossen. Eine Mehrtageswanderung führt von hier bis nach Joensuu. Das nahe gelegene Nunnanlahti ist das Zentrum des Specksteinabbaus in Finnland. Speckstein zeichnet sich dadurch aus, dass er sehr leicht zu bearbeiten ist. Deswegen ist er als Arbeitsmaterial bei Bildhauern beliebt und wird vielfach auch zum Herstellen von Souvenir-Figuren verwendet. Die riesigen Quader, die man am Wegesrand sehen kann, werden aber nicht allesamt zu kleinen Eisbären oder Rentieren verarbeitet, zum größten Teil wird Speckstein zu einem Pulver zermahlen, das zur Papierherstellung benötigt wird. Wenige Kilometer nach Nunnanlahti endet die Rundfahrt im Ausgangsort Nurmes. •

Insel im Pielinen

#EliasLönnrot

Die Landschaft Kareliens inspirierte von jeher Dichter und Komponisten. Der Schriftsteller und Sprachforscher Elias Lönnrot bereiste die Region Mitte des 19. Jahrhunderts, sammelte Volkssagen und Lieder und fügte daraus das Nationalepos Kalevala zusammen.

Blick vom Ukko-Koli

#Bärenfestival

Jedes Jahr arbeiten Schnitzer mit ihren Motorsägen an dem Plan, Ilomantsi zur »Stadt der tausend Bären« zu machen.
msl.fi/karhufestivaali

fin

Schnee in Kuusamo – Winterwunderland in Finnisch Lappland

Powdern im Land der Nationalparks

TEXT: CHRISTOPH SCHRAHE

Rund um Kuusamo erlebt man den finnischen Winter in all seinen faszinierenden Facetten.

© Syöte Tourism Association

Der Riisitunturi liegt in Posio und ist eine der fotogensten Naturlandschaften Finnlands.

Manchmal kommt der Schnee schon im September. Die vereinzelten Bäume auf den Höhen des Riisitunturi bei Posio verwandelt er zusammen mit Wind und Frost im Laufe des Winters in bizarr anmutende Gestalten. Den Blick, der von hier oben über schier endlose Weiten verschneiter Wälder und in Eis erstarrter Seen schweift, rahmen sie überaus fotogen ein. Wer sich mit Schneeschuhen (kostenloser Verleih bei der Bücherei von Posio) oder mit Tourenski auf eine Tour zu den »Tykkypuut« genannten stummen Schneegeistern aufmacht, sollte daher keinesfalls die Kamera vergessen. Das gilt auch für die Korouoma-Schlucht im Westen von Posio, deren 14 eisüberzogene Felswände sie zu einem Dorado für Eiskletterer machen und eine spektakuläre Kulisse für Winterwanderungen abgeben. Mit einem professionellen Guide kann sich hier jedermann beim Klettern im senkrechten Eis versuchen. Dabei kommt es vor allem auf die richtige Technik an – ansonsten ermüden die Unterarme allzu schnell.

Posio ist eine der fünf Gemeinden, die sich im Nordosten Finnlands rund um die vier Nationalparks Riisitunturi, Oulanka, Syöte und Hossa zum Land der Nationalparks zusammengefunden haben. Außerhalb des im Zentrum der Region gelegenen Städtchens Kuusamo, das dank seines Flughafens mit täglichen Verbindungen nach Helsinki idealer Ausgangspunkt für die Erkundung dieses Winterwunderlandes ist, wohnt gerade mal ein Mensch auf einem Quadratkilometer. Schnee gibts dafür überall umso reichlicher und ebenso vielfältigste Möglichkeiten, ihn zu erleben – sei es in gleißender Sonne oder nachts im Schein der Nordlichter, die für viele Gäste Grund genug für eine Winterreise an den Polarkreis sind.

© Ruka-Kuusamo Tourist Association

In Rukas weit verzweigtem Loipennetz findet man sich dank Top-Beschilderung gut zurecht.

Das Wintersportzentrum Ruka

Bei all diesen Gemeinsamkeiten überrascht das Nationalparkland mit Orten ganz unterschiedlichen Charakters. Das unweit von Kuusamo gelegene Ruka ist der unbestrittene Place-to-be. Alljährlich beginnen hier die Weltcups der Langläufer und Springer, aber auch Freestyler finden ideale Bedingungen vor. Ruka verfügt über eines der größten und beliebtesten alpinen Skigebiete in Finnland, samt exquisiter Buckelpiste, permanentem Skicross, Jump-Area und riesigem Terrainpark mit Superpipe. Die meisten Abfahrten sind jedoch von der leichten Sorte, Anfänger finden also ideale Bedingungen vor, auch dank der hervorragend ausgestatteten, modernen Verleihstationen direkt an den Pisten.

Mit Kalle Palander, Slalom-Weltmeister von 1999, brachte das Skigebiet Finnlands bislang einzigen Goldmedaillengewinner im alpinen Rennsport hervor. Auf seinen Spuren trainiert der Nachwuchs vor allem auf der legendären Piste 12, die sozusagen Rukas Gletscher ist. Dank der konstant tiefen Temperaturen kann hier im Winter meterhoch technischer Schnee aufgebracht werden. Der hält dann bis in den Mai, wenn die Sonne schon fast 24 Stunden scheint. Dank Snowfarming startet die Saison bereits im Oktober. Der Strom zur Schneeerzeugung – darauf legt man in Ruka Wert – stammt ausschließlich aus Wasserkraft. Seit 2018 ist dieses Skigebiet nämlich komplett CO_2-neutral.

So betreibt auch Rukas quirliges Skidorf seine großen Hotels, Restaurants und Ladenzeilen ausschließlich mit erneuerbaren Energien, geheizt wird mit Erdwärme und

Ausfahrten per Schneemobil zählen zu den Highlights in Ruka.

© Ruka-Kuusamo Tourist Association

© Ruka-Kuusamo Tourist Association

Das Land der Nationalparks bietet ursprüngliche Saunaerlebnisse.

mit Holzpellets. Holz gibt es in Finnland schließlich reichlich. Rund um Ruka sind die Wälder licht, wechseln sich ab mit offenen Flächen und zugefrorenen Seen. Dieses Winterwunderland kann man hervorragend auf Langlaufski erkunden. Die Spezialität von Rukas Touristenloipen, die zusammen mit den Spuren in Kuusamo 159 Kilometer messen, sind die acht gemütlichen Cafés entlang der Strecken, aus denen es schon von Weitem nach frischem Backwerk duftet.

Nach Feuer riecht es beim nur zwei Kilometer von der russischen Grenze entfernten Isokenkäisten Klubi, einer Oase der Ruhe und einem idealen Ort, um die Besonderheiten der finnischen Saunakultur kennenzulernen. Die urige Rauchsauna ist eine ziemlich rustikale Variante und das nach jedem Saunagang obligatorische Bad im Eisloch des zugefrorenen Hekinjärvi-Sees erfordert Überwindung und ist – gelinde gesagt – eine intensive Erfahrung. Aber hinterher fühlt man sich großartig und das köstliche Essen, das die Hausherrinnen, die Schwestern Sirpa Kämäräinen und Katja Vira, abends auf den Tisch bringen, schmeckt danach gleich noch mal so gut.

Beste Methode, die dabei aufgenommenen Kalorien zu verbrennen, ist eine Langlauftour. Von Ruka aus führt eine Loipe tief hinein in den Oulanka-Nationalpark. Hier stürzt der Fluss Oulankajoki über die mächtigsten Wasserfälle Finnlands. Die frieren auch im Winter nicht ganz zu, aber Gischt und Kälte erschaffen faszinierende Eislandschaften. So etwa am Kiutaköngäs, erreichbar auf einem Winterwanderweg, der auf mehreren Brücken die Stromschnellen überspannt. Rauschendes Wasser und knirschender Schnee sind in den Nationalparks die einzigen Geräuschquellen, denn mit Schneemobilen darf man nur außerhalb der Schutzgebiete fahren. Ruka bietet dafür 500 Kilometer ausgewiesene Routen. Rukas Schneemobil-Streckennetz geht nahtlos in das der Nachbargemeinden Posio, Taivalkoski, Hossa und Salla über.

Neuer Nationalpark in Salla

Salla ist die Geburtsstätte des finnischen Alpinsports. Hier fanden 1937 die ersten Landesmeisterschaften statt und in Salla entdeckte man den mit 5.000 Jahren ältesten Ski der Welt. Heute verfügt Salla über ein abwechslungsreiches Skigebiet, das vor allem Familien ansteuern. Sie schätzen auch die herrliche Ruhe, die hier nur einmal im Jahr gestört wird: beim Speed-Skiing-Weltcup. Der Rekord auf der Hochgeschwindigkeitspiste beträgt gut 170 km/h. Salla liegt bereits jenseits des Polarkreises. Das macht es zum perfekten Ort, um das Nordlicht zu fotografieren. Tipp: Besonders gute Aufnahmen gelingen an den Ufern der Seen rund um das Dorf Aatsinki.

Der neue Nationalpark ist der fünfte in der Region. Er wird 10.000 Hektar zwischen dem Skigebiet und der nahegelegenen russischen Grenze umfassen. Salla setzt bereits seit einigen Jahren auf nachhaltigen Tourismus, war Pilotregion für das Programm »nachhaltiges Reisen« der nationalen Tourismusbehörde und zahlreiche touristische Anbieter im Ort wurden entsprechend zertifiziert. Mit der Schaffung des Salla-Nationalparks geht man diesen Weg konsequent weiter.

Platz für den Park gibt es reichlich: In Salla leben nur 3.400 Einwohner auf 5.800 Quadratkilometern. Dafür gibt es 10.000 Rentiere. Eine besonders authentische Form, Sallas Umgebung zu erkunden, ist daher eine Rentiersafari. Dabei lernt man im mit diversen Öko-Siegeln prämierten Salla-Rentierpark den Umgang mit den Tieren, lenkt zuletzt sogar seinen eigenen Schlitten und bekommt dafür den Rentierführerschein. Das Team um Tuija Kääriäinen, Geschäftsführer des Parks, bietet Safaris unterschiedlicher Länge und auch bei Nacht zu den Nordlichtern an.

Wie wäre es, wenn Sie Ihren eigenen Rentier-Führerschein machen würden?

© Maija Savolainen

© Elena Firsova

Geboren, um zu laufen: Huskys.

Husky-Safaris in Taivalkoski

In Taivalkoski kann man gleiches mit den schon etwas flotteren Huskys tun. Auf der Farm an der Saija Lodge leben etwa 150 Schlittenhunde, zum größten Teil sibirische Huskys. Laut Wirt und Züchter Asko Karppinen »sehr intelligente Arbeitshunde«, aber auch die Alaskan Huskys, von denen er ebenfalls einige hat, seien »motivierte Laufhunde«. Das Wohl der Hunde liegt Asko sehr am Herzen. Bei der Fütterung stehen zweimal täglich Suppe und Hundevollnahrung auf dem Speiseplan, darüber hinaus gibt es morgens und abends frischen Fisch. Die Vorbereitungen für die Wintersaison beginnen im Herbst. Wenn es kühler wird, muss die Kondition der Laufhunde, die den Sommer über gefaulenzt haben, langsam wieder aufgebaut werden. Zunächst mit kurzen Trainingsläufen. Ende Dezember, wenn die Saison für Huskysafaris beginnt, müssen die Hunde 25 bis 35 Kilometer meistern können. So lang sind die vier- bis sechsstündigen Touren, die Asko mit seinen Gästen unternimmt. Dabei können die Teilnehmer ihr eigenes Gespann mit bis zu sechs Hunden lenken. Unterwegs gibt es ein Mittagessen am Lagerfeuer. Die kürzesten Ausfahrten gehen über eine Distanz von 13 Kilometern Länge. Vor dem Start unterweist Asko die angehenden Musher im Führen der Hundeschlitten. Kleine Kinder können bei den Touren im Schlitten sitzend mitfahren. Die Saija Lodge lohnt einen Besuch auch wegen der köstlichen Küche in ihrem Restaurant, wo mit regionalen Zutaten aus der Wildnis wie frischem Fisch, Beeren, Pilzen und Kräutern gekocht und das Brot selbst gebacken wird.

Taivalkoski bietet selbstverständlich auch gespurte Langlaufloipen durch atemberaubende Landschaften. Das Skigebiet Taivalvaara wartet mit alpinen Skipisten unterschiedlicher Schwierigkeitsgrade auf.

© Visit Taivalkoski

Bei einer Hundeschlittensafari kann man die Schlitten selber steuern.

Hauptattraktion des Dorfes ist neben den Hundeschlitten allerdings Jalavan kauppa, Finnlands ältester Krämerladen. Einst zahlten die Kunden hier mit Eichhörnchenhäuten, vorübergehend auch mit Rubeln. Inzwischen gehen selbst Euromünzen in dem 1883 gegründeten Laden kaum noch über den Tresen, denn beim bargeldlosen Zahlen sind die Finnen ganz vorne. Ein gemütliches Café ergänzt den Jalavan kauppa, den Laura und Mikko Jalava in der fünften Generation betreiben.

Sportliche Langläufer finden ein umfangreiches Netz an Skatingspuren.

© Harri Tarvainen

© Syöte Tourism Association

Zurück zur Natur bei einer Schneeschuhtour durch den Syöte-Nationalpark.

Aktivurlaub im Syöte-Nationalpark

Knapp 30 Kilometer westlich von Taivalkoski liegt am Südportal des Syöte-Nationalparks das bei Skiurlaubern aus ganz Finnland beliebte Wintersportresort Syöte. In den beiden benachbarten Skigebieten Iso-Syöte und Pikku-Syöte gibt es insgesamt 26 alpine Abfahrten mit 22 Kilometern Länge. Iso-Syöte hat den vielseitigsten Snowpark in Finnland und Kinder unter 7 Jahren fahren hier kostenlos Ski. Den Nationalpark, in dem es dank der Feuchtigkeit vom nahe gelegenen Meer besonders verlässlich »Tykkypuut« zu bewundern gibt, kann man von hier aus außer auf Schneeschuhen auch auf 36 Kilometern Winter-Biking-Trails erkunden. Die dazu erforderlichen Bikes mit den fetten Reifen kann man ausleihen, zum Beispiel im Hotel Iso-Syöte. Das wurde acht Jahre in Folge zum besten Boutique-Hotel in Finnland gekürt und verfügt mit dem Arctic Spa außerdem über die perfekte Ausstattung für das landestypische Après-Ski – ja, die Finnen trinken in der Sauna Bier!

fin

Weite Blicke und weiße Schneegeister bieten wundervolle Fotomotive.

© Syöte Tourism Association

© Visit Suomussalmi

Zum Värikallio-Felsen mit seinen prähistorischen Zeichnungen gelangt man auch per Fat-Bike.

Zeitreise in Suomussalmi

Vor allem aber lieben sie es, draußen zu sein. Gern auch zwischen den Saunagängen, um durch ein Loch im Eis eines zugefrorenen Sees in eiskaltes Wasser zu tauchen. Weder Kälte noch die Dunkelheit des Hochwinters können sie davon abhalten, sich auf vielerlei Weise in die wundervolle Natur aufzumachen – und das schon sehr lange. Im Hossa-Nationalpark bei Suomussalmi kann man die nördlichsten Felszeichnungen Finnlands bewundern. Die prähistorischen Künstler müssen sie vor rund 4.000 Jahren auf dem Eis stehend auf den aus dem Julma-Ölkky-See aufragenden Värikallio-Felsen aufgebracht haben. Heute erreicht man die Zeichnungen auf einem Pfad, auf dem man sich per Rad, auf Langlaufski, mit Schneeschuhen oder schlicht zu Fuß bewegen kann. Fatbikes verleiht hier der Campingplatz Hossan Lumo, drei Stunden kosten 30 Euro.

Neben Multifunktionspfaden durchziehen den Nationalpark auch für klassische Technik gespurte Langlaufloipen und Hundeschlittentrails. Die Schneemobilrouten machen selbstverständlich einen Bogen um das erst 2017 auf einer Fläche von 110 Quadratkilometern eingerichtete Naturreservat, dessen Landschaft von der Eiszeit geformt wurde. Die scheint im tiefen finnischen Winter gar nicht so weit entfernt. •

European Union
European Regional
Development Fund

Leverage from
the EU
2014–2020

POHJOIS-POHJANMAA
Council of Oulu Region

Posio – www.posiolapland.com
Ruka-Kuusamo – www.ruka.fi
Salla – www.visitsalla.fi
Suomussalmi – www.visitsuomussalmi.fi
Syöte (Pudasjärvi) – www.syote.fi
Taivalkoski – www.visittaivalkoski.fi

Kurs Finnland

ANREISE MIT DEM EIGENEN AUTO/WOHNMOBIL

Wer mit dem eigenen Auto oder Wohnmobil nach Finnland reisen möchte, kommt um die Fähre eigentlich nicht herum. Genügend Zeit vorausgesetzt, kann man das Land natürlich im Rahmen einer Rundreise durch ganz Nordeuropa von Norwegen und Schweden aus über den Landweg erreichen. Eine überlegenswerte Alternative ist die Anreise mit dem Flugzeug und das Anmieten eines Autos vor Ort (**www.billiger-mietwagen.de**).

Allgemeine Verkehrsbestimmungen

- In Finnland herrscht Rechtsverkehr und Anschnallpflicht auf Vorder- und Rücksitzen.
- Das Abblendlicht muss auch am Tag eingeschaltet sein (Standlicht reicht nicht).
- Promillegrenze: 0,5
- Höchstgeschwindigkeiten: innerhalb geschlossener Ortschaften: 50 km/h, außerhalb geschlossener Ortschaften: 80 km/h, auf Schnellstraßen/Autobahnen: 100/120 km/h, im Winter und für Wohnwagen (gebremste und ungebremste) ganzjährig gilt eine Höchstgeschwindigkeit von 80 km/h.

Besonderheiten: Anhänger sind in den Wintermonaten mit Winterreifen und je nach Witterung zusätzlich mit Spikes auszustatten. Die meisten Inlandfähren gehören zum Straßennetz und dürfen kostenlos genutzt werden. Verkehrsschild gelb mit rotem Rand: Vorfahrt achten! Öffentliche Verkehrsmittel haben innerorts immer Vorfahrt. Fahrzeuge im Kreisverkehr müssen Vorfahrt gewähren.

ANREISE MIT DER FÄHRE

Finnland erreicht man mit der Fähre entweder direkt von Deutschland aus oder via Schweden. Achten Sie im letzteren Fall auf Kombitickets.

Direkte Verbindungen

- Travemünde – Helsinki (Finnlines)

Verbindungen über Schweden

- Stockholm – Mariehamn – Helsinki (Tallink Silja und Viking Line)
- Stockholm – Mariehamn bzw. Långnäs – Turku (Tallink Silja und Viking Line)
- Stockholm – Mariehamn – Tallinn (Tallink Silja)
- Kapellskär – Mariehamn (Viking Line)
- Kapellskär – Långnäs – Naantali (Finnlines)
- Grisslehamn – Eckerö (auf Åland) (Eckerö Linjen)
- Umeå – Vaasa (Wasaline)

Verbindungen über Estland

- Tallinn – Helsinki (Tallink Silja)
- Tallinn – Helsinki (Eckerö Line)
- Tallinn – Helsinki (Viking Line)

Kontaktadressen der Fährlinien

- Eckerö Linjen: Tel. + 358 18 28 000, **www.eckerolinjen.se**
- Eckerö Line: Tel. +358 92288544, **www.eckeroline.com**
- Finnlines: Tel. 0451-1507433, **www.finnlines.com**
- Tallink Silja: Tel. 040-54 75 41 222, **www.tallinksilja.de**
- Viking Line: Tel. 0451-38 46 30, **www.vikingline.de**
- Wasaline: Tel. FIN +35-8-20 77 16 810, Tel. SE +46-90 18 52 00, **www.wasaline.com**

ANREISE MIT DEM FLUGZEUG

Finnland hat insgesamt fast 30 Flughäfen. Mindestens drei davon (Helsinki, Turku, Kittilä) sind von Deutschland, Österreich und der Schweiz aus per Direktflug zu erreichen, andere mit Umstieg in Helsinki-Vantaa. Einige der Strecken werden nicht ganzjährig bedient. Da sich Flugverbindungen schnell ändern können, erheben wir keinen Anspruch auf Richtigkeit und Vollständigkeit und verweisen für aktuelle Informationen auf die Website der jeweiligen Fluggesellschaft.

- Air Baltic: Von mehreren deutschen Flughäfen Umsteigeverbindungen via Riga nach Helsinki, Turku und Kittilä. **www.airbaltic.com**
- Finnair: Von Berlin, Frankfurt/M., Düsseldorf, München, Hamburg, Wien und Zürich via Helsinki nach Ivalo, Joensuu, Jyväskylä, Kemi, Kittilä, Kokkola-Pietarsaari, Kuopio, Kuusamo, Mariehamn, Oulu, Rovaniemi, Savonlinna, Tampere, Turku, Vaasa, Varkaus. **www.finnair.com**
- FlyCar: In den Wintermonaten von Hannover nach Kittilä, Finnisch Lappland. **www.fly-car.de**
- Lufthansa: Von Frankfurt/M. nach Helsinki und Ivalo, von München nach Helsinki und Kittilä. **www.lufthansa.com**
- SAS (im Codeshare mit Lufthansa): Von Berlin, Düsseldorf, Frankfurt/M., Hamburg, Stuttgart und München via Stockholm nach Helsinki. **www.flysas.com**

ANREISE MIT DEM ZUG

Im Süden Finnlands sind alle größeren Städte durch ein modernes Schienennetz verbunden. Auch im Norden sind einige Regionen mit der Bahn zu erreichen. So kann man z. B. mit dem Nachtzug »Santa Claus Express« von Helsinki nach Rovaniemi und Kemijärvi reisen und ausgeschlafen die Weiterreise durch Finnisch Lappland in Angriff nehmen. Da Finnland als einziges EU-Land für seine Schienen gleiche Spurbreite benutzt wie Russland, kann man auch ohne Umstieg via Wyborg nach St. Petersburg reisen. (Visum erforderlich!). Infos zum finnischen Bahnnetz unter **www.vr.fi**.

ANREISE MIT DEM BUS

Eine Anreise via Bus ist möglich, wenn man zwischendurch (z. B. in Stockholm) auf die Fähre wechselt.
Zeit- und oftmals preisgünstiger ist jedoch die Anreise via Flugzeug. Im Land angekommen, kann man dann nahezu 90 Prozent aller Ortschaften und Städte mit Überlandbussen erreichen, z. B. mit Bussen von Matkahuolto, **www.matkahuolto.fi**. Oft sehr günstig sind die Angebote von OnniBus: **www.onnibus.com**

GELDANGELEGENHEITEN

Die offizielle Währung in Finnland ist der Euro. 1-, 2- und 5-Cent Münzen kennt man allerdings nicht, der Endbetrag einer Rechnung wird entsprechend auf- oder abgerundet. Ohnehin verwendet man im Vergleich zu Deutschland extrem selten Bargeld. Auch Kleinstbeträge können mit Kreditkarten bezahlt werden. Mehr noch – in manchen Geschäften/Restaurants werden inzwischen ausschließlich Kreditkarten als Zahlungsmittel akzeptiert. Mit EC-Karten mit Maestro-Funktion kann man an fast allen Bankautomaten (fin. Otto) Geld abheben.

Gute Nacht in Finnland

HOTELS

Zwischen Tradition und Moderne bewegt sich das Hotelangebot in Finnland, in dem Häuser mit einfachem als auch gehobenem Standard eine gute Nacht versprechen. In Finnland vertreten sind u. a. die Hotelketten Scandic, Lapland Hotels, Radisson Blu und Sokos.

JUGENDHERBERGEN

Zwischen Helsinki im Süden und dem Inarisee im Norden gibt es in Finnland über 40 Jugendherbergen. Schwerpunkt sind das Seengebiet sowie Lappland.

- Suomen Retkeilymajajärjestö – SRM (Hostelling International Finland) **www.hihostels.fi**

PRIVATUNTERKÜNFTE

B&B war in Finnland noch vor Jahren kaum zu finden, mittlerweile vermieten aber immer mehr Privatpersonen und Landwirte Zimmer. Auskünfte dazu gibt es in den örtlichen Fremdenverkehrsämtern. Auch die europaweite Datenbank **www.bedandbreakfast.eu** verzeichnet Privatunterkünfte. Selbstverständlich findet man auch beim Marktführer Airbnb zahleiche Angebote **www.airbnb.de**.

FERIENHÄUSER

Das Haus am See ist in Finnland an vielen Stellen zu finden und eine typische Art, den Urlaub zu verbringen. Steg und Boot sind vielerorts inklusive. Ferienhäuser haben unter anderem
Fintouring (**www.fintouring.de**),
Novasol (**www.novasol.de**),
Casamundo (**www.casamundo.de**) und
Interchalet (**www.interchalet.de**) im Angebot.

CAMPING

Rund 140 Campingplätze sind beim Finnischen Campingverband registriert. Viele der Plätze liegen an einem Gewässer und bieten guten bis gehobenen Standard. Nützlich ist die Camping Key Europe-Karte (16 Euro bzw. 14 Euro in der mobilen Version). Weitere Informationen beim Finnischen Campingverband unter **www.camping.fi** (auch auf Deutsch). Hier kann man auch eine Campingbroschüre herunterladen oder bestellen.

UNGEWÖHNLICH ÜBERNACHTEN

In Finnland kann man sich in einem der Leuchttürme an der West- und Südküste zur Ruhe legen und dabei das Meer rauschen hören. Besondere Winternächte verbringt man im Hotel Kakslauttanen in Lappland oder in Levi, wo durch die Fenster von Glasiglus das Nordlicht beobachtet werden kann. Auch eine Nacht im SnowCastle, dem Schloss aus Eis und Schnee in Kemi, vergisst man nicht so schnell.

HAUSBOOTE

Houseboat-Holiday in der Region Jyväskylä:
www.houseboat.fi

COVID-19-HINWEIS

Da die Pandemielage fortwährenden Änderungen unterliegt, könnte es weiterhin zu kurzfristigen Grenzschließungen, Einschränkungen oder Streichungen im Fähr-, Flug-, Zug und Busbetrieb sowie Schließungen von Unterkünften kommen. Bitte beachten Sie aktuelle Reise- und Sicherheitshinweise und informieren Sie sich aktuell bei allen für Ihre Reise relevanten Verkehrs- und Beherbergungsbetrieben.

ISLA

Im Rahmen des Projektes »Troll Town« hat die US-amerikanische Malerin Jeanne Morrison den Ort Ólafsfjörður in eine Hochburg der Trolle verwandelt. Modell für die Trolle standen die Dorfbewohner, darunter der Bauer Gunnar L. Jóhannsson.

ND

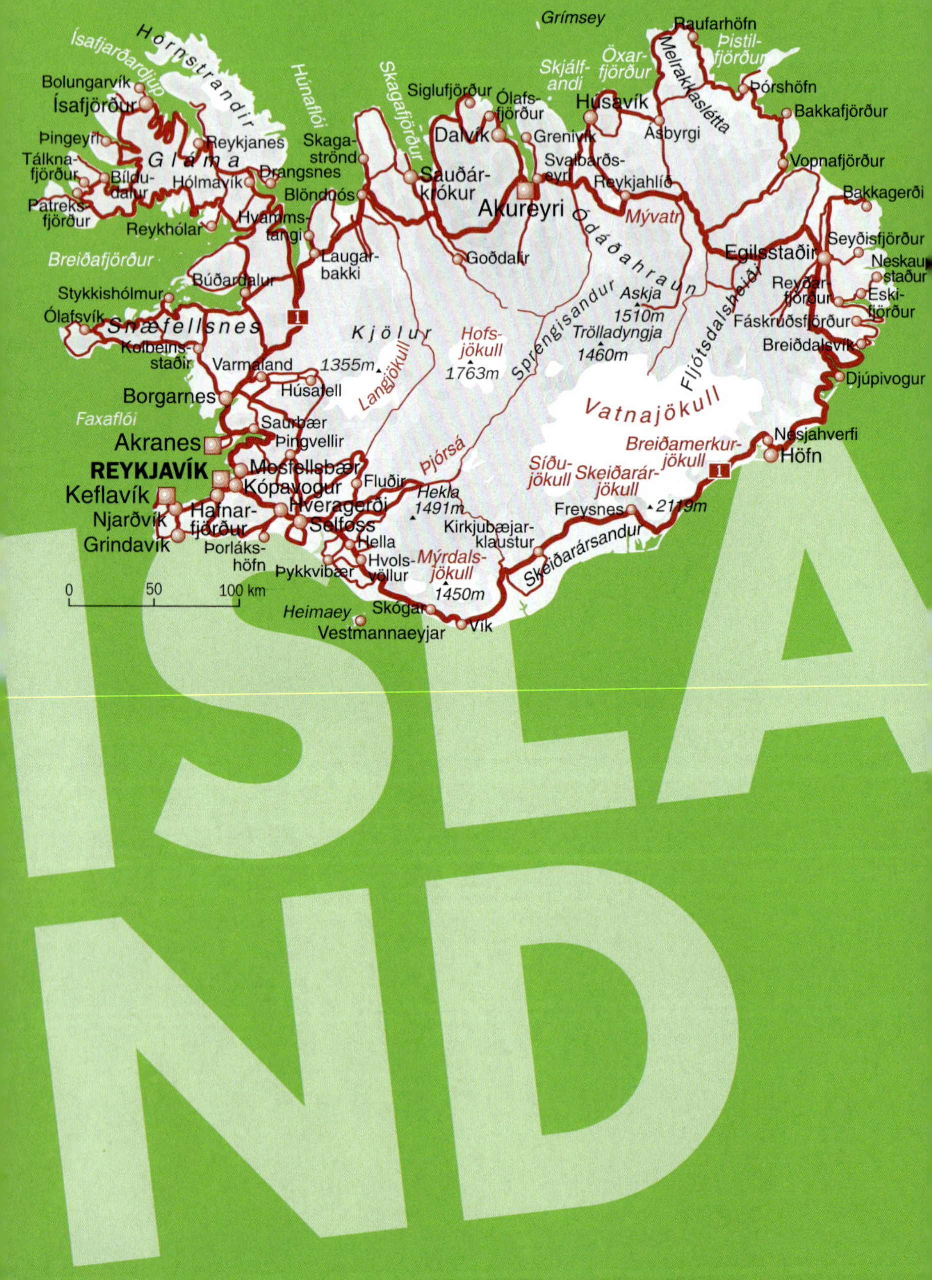
Grímsey
Raufarhöfn
Þistil-fjörður
Hornstrandir
Ísafjarðardjúp
Húnaflói
Skagafjörður
Siglufjörður
Ólafs-fjörður
Skjálf-andi
Öxar-fjörður
Melrakkaslétta
Þórshöfn
Bakkafjörður
Bolungarvík
Ísafjörður
Húsavík
Ásbyrgi
Þingeyri
Reykjanes
Skaga-strönd
Dalvík
Grenivík
Tálkna-fjörður
Glám a
Drangsnes
Sauðár-krókur
Svalbarðs-eyri
Vopnafjörður
Bíldu-dalur
Hólmavík
Blönduós
Akureyri
Reykjahlíð
Bakkagerði
Patreks-fjörður
Hvamms-tangi
Mývatn
Reykhólar
Ódáðahraun
Egilsstaðir
Seyðisfjörður
Breiðafjörður
Laugar-bakki
Goðdalir
Neskaup-staður
Búðardalur
Askja
1510m
Reyðar-fjörður
Eski-fjörður
Stykkishólmur
Sprengisandur
Fáskrúðsfjörður
Ólafsvík
Snæfellsnes
1
Kjölur
Hofs-jökull
Trölladyngja
Fljótsdalsheiði
Breiðdalsvík
Kolbeins-staðir
1460m
Varmaland
1355m
1763m
Djúpivogur
Borgarnes
Langjökull
Húsafell
Vatnajökull
Faxaflói
Saurbær
Nesjahverfi
Akranes
Þingvellir
Breiðamerkur-jökull
Höfn
Þjórsá
REYKJAVÍK
Mosfellsbær
Síðu-jökull
Skeiðarár-jökull
1
Keflavík
Kópavogur
Flúðir
Hekla
1491m
Freysnes
2119m
Njarðvík
Hafnar-fjörður
Hveragerði
Selfoss
Kirkjubæjar-klaustur
Grindavík
Hella
Þorláks-höfn
Hvols-völlur
Mýrdals-jökull
Skeiðarársandur
Þykkvibær
0
50
100 km
1450m
Heimaey
Skógar
Vestmannaeyjar
Vík
ISLA
ND

#island

#Land

Island umfasst eine Fläche von 103.000 km². Die Vulkaninsel liegt in der arktisch-polaren Zone, der Polarkreis verläuft durch die nördlich vorgelagerte Insel Grímsey. Im Nordwesten sind es nach Grönland 290 km, im Südosten auf die Färöer 435 km und nach Norwegen 970 km.

In Island leben ca. 364.000 Menschen, was einer Bevölkerungsdichte von 3,5 Einwohnern/km² entspricht – kein Land in Europa ist weniger dicht besiedelt. Die Hauptstadt Reykjavík (131.000 Ew.) ist auch die größte Stadt Islands. Im Großraum Reykjavík konzentrieren sich mehr als 60 % der Gesamtbevölkerung. Der Rest der Bevölkerung verteilt sich fast ausschließlich auf die küstennahen Bereiche. Das Landesinnere oberhalb 200 m Höhe – rund 80 % der Landesfläche – ist unbesiedelt. 90 % der Isländer gehören der evangelisch-lutherischen Kirche an.

Island ist eine parlamentarische Republik, gegründet am 17.06.1944. Das isländische Parlament, das Althing, besteht aus 63 Abgeordneten und wird für vier Jahre gewählt. Als Regierungschefin wurde 2021 Katrín Jakobsdóttir von der Links-Grünen Bewegung wieder im Amt bestätigt. Der Staatspräsident (zurzeit Guðni Thorlacius Jóhannesson) hat repräsentative Funktionen. Vigdís Finnbogadóttir, Staatsoberhaupt von 1980–1996, war zum Zeitpunkt ihrer Wahl das erste direkt vom Volk gewählte weibliche Staatsoberhaupt der Welt.

Der Export basiert vor allem auf Fischereiprodukten (42 %), Aluminium, Ferrosilicium, Fischfang- und Fischverarbeitungsausrüstung sowie Wollprodukten. 2020 belegte Island mit einem BIP von 59.634 US-Dollar Rang sechs der Länder mit dem größten Bruttoinlandsprodukt pro Kopf.

#Leute

Isländern wird manchmal eine gewisse charmante Unangepasstheit nachgesagt. Ins Herz schlossen viele Menschen die Nachfahren der Wikinger spätestens bei der Fußball-EM 2016, als Tausende isländische Fans mit dem Viking Clap die Welt begeisterten. Stolz auf ihre Herkunft sind die Isländer allemal. Ihren Stammbaum können die meisten über viele Generationen zurückverfolgen, manche gar bis zur Landnahmezeit im 9. Jahrhundert. Mit dem Landnámabók (11. Jh.) existiert auch ein detailliertes Verzeichnis der 400 ersten Siedlerfamilien. Wo gibt es das sonst auf der Welt?

Trotz der oft harschen Lebensbedingungen der Insulaner spielten Literatur und Kunst immer eine große Rolle. Skalden – Dichter und Verfasser von Sagas – genossen einst hohes Ansehen. Bis heute werden in keinem Land pro Kopf mehr Bücher gelesen – und geschrieben.

Der ständige Kampf mit den Elementen und die langen, dunklen Winter erforderten einst die Entwicklung besonderer Methoden, um Wintervorräte anzulegen. Beim *Þorrablót*, dem traditionellen Winterfest, kommen noch immer die alten Spezialitäten wie fermentierter Hai, Trockenfisch, Innereien und angesengte Schafköpfe auf den Tisch, bevorzugt zusammen mit *brennivín*, dem Kartoffelschnaps mit Kümmelaroma.

Tief verwurzelt ist auch der Aberglaube, denn wo sonst werden schon mal Straßenverläufe geändert, weil Elfen angeblich den Bagger blockierten, der sonst einen ihrer Wohnfelsen zerstört hätte. Einer Studie der Universität Island aus dem Jahr 2007 zufolge glauben 8 % der Isländer fest an Elfen, weitere 54 % halten deren Existenz zumindest für »gut möglich«.

TEXT & FOTOS #ISLAND: ERIK VAN DE PERRE
(sofern nicht anders gekennzeichnet)

Südseefeeling am Polarkreis

Badeparadies Island

Island ist bekannt für seine vielen vulkanischen Phänomene. Ein wunderbarer Nebeneffekt des Vulkanismus sind Unmengen an Heißwasser. Ihnen verdankt die Insel eine ganz eigene Badekultur.

Im Reykjadalur (Hveragerði) gibt es ein ganzes Dutzend warme Naturpools. Wer die Badestelle erreichen will, muss aber zunächst die Wanderstiefel schnüren.

Das Baden in heißen Quellen hat auf Island eine lange Tradition. So berichtete schon die Laxdæla saga, wie sich die schöne Guðrún Ósvífursdóttir mit ihrem Geliebten im mollig warmen Wasser des Guðrúnarlaug ein Stelldichein gab. Die ersten Bäder waren sehr primitiv. Gebadet wurde meist in Bächen, in denen sich das Wasser von heißen Quellen mit kaltem Wasser vermischte.

Seiner Zeit weit voraus war Snorri Sturluson (1179–1241). Der große Dichter und Diplomat gilt nämlich auch als Pionier der Geothermie. Sein Bad, Snorralaug, ein rundes Becken aus Sinterblöcken, knapp vier Meter im Durchmesser, existiert noch immer. Gespeist wurde das schon in der Sturlunga saga erwähnte Bad über eine 120 Meter lange unterirdische Leitung aus der heißen Quelle Skrifla. Eine zweite Leitung leitete

In der Blauen Lagune badet man eigentlich im »Abwasser« eines geothermischen Kraftwerks.

den Dampf der Quelle ins Haus, wo sich vielleicht ein Dampfbad befand. Die Technologie wurde vermutlich von Pilgern aus Rom mitgebracht. Mit der Ermordung von Snorri 1241 ging auch das geothermische Knowhow verloren. Fast sieben Jahrhunderte lang bibberten viele Bauern monatelang in ihren kalten, feuchten Torfhütten, während nebenan heißes Wasser ungenutzt ins Erdreich versickerte.

Man trifft einfach jeden

Heute sind geothermische Bäder aus dem Alltag der Isländer nicht mehr wegzudenken. Rund um die Insel gibt es gut 170 meist geothermisch beheizte Freibäder für eine Bevölkerung von gerade einmal 365.000 Seelen. Fast jedes Dorf hat seinen Pool und ein paar Hot Pots (isl. *heitir pottar*) oder »heiße Töpfe«. In den 36 bis 45 °C heißen Becken trifft man sich zu jeder Tageszeit, schwingt Reden und diskutiert über Gott und die Welt. Und man kann dort auch wirklich jeden antreffen, wie ein Zitat des Autors Kristof Magnusson aus seinem Buch »Gebrauchsanweisung für Island« nahelegt: »Sie saß einmal in einem der heißen Töpfe und plauderte mit einem Amerikaner, der sie fragte, was sie beruflich machte. Ich bin Präsidentin, antwortete Vigdís Finnbogadóttir. Von welcher Firma?, fragte der Amerikaner, und sie antwortete: Von Island.«

Nicht nur die Zahl der Bäder beeindruckt, auch ihre Vielfalt – vom kleinen versteckten Naturbad im Hochland bis hin zu den großen, modernen Thermen, die in den letzten Jahren überall auf der Insel aus dem Boden sprießen.

Baden vor surrealer Kulisse

Das größte und bekannteste Thermalbad ist die Blaue Lagune. Die Anlage auf der Halbinsel Reykjanes ist auch die populärste Attraktion Islands: 2018 genossen 1,3 Mio. Besucher das Bad in atemberaubender Lavakulisse! Dabei war die Lagune zunächst ein Zufallsprodukt, entstanden aus dem »Abwasser« eines Geothermiekraftwerks.

Als 1969 in Svartsengi, vier Kilometer nördlich von Grindavík, nach heißem Wasser gebohrt wurde, stieß man auf eine heiße Salz-

Brandneu: Die 2021 eröffnete Sky Lagoon besticht mit einem wunderbaren Infinitypool.

lauge, die über einen Wärmetauscher zur Erhitzung von Süßwasser und zur Stromerzeugung genutzt wurde. Anschließend wurde das »Abwasser« in die Lava geleitet, in der es verschwinden sollte. Tat es aber nicht, denn schon bald verstopfte der Kieselschlamm die Spalten und es bildete sich eine schnell wachsende Lagune. Zunächst interessierte sich kaum jemand dafür, bis ein Kraftwerksarbeiter, der darin gebadet hatte, erstaunt feststellte, dass ein Bad in der milchig blauen Lagune seine Schuppenflechte linderte. Als nach und nach immer mehr Menschen das Bad vor surrealer Kraftwerkskulisse genießen wollten, wurde 1986 eine einfache Badeanstalt gegründet, die aber schon bald zu klein war. 1999 wurde die »alte Lagune« geschlossen, zwei Kilometer weiter eine neue Anlage errichtet, die seitdem mehrfach erweitert wurde. Neben dem 8.700 Quadratmeter großen Bad gibt es heute ein Servicecenter mit Massagen und diversen Gesichts- und Körperbehandlungen, ein Luxushotel und eine dermatologische Poliklinik mit Behandlungen für Psoriasis-Patienten. Die heilsame Wirkung des Thermalwassers basiert auf mehreren Faktoren: Der Kieselerde-Schlamm reinigt die Haut, die Algen geben ihr Nährstoffe, die Mineralsalze wirken entspannend. Der Erfolg der Blauen Lagune hat aber eine Kehrseite. Aufgrund des hohen Andrangs musste bei der Zahl der Badegäste eine Obergrenze eingeführt werden. Heute ist der Besuch nur noch über eine Buchungsmaschine möglich.

Siebenstufiges Ritual

Wem die Blaue Lagune zu voll erscheint, braucht nicht zu verzweifeln, denn längst gibt es eine ganze Reihe hervorragender Alternativen. So wurde am 1. Mai 2021 am Stadtrand von Reykjavík die Sky Lagoon eröffnet. Die Mega-Anlage auf der Landzun-

Der älteste Pool Islands: Die Secret Lagoon existiert bereits 130 Jahre.

ge Kársnes in Kópavogur schlägt eine Brücke zwischen Islands Kultur und Natur. Größte Attraktion der Therme, deren Architektur den klassischen Torfhäusern nachempfunden ist, ist der 70 Meter lange, von hohen Basaltwänden eingerahmte Infinitypool mit Blick auf den Atlantik. Ein toller Ort, um den Sonnenuntergang oder Nordlichter zu bestaunen.

Der Besuch der Sky Lagoon erfolgt nach einem traditionellen siebenstufigen Ritual, das warmes und kaltes Wasser, heißen Dampf, trockene Hitze und frische Meeresluft kombiniert. Zunächst geht es ins Thermalbad, dann in ein Becken mit eiskaltem Wasser. Während man sich anschließend in der Sauna aufwärmt, schweift der Blick durch ein riesiges Panoramafenster über den isländischen Präsidentensitz Bessastaðir bis zu den Bergen der Halbinsel Reykjanes. Bei klarer Sicht ist jenseits der Bucht Faxaflói der Gletschervulkan Snæfellsjökull zu sehen – 120 Kilometer entfernt. Nach dem Eintauchen in einen Bereich mit kaltem Nebel folgen die Schritte fünf und sechs: ein Körper-Peeling und das Dampfbad. Zum Abschluss geht es zur Entspannung wieder in die warme Lagune.

Mit der Sky Lagoon, einer Investition von 5 Mrd. ISK (ca. 33 Mio. €), möchte CEO Dagný Pétursdóttir eine echte Alternative zur beliebten Blauen Lagune bieten. Angepeilt sind bis zu 3.000 Besucher pro Tag.

Mediterranes Flair

Vom Einfallsreichtum der Isländer zeugt der Geothermalstrand von Nauthólsvík. In der Bucht am Südrand von Reykjavík beträgt die Wassertemperatur nicht wie sonst an der isländischen Küste nur 4 bis 10 °C, sondern angenehme 18 bis 20 °C. Der Grund: Warmwasser, das zunächst zu Heizzwecken durch die Stadt geleitet wurde, wird hier in einer künstlich geschaffenen Lagune ins Meer »entsorgt«, wo es sich mit Meerwasser vermischt. Ein künstlicher weißer Mu-

Logenplatz am Ufer des warmen Baches Reykjadalsá

Heißwasser gibt es hier reichlich: Das Thermalbad Krauma wird von der ergiebigsten heißen Quelle Europas gespeist.

schelsandstrand sorgt für mediterranes Flair. Diverse Hot Pots und ein Dampfbad komplettieren das Angebot des Ylströnd oder »Wärmestrand« (2000). Dass die Idee ein Volltreffer ist, beweisen gut 500.000 Besucher im Jahr.

Göttliches Bad

Der Stolz von Akranes, einer Küstenstadt nördlich von Reykjavík, ist das kleine, hübsch im Schüttsteindeckwerk am Strand von Langisandur integrierte Thermalbad Guðlaug (2018). Der Name bedeutet das »Bad von Gott«. Und göttlich ist das Bad wirklich. Beim Design, das für den EU-Architekturpreis Mies van der Rohe Award 2022 nominiert wurde, ließen sich die kreativen Köpfe von Basalt Architects von den Pfützen inspirieren, die bei Ebbe am Strand zurückbleiben. Der Pool besteht aus drei Etagen: Von der Aussichtsplattform oben schaut man bis nach Reykjavík hinüber, in der Mitte liegt das eigentliche Bad, dessen Wasser kaskadenartig in den flachen unteren Pool fließt. Die Hot Pots sind ideal für Ozeanschwimmer, die sich nach getaner Arbeit aufwärmen möchten. Und: Der Eintritt beträgt nur 3 €!

is

Ergiebigste heiße Quelle Europas

Östlich von Borgarnes erstreckt sich das Reykholtsdalur oder »Rauchhügel-Tal«. In diesem Tal dampfen und sprudeln besonders viele heißen Quellen, darunter Deildartunguhver. Sie ist mit einem Ausstoß von 180 Liter kochend heißem Wasser pro Sekunde die kraftvollste heiße Quelle Europas. Schon jahrzehntelang beliefert sie die nahen Treibhäuser und die Küstenstädte Borgarnes und Akranes mit Heißwasser, seit 2017 außerdem das neu eröffnete Thermalbad Krauma, einen coolen Badetempel mit runden Bädern und dunklen, quadratischen Bauten, der sich mit seinen grasbewachsenen Dächern und Stützmauern perfekt in die Umgebung einfügt.

Krauma bedeutet »Brodeln«. Und das tut es in den nahen Quellen auch gewaltig. Das Wasser der Deildartunguhver füllt fünf Bäder: Zwei sind großzügig und weit, zwei schneckenförmig, das fünfte, eine große Platte, lädt zum Sonnenbaden und Relaxen ein. Hinzu kommen ein kaltes Bad, das den Kreislauf in Schwung bringt, zwei Dampfbäder und ein Ruheraum mit Kamin und Ent-

Baden wie zu Snorris Zeiten: Die Giljaböð oder »Schlucht-Bäder« liegen versteckt in einer Schlucht in den Bergen bei Húsafell.

spannungsmusik, in dem man die Seele baumeln lassen kann.

Baden wie Snorri

Etwas weiter taleinwärts liegt das Snorralaug. Ein Bad in Snorris Pool ist zwar nicht drin, doch es gibt eine Replika. In einer Schlucht in den nahen Bergen liegen die Húsafell Canyon Baths (2019). Diese sind ganzjährig zugänglich im Rahmen einer geführten Tour von Húsafell aus. Mit dem Minibus geht es zunächst in die Berge, dann zu Fuß weiter in die Schlucht Hringsgil.

Schon der Blick von oben auf die Giljaböð oder »Schlucht-Bäder« ist ein Traum. Zwischen steilen Rhyolithklippen entdeckt man ein kleines Badehaus und zwei dampfende Becken. Eines ist von rauen Felsblöcken eingerahmt, das zweite eine Kopie des Snorralaug. Beide werden vom Wasser aus einem nahen Bohrloch gespeist. Beim Bau orientierte man sich an den uralten Methoden, mit denen einst Snorri sein Bad baute. Verwendet wurden nur natürliche Materialien: Steinplatten aus der Schlucht für die Becken, ausgemusterte Telefonmasten für das Gerüst des Badehauses. Die Hufeisen, die als Kleiderhaken dienen, stammen von lokalen Höfen, genauso wie die Ziegenfelle auf den Bänken der Umkleidekabinen.

Baden im Bier

Das wohl ungewöhnlichste Bad befindet sich im Norden der Vulkaninsel. In Árskógssandur, einem Fischerdorf 35 Kilometer nördlich von Akureyri, liegt der Bier-Spa Bjórböðin. Gebadet wird hier in Holzbottichen, gefüllt mit einer 37 bis 39 °C warmen Mischung aus Bier, Hopfen, Hefe und Wasser.

Der erste Bier-Spa Islands – in Tschechien und Deutschland gibt es diese schon länger – ist eine Filiale der Mikrobrauerei

Das wohl ungewöhnlichste Bad Islands: der Bier-Spa in Árskógssandur

Whale Watching vom Pool aus? Bei GeoSea ist das durchaus möglich.

Bruggsmiðjan, mit einem jährlichen Bierausstoß von 700.000 Litern die drittgrößte Brauerei im Lande. Das »Badebier« hat eine revitalisierende Wirkung auf Haut und Haar. Während des Badens gibt es Frischgezapftes. Dem 25-minütigen Bad folgt ein 25-minütiger Aufenthalt im Ruheraum, geduscht wird erst nach vier Stunden, damit Hefe und Hopfen ihre wohltuende Wirkung entfalten können. Auch Kinder dürfen ins Bierbad, nur für die Zapfhähne bei den Bottichen gilt ein Mindestalter von 20 Jahren!

Wale beobachten vom Pool aus

Húsavík verbinden viele wohl eher mit Whalewatching. Doch auch die selbsternannte »Whalewatching-Hauptstadt Europas« überrascht mit einer erstklassigen Therme. Am Anfang von GeoSea stand eigentlich ein Misserfolg. Als in den 1980er-Jahren am Kap Húsavíkurhöfði nach Heißwasser gebohrt wurde, stieß man auf mineralienreiches heißes Meerwasser, das zu Heizzwecken ungeeignet war. Anstatt es zu verschwenden, leitete man das Wasser in ein altes Käsefass, in dem jahrelang gebadet wurde, bis 2018 der topmoderne Badetempel GeoSea in Gebrauch genommen wurde. Vom Infinitypool schweift der Blick übers Meer bis zu den verschneiten Bergen jenseits der Bucht Skjálfandi. Nebenan zwinkert ein Leuchtturm, im Nordwesten sinkt abends die Sonne ins Meer und in der 40 Meter tiefer liegenden Bucht sieht man ab und zu Wale schwimmen.

Brot aus der Erde

Mit Walen können die Mývatn Nature Baths (isl. *Jarðböðin við Mývatn*) freilich nicht dienen, dafür mit köstlichem Roggenbrot *(hverabrauð)*, das in der Nähe in der Erde gebacken wird. Das Thermalbad ist eine Miniaturausgabe der Blauen Lagune. Die 5.000 Quadratmeter große, türkisfarbene Lagune ist deutlich kleiner als das Pendant auf der Halbinsel Reykjanes aber viel ruhiger. Das mineralhaltige, 130 °C heiße Wasser kommt aus 2.500 Meter Tiefe, wird im Wärmetauscher des Geothermalkraftwerks Bjarnarflag abgekühlt und schließlich mit einer Temperatur von 36–40 °C in den Badesee geleitet.

Das Pendant der Blauen Lagune im Nordosten: die Mývatn Nature Baths.

is

Das modernste Thermalbad im Osten: die Vök Baths

Seltsame Löcher

Auch der Osten hat seit Kurzem seine Therme. Bereits in den 1960er-Jahren beobachteten Einheimische im Winter am Urriðavatn, einem See nördlich von Egilsstaðir, etwas Merkwürdiges: Sogar an den kältesten Tagen blieben in der Eisdecke auf dem See immer einige große Löcher zurück. Der Grund: heiße Quellen am Seegrund. Nach diesen Eislöchern (isl. *vök*) wurde auch die neue Thermalanlage Vök Baths (2019) benannt. Das Bad, eine weitere Kreation von Basalt Architects, wird von heißen Quellen im See gespeist, die aufgrund ihrer extremen Sauberkeit – als einzige dieser Art in Island – als Trinkwasser zertifiziert sind. Mit dem Quellwasser wird sogar ein »Heiße-Quellen-Bier« gebraut.

Ältester Pool Islands

In der Secret Lagoon oder »geheimen Lagune« wurde schon 1891 geplantscht. Sie liegt im Geothermalgebiet Hverahólmi, am Ortsrand von Flúðir, und gilt als das älteste Schwimmbad Islands. Einheimische nennen es schlicht Gamla Laugin, den »alten Pool«. 1909 fanden dort die ersten Schwimmstunden statt. Erstaunlicherweise konnten damals nur wenige Isländer schwimmen, obwohl viele als Fischer zur See fuhren. Nach der Eröffnung eines neuen Schwimmbads in Flúðir 1947 geriet die Secret Lagoon in Vergessenheit und verfiel, bis sie 2014, nach gründlicher Renovierung, wieder eröffnet wurde. Der raue Charakter blieb weitgehend erhalten. Der schlammige Untergrund, das verfallene ehemalige Umkleidehäuschen und die blubbernden heißen Quellen rund um den Pool sorgen für ein ganz besonderes, authentisches Flair. Es gibt sogar einen kleinen Geysir, der alle fünf Minuten ausbricht.

Wo sich die ersten Isländer taufen ließen

Geschichte wurde am nahen See Laugarvatn geschrieben. In einer heißen Quelle am Ufer wurden der Legende nach um 1000 die ersten Isländer getauft. Seit 1929 nutzten Einheimische die heißen Quellen zum Heizen, Kochen und Baden. Direkt über einer dampfenden heißen Quelle wurde sogar ein primitives Dampfbad errichtet.

Der größte »Hot Pot« Islands: Der Kratersee Víti liegt in der Caldera der Askja, das Badewasser ist jedoch eher lauwarm.

Weit mehr Komfort bietet das moderne Wellnessbad Laugarvatn Fontana, das 2011 am schwarzen Strand eröffnet wurde. Noch immer aber steigt der heilsame heiße Dampf direkt aus dem Boden durch Gitter im Kabinenboden der drei Dampfbäder hoch. Die Temperatur des Dampfes variiert je nach Quelle und Wetter, liegt aber meist bei 40 bis 50 °C. Drei unterschiedlich temperierte Außenpools und eine klassische finnische Sauna (80–90 °C) ergänzen das Angebot. Nach dem Besuch von Hot Pot oder Sauna lockt ein Bad im kalten Wasser des Laugarvatn oder eine Kostprobe des lokalen *hverabrauð*, Roggenbrot, das im Boden gebacken wird.

Tolle Pools und Hot Pots am Ende der Welt

Neben den großen Thermen und den in fast jedem Ort vorhandenen geothermalen Pools gibt es, übers Land verteilt, viele kleine Pools und Hot Pots, manche an ausgefallenen Orten. Ihre Nutzung ist oft kostenlos, manchmal wird ein kleiner Obolus für die Instandhaltung verlangt.

Eine Perle der Halbinsel Strandir (Westfjorde) sind die Hot Pots von Drangsnes (1997), die zwischen den Felsen am Strand dampfen. Für den Bau stellte ein Forellenzüchter zwei Plastikbecken zur Verfügung, von denen eins noch in Gebrauch ist. Die beiden übrigen, mit Massagedüsen, kamen später hinzu. Surreal wirkt das Krossneslaug (1954) im Norden von Strandir: Der Pool liegt an einem entlegenen Kiesstrand voller Treibholz aus Sibirien und bietet freie Sicht auf den Atlantik, in dem sich oft Buckelwale tummeln.

Am Skagafjörður liegt das Grettislaug, benannt nach dem Outlaw Grettir derm Starken, der nach der Grettis saga in der nahen heißen Quelle gebadet haben soll, nachdem er von der sieben Kilometer entfernten Insel Drangey zum Festland geschwommen war.

In Südisland lockt ein Abstecher zum Seljavallalaug (1923). Das in einem einsamen Gebirgstal westlich von Skógar versteckte Bad gehört zu den schönsten der Insel. Drei

Wände bestehen aus Beton, der Felsen bildet die vierte. Das Bad wird von einer heißen Quelle gespeist, die aus dem Berghang sickert. Bis 1936 war der 25 x 10 Meter große Pool das größte Bad Islands!

45 Kilometer östlich von Reykjavík kann man wunderbar entspannen im warmen Bach des Reykjadalur. Die Badestelle besteht aus einem Dutzend Naturpools mit einfachen Holzstegen und Umkleiden. Sie ist erreichbar nach einer 60-bis 90-minütigen Wanderung von Hveragerði aus.

Winzig klein ist das Landbrotalaug auf der Halbinsel Snæfellsnes. Der natürliche Hot Pot liegt nördlich des Vulkans Eldborg und bietet nur zwei bis drei Personen Platz. Kuschelig! Das Guðrúnarlaug (Laugar), benannt nach Guðrún Ósvífursdóttir, Protagonistin der Laxdæla saga, versetzt einen mit ursprünglichem Charme und dem kleinen Torfhaus zum Umziehen in die Sagazeit zurück.

Versteckes Kleinod auf der Halbinsel Snæfellsnes: Landbrotalaug

Zwischen Kratersee und heißem Wasserfall

Tolle Naturbäder gibt es auch im Hochland. Im beliebten Pool von Landmannalaugar erholten sich einst die Bauern beim Schafabtrieb. Gebadet wird im Bach am Fuß eines Lavafeldes, mit Blick auf leuchtende Rhyolithberge. Kleiner und weniger überfüllt ist der Hot Pot in Hveravellir (Kjölur). Das Bad liegt am Rande eines Geothermalgebiets mit fauchenden Solfataren und bunten heißen Quellen. Im östlichen Hochland kann man in der Caldera der Askja zum Baden in den türkisfarbenen Kratersee des Víti absteigen oder im Laugarvallalaug am Fuß eines natürlichen heißen Wasserfalls die Seele baumeln lassen. Herrlich! •

THERMALBÄDER

Blue Lagoon (Grindavík): 44-56 €, **www.bluelagoon.com**
Sky Lagoon (Kópavogur): ab 47 €, **www.skylagoon.com**
Nauthólsvík Geothermal Beach (Reykjavík): im Sommer gratis, im Winter 4 €, **nautholsvik.is**
Guðlaug (Akranes): 3 €, **www.skagalif.is/is/visit-akranes/gudlaug-gudlaug-baths**
Krauma (Reykholt): 30 €, **www.krauma.is**
Húsafell Canyon Baths (Húsafell): 66 €, **www.husafell.com/activities/husafell-canyon-baths**
Bjórböðin (Árskógssandur): 80 € (inkl. Bier), **www.bjorbodin.is**
GeoSea (Húsavík): 33 €, **www.geosea.is**
Mývatn Nature Baths (Mývatn): 38 €, **www.myvatnnaturebaths.is**
Vök Baths (Egilsstaðir): 37 €, **www.vokbaths.is**
Secret Lagoon (Flúðir): 20 €, **www.secretlagoon.is**
Laugarvatn Fontana (Laugarvatn): 26 €, **www.fontana.is**

Die Harpa ist mit 1.800 Plätzen die größte Konzerthalle Skandinaviens.

#reykjavík

Das Reykjavík-Fünf-mal-Fünf

Als der erste Siedler Islands, der Norweger Ingólfur Arnarson, um 874 eine kleine Bucht im Südwesten der Insel ansteuerte, sah er vielerorts Dampfwolken hochsteigen und nannte die Bucht *reykjavík* – »Rauchbucht«. Dampf macht die isländische Hauptstadt noch immer – mit einer erstaunlichen kulturellen Vielfalt, vielen spannenden Veranstaltungen und einer kulinarischen Szene, die man in einer Stadt mit »nur« 130.000 Einwohnern so kaum erwarten würde.

is

Im Kirsuberjatréð verkaufen 10 Künstlerinnen in Eigenregie ihre Arbeiten.

#Abgefahren

Im Galaxy Pod Hostel (galaxypodhostel.is) schläft man in stylishen Schlafcontainern. Cool und preiswert! Nur 15 Minuten zu Fuß von der Innenstadt.

Fünf Lieblingshotels und -B&Bs

Reykjavík bietet eine breite Wahl von Übernachtungsmöglichkeiten für jeden Geldbeutel – von großen Luxushotels und familiengeführten Pensionen bis hin zu gemütlichen B&Bs und stylishen Hostels.

Icelandair Hotel Reykjavík Marina (www.icelandairhotels.com)
Schickes Boutiquehotel in einer umgebauten Farbenfabrik am alten Hafen von Reykjavík. Vom Zimmer kann man die Schiffe im nahen Trockendock fast berühren.

Reykjavík Konsúlat Hotel (www.reykjavikkonsulathotel.is)
Das Luxushotel der Kette »Curio Collection by Hilton« liegt mitten in der Altstadt. Gebäude und Interieur erinnern an das renommierte Kaufhaus (19. Jh.) des ehrwürdigen Konsuls Thomsen, das einst an gleicher Stelle lag.

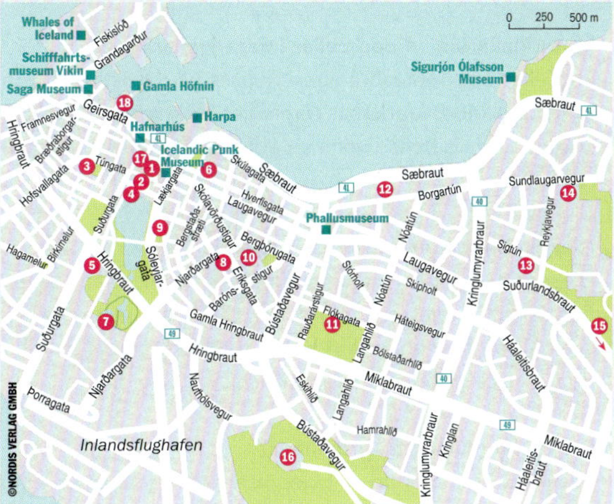

1. Austurvöllur (Platz)
2. Parlamentsgebäude Alþingishús
3. Dómkirkja
4. Rathaus
5. Nationalmuseum Islands
6. Kulturhaus-Museum
7. Nordisches Haus
8. Einar-Jónsson-Museum
9. Nationalgalerie Islands
10. Hallgrímskirkja
11. Kunstmuseum
12. Höfði
13. Skulpturmuseum
14. Laugardalslaug (Freibad)
15. Laugardalur (Sportanlage)
16. Perlan (Perlan Museum und Aussichtsplattform)
17. Ingólfstorg (Platz)
18. Elding Walsafaris

Kex Hostel (www.kexhostel.is)
Modernes Hostel mit vielfältigem Übernachtungsangebot in einer umgebauten Keksfabrik in der Nähe des alten Hafens. Beliebt bei Jungen und Junggebliebenen.

Reykjavík Residence Hotel (reykjavikresidence.is)
Das Apartment-Hotel mit großen, komfortablen Zimmern für Selbstversorger befindet sich in einer hübschen Altstadtvilla von 1918.

Reykjavík Treasure B&B (reykjavik-treasure-bb.hotels-reykjavik-is.com)
Gemütliches B&B mit kleinen, liebevoll eingerichteten Zimmern in der Altstadt. Das Frühstück wird von den Gästen gemeinsam am großen Tisch eingenommen.

Fünf Lieblingsrestaurants und -cafés

Die Zahl vorzüglicher Restaurants ist in den letzten Jahren geradezu explodiert. Klassische Zutaten wie Fisch und Lamm nehmen vielerorts einen Ehrenplatz auf der Karte ein.

Messinn (messinn.com)
Superleckere Fischgerichte, serviert in der heißen Pfanne. Zeitig reservieren!

#MitDemShuttlebus BisVorDieTür

Mit dem Flughafenbus (**www.re.is/tour/flybus** bzw. **grayline.is/airport-bus-transfer**) geht es gegen kleinen Aufpreis direkt zu vielen Hotels, Pensionen und Hostels.

Das Sægreifinn wirbt mit köstlichen Fischspießen und urigem Ambiente.

Vor der Hallgrímskirkja wacht der Amerika-Entdecker Leif Eriksson.

#KöstlicheSuppen

Eine Speisekarte sucht man im Svarta Kaffið (**www.facebook.com/svartakaffid**) vergeblich – es gibt keine! Was es gibt, sind zwei täglich wechselnde Suppen, serviert im Brotlaib, eine mit Fleisch und eine vegetarische. Und: Der Nachschlag ist kostenlos.

Geschnitztes Trinkhorn im Isländischen Nationalmuseum

Das Perlan Museum überrascht mit einer begehbaren Eishöhle.

Matarkjallarinn – Food cellar (matarkjallarinn.is)
Im Keller des 160 Jahre alten Hauses wird Köstliches von Land und Meer kredenzt: Lammfilet, Hummer, Thunfischsteak… Dazu gibt es Livemusik auf dem historischen Mahagoni-Flügel.

Íslenski barinn (www.islenskibarinn.is)
Dieses urige Fischrestaurant überrascht mit isländischen Spezialitäten, die sonst nur selten die Speisekarte schmücken – von fermentiertem Hai und Stockfisch bis Rentier-Burger und *plokkfiskur* (Stampffisch).

Sægreifinn (www.saegreifinn.is)
Rustikale Fischerhütte mit gepolsterten Fischtonnen zum Sitzen. Das Ambiente ist urig, die Hummersuppe und die saftigen Fischspieße sind spitze!

Kaffivagninn (www.kaffivagninn.is)
Das älteste Restaurant Islands! Im authentischen Fischercafé am alten Hafen werden bodenständige Fischgerichte serviert – und das schon seit 1935. Die Aussicht auf die Docks ist einmalig!

Fünf Lieblingsmuseen

Reykjavík überrascht mit einem erstaunlich breiten Spektrum an Museen, Ausstellungen und Galerien – über 60 stehen zur Auswahl.

Isländisches Nationalmuseum (www.thjodminjasafn.is)
Das Nationalmuseum dokumentiert die Kulturgeschichte Islands – von der Landnahme bis zum Aufbruch in die Moderne. Zu den größten Schätzen gehören eine bronzene Götterstatue (ca. 1.000), eine Guðbrandur-Bibel (1584) und ein prächtig geschnitztes Trinkhorn von 1598.

Perlan (www.perlan.is)
Der Warmwasserspeicher Perlan (Perle) auf dem Hügel Öskjuhlíð erinnert an ein gestrandetes Raumschiff. Fünf der sechs riesigen Tanks enthalten heißes Wasser, im sechsten befindet sich das Perlan Museum. Die Ausstellung »Wonders of Iceland« gewährt Einblicke in die Natur Islands. Highlights sind ein künstlicher Gletscher mit einer begeh-

baren Eishöhle und ein 10 Meter hohes Modell der Vogelklippe Látrabjarg. Eine weitere Attraktion ist das topmoderne Planetarium Áróra.

Whales of Iceland (www.whalesoficeland.is)
Die Walausstellung ist die größte dieser Art weltweit. Gezeigt werden 23 lebensgroße Modelle von Walen, die in isländischen Gewässern beheimatet sind – vom winzigen Schweinswal bis zum mächtigen Blauwal. Die verblüffend realistische Präsentation lässt keinen Walliebhaber unberührt.

Highlight der Ausstellung Whales of Iceland: ein lebensgroßer Blauwal

Saga Museum (www.sagamuseum.is)
Im lebhaften Museum illustrieren 17 Szenen mit lebensgroßen Figuren aus Silikon die oft blutige Geschichte Islands – von der Besiedlung bis zur Reformation. Man begegnet dem Amerika-Entdecker Leif Eriksson, ist Zeuge der Enthauptung des letzten katholischen Bischofs Jón Arason und erlebt die dramatischen Folgen der Pestepidemie… Modell für die sehr realistischen Figuren standen Verwandte und Freunde der Museumsgründer Ernst Backman und Ágústa Hreinsdóttir, die selber den ersten Siedler Ingólfur Arnarson und seine Frau Hallveig Fróðadóttir darstellen.

#GeldSparen
Lohnenswert ist die Anschaffung der Reykjavík City Card (**visitreykjavik.is/reykjavik-city-card**). Diese berechtigt drei Tage lang die Nutzung des öffentlichen Nahverkehrs, gibt Zutritt zu allen Freibädern und zu vielen Museen. Die Karte kostet 4.000 ISK (27 €) für einen Tag, 5.600 ISK (38 €) für zwei Tage bzw. 6.900 ISK (46 €) für drei Tage (2021) und ist erhältlich in etlichen Museen.

Phallusmuseum (phallus.is)
Im skurrilsten Museum Islands sind über 220 Penisse von Walen, Robben, Eisbären und anderen einheimischen Säugetieren ausgestellt. Der kleinste Penis mit einer Länge von zwei Millimetern gehörte einem Hamster. »Schmuckstück« der Ausstellung ist das 1,70 Meter lange und 75 Kilo schwere Glied eines Pottwals. 2011 komplettierte ein Exemplar des Homo sapiens die Sammlung.

Im Saga Museum begegnet man auch dem ersten Siedler Islands Ingólfur Arnarson und seiner Frau Hallveig.

Fünf Lieblingsaktivitäten
Auch für Aktive hat Reykjavík viel zu bieten – vom Bad in einem der vielen Thermalpools über Walbeobachtungsfahrten bis hin zu ausgedehnten Streifzügen per pedes oder mit dem Rad.

Elda Whale Watching (elding.is)
Immer wieder ein besonderes Erlebnis: eine Walbeobachtungsfahrt in der Bucht Faxaflói. Meist sind Weißschnau-

Der Leuchtturm Grótta ist nur bei Ebbe zu Fuß erreichbar.

zendelfine, Schweins- und Zwergwale zu sehen, manchmal auch Buckel- und Schwertwale. Die Fahrten finden nahezu täglich statt, nur bei Sturm bleiben die Boote im Hafen.

Beliebt bei Familien: der Thermalpool Árbæjarlaug

Thermalpools (reykjavik.is/en/swimming-pools)
Wer die Hauptstädter kennenlernen möchte, sollte einen der sieben Thermalpools der Stadt ansteuern. Manche ziehen im beheizten Freibad ihre Bahnen, die meisten treffen sich im Hot Pot mit Freunden und Bekannten, um zu plaudern. Faustregel: Je mieser das Wetter, desto schöner der Aufenthalt in den 37-45 °C warmen Hot Pots.

Reykjavík Bike Tours (www.icelandbike.com)
Überraschende Perspektiven bietet eine geführte Radtour entlang der Küste der Hauptstadt in der Abendsonne (18 km, 2,5 Std.). Die Tour führt u.a. vorbei am Geothermalstrand Nauthólsvík und am Leuchtturm Grótta. Einfach ein Fahrrad/E-Bike mieten (ab 3.500 ISK/5.500 ISK für 4 Std.) und auf eigene Faust los radeln geht natürlich auch.

Auf die Esja
Die Esja (914 m) ist der »Hausberg« Reykjavíks und ein beliebtes Wanderziel der Hauptstädter. Ausgangspunkt für den Aufstieg (h/z 5 Std.) ist der Parkplatz am Café Esjustofa. Man erreicht ihn mit dem Auto (Straße 1) und mit dem Bus (Strætó, Linie 57). Vom Gipfel ergibt sich eine großartige Aussicht auf Reykjavík. Trittsicherheit erforderlich.

Ylströnd (www.nautholsvik.is)
Die kleine Bucht Nauthólsvík ist wohl der einzige Ort an der isländischen Küste, wo man relativ gefahrlos im Meer baden kann. Die Badetemperatur beträgt das ganze Jahr über angenehme 18 bis 20 °C. Warum das so ist, erfahren Sie in der Reportage auf Seite 317.

#NeuerBadetempel
Für Badefreunde lohnt sich auch ein Abstecher in den Vorort Kópavogur. Dort wurde 2021 die Sky Lagoon (**www.skylagoon.com**) eröffnet, ein neues Thermalbad in spektakulärer Umgebung. Mehr darüber auf Seite 316.

Fünf Shopping-Tipps

Neben den beiden großen Einkaufszentren Kringlan und Smáralind ist auch die Umgebung von Laugavegur und Skólavörðustígur ein beliebtes Shopping-Revier. Populäre Mitbringsel sind Strickwaren wie der Island-Pullover und Design – von Lavaschmuck bis Accessoires aus Fischleder.

Kirsuberjatréð (kirs.is)

Im »Kirschbaum« verkaufen zehn isländische Künstlerinnen in Eigenregie ihre Kreationen: Schmuck, Textilien, Töpfereien usw. Wie wäre es mit einer Umhängetasche aus Seewolfsleder oder einer Schüssel gefertigt aus… Radieschen?

Farmers Market (www.farmersmarket.is)

Isländische Mode aus hochwertigen Materialien wie isländischer Schafwolle, Merinowolle, gewachster Baumwolle und Rohseide.

STEiNUNN (www.steinunn.com)

Nach einer Blitzkarriere in den größten Modehäusern der Welt kehrte Steinunn Sigurðardóttir in die Heimat zurück und gründete ihr eigenes Modelabel: »Steinunn«. Inspiration für die preisgekrönten Kreationen liefern die Gletscher, die Lava und die dunklen Winter der Vulkaninsel.

JS Watch Co. (www.jswatch.com)

Tom Cruise trägt eine, genauso wie Ed Sheeran. Oder Quentin Tarantino. In der kleinsten Uhrmacherwerkstatt der Welt geben sich die größten Stars die Türklinke in die Hand. Im Traditionsgeschäft am Laugavegur fertigt Gilbert O. Guðjónsson wunderschöne Präzisionsuhren aus den besten Materialien.

Kolaportið

Einst wurden hier die Kohlen für die Dampfschiffe gelagert. Heute beherbergt der schmucklose Betonklotz am alten Hafen den einzigen Flohmarkt des Landes. Interessant ist vor allem der hintere Bereich, wo Händler aus ganz Island ihre Spezialitäten feilbieten: *hákarl* (fermentierter Haifisch) von Snæfellsnes, *harðfiskur* (Trockenfisch) aus den Westfjorden, *rúgbrauð* (süßes, dunkles Roggenbrot) aus Selfoss usw. Überall kann man natürlich ausgiebig kosten. •

Geheimtipp für isländische Spezialitäten: Kolaportið

Das älteste Restaurant Islands: Kaffivagninn

Buckelwal in der Bucht Faxaflói

#Infos
Visit Reykjavík (**visitreykjavik.is**)
What's on (**www.whatson.is**)

Nationalfeiertag in Akureyri

Akureyri ist Islands größte Stadt außerhalb der Hauptstadtregion. Schmucke Holzvillen, üppige Grünanlagen, gemütliche Straßencafés und fröhliche Sommerfestivals verleihen der Stadt ein fast mediterranes Flair – und das nur 100 Kilometer vom Polarkreis entfernt.

#EineInstitution

An der legendären Eisdiele Brynja (**www.facebook.com/Brynjuis**) führt in Akureyri kein Weg vorbei! Verwendet werden ausschließlich natürliche Zutaten. Zum Sortiment gehören auch verschiedene vegane Eissorten.

Sæluhús

Drei Lieblingshotels

Viele Hotels und B&Bs liegen in (der Nähe) der Altstadt. Wer es ruhiger mag, wird auch auf dem Land fündig.

Sæluhús (www.saeluhus.is)

Wer vom eigenen Whirlpool das Nordlicht bestaunen möchte, ist in der »Schutzhütte« gut aufgehoben. Die geräumigen Studio-Apartments und komfortablen Ferienhäuser eignen sich prima für einen mehrtägigen Aufenthalt. Herrliche Aussicht auf Stadt und Fjord.

Skjaldarvík (www.skjaldarvik.is)

In toller Fjordlage (8 km) betreibt eine junge Familie dieses Gästehaus, liebevoll eingerichtet mit witzigen Details: Schuhe als Blumenvase, Gläser mit Spitze als Lampe usw.

Die »Eiskathedrale« ist das Wahrzeichen von Akureyri.

Pétursborg (www.heyiceland.is)
Familienfreundliches Gästehaus mit Fjordblick, geführt von einer Schweizerin.

Traditionelle Tracht am Nationalfeiertag

Drei Lieblingsrestaurants

Akureyri hat einen der größten Fischerhäfen des Landes – und entsprechend viele gute Fischrestaurants.

Rub 23 (www.rub23.is)
Erstklassige Auswahl an Fischgerichten und Sushi mit frei wählbaren Marinaden. Wer sich nicht sicher ist, hält sich an die Empfehlungen des Spitzenkochs Einar Geirsson.

Strikið (www.strikid.is)
Die üppige Karte reicht vom Rentier-Burger bis Sushi und Zwergwal. Toller Fjordblick aus dem fünften Stock. Im Sommer wird auch auf der Terrasse serviert.

Kaffi Ilmur (kaffiilmur.com)
Das freundliche Café verbreitet eine heimelige Atmosphäre. Gemütliche Terrasse.

Das 1850 erbaute Nonnahús gehört zu den ältesten Häusern von Akureyri.

Im Nonnahús

Eldorado für Flugzeugfans: das Isländische Flugzeugmuseum

Drei Lieblingsorte

Nonnahús (www.minjasafnid.is)

In diesem schlichten Holzhaus verbrachte der Jugendbuchautor Jón Sveinsson, Verfasser der Nonni-und-Manni-Bücher, ein Großteil seiner Kindheit. Die Bücher, die vom Leben eines isländischen Jungens erzählen, wurden durch eine ZDF-Fernsehserie auch in Deutschland populär.

Isländisches Flugzeugmuseum (www.flugsafn.is)

Zahlreiche Flugzeuge dokumentieren die Luftfahrtgeschichte Islands. Eine Geschichte, die von Deutschen mitgeprägt wurde: 1928 führte Fritz Simon den ersten Passagier- und Postflug in Island durch.

Akureyri Art Museum (www.listak.is)

Das in den ehemaligen Arbeitshallen einer Molkerei beheimatete Kunstmuseum zeigt qualitativ hochwertige Wechselausstellungen isländischer und ausländischer Künstler.

Drei Lieblingsaktivitäten

Akureyri ist auch ein guter Ausganspunkt für Streifzüge in die Umgebung – zu Fuß, zu Pferd oder mit dem Boot.

Whale Watching Akureyri (www.whalewatchingakureyri.is)
Hauptattraktion der Walbeobachtungsfahrten auf dem Eyjafjörður sind die Buckelwale, die im Sommer regelmäßig im Fjord »einkehren«.

Ausflug nach Grímsey
Die kleine Insel, beliebt für ihre Papageitaucherkolonien, ist der einzige Ort Islands nördlich vom Polarkreis. Anreise mit dem Flugzeug (www.norlandair.is) von Akureyri aus oder mit der Fähre (en.samskip.is/domestic/saefari) von Dalvík aus.

Skilaufen am Hlíðarfjall (www.hlidarfjall.is)
Das größte Wintersportgebiet Islands hat 24 Abfahrtspisten, einen Funpark für Snowboarder, eine Skischule und 27 Kilometer Langlaufloipen. Mit etwas Glück gibt es als Bonus Nordlichter. •

#TollerFjordblick
Lystigarðurinn Akureyrar ist wohl der nördlichste botanische Garten der Welt. Neben 430 einheimischen Pflanzenarten gedeihen hier 6.600 Arten, die nicht in Island heimisch sind. Beliebtes Picknickziel mit herrlichem Fjordblick.

#Infos
Visit Akureyri
(**visitakureyri.is**)

Der Súlur ist der »Hausberg« von Akureyri und ein populäres Wanderziel.

ISLAND #route

ROUTE

Arctic Coast Way

is Seit 2019 bietet der Arctic Coast Way – Norðurstrandarleið auf Isländisch – im Norden der Vulkaninsel eine spannende Alternative zur viel befahrenen Ringstraße. Die 900 Kilometer lange Touristenstraße, die sieben Halbinseln und 21 Fischerorte verbindet, folgt dem Verlauf der gesamten Nordküste – von Hvammstangi im Nordwesten bis Bakkafjörður im Nordosten. Am Wegesrand warten imposante Fjorde, stille Buchten, wilde Steilküsten und einsame Kiesstrände. **www.arcticcoastway.is**

Ein häufiger Gast an den Küsten der Halbinsel Vatnsnes: die Kegelrobbe

Robbenparadies Vatnsnes

Einen Auftakt nach Maß bietet die Halbinsel Vatnsnes. Ausgangspunkt für die Umrundung der kleinen, menschenleeren Landzunge, die sich wie ein Keil zwischen den Westfjorden und der Halbinsel Skagi in die Bucht Húnaflói schiebt, ist Hvammstangi. Im 570-Seelen-Ort bietet das Icelandic Seal Center, eine Mischung aus Besucherzentrum, Touristeninformation und Forschungseinrichtung, die perfekte Einstimmung auf die Robbenkolonien von Vatnsnes. Im Fokus stehen auch der Robbenschutz und die einstige wirtschaftliche Bedeutung der Tiere. Heute tummeln sich in isländischen Gewässern etwa 7.600 Seehunde und 6.000 Kegelrobben.

Im Icelandic Seal Center erfährt man alles Wissenswerte über die Robben Islands.

Für die Fahrt auf der kurvigen Schotterstraße, die sich um die Halbinsel windet, sollte man sich Zeit lassen, denn unterwegs reihen sich die kleinen Highlights nur so aneinander. Schon nach zehn Kilometern zieht an der Küste die Felsformation Ánastaðastapi die Blicke auf sich. Im bitterkalten Frühjahr 1882 schlachteten Bauern hier 32 gestrandete Wale und retteten so ihre Familien vor dem Hungertod. Ein Hingucker ist der zwischen Fjord und Felsen eingeklemmte Schafpferch Hamarsrétt. Wer zum Schafabtrieb (in der Regel am zweiten Septemberwochenende) vorbeischaut, kann hautnah erleben, wie die Bauern ihre Tiere sortieren – ein Ereignis mit Volksfestcharakter.

Spätestens beim Hof Svalbarð ist »Robbenland« erreicht. Fast immer lassen sich die Tiere hier am Strand beobach-

#Hochwertige Strickwaren

In Hvammstangi ist auch eine der größten isländischen Strickwarenfabriken ansässig. Die schönen maschinengestrickten Wollwaren von Kidka werden zu 100 Prozent in Island gefertigt. Das Sortiment reicht von klassischen Wollpullovern, modischen Strickjacken und diversen Accessoires bis hin zu einer eigenen Linie für Pferde. Eine kostenlose Führung – auch auf Deutsch – gewährt Einblicke in den gesamten Arbeitsablauf. Die Wollwaren sind vor Ort im Fabrikladen erhältlich. **www.kidka.com**

#Brutaler Doppelmord

Bekannt wurde Illugastaðir auch als Schauplatz eines grausamen Doppelmords. 1828 wurden dort zwei Männer im Schlaf erstochen. Die Täter, ein junger Bauer und eine Magd, wurden am 12. Januar 1830 in den Vatnsdalshólar geköpft. Es war die letzte Hinrichtung in Island. Die Leichen der Verbrecher wurden, wie damals üblich, an unbekannter Stelle verscharrt. Die Mörderin Agnes fand aber keine Ruhe. Immer wieder erschien sie einer Bauersfrau in Tjörn (Vatnsnes) im Traum. 1934 wurden die mithilfe eines Mediums wiedergefunden sterblichen Überreste des Paares schließlich wieder ausgebuddelt und auf dem Friedhof in Tjörn beigesetzt. Der Grabstein der Doppelmörder existiert noch.

ten. Noch näher kommt man den Robben in Illugastaðir, vier Kilometer weiter. Eine Schutzhütte ermöglicht die Robbenbeobachtung auch bei schlechtem Wetter. Nur während der Brutzeit der Eiderenten (1. Mai bis 20. Juni) ist das Gelände nicht zugänglich.

Robben gibt es auch in Ósar, an der Ostküste. Von der Beobachtungsplattform schweift der Blick über das Haff Hóp, dessen Fläche je nach Tide zwischen 29 und 44 Quadratkilometern variiert. Bei Ebbe rekeln sich auf den Sandbänken bis zu 150 Robben. Nebenan ragt die bizarre Basaltformation Hvítserkur aus den Fluten auf. Der Name der 15 Meter hohen Klippe, die an einen Wasser schlürfenden Saurier erinnert, bedeutet »weißes Nachthemd« und verweist auf die Exkremente der nistenden Seevögel. Der Legende nach war Hvítserkur ein Troll aus den Westfjorden, der die Bucht Húnaflói überquert hatte, um das Kloster Þingeyrar zu zerstören. Dabei wurde er von der aufgehenden Sonne überrascht und versteinert.

Interessant ist auch Borgarvirki (177 m). Die Basaltklippe, die sich östlich des Sees Vesturhópsvatn 15 Meter über ihre Umgebung erhebt, wirkt wie eine verfallene Felsenburg. Und das ist sie vielleicht auch, zumindest deuten Reste von hohen Steinwällen in diese Richtung. Der kurze Aufstieg zur Aussichtsplattform mit Orientierungstafel lohnt sich schon wegen des weiten Rundblicks.

is

Herbststimmung in Ósar (Vatnsnes), wo sich eine Kolonie Kegelrobben am Strand rekelt.

Am Strand von Ósar ragt die Basaltformation Hvítserkur aus den Fluten auf, der Legende nach ein versteinerter Troll.

Der Arctic Coast Way folgt nun kurz der Ringstraße und streift die Vatnsdalshólar, ein weites Areal durchsetzt mit vielen kleinen, kahlen Hügeln. Die an überdimensionale Maulwurfshügel erinnernden Erhebungen sind das Ergebnis eines Bergsturzes, der sich nach der letzten Eiszeit am Vatnsdalsfjall ereignet hat. Ihre konische Form erhielten sie später durch die Erosion. Auch nach der Besiedlung kam es noch zu mehreren Erdrutschen: 1545 wurden 14 Menschen verschüttet, 1811 eine Kirche zerstört.

Im Anschluss wird die Vatnsdalsá überquert, einer der besten (und teuersten!) Lachsflüsse Islands. Auch der britische Bluesmusiker Eric Clapton wirft hier regelmäßig die Angel aus.

Über die Halbinsel Skagi nach Sauðárkrókur

Blönduós bedeutet »Mündung der Blanda«. Der 125 Kilometer lange Gletscherfluss ist eine weitere Topadresse für Lachsangler. Architektonischer Blickfang des 900-Seelen-Ortes ist die moderne Betonkirche am Nordufer der Blanda. Das Textil- und Handarbeitsmuseum zeigt alte Arbeitsgeräte wie Spinnräder und Webstühle sowie kunstvoll gefertigte Stick- und Strickar-

Über einer kleinen, von langen Basaltsäulen eingerahmten Bucht erhebt sich der Leuchtturm von Kálfshamarsvík.

beiten. Interessant sind die isländischen Nationaltrachten, eine Kuriosität die *leppar*, gestrickte Einlagen, die früher in die Fischhautschuhe gelegt wurden. Im Icelandic Textile Center entsteht seit 2011, nach dem Vorbild des berühmten Teppichs von Bayeux, ein riesiger Wandteppich. Thema des 46 Meter langen Kunstwerks ist die Geschichte der Vatnsdæla-Saga, die sich einst in der Region zugetragen hat. Mitsticken darf jeder – unter Anleitung.

In Blönduós verlässt der Arctic Coast Way die Ringstraße, schwenkt nach Norden und umrundet nun die Halbinsel Skagi. Die ist viel größer, einsamer und wilder als Vatnsnes. Bis Skagaströnd ist die Straße geteert, danach schlängelt sie sich als Schotterband zwischen Wiesen, Bergkuppen und Klippen an der Küste entlang. Je weiter nach Norden, desto leerer wird die Szenerie. Viele Höfe sind längst verlassen. In Kálfshamarsvík wurde gar ein ganzer Ort aufgegeben. Am Fuß des weißen Leuchtturms ragen noch Reste von Torfmauern aus dem hohen Gras. Kleine Tafeln erzählen etwas über die einzelnen Gebäude und ihre Bewohner. Vor einem Jahrhundert war Kálfshamarsvík eine blühende Siedlung mit 100 Menschen. Mit einer Schule, Geschäften und einer Klippfischfabrik. Mit der Weltwirtschaftskrise kam der Niedergang. Der Klippfischexport nach Südeuropa kam zum Erliegen, die Menschen zogen weg, die Häuser verfielen.

#GefährlicheBesucher

Eisbärstrandungen gab und gibt es in Island durch die Nähe zu Grönland immer wieder mal. Früher, als die Nordküste durch Treibeis oft monatelang blockiert war, tauchten recht häufig Eisbären auf der Vulkaninsel auf. Im extrem kalten Winter 1917/18 landeten an der Nordküste 27 Tiere. Noch mehr kamen im Winter 1880/81, als das Meer zufror und 63 Eisbären die Insel »besuchten«. Auf Skagi wurden in den letzten 13 Jahren drei Eisbären gesichtet – und erlegt: zwei im Jahre 2008, ein weiteres Tier im Juli 2016.

Einst brachte der Klippfisch Wohlstand in Kálfshamarsvík.

Der Norden der Halbinsel ist besonders dünn besiedelt. Der Hof Víkur wurde erst 2016 an das Stromnetz angeschlossen. Bis dahin kam der Strom vom Generator. Der Nachbarhof Hraun wurde im Juni 2008 berühmt, als hier ein Eisbär aus Grönland an Land ging. 2015 geriet die Halbinsel erneut in die Schlagzeilen, als in einem exponierten Teil der bis zu 65 Meter hohen Klippen bei Ketubjörg ein mächtiger Riss auftauchte, der sich allmählich erweiterte, bis die Steilküste im Herbst 2019 kollabierte und ins Meer krachte.

Krähenscharbe

Begegnung mit den Sagas

Ständiger Wegbegleiter auf der Fahrt entlang der Ostküste ist die kantige Insel Drangey, bekannt aus der Saga von Grettir dem Starken. Drei Jahre harrte Grettir angeblich dort aus, bevor der Outlaw von seinen Feinden aufgestöbert und erschlagen wurde. Eine Stichstraße (Straße 748) führt von Sauðárkrókur nach Norden zum legendären Pool Grettislaug, der ebenfalls in der Saga auftaucht. Als Grettir

#AbInDieSchlacht

Wer das Museum 1238 – The Battle of Iceland besucht, zieht sich besser warm an. Denn kaum drin, findet man sich mitten in der Schlacht wieder. Gewappnet mit VR-Brille und -Handschuhen zieht man, an der Seite von Sturla Sighvatsson, Anführer der Sturlungar, in den Kampf gegen Ásbirningar und Haukdælir. Während man instinktiv versucht, den virtuellen Speeren und Steinen auszuweichen – die 3-D-Effekte sind echt gut –, muss man Sturlas Speer Grásíða wiederfinden, den der Anführer bedauerlicherweise in der Schlacht verloren hat. Denn wenn das nicht klappt … **1238.is**

Mitten im Skagafjörður erhebt sich die kantige Insel Drangey.

von Drangey durch den Skagafjörður schwamm und hier an Land ging, soll er sich anschließend in der nahen warmen Quelle von den Strapazen erholt haben. Heute speist die Quelle einen steingefassten Hot Pot.

Wer Drangey heute besuchen möchte, braucht nicht mehr zu schwimmen. Von Sauðárkrókur verkehren im Sommer täglich Ausflugsboote zu der kleinen Tuffinsel. Für Nervenkitzel sorgt der steile, mit einem Tau gesicherte Aufstieg zum 180 Meter hohen Gipfelplateau, Brutstätte vieler Papageitaucher, Trottellummen und Tordalken.

Die Sagazeit lebt auch weiter im modernen interaktiven Museum 1238 – The Battle of Iceland. Im Mittelpunkt steht die bedeutendste Schlacht der isländischen Geschichte. Im 13. Jahrhundert kämpften auf der Insel mehrere Clans um die Vorherrschaft. Zum Showdown kam es am 21. August 1238 in Örlygsstaðir, wo sich die Sturlungar mit den Sippen der Ásbirningar und Haukdælir einen blutigen Kampf lieferten. Nach dem Gemetzel blieben 60 Tote zurück, darunter der Häuptling Sighvatr Sturluson (der ältere Bruder des Dichters Snorri Sturluson) und sein Sohn Sturla Sighvatsson. Danach war die Macht der Sturlungar, bis dahin eine der einflussreichsten Familien, gebrochen. Lachender Dritter war der norwegische König, der sich am Ende die Insel krallte, die erst 1944 ihre Unabhängigkeit wiedererlangen sollte.

Zentrum der Pferdezucht und kirchlichen Macht

In der Hauptstraße von Sauðárkrókur werden Reisende von »Faxi« (Schönmähne) begrüßt. Mit der Skulptur hat der Bildhauer Ragnar Kjartansson dem Islandpferd ein Denk-

Hohe Berge und kleine Gletscher prägen die Halbinsel Tröllaskagi.

mal gesetzt. Die Ortswahl ist kein Zufall, denn die Region gilt als »Mekka des Islandpferdes«. Nirgends in Island gibt es mehr Pferdezüchter und Pferde. Den Sommer verbringen die Pferde traditionell im Herdenverband in den Bergen. Im Herbst werden die frei laufenden Tiere auf den Hochweiden zusammengetrieben. Der Abtrieb der Herden und das anschließende Sortieren im *rétt* (Pferch) ist ein einmaliges Ereignis, oft verfolgt von Tausenden Zuschauern. Erfahrenen Reitern bieten viele Reiterhöfe die Möglichkeit, sich aktiv am Abtrieb zu beteiligen.

Alles über die Zucht und Besonderheiten des Islandpferds erläutert das Zentrum für die Geschichte des Islandpferds in Hólar. Seinen Ruf verdankt der Ort östlich des Héraðsvötn-Deltas allerdings seiner historischen Bedeutung: Mehr als 700 Jahre lang war Hólar das religiöse und kulturelle Zentrum Nordislands. Von 1106 bis 1801 regierten hier 36 Bischöfe, darunter Jón Arason (1484-1550), der letzte katholische Bischof, und Guðbrandur Þorláksson (1541-1627), der 1584 die erste Bibel in isländischer Sprache drucken ließ. Markantestes Gebäude ist der Dom. Die älteste Steinkirche Islands wurde 1763 aus rotem Sandstein vom nahen Berg Hólabyrða erbaut. Das Interieur gefällt mit einem prächtigen Altarbild, das vermutlich um 1500 in Deutschland geschnitzt wurde. Der Taufstein (1674) entstand aus einem Stück Speckstein, das mit einer Eisscholle aus Grönland angeschwemmt wurde.

Aufbruch in die Neue Welt

Der Arctic Coast Way zieht sich nun um die Halbinsel Tröllaskagi. Die »Troll-Halbinsel« ist die größte und gebirgigste Halbinsel. Kurz vor Hofsós passiert man die Grafarkirkja. Die älteste Torfkirche Islands datiert zum Teil aus dem 17. Jahrhundert. Eine Besichtigung der 6 x 3 Meter großen Kirche ist leider nicht möglich. In Hofsós skizziert das Museum Vesturfarasetrið die Hintergründe der isländischen Emigrationsbewegung. Zwischen 1870 und 1914 wanderten rund 17.000 Isländer nach Amerika aus, ein Viertel der damaligen Bevölkerung. Gründe gab es viele: Armut und Ausbeutung der Landarbeiter, Klimaverschlechterungen und der Ausbruch des Vulkans Askja 1875, der viele Höfe im Nordosten verwüstete.

#PrächtigeTorfbauten

Jahrhundertelang mussten sich die Isländer beim Bau von Hof oder Kirche mit dem bescheiden, was die Natur hergab: Basalt, Torf und Treibholz. Die meisten Torfbauten sind längst verschwunden, doch bei Sauðárkrókur gibt es noch einige. 17 Kilometer südlich liegt Glaumbær (18./19. Jh.), der wohl schönste Torfhof der Insel, einen Steinwurf entfernt die Víðimýrarkirkja (1834), eine von sechs erhaltenen Torfkirchen im Lande. **www.glaumbaer.is**

Hólar: ein kleines Dorf mit großer Vergangenheit

Vom Fischereihafen in Dalvík schweift der Blick über den Eyjafjörður bis nach Grenivík.

Ziel für Naschkatzen: Fríða Súkkulaðikaffihús

#KöstlichesZwischen Kunst

Hinter einem unscheinbaren Giebel in Siglufjörður verbirgt sich eines der schönsten Cafés im Norden: das Fríða Súkkulaðikaffihús. Ungewöhnlich ist schon die Einrichtung: Decken tapeziert mit Zeitungen, Kunst von Fríða Björk Gylfadóttir an den Wänden, Barhocker mit Pferdesattel. Sogar die Toilette ist ein Hingucker ... Doch der Hauptgrund für einen Besuch sind Fríðas köstliche Pralinen, mit der Hand gefertigt aus belgischer Schokolade, oft mit überraschendem Inhalt: Zitrone und Limoncello, Blauschimmelkäse und Rum, dunklem Starkbier ... Ein Gedicht!
frida.is

Die Straße führt nun am Haff Höfðavatn vorbei. Westlich davon erhebt sich das Kap Þórðarhöfði, der Stumpf einer alten Vulkaninsel. Fotografen lieben den Ort wegen der spektakulären Sonnenuntergänge. Vom Südende des Sees Miklavatn zweigt die Straße 82 ins Landesinnere ab. Bis zur Eröffnung des Tunnels Héðinsfjarðargöng (2010) war die Lágheiði-Passstraße (409 m) die einzige Verbindung zwischen den Nachbarorten Siglufjörður und Ólafsfjörður. War sie im Winter gesperrt, musste ein Umweg von 232 Kilometern in Kauf genommen werden!

Auf dem weiteren Weg balanciert die Straße zwischen hohen Bergen und steilen Klippen und verschwindet schließlich in einen 830 Meter langen einspurigen Tunnel. Der Strákagöng ist der zweitälteste Tunnel Islands. Vor seiner Eröffnung 1967 führte der einzige Zugang nach Siglufjörður – abgesehen vom Seeweg – über die 630 Meter hohe Siglufjarðarskarð-Passstraße, die meist schlecht und an sieben bis acht Monaten im Jahr gar nicht befahrbar war.

Klondike des Atlantiks

Hinter dem Tunnel taucht Siglufjörður auf. Ein kleiner Fischerort mit großer Vergangenheit. Die Entwicklung von Siglufjörður, oft Sigló genannt, begann 1903, als norwegische Fischer von dort zum Heringsfang aufbrachen. Bald schossen Kais und Baracken für das Einsalzen der Fische und Siedereien für die Fischmehl- und Lebertranherstellung wie Pilze aus dem Boden. Und die Bevölkerung wuchs von 150 Menschen 1901 bis über 3.000 im Jahre 1950. Das »Klondike des Atlantiks« prägte eine wahre Goldgräberstimmung. In der Blütezeit zählte Sigló 23 Heringsstationen. Allein 1916 wurden 200.000 Fässer Salzhering exportiert. Das Verschwinden des Herings Ende der 1960er-Jahre läutete den Niedergang ein. Die Einsalzungsstationen und Siedereien verschwanden, die Leute zogen weg. Die isolierte Lage tat ein Übriges.

Für neue Impulse sorgten der Tourismus und die Eröffnung zweier Tunnel zwischen Siglufjörður und Ólafsfjörður 2010. Im Hafen dümpeln Fischerboote im Schatten eines Boutique-Hotels, eine Fischfabrik wurde in eine Mikrobrauerei umgewandelt, aus Lagern wurden Restaurants und Cafés. Und der Heringsboom lebt weiter im Heringsmuseum, das 2004 den Luigi Micheletti Award für das beste technische Museum Europas erhielt. Zum Museum gehören eine authentische Heringsstation von 1907, eine rekonstruierte Fischfabrik und das »Bootshaus« mit einem nachgebauten Hafen aus der Heringsära.

Von Trollen und Riesen

Nur wenige Fahrminuten trennen das quirlige Siglufjörður vom eher verschlafenen Nachbarort Ólafsfjörður. Der gehört immerhin zu den besten Orten, um das Schauspiel der Mitternachtssonne zu genießen. Und gilt als Hochburg der Trolle ... Die Trolle sind das Werk der Malerin Jeanne Morrison. Seit ihrem ersten Besuch 2014 hat die US-Amerikanerin das Fischerdorf nach und nach damit geschmückt. Modell für die Trolle, die die Wände von Häusern, Schule oder Schwimmbad bevölkern, standen die Dorfbewohner, die Bilder erzählen etwas über ihre Geschichte. So begegnet man in der Aðalgata der rothaarigen Zirkusartistin Unnur mit ihren Katzen, im Kaffi Klara der Wirtin Ida, die im Hexenkessel rührt, auf dem Hof Hlíð dem Bauernpaar Gunnar Lúðvik und Svanfríður.

Neben dem Arctic Coast Way breitet sich nun der Eyjafjörður aus, mit einer Länge von 60 Kilometern der längste Fjord Nordislands. Dalvík wird vor allem von Reisenden frequentiert, die mit der Fähre nach Grímsey (siehe Seite 333) oder Hrísey möchten. Das lokale Volksmuseum zeigt Steine, Pflanzen und ausgestopfte Tiere, natürlich auch einen Eisbären. Eine Abteilung ist dem berühmtesten Sohn der Stadt gewidmet, dem »nordischen Riesen Olaf«.

Relaxen im Bierbad

Wellness einmal anders: In Árskógssandur geht es zum Baden nicht wie sonst in Island ins Thermalwasser, sondern ins warme ... Bier. Im Juli 2017 wurde hier, als Nebenprodukt der Mikrobrauerei Bruggsmiðjan Kaldi, Islands erstes Bier-Spa eröffnet (mehr in der Reportage auf Seite 319).

#DerNordischeRiese Olaf

Jóhann Kristinn Pétursson wurde am 9. Februar 1913 als drittes von neun Kindern in Dalvík geboren. Bis zum 15. Lebensjahr entwickelte er sich normal, dann begann er rapide zu wachsen und erreichte schließlich eine Länge von 2,34 Metern. Bis heute gilt er als größter Mann Islands. Da er aufgrund körperlicher Beschwerden keine normale Arbeit fand, tourte er als Zirkusattraktion durch Europa und die USA. In Deutschland trat er unter dem Künstlernamen »nordischer Riese Olaf« auf. 1984 kehrte er nach Dalvík zurück, wo er im Alter von 71 Jahren starb.

»Troll Town« Ólafsfjörður

#Hrísey

Hrísey ist noch ein Geheimtipp, beliebt bei Vogelbeobachtern. Auf der 7,5 Quadratkilometer großen Insel im Eyjafjörður brüten Alpenschneehühner, Küstenseeschwalben und Eiderenten. Im Hús Hákarla Jörundar (1885) informiert eine Ausstellung über die Geschichte des Haifischfangs. Beliebt sind die etwa 40-minütigen Traktorfahrten, bei denen alle Attraktionen der Insel abgeklappert werden. Hrísey erreicht man mit der Autofähre »Sæfari« (Di. und Do.) ab Dalvík und mit der Personenfähre »Sævar« (bis zu 9 x tgl.) von Árskógssandur aus. **hrisey.net**

#WhaleWatchingAuf DemEyjafjörður

In den letzten Jahren hat sich der Eyjafjörður zu einem Mekka für Walbeobachtung gemausert. Buckelwale werden fast immer gesichtet, oft auch Delfine, Zwerg- und Schweinswale, manchmal Nördliche Entenwale. Die Touren starten von Dalvík (**www.arcticseatours.is**), Hauganes (**www.whales.is**), Hjalteri (**www.northsailing.is**) und Akureyri (**www.whalewatchingakureyri.is**, **elding.is** und **www.whalesafari.is**).

#Contrastraveller

Egal ob auf den beliebten Wanderreisen mit höchstens acht Personen oder mit dem Mietwagen – mit contrastravel könnt ihr tief in die atemberaubende und mystische Natur im Norden Islands eintauchen. Alle Infos und viele Reisetipps (auch für ganz Island) auf **www.contrastravel.com**

Die Mikrobrauerei ist das Lebenswerk von Agnes Sigurðardóttir und Ólafur Þ. Ólafsson. Ihrer Entstehung ging eine Tragödie voraus. Wie die meisten Leute in Árskógssandur arbeitete das Ehepaar in der Fischindustrie. Als ein Arbeitsunfall 2003 das Knie von Ólafur zerstörte, brachen aber schwere Zeiten an. Denn abgesehen von der Fischerei gab es vor Ort kaum Arbeit. Als Agnes zwei Jahre später einen Fernsehbeitrag über eine dänische Mikrobrauerei sah, kam ihr eine verrückte Idee: die Eröffnung der ersten isländischen Mikrobrauerei. Eine Woche später reiste das Paar nach Dänemark, um sich bei den Brauern des Fernsehbeitrags Rat zu holen, in Tschechien fanden sie einen erstklassigen Braumeister und Equipment. Schon im Herbst 2006 wurde das erste Bier gebraut. Heute ist Bruggsmiðjan Kaldi mit einem jährlichen Bierausstoß von 700.000 Litern die drittgrößte Brauerei im Lande. Zum Sortiment gehören fünf kontinuierlich verfügbare Sorten, fünf Saisonbiere und einige Spezialbiere.

Stattlicher Torfhof

Hinter Akureyri (siehe Seite 330) wählen Eilige den neuen, 7,4 Kilometer langen Mauttunnel Vaðlaheiðargöng (Straße 1), der seit Dezember 2018 die Víkurskarð-Passstraße (325 m) ersetzt. Der Arctic Coast Way führt indes auf der Straße 83 am Ostufer des Eyjafjörður weiter nach Grenivík. Und passiert den ehemaligen Pfarrhof Laufás, einen der schönsten Torfhöfe Islands.

Mächtige Wände aus geschichteten Torfsoden, Grasdächer und eine Front mit hölzernen Giebelfassaden prägen das

Der Goðafoss gehört trotz seiner eher bescheidenen Höhe von 11 Metern zu den imposantesten Wasserfällen Islands.

stattliche Anwesen, das weitgehend aus der Mitte des 19. Jahrhunderts datiert und ständig von 20 bis 30 Menschen bewohnt wurde. Eine Besonderheit ist das Brautzimmer – hier wechselten angehende Bräute, die in der Kirche von Laufás heiraten wollten, nach der Anreise per Pferd die Kleidung. Das ausgestellte Brautkleid (1880) gehörte einer Trägerin, die noch vor der Hochzeit verstarb. Im einstigen Pfarrhaus ist heute ein Café untergebracht.

Durch das Tal der Fnjóská gelangt man zurück zur Ringstraße, auf der es kurz nach Osten weitergeht. Während man am See Ljósavatn vorbeifährt, taucht rechts (nach dem See) die Þorgeirskirkja auf. Die weiße Kirche wurde 2000 anlässlich des 1.000-jährigen Jubiläums der Christianisierung Islands eingeweiht. Ihr Standort ist kein Zufall, denn hier wohnte vor über 1.000 Jahren der Gode und Gesetzessprecher Þorgeir Ljósvetningagoði, der nach der Christianisierung der Isländer seine Götterstatuen in den nahen Wasserfall Goðafoss geworfen haben soll.

Whale-Watching-Hauptstadt

Kurz vor dem Goðafoss verlässt der Arctic Coast Way die Ringstraße und führt über die Straße 85 nach Húsavík. Jahrhundertelang war das Städtchen an der Bucht Skjálfandi der Hauptexporthafen für Schwefel, der in der Region Mývatn abgebaut wurde. Heute wird Húsavík oft als »Whale-Watching-Hauptstadt Europas« bezeichnet. Nicht weniger als vier Unternehmen bieten Walbeobachtungstouren an und werben mit traumhaften Sichtungsraten von 98 Prozent. Gesichtet werden vor allem Buckelwale, Zwergwale und Weißschnauzendelfine, manchmal sogar Blauwale und Schwertwale.

Der Waltourismus verwandelte das graue, verschlafene Fischerdorf in ein buntes, quirliges Städtchen. Auf dem Wasser herrscht ein Kommen und Gehen von Kuttern und Festrumpfschlauchbooten. An den Kais bestimmen Cafés und Fischrestaurants das Bild. Das frühere Schlachthaus beherbergt heute das Walmuseum Hvalasafnið mit Ausstellungen über die verschiedenen isländischen Walarten. Auch Themen wie Walstrandungen und die blutige Geschichte des Walfangs werden nicht ausgelassen.

Walbeobachtungsfahrt in Húsavík

#Goðafoss

Ein kurzer Abstecher vom Arctic Coast Way führt zum Goðafoss. Der hufeisenförmige »Wasserfall der Götter« gehört mit einer Höhe von 11 Metern nicht zu den höchsten Vertretern seiner Zunft, imponiert aber mit seiner Breite und Wucht. Urheber ist der Gletscherfluss Skjálfandafljót, der unter den Eismassen des Vatnajökull entspringt.

E-Mountainbike-Tour auf der Halbinsel Tröllaskagi

Inmitten der Hufeisenschlucht Ásbyrgi erhebt sich der Felsklotz Eyjan, wortwörtlich »die Insel«.

Ein Blickfang ist die über dem Hafen thronende Holzkirche, 1907 erbaut aus norwegischem Holz. Im Fokus des Museums Safnahúsið steht die Beziehung der Menschen zur Natur. Zu sehen ist auch ein ausgestopfter Eisbär, der 1969 auf der Insel Grímsey erlegt wurde. Das Exploration-Museum ist dem menschlichen Entdeckerdrang gewidmet. Neben den Expeditionen der Wikinger und Polarforscher stehen die Besuche der Apollo-Astronauten im Mittelpunkt, die 1965 und 1967 in Island ein geologisches Feldtraining absolvierten. Daran erinnert auch ein Denkmal neben dem Museum. Entspannung bietet das topmoderne Geothermalbad GeoSea (siehe Seite 320) mit einem der schönsten Infinitypools Islands.

is

Papageitaucher auf der Halbinsel Tjörnes

Vom Infinitypool von GeoSea schweift der Blick über die Bucht Skjálfandi.

Rund um Tjörnes nach Ásbyrgi

Von Húsavík geht es in nördlicher Richtung weiter auf der Straße 85. Die landschaftlich schöne Strecke folgt zunächst dem Verlauf der Westküste der Halbinsel Tjörnes, bekannt für die »Tjörnes-Schichten«. Aus diesen stark geneigten Sedimentschichten des Pliozäns und Pleistozäns gewannen Geowissenschaftler wichtige Erkenntnisse über die Klimaentwicklung. So weist der Wechsel von Schichten mit Muscheln und Braunkohleschichten auf beträchtliche Meeresspiegelschwankungen hin. Die Analyse von Muscheln in den ältesten Schichten ergab auch, dass auf Island damals ein wärmeres Klima herrschte als heute, die in den jüngeren Schichten angetroffenen Muscheln finden sich dagegen heute nur im Eismeer wieder und zeigen ein kälteres Klima an.

Im Norden von Tjörnes passiert man den Weiler Mánárbakki mit einem kleinen Volksmuseum. Zwei Torfhäuser und ein Haus aus Húsavík vermitteln einen Eindruck vom Leben im frühen 20. Jahrhundert. In den Küstenwiesen nisten große Küstenseeschwalbenkolonien. Im Anschluss steigt die Straße kräftig an und führt nach Südosten an der Steilküste entlang, Brutstätte vieler Seevögel, darunter Papageitaucher. Später geht es mit 14 Prozent Gefälle hinunter zur Lagune Lónslón und dem schwarzen Sandstrand, übersät mit Treibholz.

Die Straße zieht sich nun durch die Region Kelduhverfi, am Südrand des Deltas der Jökulsá á Fjöllum. Weit verstreute Höfe prägen das flache Küstenland, das im Winter 1975/76 und 1978 zu Beginn der vulkanischen Tätigkeiten im nahen Krafla-Gebiet (bei Mývatn) von schweren Erdstößen getroffen wurde. Die Beben und die Eruptionen sind Ausdruck der Kontinentaldrift. Teilweise senkte sich das Land in Kelduhverfi um mehr als einen Meter. Infolge der Beben bildeten sich lange Spalten und Risse, aus denen mancherorts warmes Wasser austrat. Eine weitere Folge war die Entstehung des Sees Skjálftavatn (Bebensee).

Hufabdruck von Sleipnir

Im Osten von Kelduhverfi wartet Ásbyrgi (Asenburg). Wer hier von der Straße 85 nach Süden abbiegt, kann sich vermutlich kaum vorstellen, dass er am Rand einer gewaltigen hufeisenförmigen Schlucht steht. 3,5 Kilometer lang, 1 Kilometer breit, bis zu 100 Meter hoch. Nach der nordischen Mythologie entstand Ásbyrgi, als Odins achtbeiniges Pferd Sleipnir der Erde zu nahe kam und einen Hufabdruck zurückließ. Geologen halten die »Hufeisenschlucht« für eine ehemalige Fallstufe der Jökulsá á Fjöllum, die heute zwei Kilometer weiter östlich durch eine Schlucht fließt. In Ásbyrgi befindet sich auch das Nationalparkzentrum für den nördlichen Teil des 14.482 Quadratkilometer großen Nationalparks Vatnajökull.

Ein dichtes Wanderwegenetz erschließt die Umgebung. Eine schöne Rundtour führt zum Beispiel in vier Stunden zu den Aussichtspunkten Klappir (Panorama der »Hufeisenschlucht«) und Kúahvammur (Ausblick auf die Schlucht Jökulsárgljúfur). Beliebt ist auch die Zweitagestour von Ásbyrgi zum Wasserfall Dettifoss.

Die Umgebung von Ásbyrgi ist für Wanderer sehr gut erschlossen.

#EineMengeWasser

Ásbyrgi entstand vor 9.000 bis 10.000 Jahren durch einen katastrophalen Gletscherlauf der Jökulsá á Fjöllum, vermutlich ausgelöst durch eine Eruption unter der Eiskappe Vatnajökull. Schätzungen zufolge betrug die Abflussrate bis zu 700.000 m^3/s. Im Norden teilten sich die Wassermassen: Der östliche Arm der Jökulsá schuf die Schlucht Jökulsárgljúfur, westlich davon entstanden zwei weitere Schluchten, die sich schließlich durch rückschreitende Erosion zu einer hufeisenförmigen Schlucht vereinten, in die sich die Wassermassen 100 Meter in die Tiefe stürzten. Da sich der östliche Flussarm zügiger eingrub, wurde dem westlichen Arm schließlich der »Hahn zugedreht«. Das Flussbett trocknete aus, zurück blieb die trockene Schlucht in Ásbyrgi.

#WohnenMitWeitblick

Schöner wohnt man selten: In Ásbyrgi vermietet Nordic Natura drei moderne, gut ausgestattete Studios, mit Blick auf die »Hufeisenschlucht«. Für Wanderer bietet Nordic Natura auch einen Shuttleservice von/nach Vesturdalur und Dettifoss zu bezahlbaren Preisen. **nordicnatura.is**

#NiagaraEuropas

Von Ásbyrgi gelangt man dank der neuen Straße 862 rasch zum Wasserfall Dettifoss. Der 44 Meter hohe Wasserfall gilt als Europas mächtigster. Manche bezeichnen ihn gar als »Niagara Europas«. Weltbekannt wurde der Dettifoss durch den Hollywoodstreifen »Prometheus – Dunkle Zeichen« (2012) von Ridley Scott. In der spektakulären Auftaktszene des Science-Fiction-Films steht der Wasserfall für eine Landschaft aus der Frühzeit der Erde.

Dettifoss

Das Kunstwerk Arctic Henge ist dem jungsteinzeitlichen Steinkreis von Stonehenge nachempfunden.

Die Polarfuchs-Ebene

Nächstes Etappenziel ist Kópasker. Am 13. Januar 1976 wurde der kleine Fischerort an der Ostküste des Öxarfjörður von einem kräftigen Erdbeben der Stärke 6,3 auf der Richterskala erschüttert. Auch dieses Beben hing mit den tektonischen und vulkanischen Ereignissen der Krafla-Region zusammen. Viele Häuser und die Hafenbefestigungen wurden dabei zerstört. Alles über das Beben und seine Ursachen erfährt man im Erdbebenzentrum Skjálftasetrið. Auch der Erdbebensimulator ist echt realistisch. Beim Hof Snartarstaðir zeigt das Heimatmuseum Nationaltrachten und alte Werkzeuge.

Kópasker ist das Tor zur Halbinsel Melrakkaslétta (Polarfuchs-Ebene), einer menschenleeren Wildnis, geprägt von vogelreichen Tiefebenen, Seen und Sumpfgebieten. Die wenigen Höfe liegen alle an der Küste, viele sind längst verlassen. Am Kiesstrand sammelt sich das Treibholz aus Sibirien, in den einsamen Buchten nisten Eiderenten und rekeln sich Robben. Holprige Pisten führen zu entlegenen Leuchttürmen und Vogelbergen. Vogelliebhaber gelangen vom Hof Núpskatla zu Fuß (30-45 Min.) zum Rauðinúpur (73 m). Der »rote Berg« ist der erodierte Stumpf eines Vulkans aus der letzten Eiszeit. Heute brüten in den Klippen u. a. Trottellummen, Dreizehenmöwen und Basstölpel. Vom Leuchtturm auf dem grasigen Gipfelplateau schweift der Blick bei guter Sicht bis zur Insel Grímsey.

Die von einem hohen Leuchtturm beherrschte Landzunge Hraunhafnartangi im Nordosten galt lange als nördlichster Punkt des isländischen Festlands. Neueren Messungen im Jahre 2016 zufolge gebührt diese Ehre aber der nahen Landzunge Rifstangi, die 68 Meter nördlicher liegt! Noch nördlicher liegt nur die Insel Grímsey.

Stonehenge des Nordens

Raufarhöfn liegt an der Ostküste von Melrakkaslétta und verbreitet den Charme eines Lost Place. Der nördlichste Ort des isländischen Festlandes erlebte seine Blüte in den 1950er-Jahren durch die Heringsfischerei. Nur in Siglufjörður wurde mehr Hering verarbeitet. Danach setzte, wie überall auf Melrakkaslétta, die Landflucht ein: 1988 zählte der Ort 401 Einwohner, 2019 noch 168.

Für einen neuen Impuls sorgt das imposante Kunstwerk Arctic Henge, das seit 2004 nördlich des Ortes entsteht. Der Steinkreis mit einem Durchmesser von 52 Metern wird von vier 6 Meter hohen Toren und einem 11 Meter hohen Mitteltor aus vier Basaltquadersäulen beherrscht. Wie das englische Pendant Stonehenge ist der Arctic Henge wie eine riesige Sonnenuhr konzipiert. Inspiriert wurde der Initiator, Hotelbesitzer Erlingur Thoroddsen, durch die Völuspá (Weissagung der Seherin), ein Gedicht der Edda, der »Bibel« der nordischen Mythologie. Das Kunstwerk wurde vom isländischen Künstler Haukur Halldórsson erbaut.

Ein Geheimtipp für Wanderer ist die durch einen markierten Rundweg (7 km, 2,5 Stunden) erschlossene Landzunge Rauðanes, die auf halber Strecke zwischen Raufarhöfn und Þórshöfn in den Þistilfjörður hineinragt. Ein Naturparadies mit bizarren Basaltformationen, Felstoren und Höhlen, bevölkert von zahlreichen Seevögeln.

Ans Ende der Welt

Þórshöfn (380 Ew.) lebt von der Fischerei und Fischverarbeitung. Der größte Ort im Nordosten ist auch der Ausgangspunkt für Streifzüge zur abgelegenen Halbinsel Langanes.

Die Halbinsel zwischen Þistilfjörður und Bakkaflói ist ein Eldorado für Ornithologen. Im frühen 20. Jahrhundert war Langanes noch dicht besiedelt. Die Menschen lebten von Schafzucht und Fischfang, sammelten Vogeleier, Eiderdaune und Treibholz. Mitte des Jahrhunderts setzte die Landflucht ein. Heute ist das Gebiet komplett verlassen.

Ein einsamer Außenposten der Zivilisation ist der frühere Pfarrhof Sauðanes. Er war einst sehr beliebt, denn er bot viele Vorteile: Eiderenten, fischreiche Gewässer, große Treibholzmengen usw. Das Pfarrhaus (1879-81) wurde aus Steinen erbaut, die mühsam per Schlitten hierher transportiert wurden. Die Türen bestehen aus Treibholz. Heute fungiert das Gebäude im Sommer als Café, Heimatmuseum und Touristeninformation. Die Kirche nebenan wurde 1889 erbaut.

Ein Blickfang in Kópasker sind die Puppen der Künstlerin Sigurlína J. Jóhannesdóttir.

Die Kirche von Raufarhöfn wurde vom Staatsarchitekten Guðjón Samúelsson entworfen.

Die Kirche von Sauðanes markiert den Zugang zur Halbinsel Langanes.

#NurMit Geländewagen

Autofahrer sollten bedenken, dass die Pisten auf Langanes nur für Geländewagen geeignet sind. Wer nicht mit einem Geländewagen unterwegs ist, kann in Þórshöfn einen mieten – und das auch für kürzere Zeiträume. Möglich ist eine Abrechnung ab 3 Stunden.
www.holdur.is

Ein einsamer Außenposten der Zivilisation: der Schafbauernhof Ytra-Lón.

Hinter Sauðanes verkümmert die Schotterstraße zu einer rauen Piste, die sich an trostlosen Ruinen und hohen Treibholzbergen vorbeischlängelt. Bei Höfði trotzt das Wrack des britischen Trawlers »Daniel Quare« seit 1955 den Wellen. Auf den Küstenwiesen nisten Küstenseeschwalben, in den Klippen des nahen Vogelberges Skoruvíkurbjarg Papageitaucher, Dreizehenmöwen, Trottel- und Dickschnabellummen. Den vorgelagerten Basaltfelsen Stóri Karl bevölkern Basstölpel, die sich von der Aussichtsplattform beobachten lassen. Die holprige Piste endet beim Leuchtturm in Fontur. Ein Denkmal erinnert an die Tragödie eines im 18. Jahrhundert gestrandeten englischen Schiffs. Die Crew schaffte den Aufstieg durch die Engelskagjá (englische Schlucht), elf Seeleute versuchten an der Ostküste Hilfe zu holen und starben an Unterkühlung. Der Kapitän und sein Sohn begaben sich nach Westen und erreichten schließlich Skoruvík. An die Toten erinnert ein schlichtes Kreuz zwischen Skoruvík und Skálar mit der Aufschrift »Her kvílar 11 ensku men« – »Hier ruhen 11 englische Fischer«.

Skálar verdankte seine Entstehung den reichen Fischgründen. 1924 zählte der Ort 117 Einwohner, während der Fangsaison verdoppelte sich die Zahl. Die einsetzende Motorisierung der Boote in den 1930er-Jahren bedeutete der Anfang vom Ende für den schlecht zugänglichen Fischerort. Im Zweiten Weltkrieg blühte der Ort noch einmal auf. Als die Amerikaner im Sommer 1942 Camp Greely errichteten, fanden viele Einheimische Arbeit auf dem Bau. Die Schattenseite des Krieges: Drei Häuser wurden durch Minen zerstört, die sich aus einem Minenfeld vor den Ostfjorden gelöst hatten und am Strand explodierten. Nach dem Krieg zogen alle Leute fort, seit 1955 ist Skálar eine Geisterstadt.

Auf dem Weg von Langanes nach Bakkafjörður liegt an der Straße 85 der Hof Skeggjastaðir mit der ältesten Kirche Ostislands. Die Kirche wurde 1845 erbaut, den Bau bezahlte Pfarrer Hóseas Árnarson aus eigener Tasche, da er weder vom Bischof noch von der Gemeinde Unterstützung erhielt. Der Arctic Coast Way endet wenig später im verschlafenen Fischerort Bakkafjörður, das seine Blüte im frühen 19. Jahrhundert erlebte, als noch kleine Boote zum Fischfang eingesetzt wurden. Heute sind viele Häuser verlassen, nur 80 Leute harren noch aus. Nach Süden gelangt man über Vopnafjörður zurück zur Ringstraße. •

Basstölpelkolonie am Skoruvíkurbjarg

#Eiersammeln

Im Frühjahr seilen sich die Küstenbewohner von Þórshöfn nach alter Tradition in den Klippen am Skoruvíkurbjarg ab, um Vogeleier zu sammeln. Interessierte sind eingeladen, die Eiersammler zu begleiten und können sogar unter Anleitung mitmachen. Das Mindestalter ist 18 Jahre. Zeitraum: 15. Mai–10. Juni. **fontur@isl.is**

In der Bucht Skoruvík türmt sich das Treibholz meterhoch.

#island

Kurs Island

ANREISE MIT DEM SCHIFF

Die Fähre MS »Norröna« verkehrt einmal pro Woche zwischen dem norddänischen Hafen Hirtshals und Seyðisfjörður an der isländischen Ostküste. Die Passagier- und Autofähre der färöischen Reederei Smyril Line kann bis zu 800 Pkw und 1.482 Passagiere transportieren. Die Überfahrt dauert zwei Tage.

- Smyril Line: Tel. 0431-20 08 86, **www.smyrilline.de**

Alternativ bietet die Smyril Line die Möglichkeit der reinen Fahrzeugverschiffung nach Island an. Dabei wird das Auto oder Wohnmobil mit dem RoRo-Schiff nach Island verschifft, während man selber per Flugzeug dorthin reist. Das RoRo-Frachtschiff MS »Mykines« fährt wöchentlich zwischen Rotterdam (NL) und dem südisländischen Hafen Þorlákshöfn.

- Smyril Line Cargo: **www.smyrillinecargo.com**

ANREISE MIT DEM FLUGZEUG

Reykjavík ist ganzjährig mit dem Flugzeug aus Deutschland, Österreich und der Schweiz erreichbar. Die internationalen Flüge landen auf dem Flughafen Keflavík. Da sich Flugverbindungen oft ändern, erheben wir keinen Anspruch auf Richtigkeit und Vollständigkeit und verweisen für aktuelle Infos auf die Website der Fluggesellschaften. Direktflüge bieten folgende Airlines:

- Icelandair: ganzjährig von Berlin-Brandenburg, Frankfurt/M., München und Zürich; im Sommer auch von Hamburg und Genf. **www.icelandair.de**
- Play Air: ganzjährig von Berlin nach Reykjavík. Die neue Airline ist Nachfolgerin der 2019 eingestellten WOW. **flyplay.com**
- Lufthansa: ganzjährig von Frankfurt/M. **www.lufthansa.com**
- Eurowings: im Sommer von Düsseldorf und Hamburg. **www.eurowings.com**
- Wizz Air: ganzjährig von Dortmund und Wien. **wizzair.com**
- Austrian: im Sommer von Wien. **www.austrian.com**
- SAS: ganzjährig von Kopenhagen; Zubringerflüge nach Kopenhagen gibt es von mehreren deutschen Städten. **www.flysas.com**

REISEN MIT DEM AUTO IN ISLAND

Wer nicht mit dem eigenen Fahrzeug anreist, findet in den Mietzentralen am Flughafen Keflavík ein breites Spektrum an Leihwagen – vom kompakten Kleinwagen bis zum hochlandtauglichen Geländewagen.

Hochlandpisten

Die meisten Inlandstrecken, insbesondere die als »F-Straße« gekennzeichneten Hochlandpisten, sind nur mit Geländewagen befahrbar. Die Hochlandpisten führen durch sehr einsame Gegenden, in denen es weder Geschäfte noch Tankstellen gibt. Flussläufe, Schlamm, Sand und Lavafelder drosseln oft die Reisegeschwindigkeit, und oft kommt man nur mit Allrad voran. Bei der Reiseplanung gilt es auch zu bedenken, dass die Pisten erst nach der Schneeschmelze (in der Regel im Juni oder Juli) geöffnet werden. Die aktuellen Öffnungszeiten erfährt man auf Campingplätzen, in Hotels oder Touristenbüros sowie beim Isländischen Straßenamt:

- Vegagerðin: Tel. +354-522 1000, vegagerdin@vegagerdin.is, **www.road.is**

Fähren

Zu allen bewohnten Inseln und zu einigen abgelegenen Halbinseln verkehren Auto- oder Personenfähren. In der Saison empfiehlt sich eine Buchung im Voraus. Die wichtigsten Fährverbindungen sind:

- Landeyjahöfn–Vestmannaeyjar: Autofähre, ganzjährig (bei ungünstigem Wetter fährt die Fähre nicht von Landeyjahöfn, sondern von Þorlákshöfn). **herjolfur.is**
- Stykkishólmur–Flatey–Brjánslækur: Autofähre, ganzjährig. **www.seatours.is**

Allgemeine Verkehrsbestimmungen

- In Island herrscht Rechtsverkehr und Anschnallpflicht auf Vorder- und Rücksitzen.
- Das Abblendlicht muss auch am Tag eingeschaltet sein.
- Die Promillegrenze ist 0,5.
- Höchstgeschwindigkeiten: 50 km/h innerhalb geschlossener Ortschaften, 90 km/h außerhalb geschlossener Ortschaften und 80 km/h auf unbefestigten Straßen.

Besonderheiten

- Achten Sie auf frei herumlaufende Tiere, insbesondere Schafe. Diese haben auf isländischen Straßen grundsätzlich Vorfahrt. Bei einem Unfall sind Sie schadensersatzpflichtig!
- Offroad fahren, d. h. jeglicher Kfz-Verkehr im Gelände außerhalb der Straßen und gekennzeichneter Fahrspuren, ist strikt verboten und wird mit hohen Bußgeldern bestraft!

GELDANGELEGENHEITEN

Währungseinheit ist die Isländische Krone (ISK). Für 1 Euro erhält man ca. 149 ISK (Stand Oktober 2021).

Für deutsche Reisende lohnt sich der Devisentausch daheim nicht, die Wechselkurse in Island selbst sind weitaus rentabler. Eine gute Möglichkeit, Euro in isländische Kronen zu wechseln, bietet der Bankschalter im Flughafen Keflavík. Darüber hinaus sind Barabhebungen mit EC- oder Kreditkarte an den landesweit verbreiteten Geldautomaten (ATM) möglich. Wer häufiger Geld abhebt, sollte jedoch die hohen Gebühren beachten, die von den meisten Geldinstituten und Banken für Geldabhebungen im Ausland berechnet werden.

Das Bezahlen mit Kreditkarten ist auf Island viel mehr verbreitet als im übrigen Europa. Am gebräuchlichsten sind Visa und MasterCard. Kreditkarten werden bei Tankstellen und Autovermietern, in Hotels, Supermärkten und Restaurants akzeptiert. Tanken können Sie vielerorts nur an Automatentankstellen. Auch Kleinsteinkäufe wie eine Tasse Kaffee, ein Hotdog oder die Eintrittskarte fürs Museum können Sie problemlos mit der Kreditkarte begleichen. Leihwagen sind in der Regel nur mit einer Kreditkarte zu haben!

Völlig bargeldlos reisen geht indes auch (noch) nicht. Auf vielen Hütten im Hochland ist Bargeld nach wie vor erforderlich. Und auch für die spontane Fahrt mit einem der städtischen Busse in Reykjavík sollten Sie Bares dabei haben – und das auch passend, denn im Bus kann nicht gewechselt werden!

Gute Nacht in Island

HOTELS

In den Städten und rund um die touristischen Highlights existiert ein gutes Hotelangebot für jeden Geldbeutel. Zum Angebot gehören außerdem Häuser verschiedener Hotelketten wie Íslandshótel, KEA Hotels, Icelandair Hotels und Hotel Edda.

JUGENDHERBERGEN

Die 27 isländischen Jugendherbergen sind über das ganze Land verteilt. Sie bieten preiswerte Unterkünfte mit gutem Standard. Alle Herbergen verfügen über Selbstverpflegungsküchen und Familienzimmer.

- Hostelling International Iceland: Tel. +354-575 6700, **www.hostel.is**

PRIVATUNTERKÜNFTE

In Island gibt es zahlreiche Bed and Breakfasts. Einfach am Straßenrand auf Schilder achten oder die Infos bei den örtlichen Touristenbüros einholen.

FERIEN AUF DEM BAUERNHOF/ HEY ICELAND

Der Dachverband Hey Iceland umfasst mehr als 170 Bauernhöfe, die Übernachtung, Ferien auf dem Bauernhof und oft auch Aktivitäten anbieten.

- Hey Iceland: Tel. +354-570 2700, **www.heyiceland.is**

FERIENHÄUSER

Auch auf Island gibt es eine schnell wachsende Zahl von Ferienhäusern. So haben zum Beispiel Casamundo (**www.casamundo.de**) und HomeToGo (**www.hometogo.de**) eine große Auswahl an Feriendomizilen auf der Vulkaninsel im Angebot.

CAMPING

In ganz Island finden Camper rund 80 Plätze für Wohnmobil, Wohnwagen oder Zelt, die gewöhnlich zwischen Anfang Juni und Ende August geöffnet sind. Die Klassifizierung orientiert sich an internationalen Standards. Eine Übersicht über die Campingplätze gibt es unter **www.visiticeland.com**.

COVID-19-HINWEIS

Da die Pandemielage fortwährenden Änderungen unterliegt, könnte es weiterhin zu kurzfristigen Grenzschließungen, Einschränkungen oder Streichungen im Fähr-, Flug-, Zug und Busbetrieb sowie Schließungen von Unterkünften kommen. Bitte beachten Sie aktuelle Reise- und Sicherheitshinweise und informieren Sie sich aktuell bei allen für Ihre Reise relevanten Verkehrs- und Beherbergungsbetrieben.

Aktuelle Infos finden Sie auch auf der Website **www.covid.is**.

Fifty shades of green –
die Sommerfarben der Färöer sind grün.

ÖER

#färöer

#Land

Der Name: Føroyar, Færøerne (dän.), Färöer (dt.) = Schafsinseln
Geografie und Klima: 18 Inseln – 16 ganzjährig bewohnt – und zahlreiche Schären mit ca. 1.400 km² Landfläche, 1.300 km Küste und Höhen bis 880 m. Die Inselgruppe im Nordatlantik liegt nördlicher als Helsinki und Anchorage, der Golfstrom sorgt aber für ein hochozeanisch mildes Klima (Ø Winter 3,5 °C / Sommer 11 °C). Das Wetter ist wechselhaft: Man erlebt eher vier Jahreszeiten an einem Tag als konstant Sonne, Nebel oder Regen. Platzregen sind selten, typischer ist Nieselregen – nass machen beide!
Die Städte: Hauptstadt Tórshavn, fast 20.000 Einw. (Kommune inkl. Inseln Nolsoy, Koltur, Hestur ca. 22.700). Zweitgrößte: Klaksvík ca. 5.000 Einw. (5.400). Politisch gefördert ist die große Zahl von rund 100 bewohnten Siedlungen und Dörfern.
Politik und Wirtschaft: Die Färöer sind eine autonome Nation im Königreich Dänemark mit eigener Flagge, eigenem Parlament und eigener Regierung; seit 2019 regiert eine rechtsliberale Koalition. Staatsoberhaupt ist Dänemarks Königin Margrethe II., auf den Inseln von einer Reichsombudsfrau vertreten. Fischerei, Fischzucht und Fischverarbeitung dominieren die Wirtschaft mit 95 % Anteil am Export. 1,2 % Arbeitslosenquote und die positive Außenhandelsbilanz sprechen für eine gute ökonomische Lage, die einseitige Abhängigkeit vom Fisch gilt aber als anfällig.

#Leute

Gut 53.500 Menschen leben auf den Inseln, mal traditionsbewusst – Tracht wird bei vielen Anlässen getragen –, mal aufgeschlossen gegenüber modernen Technologien und neuen Medien. Als Google die Färöer bei Streetview ignorierte, schickte die Tourismusorganisation kurzerhand ein Schaf mit solarbetriebener 360°-Cam auf dem Rücken über die Inseln und landete so einen weltweiten PR-Erfolg. Google hat mittlerweile jeden Zaunpfosten erfasst.
Über 90 % der Bewohner sind Färinger, etwa 6 % Dänen. Bei Färingern belegen modernste Genforschungen in den männlichen Genen deutlich nordische, in den weibliche mehr keltische Einflüsse, was viel über Besiedlungsgeschichte und -wege aussagt. Bedingt durch die isolierte Lage – bis zum schottischen Festland sind es ca. 320, bis Island 430, bis Norwegen 570 km, nächste Nachbarn sind die Shetlands, ca. 270 km südöstlich –, begann eine dauerhafte Besiedlung erst zur Wikingerzeit im 9. Jh. Føroyskt, die Sprache, war weitgehend verschwunden, wurde im 19. Jh. aber auf Basis altwestnordischer Dialekte wiederbelebt, dem Isländischen ähnlicher als der heute zweiten Amtssprache Dänisch. Da Färinger jederzeit in Dänemark leben, arbeiten und studieren können, gehört zur Biografie vieler Mitglieder der Insel-Elite eine »dänische« Phase.

TEXT & FOTOS #FÄRÖER: Hans Klüche
(sofern nicht anders gekennzeichnet)

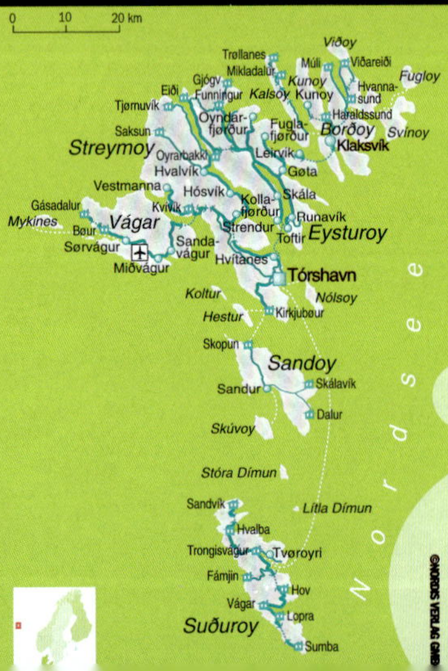

Die »Norröna« ist die Hauptverbindung für alle, die auf die Färöer reisen wollen, ohne in die Luft zu gehen. Nach einem großen Upgrade des kompletten Passagierbereichs kann man die Kreuzfahrtfähre getrost die »Neue Norröna« nennen!

© Smyril Line

Inseln der kurzen Wege

Die trotz schroffer Geografie mit bergiger Landschaft, trennenden Fjorden und vielen Sunden perfekt ausgebaute Infrastruktur macht die Färöer zu einem Reiseland, in dem niemand hetzen muss, vor allem nicht an langen nordischen Sommertagen fast ohne Dunkelstunden. Auf den sechs großen, durch Brücken, Dämme oder Tunnel verbundenen Nordinseln ist kein Ort von einem anderen mehr als 115 km entfernt – maximal zwei Autostunden! Und die kleineren Inseln können mit Fähren bequem auf Tagesausflügen besucht werden. Einzig zur Südinsel Suðuroy ist eine längere Fährfahrt nötig, aber es wird schon an einer Tunnelverbindung gebohrt. Spektakuläre Sightseeing-Straßen sind als »Dotterblumenstraßen« mit Schildern markiert, die eine Sumpfdotterblume zeigen.

Tórshavn und Umgebung

Tórshavn auf der Insel Streymoy ist das Tor auf die Färöer für alle, die mit der Fähre aus Dänemark oder Island kommen, und populärer Anlaufhafen bei Nordatlantik-Kreuzfahrten. Es ist eine Mini-Hauptstadt, kann aber bei Kultur und Lifestyle mit deutlich größeren Städten mithalten. Gastronomie verwöhnt Gäste vom Hafen-Imbiss über schnuckelige Cafés bis zu Gourmetrestaurants – Fisch und Lamm dominieren die Menüs –, und zu späterer Stunde erlebt man in Clubs und Kneipen die Feierlust der Färinger. Über dem Hafen wacht Skansin, eine historische Festungsanlage mit Ursprüngen im 16. Jh., auf der der Hafenleuchtturm steht. Weit in den Hafen hinein ragt die Halbinsel Tinganes

#HypeMitFolgen

Als der »National Geographic Traveller« 2007 das attraktivste Inselziel der Welt wählen ließ, siegten die Färöer. Damit startete trotz Wetterrisiko und der Lage weitab üblicher Touristenrouten ein Hype, permanent angefüttert durch breite Präsenz in sozialen Medien. Instagram-Hotspots in zuvor nahezu unberührter Natur wurden überrannt, kleine Pfade dorthin breiter und breiter getreten. Eine »Wandermaut« (siehe Kurs Färöer) soll den Ansturm nun lenken und mit den Einnahmen bekommen Wege ein Upgrade. Für Wanderungen bezahlen zu müssen, ist für viele Nordlandfans jedoch schwer zu akzeptieren, aber man sollte es als Gast des Landes respektieren.

#Kultbier

Tórshavn kann hipp sein! Sogar die angesagten Kultbrauer von Mikkeller aus Kopenhagen, sonst mit ihren wilden Bieren in Weltstädten wie Tokio, London, Paris oder Berlin zu Hause, haben in einem der 500 Jahre alten Holzhäuser der Altstadt eine coole Kneipe eröffnet.
www.mikkeller.fo/mikkeller

Die Blaue Stunde im gemütlichen Hafen der kleinen Boote von Tórshavn

#ImmerInKette

Er kann Stunden dauern, der seit dem Mittelalter gepflegte Kettentanz. Unter Corona-Bedingungen ist er nicht zu praktizieren, aber es wird ein »Danach« geben. Dann wird man wieder erleben, dass sich auf Volksfesten wie dem Nationalfeiertag Ólavsøka Hunderte Menschen jeden Alters auf offener Straße spontan unterhaken und den uralten Tanz zu scheinbar unendlich vielen gesungenen Versen zelebrieren – ein Gänsehauterlebnis!

#AusflugZumWaltor

Die Insel Nólsoy ist entschleunigter Vorort der Hauptstadt. 5–7 x tgl. queren Fähren in 20 Minuten den geschützten Sund zur Insel. Ein Tor aus Walkieferknochen empfängt Besucher, im Dorf findet man schnuckelige Cafés, ansonsten wandert man zur Ostküste mit bekannten Vogelkolonien oder zum Borðan, dem ältesten Leuchtturm der Färöer ganz im Süden (4-6 Std.) – im Sommer organisiert das lokale Touristenbüro Wanderungen. Auch Ornithologen lieben Nólsoy: Hier lebt die weltgrößte Kolonie schwarzer Sturmschwalben. Dorthin gibts Abendtouren, denn zur Dämmerung sind die Vögel am aktivsten.
www.nolsoy.fo/en/visit-nolsoy

mit dem Regierungsviertel auf der Spitze. In engen verwinkelten Gassen prägen Gebäude aus dem 17. bis 18. Jh. das Bild, viele mit typischen Grasdächern. Ein Ort voller Geschichte und Nostalgie. Hier soll schon 825 ein Thing, eine im weitesten Sinne parlamentarische Versammlung, getagt haben. Am Übergang von Tinganes ins moderne Zentrum ragt der hölzerne Dom auf, der Turm blickt über alte Lagerhäuser auf den wuseligen Kleinboothafen Vestarvág. Vaglið ist dann einer der wenigen Plätze auf den gesamten Färöern, wo man im Schatten von Bäumen sitzen kann. Die Stadtverwaltung residiert hier in einem Bruchsteinhaus, und man blickt zum Parlament Løgting hinauf – das ursprüngliche Holzhaus wird von einem modernen Anbau überragt.

Will man Tórshavn etwas großflächiger erkunden, kann man auf das exzellente Netz der roten Stadtbusse zurückgreifen. Aktuell sind sie kostenlos, auch wenn immer mal wieder diskutiert wird, diesen Luxus »einzusparen«. Oberhalb des Zentrums präsentiert die Nationalgalerie Listasavn Føroya die rege färöische Kunstszene bis zur Gegenwartskunst, und das vom nordischen Rat finanzierte Kultur-, Ausstellungs- und Konferenzzentrum Norðurlandahúsið steuert ein breites, hochkarätiges Programm zum Kulturleben bei. Im nördlichen Vorort Hoyvík vertieft das Nationalmuseum Tjóðsavnið in mehreren Abteilungen Themen wie Schifffahrt, Fischerei, Landwirtschaft und Naturkunde, zeigt aber auch Funde der Wikingerzeit und das berühmte Kirchengestühl aus Kirkjubøur. Ein Fußweg verbindet das Hauptgebäude mit dem zweiten Standort fast am Meer, dem Museumshof Hoyvíksgarður.

Kirkjubøur, lange geistliches Zentrum der Färöer, gehört noch zur Kommune Tórshavn und liegt etwas südlich der Stadt. Die Ruine der nie vollendeten gotischen St. Magnus Kirke, die kleine St. Olav Kirke aus dem 13. Jh., die als Ersatz-Dom dienen musste, und der imposante, vom frühen 12. Jh. bis zur Reformation als Bischofssitz genutzte Kirkjubøargarður – das älteste bewohnte Holzhaus in Europa – lassen Besucher tief in die Geschichte eintauchen.

Im Meer vor Kirkjubøur liegen wie zwei Wellenbrecher die Inseln Koltur mit einem fast 500 m hohen Gipfel und einem bewohnten Hof sowie Hestur, wo in einer kleinen Siedlung an der flachen Ostseite noch 20 Menschen leben. Wilder, rauer, steiler ist Hesturs Westküste, in der sich Seehöhlen verbergen, darunter die größte der Welt, Klæmintsgjógv. Sie ist im Sommer Ziel rasender Wellenritte mit Rib Booten ab Gamlarætt, wo auch die Fähre nach Hestur ablegt. Die Höhle wird zudem gern als Konzertsaal genutzt, der Oldtimer-Schoner Norðlýsið macht dazu Fahrten ab Tórshavn – Hauptsache, der Wellengang spielt mit.
www.visittorshavn.fo, www.rib62.com, en.tn24.fo

In den Norden von Streymoy

Straße 10 folgt von Tórshavn der Ostküste von Streymoy nordwärts und nutzt einen 2,8 km langen Tunnel, während sich die alte Hauptstraße als Straße 50 Oyggjarvegur über die Berge windet – bei gutem Wetter erste Wahl! Nach etwa 20 km muss man sich entscheiden: westwärts Richtung Vestmanna und zur Insel Vágar (s. u.) oder in den Nordosten von Streymoy. Dort zweigt in Hvalvík eine 11 km lange Stichstraße durch ein lang gestrecktes Tal nach Saksun ab, eine malerische Siedlung mit nur einem Dutzend Häuser. Zu denen gehören das Bauernhausmuseum Dúvugarðar mit Gebäuden aus dem 17. Jh. und die Saksunar Kirkja, die, wie von einem Fotografen platziert, vor einer beeindruckenden Bergkulisse, der Lagune Pollurin im Westen und einem in Kaskaden die Hänge hinunterspringenden Wasserfall steht. Die Wanderung am Ufer des Pullurin entlang und durch den schmalen Kanal zum offenen Meer kostet inzwischen Maut und ist nur in einem kleinen Zeitfenster bei Niedrigwasser möglich – sichere Zeiten vor Ort erfragen!

Hier muss sich das Denken zum Walfang ändern: Regierungsviertel der Färöer

#Grindadráp

Viele Menschen lieben die Natur der Färöer, einige hassen das Land wegen immer derselben Sache: *grindadráp:* Beim Grindwalfang werden die in Herden lebenden Wale in Küstennähe von Booten eingekreist, an Strände getrieben und dort mit Lanzen und Messern getötet – eine archaische, blutige Jagd. Strände und Fänger müssen lizensiert sein, um schnelles Töten ohne Leiden der Tiere zu gewährleisten. Das sei unmöglich, kritisieren Tierschützer, auch würden Jung- und Muttertiere getötet. Die Färinger berufen sich auf uralte Traditionen und betonen die nicht kommerzielle Verwertung der Fänge als Nahrungsressource. Oft wird argumentiert: Die Wale haben vor ihrem gewaltsamen Tod ein freies Leben, anders als viele Tiere aus Massentierhaltung in Ländern, aus denen die meiste Kritik kommt. Die Bestände der Grindwale gelten nicht als gefährdet, Gesundheitsbehörden warnen jedoch vor häufigem Verzehr von Grindwalfleisch, weil es mit Schwermetallen und PCB belastet ist. Ein heftige Debatte international wie auf den Inseln selbst löste ein außer Kontrolle geratener grindadráp im September 2021 aus, bei dem 1400 Tiere, die meisten davon Weißseitendelphine, von zu wenigen und somit wohl überforderten Fängern getötet wurden – das war auch vielen Färingern zuwider. Eine Übersicht inkl. Darstellung der Pro- und Contra-Positionen auf **de.wikipedia.org/wiki/Grindadráp**

© Alessio Mesiano / Visitfaroeislands.com

#SterneAm Leynarvatn

Im »Koks« kommt die Droge aus der Küche: Poul Andrias Zisca, Lichtgestalt der Kochkunst auf den Färöern, betreibt im Nirgendwo der Landschaft hinter dem Leynarvatn im Westen von Streymoy sein rustikales Gourmetrestaurant koks und lässt dort die Gäste eins werden mit dem Land, das das ihnen aufgetischte Menü hervorgebracht hat. 2019 bekam er den zweiten Michelin-Stern für seine färöische Variante des Nordic Cooking. **www.koks.fo**

© KOKS / Visitfaroeislands.com

Weiter nördlich von Hvalvík nimmt Straße 10 die Brücke nach Eysturoy (s. u.) hinüber, aber man sollte den 14-km-Abstecher ins malerisch gelegene Tjørnuvík mit seinem schwarzen Strand nicht missen: Auf halber Strecke stürzt neben der Straße Fossá, der Wasserfallfluss, in drei Stufen über insgesamt 140 m die Berge hinab – je mehr es vorher regnet, desto machtvoller. Kurz vor dem Ziel hat man freien Blick auf die Felssäulen Risin og Kellingin am gegenüberliegenden Ufer. Der Riese und die Hexe sollten nach einer Sage die Färöer einfangen und nach Island bringen. Aber die beiden musste man wohl als lichtscheues Gesindel bezeichnen: Obwohl sie Tageslicht nicht vertragen konnten, trödelten sie bei ihrem Auftrag bis zum Grauen des neuen Tages und versteinerten hier … Ja genau, Tolkien- und Hobbitfans erkennen da die Steintrolle aus Eriador wieder.

Westen von Streymoy und Insel Vágar

Wer sich für einen Besuch der westlichen Inseln entscheidet oder vom internationalen Flughafen auf Vágar kommt, darf die wilde Westküste von Streymoy nicht missen. Leynar unterhalb der Zufahrt in den mautpflichtigen Unterwassertunnel Vágartunnilin versucht sich an schönen Sonntagen als Badeort – der Strand ist berühmt. Nachbarort Kvívík zeigt Reste von Langhäusern der Wikingerzeit und das abgelegene Vestmanna ist Startort für Touren in Felsengrotten und zu Vogelfelsen, die fast 700 m lotrecht aufragen – da sind Nackenschmerzen vom Hochschauen vorprogrammiert!

© Tobias Meyer / Visitfaroeislands.com

Die nur schwer erreichbare Insel Mykines ist ein absolutes Sehnsuchtsziel auf den Färöer.

Auf Vágar beginnt für viele Besucher der Färöer-Aufenthalt im internationalen Vága Floghavn. Zwischen Tunnel und Flughafen finden sich Wanderwege zu spektakulären Abschnitten der Südküste, so bei Sandavágur zum Aussichtspunkt auf die Felsnadel Trøllkonufingur, den Hexenfinger. Oberhalb von Miðvágur beherbergt der fast 400 Jahre alte, im traditionellen Baustil mit Wänden aus grobem Feldstein, kleinen Holzgiebeln und Grassodendach gehaltene Pfarrhof Kálvalið das älteste Lokalmuseum der Färöer.

Am Flughafen vorbei nach Westen entpuppt sich Straße 45 via Bøur und durch den 2006 vollendeten, einspurigen Tunnel in das pittoreske Gásadalur als Boulevard der »Million Dollar Views« mit Blick auf die zerklüfteten Schären Tindholmur, Gásholmur und Drangarnir sowie die Westinsel Mykines. Am Ende der Straße in Gásadalur ist der Blick auf das Dorf über den Wasserfall Múlafossur, mit dem der Dorfbach in den Atlantik stürzt, ein weiteres Instagram-Highlight. Im Dorf lebt kaum ein Dutzend Menschen, das urige Café Fjorooy mit färöischer Küche vom Smørrebrød mit Lammaufschnitt bis zum Fischteller hat in der Touristensaison trotzdem reichlich zu tun.

Ab Sørvágur fahren von Mai bis August Fähren zur Insel Mykines. Das Vogelparadies ist für seine unzähligen Papageitaucher berühmt – man stolpert fast über die putzigen Vögel. Im Dorf gibt es zwar 40 Häuser, aber nur etwa 10 ganzjährig hier lebende Menschen. Wege führen auf das über eine Fußgängerbrücke angebundene Mykines Hol-

#FotoHighlights

Noch in Sichtweite des internationalen Flughafens gibts einen Foto-Hotspot: Der Gang am Ostufer des Leitisvatn aka Sørvágsvatn entlang zur 142 m hohen Sklavenklippe Trælanípa (Bild unten), die ultimative Aufnahmen über die Steilküste hinweg auf den hoch gelegenen See und auf seinen »Absturz« als Wasserfall Bøsdalafossur gut 30 m über die Felsen hinab in den Nordatlantik erlaubt, kostet inzwischen Wandermaut (**www.tralanipan.fo**). Den schnellsten Blick auf diese und andere Landschaftshighlights von Vágur sowie von der Nachbarinsel Mykines erlauben Helikopter-Sightseeingflüge mit Atlantic Airways ab Vága Floghavn (ca. 1.500 DKK / 200 €: **www.atlanticairways.com/en/helicopter**.

© Michiel Pieters / Visitfaroeislands.com

Die Sagenfiguren Risin og Kellingin im Hintergrund sind zu Felsnadeln erstarrt, während die Kinder vorn das Toben am Strand genießen.

© Giulie Giordi / Visitfaroerislands.com

Was kommt wohl nach der Kuppe? Passstraße über den Eiðiskarð zwischen Gjógv und Eiði

© Reinhard Pantke (Diashow-Termine: www.reinhard-pantke.de)

#ModeInWolle

Schafzucht dient in erster Linie der Eigenversorgung der Inseln mit Fleisch, denn außer Fisch und Vögeln gibts sonst nichts. Restaurants servieren Lamm als Delikatesse, auch getrocknet als Aufschnitt oder gewöhnungsbedürftig als Seyðahøvd, geschmorter Schafkopf. Ein natürliches Nebenprodukt ist seit jeher die Wolle. Traditionelle Färöer-Pullover mit durchgängigen Mustern sind sehr warme, fast winddichte Arbeitskleidung. Die dänischen Kultkrimis mit Kommissarin Sarah Lund machten dann moderne, leichte Färöer-Pullover des Labels Guðrun & Guðrun zu begehrter Must-Have-Mode vor allem in Großbritannien und ebnete anderen Designern von den Inseln den Weg in die internationale Modewelt. Ganz eng verbindet Shisa Brand – sprich »she's a brand« – die traditionellen Färöer-Muster mit innovativen Formen.
www.gudrungudrun.com, www.shisabrand.com

fo

mur mit einem markanten Leuchtturm auf dem westlichsten Landflecken der Färöer. Für Inselbesuche wird eine Gebühr erhoben, unabhängig davon können Wege zum Schutz nistender Vögel und unter schlechten Witterungsbedingungen gesperrt werden. **visitvagar.fo, www.mykines.fo**

Eysturoy

Eysturoy ist aus Tórshavn durch den jüngst eröffneten, mautpflichtigen (175 DKK=23,50 € pro Fahrt!) Eysturoyartunnilin mit zwei Enden an beiden Ufern des Skálafjørður schnell erreicht, bei Rundfahrten nimmt man jedoch besser im Norden die Brücke bei Oyrarbakki. Zwei km später kann man dann Richtung Eiði abbiegen. Das Dorf ist Ausgangspunkt für Wanderungen auf den vorgelagerten Eiðiskollur mit großartigen Aussichten von oben auf die Felssäulen Risin og Kellingin. Zur Weiterfahrt nach Gjógv schwingt sich die Straße zum fast 400 m hohen Pass Eiðiskarð hinauf. Am Scheitelpunkt startet der Aufstieg zum Slættaratindur, auf Deutsch Flacher Gipfel. Den mit 880 m höchsten Berg der Färöer zu bezwingen ist eher Bergwandern, denn Bergsteigen. Wenn's Wetter mitspielt, ist der Lohn ein grandioser 360°-Blick auf Nachbargipfel, Fjorde, Sunde und wilde Klippenküsten.

Gjógv hat den Namen von der tiefen Kluft, die als Hafen dient – ein Fotoklassiker! Die umliegenden Klippen wie auch das Dorf mit seinen bunten Häusern an engen Gassen lohnen Rundgänge. Richtung Süden ist Serpentinenfahren angesagt, ehe man am pittoresk gelegenen Funningur vor-

Schafscheren in Gjógv mit Blick auf Kalsoy – die Bond-Insel – im Hintergrund.

Der »Hafen« von Gjógv

bei flachere Gefilde am lang gestreckten Funningsfjørður erreicht und schließlich wieder auf die Hauptstraße trifft. Auch zu anderen abgelegenen Küstenorten wie Elduvík und Oyndarfjørður oder in den Fischereiort Fuglafjørður lohnen Abstecher – die Landschaft ähnelt sich jedoch. Das kleine Freilichtmuseum Blásastova in Gøta entführt Besucher auf die Färöer des 18. und 19. Jh. Via Leirvík fährt man in den mehr als 6 km langen, mautpflichtigen Unterwassertunnel Norðoyatunnilin ein und kommt vor den Toren von Klaksvík wieder ans Tageslicht. **www.visiteysturoy.fo**

Die Nordinseln

Sechs Inseln bilden die Gruppe der Norðoyar, Nordinseln, mit Klaksvík auf Borðoy, der zweitgrößten Stadt der Färöer, als Hauptort und wichtigstem Fischereihafen. Norðoya Fornminnissavn lässt alte Zeiten in einem ehemaligen Handelsposten u. a. mit einer herrlichen alten Apothekeneinrichtung wieder aufleben. Zwei weitere Inseln sind mit Borðoy durch Dammstraßen verbunden: Viðoy endet nach Norden mit dem 754 m hohen Kap Enniberg, oft als höchste Steilklippe der Welt bezeichnet. Für die Nutzung des Tracks den Villingardalsfjall hinauf zu diesem imposanten Nordkap wird eine Gebühr erhoben. Ein Kleinod auf den eigentlich baumlosen Färöern ist Viðarlundin, das Wäldchen oberhalb des Inseldorfs Kunoy an der Westküste der gleichnamigen Insel. Die besteht aus einer gewaltigen Bergkette mit sechs 800ern, durchbohrt von einem 3 km langen, einspurigen Tunnel. Nur mit Fähren oder Helikopter sind drei weitere Inseln erreichbar. Kalsoy heißt im Volksmund »die Flöte« wegen der lang gestreckten Form,

#Tunnelblick

Um das Fortbestehen selbst kleinster Siedlungen zu sichern, die sonst nur per Boot oder Bergpfad erreichbar wären, entstanden 21 Straßentunnel auf den Färöern, davon 3 mautpflichtige Unterseetunnel. Inzwischen werden die ältesten schon durch größere ersetzt. Zuletzt wurde der 11 km lange Unterseetunnel von Tórshavn in den Süden der Insel Eysturoy mit Kreisverkehr unter dem Meer eröffnet, er bindet beide Ufer des dicht besiedelten Skálafjørður an die Hauptstadt an und verkürzt Fahrzeiten um bis zu 50 Minuten. Gebohrt wird aktuell am 10,5 km langen Unterseetunnel zur dünn besiedelten Insel Sandoy. 2023 soll er fertig sein, als erstes Teilstück eines Tunnel-Quartetts zwischen den nördlichen Inseln und der großen Südinsel Suðuroy und mit 36 km Gesamtlänge.

Kunst im Eysturoyartunnilin

Wer erkennt es wieder aus »James Bond – No Time To Die«: Nordspitze der Insel Kalsoy.

© Tobias Meyer / Visitfaroeislands.com

Wunderbar traurige Sagenfigur Kópakonan

© Mike Bishop / Visitfaroeislands.com

und diversen Straßentunnel, die die vier Siedlungen mit zusammen nur etwa 85 Bewohnern verbinden. Die Hikingtour von Trøllanes zum Leuchtturm Kallur, hoch oben auf der gleichnamigen Klippe, ist eine der spektakulärsten überhaupt auf den Färöer. Die grandiose Landschaft ist noch berühmter, seit sie – digital verfremdet – Filmset im neuen »James Bond – No Time To Die« sein durfte. Eine »offizielle« James-Bond-Wandertour gibt's rund um Trøllarnes auch schon. Bei so viel Bond sollte man am alten Fähranleger in Mikladalur aber die Skulptur der Seehundfrau Kópakonan nicht vergessen, zu der es eine tragische Sage um Tod, Wiedergeburt und Liebe gibt. Die beiden östlichen Nordinseln, das relativ flache Svínoy und das schroffe Fugloy mit abenteuerlichen Anlegern der Fähre, sind Must-see-Ziele vor allem für Ornithologen. **www.visitnordoy.fo**

Sandoy, Skúvoy und die Dímuns

Südlich der Hauptinsel Streymoy liegen die Inseln Sandoy, Skúvoy und Stóra Dímun, wo noch ein Hof bewirtschaftet wird, und das unbewohnte Lítla Dímun. Für Sandoy wird aktuell ein Unterwassertunnel gebaut, der etwa 2023 fertig sein soll. Bis dahin kommt bis zu neunmal am Tag die Fähre von Gamlarætt bei Kirkjubøur (s. o.). Von der Inselhauptstadt Sandur gibts dann Anschluss nach Skuvoy. Wilde Klippenküsten, reiches Vogelleben – Skuvoy ist ein RAMSAR-Schutzgebiet –, gute Wanderwege und viel Lokalkolorit locken Individualisten. Das rührige Touristenbüro von Sandoy organisiert Wander-, Rad- und Kajaktouren auf der Insel sowie Bootsexkursionen um Sandoy, Skúvoy und Stóra Dimun. **www.visitsandoy.fo**

Suðuroy

Die Südinsel Suðuroy ist viertgrößte der Färöer-Inseln, zwei Stunden Fährfahrt von Tórshavn entfernt und damit etwas abseits der Besucherströme. Der wilde Westen mit gigantischen Vogelklippen ist an vielen Stellen von Wanderwegen erschlossen. Mit dem Auto kommt man dieser Küste seltener nah, nur im Norden in Hvalba, wo die lang gestreckte Insel nur ein paar hundert Meter breit ist, in der Mitte im Fischerort Fámjin und im Süden zwischen den Dörfern Lopra und Sumba. Dort sind die alte Straße über die Berge wie die neue durch den Tunnel echte Sightseeing-Routen. Tipp: Machen Sie eine Rundfahrt über die eine Strecke hin und über die andere zurück. Von der alten Straße ist Beinisvørð, mit 469 m die höchste Klippe auf Suðuroy, leicht zu erkunden. Von Sumba führt noch eine schmale Straße zur Südspitze Akraberg mit einem Leuchtturm hoch über dem Meer.

Der deutlich sanftere Osten wird von etwa 4.500 Menschen bewohnt, Hauptort mit dem Anleger der Autofähre aus Tórshavn ist Tvøroyri um den geschützten Trongisvágsfjørður. Ein Tal weiter nördlich ist Hvalba letzte Grubenstadt der Färöer, in bescheidenen Mengen wird hier seit dem 17. Jh. bis heute auf sehr archaische Weise Kohle gefördert. Wer für die maximal 45 km von Nord nach Süd nicht das Auto mitbringen will, erkundet mit Bus- und Bootsexkursionen die Insel und ihre Küsten. Touristeninformationen in Tvøroyri und Vágur helfen beim Buchen.

www.visitsuduroy.fo •

#JungesTuch

Als im 19. Jahrhundert der Wunsch nach Unabhängigkeit von Dänemark auf den Färöern größer wurde, wollte man eine eigene Flagge. Von diversen Entwürfen setzte sich eine typisch nordische mit rot-blauem Kreuz auf weißem Grund durch, Merkið genannt. Separatistische Studenten hatten sie 1919 in Kopenhagen entworfen und genäht. Bei einer Hochzeit in Fámjin wurde das neue Tuch erstmals auf den Inseln gehisst, aber erst 1940 als Nationalflagge anerkannt, damals, um Schiffe von den britisch besetzten Färöern im Zweiten Weltkrieg von denen aus dem deutsch besetzten Dänemark zu unterscheiden. Das Original der Flagge hängt in der Kirche von Fámjin an der Westküste von Suðuroy.

#FreundeDerFäröer

Der Deutsch-Färöische Freundeskreis publiziert vereinsintern regelmäßig Artikel weit über das Touristische hinaus. Auch online sind News und Hinweise zu Veranstaltungen und Publikationen immer auf sehr aktuellem Stand:

www.faeroeer.eu/de

#ÜberStockUndStein

Das Extremsportfestival Átjan Wild Islands mit Läufen von 10 bis 66 Kilometer über Gipfel und durch Täler und mit viel »social gathering« am Abend soll 2022 wieder stattfinden, geplant vom 31. August bis 4 September. Infos und Buchungen auf

www.atjanwildislands.com

© Tanya Raab / Visitfaroeislands.com

Kurs Färöer

- Bürger aus EU-Ländern und der Schweiz können mit Personalausweis oder Reisepass einreisen.
- Die Färöer sind zollrechtlich Nicht-EU-Staat. Bei Einreise wie Rückkehr in die EU gelten Mengenbeschränkungen bei der zollfreien Einfuhr von Tabakwaren, Alkoholika und Souvenirs.
- Tax Free Shopping ist in rund 100 Geschäften möglich, bei der Ausreise wird ein Teil der Mehrwertsteuer erstattet.
- Die Färöer fallen nicht unter die EU-Roaming-Regeln beim Telefonieren und bei Datennutzung. Nur Ihr Provider kann Ihnen verbindlich Regeln und Kosten für Ihren Tarif nennen. Kostenlos kann man per WLAN in Bibliotheken sowie vielen Cafés und Einkaufszentren online gehen.
- Internationale Vorwahl für die Färöer ist +298
- Touristeninformation: **www.visitfaroeislands.com**

ANREISE MIT DER FÄHRE

Die M/S Norröna der färöischen Reederei Smyril Line verkehrt ganzjährig 1 x, Juni–August 2 x wö. zwischen Hirtshals (Norddänemark) und Tórshavn sowie 1 x wö. weiter nach Island. So sind bei einer Fähranreise nach Island Stopover auf den Färöern möglich. Hinweise zum Reisen in Dänemark finden Sie im Dänemarkteil dieses Buches. **www.smyrilline.de**

ANREISE MIT DEM FLUGZEUG

Zum internationalen Flughafen der Färöer Vága Floghavn (FAE, **www.fae.fo**) auf der Insel Vágar fliegt man in der Regel ab oder mit Umsteigen in Dänemark, auch Verbindungen via Amsterdam oder Paris werden angeboten. Von Norddeutschland aus sind dänische Flughäfen mit Bahn (Sparpreise ab ca. 29 €) oder Fernbus erreichbar. Zur Autoanreise bieten sich Billund (Parken ab ca. 50 €/Woche, **parkering.bll.dk**) und Aalborg (5.000 Gratis-Parkplätze, **www.aal.dk/to-from/free-parking**) an. Zwischen Vága Floghavn und Tórshavn verkehren Flughafenbusse. Taxi-Transfer ab 800 DKK.

- **www.atlanticairways.com/en**: u. a. ab/bis Kopenhagen (mehrmals tgl.), Billund (nicht tgl.), Aalborg (nur Saison), Reykjavík (nicht tgl.).
- **www.flysas.de**: ab Kopenhagen (Saison bis 2 x tgl., sonst nicht tgl.).

GELDANGELEGENHEITEN

Bargeldloses Zahlen mit Kredit- (Visa, Master, kaum American Express) oder Bankkarten (Maesto, V-Pay) ist verbreitet, in abgelegenen Orten sollte man Bargeld zur Hand haben. Damit versorgt man sich aus Geldautomaten regulärer Banken. Vermeiden Sie beim Abheben oder Bezahlen die Option »in Euro« oder »zum fixierten Wechselkurs«, das hat in der Regel hohe Wechselkursverluste zur Folge, günstiger ist immer »Abrechnung in Landeswährung«. Beim Abheben müssen Gebühren so angezeigt werden, dass der Kunde den Vorgang noch abbrechen kann. Was Ihre Bank berechnet, sollten Sie vor Reiseantritt erfragen!
Føroyska krónan, im Prinzip eine Regionalwährung der Dänischen Krone (DKK) immer mit Kurs 1:1 (1 € ca. 7,45 DKK), sind als Banknoten im Umlauf. Dänische Banknoten können ebenfalls genutzt werden, Münzen gibt es nur dänische. Føroyska krónan sind außerhalb der Färöer – wenn überhaupt – nur mit hohem Kursverlust zu tauschen. Wechseln Sie vor Verlassen der Insel Bargeld-Restbestände kostenlos in Dänische Kronen oder gegen Gebühr in Ihre Heimatwährung. Vermeiden Sie Geldwechseln auf der Fähre!

NOTFÄLLE

Alle Rettungsdienste 112. Krankenhäuser mit Notaufnahme in Tórshavn, Klaksvík und Tvöroyrir. Ein medizinischer Notdienst (Mo–Fr 16–8, Sa, So 0–24 Uhr) ist über Tel. 1870 erreichbar.

REISEN IM LAND

Das Straßennetz ist hervorragend ausgebaut inklusive zahlreicher Tunnel, die älteren aber zum Teil einspurig und die niedrigsten nur mit 3,10 m Durchfahrtshöhe! Dort, wo die alten Bergstraßen noch alternativ existieren, sind sie bei schönem Wetter beste Sightseeing-Strecken. Brücken und drei mautpflichtige Unterseetunnel verbinden die großen Inseln im Norden miteinander. Beachten Sie: Beim neuen Eysturoyartunnilin Streymoy-Eysturoy wird für jede Durchfahrt kassiert, beim Vágatunnilin Streymoy-Vágar nur ab Vágar und beim Norðoyatunnilin Eysturoy-Borðoy nur ab Klaksvík (formal ein Preis für Hin- und Rückfahrt)! Die Maut ist binnen 6 Tagen

online auf www.tunnil.fo zu bezahlen, Fahrzeuge werden mit der Nummer digital erfasst, Mautstationen gibt es nicht!
Kleinere Inseln sind mit günstigen Fähren angebunden. Eine große Autofähre verkehrt bis 3 x tgl. zwischen Tórshavn und der großen Südinsel Suðuroy (ca. 2 Std.). Schnellstes Reisen erlaubt der Inlands-Helikopterdienst von Atlanic Airways (ca. 85–360 DKK/Strecke). Da die Flüge für die Bevölkerung subventioniert sind, sind Hin- und Rückflüge am selben Tag nicht erlaubt, stattdessen gibt es explizite Sightseeing-Flüge. Wer viel unterwegs ist, spart auf Bussen und Fähren (außer Mykines) mit der TravelCard (500 DKK/4 Tage, 700 DKK/7 Tage, Kinder 50 %). Mietwagen werden am Flughafen und in Tórshavn angeboten. Radfahren erfordert sorgfältige Routenplanung, da etliche Straßentunnel für Radfahrer nicht geeignet sind (einspurig, schlecht beleuchtet und belüftet).

- **www.ssl.fo/en**: ÖPNV Busse und Fähren
- **www.atlanticairways.com/en/helicopter**: Inlands-Helikopterdienst
- **www.tunnil.fo**: Tunnelbetreiber mit Zahlungsoption
- **www.fae.fo** > driving in Faroe Islands: u. a. Tipps zum Fahren in einspurigen Tunneln
- **www.62n.fo/carrental/en; www.make.fo/en/rent-a-car; www.arctic.fo; www.rentyourcar.fo; www.unicar.fo**: Mietwagenanbieter

WICHTIGE VERKEHRSBESTIMMUNGEN

- Verkehrszeichen entsprechen weitgehend europäischem Standard. Fahrlicht ist immer Pflicht; Anschnallpflicht auf allen Sitzen; Alkoholgrenze bei 0,5 Promille; Telefonieren am Steuer nur mit Freisprechanlage.
- Höchstgeschwindigkeit in Ortschaften 50, außerhalb 80, für Gespanne überall 50, für Wohnmobile über 3,5 t maximal 70 km/h. Überschreiten der Höchstgeschwindigkeit wird geahndet, ab +30 km/h kann der Führerschein eingezogen werden.
- Bei Schafunfällen müssen Ausländer die Polizei benachrichtigen, Tel. 351448.
- Ein gültiger EU-Führerschein reicht aus.

WANDERMAUT/PFLICHTGUIDE

Für die Nutzung einiger Wanderstrecken zu bekannten Instagram-Hotspots wird Wandermaut verlangt (75–200 DKK = ca. 10–27 €) auch für alle Besuche der Insel Mykines (100 DKK = ca. 13,50 €). Die Teilnahme an einer geführten Tour ist bei Besuchen der spektakulären Drangarnir Felsen Pflicht (April–Sept., 3 x wö., 550 DKK = ca. 75 €).

- **www.visitfaroeislands.com/see-do/hiking/guidelines-restrictions**: alle eingeschränkten Wanderungen
- **www.hiking.fo**: Tourenanbieter u. a. Kap Enniberg und Drangarnir-Wanderung
- **www.reika.fo**: Tourenanbieter u. a. Leitisvatn, Trælanípan, Bøsdalafossur
- **www.mykines.fo**: Touren auf Mykines
- **www.tralanipan.fo**: Maut und Touren Leitisvatn, Trælanípan, Bøsdalafossur

Gute Nacht auf den Färöern

HOTELS

Hotels gibt es in allen Kategorien vom spartanisch eingerichteten Guesthouse bis zum komfortablen Vier-Sterne-Businesshotel, am größten ist das Angebot in Tórshavn.

HOSTELS

Aktuell gibt es drei Hostels – zwei in Tórshavn, eines nahe dem Flughafen. Die Grenzen zu einfachen Gasthäusern sind fließend, alle bieten Doppelzimmer. Jugendherbergsausweis/HI-Hostel-Card bringt keinen Rabatt.

PRIVATUNTERKÜNFTE UND FERIENHÄUSER

Privatunterkünfte bucht man über Portale wie **www.airbnb.de** oder **www.wimdu.de**, das Angebot ist bescheiden und eine Suche bringt oft kommerzielle Hotels als Treffer. Lokale Touristenbüros helfen gern, jedoch gibt es in der Hochsaison nur wenige freie Zimmer und Häuser.

CAMPING

Von knapp zwei Dutzend Campingplätzen haben die wenigsten ganzjährig geöffnet. Wildes Zelten und Freedom Camping mit Wohnmobilen auf Parkplätzen oder an Straßen sind verboten. Während kleinere Plätze für Wohnmobile und Gespanne gesperrt sein können, gibt es speziell für deren Bedürfnisse ausgelegte Stellplätze. Auf **www.visitfaroeislands.com/plan-your-stay/accommodation/camping** steht eine Campingplatzbroschüre zum Download bereit, mehr online auf **www.camping.fo** (engl./dt.)

COVID-19-HINWEIS

Da die Pandemielage fortwährenden Änderungen unterliegt, könnte es weiterhin zu kurzfristigen Grenzschließungen, Einschränkungen oder Streichungen im Fähr-, Flug-, Zug und Busbetrieb sowie Schließungen von Unterkünften kommen. Bitte beachten Sie aktuelle Reise- und Sicherheitshinweise und informieren Sie sich aktuell bei allen für Ihre Reise relevanten Verkehrs- und Beherbergungsbetrieben.

gr

© Peter Lindstrom – Visit Greenland

Wanderer auf dem Gipfel des Store Malene in Nuuk

#grönland

#Land

Grönland, das bedeutet gigantisches Inlandeis, lebendige Inuit-Kultur und mehr als zwei Millionen Quadratkilometer Landfläche. Die größte Insel der Welt ist in etwa achtmal so groß wie die Bundesrepublik Deutschland und – geologisch betrachtet – Teil des amerikanischen Kontinents. Die Nares Stræde, die die Insel von Kanada trennt, ist nur 26 Kilometer breit. Politisch gesehen liegt Grönland jedoch viel näher an Europa. Es ist Teil Dänemarks, allerdings mit Selbstverwaltung und eigenem Parlament, das 1985 beschloss, aus der EU auszutreten. Am 21. Juni 2009 sind Land und Leute der Autonomie ein Stück nähergekommen. Seither sind Außen- und Verteidigungspolitik zwar weiterhin in dänischer Hand, die Verwaltung und die Eigentumsrechte an den Bodenschätzen sind jedoch an die Grönländer übergegangen. Das bedeutet für EU-Bürger: Ein gültiger Reisepass gehört ins Gepäck. Als offizielle Währung gilt nach wie vor die dänische Krone (DKK).

Von den 2.166.086 Quadratkilometern Gesamtfläche ist nur ein geringer Teil eisfrei. Bloß 410.449 Quadratkilometer, nicht einmal 20 Prozent der Landesfläche, werden also dem Namen der Insel gerecht. Denn »Grünes Land« findet der Besucher eher selten, und wenn, nur in Küstennähe. Im Landesinneren beherrscht das Inlandeis mit bis zu drei Kilometern Dicke das Geschehen und macht etwa zehn Prozent des weltweiten Süßwassers aus. Bei Klimaforschern ist Grönland in den vergangenen Jahren zunehmend in den Fokus gerückt, da das Abschmelzen des Eisschilds zu einem Anstieg des Meeresspiegels führt. Demnach sind hier zwischen 2004 und 2015 jedes Jahr 272 Milliarden Tonnen Eis geschmolzen. Die circa 57.000 Einwohner, hauptsächlich Inuit, besiedeln zum Großteil die südliche Westküste und leben vom Fischfang. Amtssprache ist Grönländisch, eine Inuit-Sprache, die mit den Inuit-Sprachen in Kanada, Alaska und Russland verwandt ist. Die meisten Grönländer verstehen aber Dänisch und die jüngere Generation auch Englisch.

Die Insel erstreckt sich über mehrere Klimazonen. Im Norden kann die Temperatur auf minus 40 bis minus 70° C sinken. Die Sommertemperatur in Süd- und Westgrönland liegt bei etwa zehn Grad, kann aber vereinzelt auf über 20° C ansteigen. Auf dem Meer oder an den Eisfjorden sind die Temperaturen auch im Sommer niedrig. Daher empfiehlt es sich, immer Winterkleidung dabeizuhaben.

TEXT & FOTOS #GRÖNLAND: Liz Cooper/Visit Greenland (sofern nicht anders gekennzeichnet)

Auf der dünn besiedelten Insel kommen Outdoorfreunde ganz auf ihre Kosten, sollten die Wildnis und ihre Flora und Fauna jedoch nicht unterschätzen. Wer einen weniger abenteuerlichen Besuch bevorzugt, findet ein wachsendes Angebot an Kreuzfahrten und Expeditionsseereisen. Grundsätzlich ist die Fortbewegung im ganzen Land eher eingeschränkt: Flugzeug, Schiff oder Hundeschlitten sind die gängigen – und einzigen – Transportmöglichkeiten für Mensch und Material.

5 unterschätzte Reiseziele in Grönland

Grönland wird nirgendwo und zu keiner Reisezeit von Touristen überrannt. Allerdings gibt es einige Orte, die von den meisten Touristen besucht werden – und weniger bekannte Pfade, die vielleicht eher Ihr Ding sind.

Dieser Artikel listet einige unserer Lieblingsorte in Grönland, die häufig übersehen werden: von Aasiaats arktischem Inselleben über die Outdoor-Aktivitäten in Maniitsoq bis zum Kulturhighlight Niaqornat. Diese Ziele bieten allesamt Grönlands Berühmtheiten wie Eis, wilde Tiere, weite Berglandschaften und kombinieren diese mit individuellem Charme und kaum bekannten Eigenheiten, die Ihre Reise unvergesslich machen.

1. Aasiaat: Inselleben in der Arktis

Was macht es so besonders?

Aasiaat ist mit ihrem Umland als »Land der tausend Inseln« bekannt, da die Stadt auf einer Insel liegt, die zu einem großen Archipel zugehörig ist. Und diese Insellandschaft beeinflusst nicht nur die Alltagsaktivitäten der Bewohner, für die Schifffahrt, das Kajak und Fischfang zum Alltag gehören, sondern auch die Gestaltung der regionalen Kultur.

#GreenlandCoffee

Gefährlich und lecker – der sogenannte Grönlandkaffee ist mehr als nur ein Wachmacher. Betthupferl, Einheizer, Delikatesse. Und allem voran eine fantastische Show. Denn über dem mit Whiskey und Kahlua versetzten Kaffee wird ein Löffel voll mit Grand Marnier entzündet und die brennende Flüssigkeit langsam in das darunter stehende Glas gegossen. In einem dunklen Raum entsteht durch den magischen Fluss der bläulichen Flamme so der Eindruck eines Nordlichts. Guten nordischen Appetit!

Ein Schlittenhund wartet mitten im Winter geduldig in Aasiaat, Nordgrönland.

Spätsommerliches Nordlicht umhüllt zwei Reisende vor ihrer Hütte in Südgrönland.

Aasiaat ist eine lebendige Stadt mit wachsenden Einwohnerzahlen, einer florierenden Wirtschaft und einer offenen Gesellschaft. Hier befindet sich das Bildungszentrum Nordgrönlands, weshalb Jugendliche aus der gesamten Region hierher kommen, um die weiterführenden Schulen zu besuchen. Die wachsende Zahl an Schülern und Auszubildenden gibt der Stadt einen kreativen Charakter. Kunst findet sich überall: von Skulpturen in den Straßen bis zu den 24 Gemälden des dänischen Künstlers Per Kirkeby, die in der Gemeindehalle ausgestellt werden.

Aasiaat bietet ihren Besuchern mustergültige Eindrücke der grönländischen Natur, gepaart mit einem außergewöhnlichen Kulturleben, das eine perfekte Balance zwischen einer bestehenden Infrastruktur für Touristen und authentischem Leben in Grönland bietet.

Wie kommt man dorthin?

Aasiaat kann auf dem Luft- oder Wasserweg erreicht werden. Sie können direkt von Ilulissat oder Kangerlussuaq fast an jedem Tag und das ganze Jahr über fliegen. Die Küstenfähre Sarfaq Ittuk legt zweimal pro Woche vom späten Mai bis in den späten August an. Für regionale Verbindungen zu anderen Städten innerhalb der Diskobucht können Sie im Sommer auch Boote der Disko Line nutzen.

Was gibt es zu erleben?

Um Aasiaat authentisch zu erleben, bietet es sich an, die Stadt zu verlassen und sich auf die Wasserwege zu begeben. Aasiaat ist einer der besten Orte in Grönland, um Wale zu beobachten, da es hier viele verschiedene Spezies zu sichten gibt, während man mit dem Boot im Labyrinth aus unzähligen Inseln unterwegs ist. Während die Sichtung von Walen nicht garantiert werden kann, geraten die Eisberge ganz sicher in Ihr Sichtfeld, da die zahlreichen kalbenden Gletscher der Diskobucht eine Vielzahl spektakulärer Eisberge in die Bucht befördern.

Tauchen Sie unbedingt in die lebendige Kultur der Stadt und die vielen Veranstaltungen ein, die das ganze Jahr über stattfinden. Eines der bedeutendsten Events ist der Aasiaat Midnight Sun Marathon, den die Teilnehmer im

gr

Bunte Häuser auf dem Schneehügel in der Stadt Aasiaat, Nordgrönland

zauberhaften Licht der Mitternachtssonne absolvieren. Auch die Wintersaison hat viele populäre Aktivitäten wie das Fahren mit dem Hundeschlitten oder Schneescooter und Crosscountry-Skitouren im Angebot.

Wo kann man übernachten?

In Aasiaat gibt es zwei Hotels – das Hotel Nattoralik und das Aasiaat Seamen's Home, ein Gästehaus, ein Hostel und Ferienwohnungen.

2. *Qeqertarsuaq: die größte Insel der größten Insel*

Was macht es so besonders?

Grönland wird häufig als größte Insel der Welt charakterisiert, wobei diese über eine eigene größte Insel verfügt, die auch ihren ganz eigenen Charme hat. Qeqertarsuaq heißt wörtlich übersetzt »die große Insel« und ist die einzige Stadt auf der Diskoinsel, dieser faszinierenden Landmasse mit ihrer mysteriös fruchtbaren und grünen Landschaft inmitten einer Bucht aus Eisbergen.

Die Einzigartigkeit der Diskoinsel ist schon lange Thema einer grönländischen Legende, nach der die Landschaft hier so saftig und nahrhaft sein soll, weil sie ursprünglich aus Südgrönland stammte. Dieser Erzählung nach befreiten zwei Jäger auf ihrer Suche nach Robben die Insel von

#WaleInDer Diskobucht

Die Frühlingsluft ist klar und in Qeqertarsuaq, dem Paradies der Wale, steht die Sonne tief über dem Horizont. Die Gäste im Boot warten. Sie halten nach dem Hauch einer Walfinne Ausschau, die aus dem spiegelblanken Meer herausguckt. Wer entdeckt den Wal zuerst und wer bekommt das beste Bild von ihm? Plötzlich taucht er auf. Ein gigantisches Meerestier, dessen Anblick den Atem stocken lässt. Der Buckelwal ist nicht schüchtern. Fröhlich lässt er seine Flosse mit einem Klatschen auf der Wasseroberfläche nieder, um die Fische, seine Beute, erstarren zu lassen.

Zwei Finnwale an der Küste bei Qeqertarsuaq

Die Diskoinsel ist vulkanischen Ursprungs. Ein Wanderer blickt auf das Nordlicht, das über den Ozean tanzt.

ihrer südlichen Position und zogen sie nur mit ihren Kajaks und einem einzigen Kinderhaar gen Norden. Als sie in der Diskobucht eintrafen, erspähte eine Hexe aus Ilulissat die weiter nach Norden ziehende saftig grüne Insel und verwünschte sie, sodass sie auf Grund lief.

Das Terrain der Insel ist eindrucksvoll: von den steilen Basaltbergen, die vor 25–65 Millionen Jahren durch vulkanische Aktivität entstanden, bis zum Lyngmark-Gletscher, der über der Stadt thront. Qeqertarsuaq ist wirklich einzigartig und mit keinem anderen Ort in Grönland vergleichbar.

Wie kommt man dorthin?
Im Sommer gibt es tägliche Bootsverbindungen von Ilulissat aus und fahrplanmäßige Verbindungen von Aasiaat mit der Disko Line. Wenn im Winter die Bucht zugefroren ist, fliegt Disko Line nach Fahrplan mit dem Helikopter von Ilulissat und Aasiaat.

Was gibt es zu erleben?
Die Naturwunder von Qeqertarsuaq hören hier noch lange nicht auf – der tiefe Fjord eignet sich für Kajaktouren, die steilen Berge zum Wandern, und es gibt sogar natürliche heiße Quellen, die über die Täler der Insel verstreut sind. Im Winter wird der aktive Lebenswandel beim Eisfischen und bei Fahrten mit dem Hundeschlitten oder Schneescooter fortgesetzt.

Wo kann man übernachten?
Zu den Übernachtungsmöglichkeiten in Qeqertarsuaq zählen Hotels, Hütten auf dem Gletscher und zu vermietende Privatwohnungen.

3. Maniitsoq: das Venedig von Grönland

Was macht es so besonders?
Die Stadt Maniitsoq wurde auf einem Archipel erbaut, der durch Brücken verbunden wird. Von den Einheimischen wurde sie zum »Venedig von Grönland« erklärt, da sich kleine natürliche Kanäle durch die felsigen Inseln geschnitten haben und sich bis ins Stadtzentrum schlängeln. Und das Beste an einer unterschätzen Version von Venedig ist doch, dass es hier keine Massenaufläufe gibt!

#Nachbarschaft

Für viele in Grönland fahrende Heliskier geht es nicht nur um das Skierlebnis, sondern auch um kulturelle Eindrücke. Der Kontakt zur einheimischen Bevölkerung in dieser kleinen Gemeinschaft macht die Reise zu etwas ganz Besonderem. Die täglichen Berichte der Skitouren vermischen sich mit Erzählungen aus der Gegend, wenn man in einer kleinen Siedlung oder einer mittelgroßen Stadt wohnt. Ein Treffen mit Einheimischen erinnert daran, dass mitten in diesem alpinen Abenteuerland Menschen leben, die über Generationen und Tausende Jahre diese unwegsame Gegend zu ihrer Heimat gemacht haben.

© Camilla Hylleberg – Visit Greenland

Gegend in Maniitsoq

Und wir meinen das ernst mit den fehlenden Menschenmassen. Maniitsoq zählt ungefähr 2.600 Einwohner, und gleich außerhalb der Stadt gibt es eine unendliche und unberührte Wildnis zu entdecken. Der Name der Stadt bedeutet »Ort des rauen Terrains«, die Region kann als hügelig und unversöhnlich beschrieben werden. Tatsächlich befinden sich hier die höchsten Berge in Westgrönland, die einige der besten Optionen fürs Heliskiing weltweit bieten.

Wie kommt man dorthin?

Maniitsoq liegt auf halber Strecke zwischen Nuuk und Kangerlussuaq, wobei es per Direktflug von diesen beiden internationalen Knotenpunkten aus zu erreichen ist. Die Küstenfähre Sarfaq Ittuk stoppt hier einmal pro Woche; Maniitsoq Tour Boat fährt naheliegende Siedlungen an und betreibt eine fahrplanmäßige Personenbeförderung nach Nuuk während der Sommermonate.

Die Kirche und andere Häuser in Illorsuit

© Mads Pihl – Visit Greenland

Was gibt es zu erleben?

Maniitsoq hat einen erstklassigen Ruf als Angelziel, da die beiden Flüsse im Süden der Stadt von Saiblingen nur so wimmeln. Für reisende Angler bietet sich um die Flüsse he-

Zwei Fliegenfischer in der Nähe von Amitsuarsuk legen den nächsten Wurf fest.

rum die passende Infrastruktur, hier findet man Übernachtungsmöglichkeiten in Hütten und Guides, die die Gegend hervorragend kennen. Der Reichtum an Saiblingen in dieser Gegend bedeutet, dass selbst unerfahrene Angler glücklich mit einem Erfolgserlebnis nach Hause zurückkehren können.

Direkt nördlich von Maniitsoq, um den spektakulären Ewigkeitsfjord herum, finden Sie die besten Plätze in Grönland oder sogar der ganzen Welt zum Heliskiing. Hier kann man sich auf den Gipfeln der höchsten Berge Westgrönlands absetzen lassen und auf Skiern bis zum Meeresspiegel hinunterfahren, um tief in der dramatischen Landschaft am Ewigkeitsfjord anzukommen.

Wenn Sie sich mehr für Kultur interessieren, können Sie Ihre Zeit ganz einfach damit verbringen, über die hügeligen Straßen der Stadt den gewundenen Wasserwegen zu folgen. Auch können Sie international renommierte Kunst in dieser an der grönländischen Westküste versteckten kleinen Stadt besichtigen. Im Museum befindet sich eine umfangreiche Ausstellung von Gemälden und Skulpturen einheimischer Künstler sowie des dänischen Malers Aage Gitz-Johansen, dessen Werke grönländische Kultur, Legenden und Erzählungen interpretieren. Aka Høegh, eine der international bekanntesten Künstlerinnen Grönlands, hat gemeinsam mit der einheimischen Ledernäherin Martha Biilman die örtliche Kirche dekoriert.

Wo kann man übernachten?

In der Stadt gibt es zwei Hotels: Hotel Maniitsoq und Hotel Heilmann Lyberth.

4. Nanortalik: an der Mündung des Fjords

Was macht es so besonders?

Nanortalik liegt wie viele unserer unterschätzten Orte auf einer Insel tief in der verwinkelten Landschaft Südgrönlands. Hier liegen einige einladende Städte und Siedlungen verstreut, die sich perfekt dafür eignen, per Boot und sogar manchmal zu Fuß von einer zur anderen zu reisen. Die Nanortalik-Insel liegt an der Mündung des mächtigen Tasermiut-Fjords.

#Tasermiut Marathon

Einer der vielen Marathonläufe in der Region wird als der »leichteste« bezeichnet. Der Tasermiut-Marathon findet jedes Jahr im Juni statt und hat seinen Standort in einer Siedlung in der Nähe von Nanortalik namens Tasiusaq. Die Strecke führt durch die Siedlung, an der Fjordküstenlinie und Schaffarmen vorbei, und sie endet mit einer Reihe von Höhenanstiegen, um den besten Ausblick für das Ende aufzusparen.

Ein Blick auf Nanortalik im südlichsten Teil Südgrönlands

Diese Insel wirkt in Südgrönland sehr ungewöhnlich. Nanortalik ist die südlichste Stadt in Grönland und doch hat sie mit ihren steilen, zerklüfteten Bergen und dem an der Stadt vorbeitreibenden Meereis nichts Südliches an sich – diese Eigenschaften erinnern vielmehr an die Landschaft Ostgrönlands als an die saftig grünen Wiesen des Südens.

Dazu passt die Einwanderung von Ostgrönländern, die in früherer Zeit in dieses Gebiet stattfand. Es scheint so, als hätten die Ostgrönländer ihr berühmt herzliches und einladendes Auftreten mitgebracht. Grönländer sagen, dass sich die Ankunft in Nanortalik wie die Rückkehr in das Zuhause der Kindheit anfühlt – selbst wenn man zum ersten Mal dort ist.

Wie kommt man dorthin?

Während der Hauptsaison (Mitte Juni bis früher September) werden Direktflüge nach Narsarsuaq sowohl von Dänemark als auch von Island aus angeboten. Von Narsarsuaq aus können Sie per Boot oder Helikopter von Disko Line Nanortalik erreichen. Disko Line verbindet Narsarsuaq auch mit anderen Städten und Siedlungen in der Region. Außerhalb der Hauptsaison empfiehlt es sich für internationale Besucher, nach Kangerlussuaq zu fliegen und von dort einen Anschlussflug nach Narsarsuaq zu nehmen.

#WilderWikinger

Eirikur rauði Þorvaldsson – Erik der Rote. So der Name des ersten Nordmannes auf Grönland. Erhielt er den Namen wegen seiner roten Haare? Oder lag es vielleicht an seinem aufbrausenden Temperament? Auf jeden Fall wurde er 982 n. Chr. wegen Mordes von Island verwiesen und orientierte sich gen Westen. Dort entdeckte er ein Land mit einer einladenden Fjordlandschaft und fruchtbaren, grünen Tälern. Schwer beeindruckt, kehrte er drei Jahre später nach Island zurück, um vom »grünen Land« zu berichten. Und um sich Begleiter zu suchen, die bereit waren, dauerhaft in diese unbekannte Welt aufzubrechen.

Ein Zeltlager bei Tasersuaq im Tasermiut Fjord in Südgrönland

Das Dorf Kangaamiut ist an einem Hang in der Nähe der Mündung des Eternity Fjords gebaut.

Häuser und ein einzelner Schlittenhund bei Sonnenuntergang in Tiniteqilaaq

Was gibt es zu erleben?

Die beliebtesten Aktivitäten in und um Nanortalik beinhalten einen Ausflug in den Tasermiut-Fjord, der in Grönland einer der besten Fjorde fürs Trekking, Klettern und Kajakfahren ist.

Wenn Sie neben unterschätzten Reisezielen auch auf der Suche nach unterschätzten Entdeckungen sind, hat Nanortalik auch hierfür einiges zu bieten. Informieren Sie sich einmal über Grönlands einzigen natürlichen Wald, der 40 km von Nanortalik im Qinngua-Tal aufzufinden ist. Hier wachsen die Bäume mehrere Meter hoch. In einem Land mit derart rauen Wetterbedingungen ist das unglaublich, wo es normalerweise zu harsch für größere Vegetationen ist, um hier zu wachsen.

Eine weitere Besonderheit von Nanortalik ist die Bedeutung der hiesigen Chormusik. Da es mehrere Chöre in der Stadt gibt, können Sie sich sehr sicher sein, dass Sie die Gelegenheit erhalten, diese exklusive Tradition von Nanortalik zu erleben, wenn Sie vor Ort sind.

Wo kann man übernachten?

Nanortalik verfügt über vielfältige Übernachtungsmöglichkeiten: ein Hotel, ein Hostel, ein B&B und Ferienwohnungen.

5. Niaqornat: der authentische Lebensstil in einer Siedlung

Was macht es so besonders?

Niaqornat ist vielleicht der unterschätzteste unserer unterschätzten Orte. Bei nur 52 menschlichen Bewohnern sollen

Trophäen eines Jägers in Illorsuit

die Hunde hier eine Überzahl darstellen. Die Siedlung wurde durch den Film »Village at the end of the world« bekannt – eine Dokumentation über die alltäglichen Anstrengungen einer kleinen Gemeinschaft, die in einer sich aktiv verändernden Gesellschaft lebt und sich immer weiter von der traditionellen Lebensart entfernt.

Handel und damit das Überleben der Gemeinschaft von Niaqornat hängen nahezu vollständig vom Fischen, der Robbenjagd, dem Walfang und der Jagd an Land ab. Auf diese Weise repräsentiert Niaqornat den authentischen Lebensstil einer grönländischen Siedlung – die Bewohner leben tatsächlich von ihrem Land und führen grönländische Jagdkultur in die moderne Zeit hinüber.

Wie kommt man dorthin?

Niaqornat mag als Siedlung am Ende der Welt bekannt sein, doch es ist dann gar nicht so schwierig, ans Ende der Welt zu gelangen, wie es sich vielleicht anhört! Ein paar

#EineTausendjährigeJägerkultur

Die Inuit in Grönland waren seit den ersten Einwanderungen bei Thule vor 4.000–5.000 Jahren sehr abhängig von den Ressourcen der Natur in Form von Fisch, Vögeln sowie Land- und Meeressäugern. Der Fang und die Fischerei waren deshalb in einem Land mit kurzen Sommern und einem Klima, das für eine effiziente Landwirtschaft ungeeignet ist, immer eine Frage des Überlebens.

© Ella Grødem – Visit Greenland

»Kleiner« Wanderer in einer riesigen Landschaft bei Uummannaq in Nordgrönland

Etappen müssen auf der Reise aber schon zurückgelegt werden.

Von Kangerlussuaq aus, Grönlands internationalem Drehkreuz, fliegen Sie nach Ilulissat und nehmen dann einen Anschlussflug nach Qaarsut. Von dort nehmen Sie den Helikopter nach Uummannaq und dann nach Niaqornat. Im Sommer können Sie von Uummannaq nach Niaqornat auch mit einem Boot von Uummannaq Sea Safaris fahren.

Denken Sie bitte daran, dass Reisen in die abgeschiedenen Teile von Grönland besonders für Verspätungen, Ausfälle und wetterbedingte Störungen anfällig sind. Sie sollten sich nicht darauf verlassen, dass Ihre Reise nach Niaqornat genau nach Plan verläuft – obwohl die Transportunternehmen ihr Möglichstes tun, um Sie pünktlich an Ihr Ziel zu bringen.

Was gibt es zu erleben?

Niaqornat ist wahrlich einer der besten Orte in Grönland, um authentisch die Kultur der Einheimischen zu erleben. Wenn das Eintauchen in eine andere Kultur genau Ihr Ding ist, dann ist das Ihr Traumreiseziel. Die Bewohner sind so weit vom Rest der Welt abgeschnitten, dass die Siedlung über keine Kanalisation verfügt – es gibt hier nur Trockenklos! Nehmen Sie also etwas Tempo heraus, lernen Sie die Einheimischen kennen und entdecken Sie den Alltag in einer wahrhaft zusammenhaltenden Gemeinschaft.

gr

Sie können auch mal die Besiedlung verlassen, um sich auf Wanderungen, Angelausflüge oder Trophäenjagden zu begeben. In dieser Gegend existiert ein derart vielfältiges Tierleben, dass das Greenland Institute of Natural Resources in der Siedlung eine Niederlassung betreibt, um die vielen Spezies zu erforschen.

Kinder aus Itilleq laufen die Straße entlang.

© Mads Pihl – Visit Greenland

Wo kann man übernachten?

Niaqornat hat erst in jüngster Zeit die Anfänge des Tourismus erlebt – vor allen Dingen durch den Film, der 2012 internationale Aufmerksamkeit auf die Siedlung richtete. Offizielle Tourismusanbieter gibt es in der Siedlung nicht. Übernachtungs- und Ausflugsmöglichkeiten bestehen, sie sollten aber privat organisiert werden. •

Kurs Grönland

ANREISE MIT DEM FLUGZEUG

Grönland erreicht man am besten mit dem Flugzeug über Kopenhagen. Bei den meisten Flügen ab Deutschland muss ein mehrstündiger Zwischenstopp in Dänemark eingeplant werden. Die Flugzeit beträgt etwa viereinhalb Stunden. Auch von Island bestehen Anschlussflüge zu verschiedenen Orten auf Grönland.

- Air Greenland: Ganzjährig von Kopenhagen nach Kangerlussuaq (Westgrönland), im Sommer auch nach Narsarsuaq (Südgrönland) und ganzjährig von Keflavík nach Nuuk. In Kangerlussuaq gibt es Anschlussflüge zu den anderen größeren Orten in Grönland. Häufige Verbindungen gewährleisten, dass man normalerweise am selben Tag das finale Reiseziel erreicht. **www.airgreenland.com**

- Icelandair: Von Reykjavík Inlandflughafen nach Kulusuk (Ostgrönland) und in die Hauptstadt Nuuk (Westgrönland) und im Sommerhalbjahr nach Narsarsuaq, Ilulissat und Kangerlussuaq. **www.icelandair.com**

ANREISE MIT DEM SCHIFF

Es gibt keine regelmäßige Fährverbindung nach Grönland. Aber immer mehr Seereiseanbieter und Kreuzfahrtreedereien haben Grönland als Ziel oder Zwischenstation ihrer Expeditionsreisen im Programm. Wobei man die Reise entweder von Island aus starten oder zum Beispiel in Kangerlussuaq an Bord gehen kann.

- Plantours Kreuzfahrten: Ost- und West-Grönland intensiv mit wissenschaftlicher Begleitung. **www.plantours-kreuzfahrten.de**
- Hapag Lloyd Cruises: Arktisreisen u. a. nach Grönland. **www.hl-cruises.de**
- Ikarus Tours: Arktis-Expeditionen nach Ost- und Nordgrönland und Spitzbergen. **www.ikarus.com**

Küstenschifffahrt
Grönland ist groß und unwegsam – und die verstreuten Orte sind nicht durch Straßen oder Schienen verbunden. Daher bewegen sich Einheimische und Touristen am besten durch die Luft (Flugzeug/Helikopter) oder mit dem Schiff fort. Von Anfang April bis Anfang Januar besteht zwischen Qaqortoq in Südgrönland und Sisimut am Polarkreis eine Linienfährverbindung. Die Arctic Umiaq Line fährt außerdem von Ende April bis Weihnachten weiter in die Diskobucht, um dort den Ort Ilulissat anzusteuern. Von der Hauptstadt Nuuk bis Ilulissat dauert die Fahrt auf dem Fährschiff Sarfaq Ittuk rund zwei Tage. Geschlafen wird in unterschiedlich großen Kabinen an Bord.

Innerhalb und in der Nähe der Diskobucht verkehren kleinere Schiffe der Reederei Disko Lines (**www.diskoline.gl**). Wer in den Sommermonaten in Südgrönland unterwegs ist und auf das Flugzeug verzichten möchte, der kann auf den Schiffen der »Blue Ice Explorer« die Orte Narsarsuaq, Narsaq und Qaqortoq ansteuern. **www.blueiceexplorer.gl**

Eine Nacht in Grönland

Hotels
Grönlands Hotels liegen hauptsächlich über die Westküste und im Süden des Landes verteilt. Das Angebot reicht von luxuriösen Unterkünften mit Blick auf den Eisfjord, über einer Nacht im metallenen Iglu bis hin zur gemütlichen Pension. Die Hotels sind nach europäischem Standard klassifiziert. Buchen kann man über verschiedene deutsche Reiseanbieter.
www.visitgreenland.com

Jugendherbergen und Privatunterkünfte
Wer auf den Komfort eines Hotels verzichten kann oder mit einem kleineren Budget auskommen muss, der findet auf Grönland ein großes Angebot an einfachen Gästehäusern, Jugendherbergen und Hostels. Viele bieten auch Übernachtungen mit Frühstück.
www.visitgreenland.com

Ferienhäuser
Private Ferienhäuser gibt es auf Grönland bislang nur sehr wenige. Einige Hotels vermieten größere Ferienappartements, und einige Hostels verfügen über separate Blockhütten, die man als Ferienunterkunft mieten kann.

Camping
Niedrige Temperaturen – auch im Sommer – sind für die meisten Besucher ausschlaggebendes Argument, eine Unterkunft mit festem Dach und Heizung zu wählen. Für Hartgesottene und erfahrene Camper bietet Grönland jedoch traumhafte Voraussetzungen: Campen ist fast überall erlaubt, und an aussichtreichen Campinggründen mangelt es nicht. Ausgenommen sind Siedlungen, landwirtschaftlich genutzte Flächen (Weiden) und Schutzgebiete (Nationalpark). Dabei sollte man bei der Platzwahl darauf achten, dass das Zelt nicht in der Nähe von Wasser aufgestellt wird: Steinschlag, Hochwasser, Wellen durch umkippende Eisberge oder kalbende Gletscher können sonst schnell zur Lebensgefahr werden. In größeren Ortschaften findet man außerdem Campingstellen, die über eine gewisse Infrastruktur (zum Beispiel sanitäre Anlagen) verfügen. Die Ausrüstung sollte den Umständen entsprechend sein. Das heißt: wind- und regenfest, robust und stark isolierend. Wer auf Nummer sicher gehen möchte, der kann vor Ort spezielle Guides mit Wildnis-Kenntnissen buchen.
www.visitgreenland.com

Skandinavien von A bis Å

Das Alphabet hat in Skandinavien mehr als die in Deutschland üblichen 26 Buchstaben, einige davon gibt es nur in den nordischen Sprachen. Å ist im Norwegischen und Dänischen der letzte Buchstabe im Alphabet. Daher sagt man dort nicht »von A – Z«, sondern »von A – Å«.

Dänemark, Norwegen: A B C D E F G H I J K L M N O P Q R S T U V W X Y Z Æ Ø Å
Finnland, Schweden: A B C D E F G H I J K L M N O P Q R S T U V W X Y Z Å Ä Ö
Island: A Á B D Ð E É F G H I Í J K L M N O Ó P R S T U Ú V X Y Ý Þ Æ Ö

#ALKOHOL

Die Preise für Alkohol sind in ganz Nordeuropa höher als in Deutschland. In Dänemark sind alle alkoholischen Getränke im Supermarkt erhältlich. Hochprozentiges bekommt man in den anderen skandinavischen Ländern nur in staatlichen Alkoholläden. Der Grenzwert der Blutalkoholkonzentration (»Promillegrenze«) im Straßenverkehr ist unterschiedlich:

DÄNEMARK

Leichte alkoholische Getränke bekommt man ab einem Alter von 16 Jahren. Hochprozentigere alkoholische Getränke dürfen ab 18 erworben werden. In Bars und Diskotheken darf Alkohol an Jugendliche ab 18 ausgeschenkt werden. Promillegrenze: 0,5 ‰.

FINNLAND

Die Abgabe von Alkohol an Personen unter 18 Jahren ist verboten. Hochprozentiger Alkohol (erhältlich im »ALKO«) ist erst ab 20 erlaubt. Unter 16-Jährigen ist der Aufenthalt in Bars, Clubs und Kneipen, in denen Alkohol ausgeschenkt wird, verboten. Promillegrenze: 0,5 ‰.

ISLAND

Der Erwerb und Konsum von alkoholischen Getränken ist ab einem Alter von 20 Jahren gestattet, der Aufenthalt in Clubs und Bars ab 18 Jahren. Leicht alkoholische Getränke bekommt man im Supermarkt, alles andere in »Vínbúðin«. Promillegrenze: 0,5 ‰

NORWEGEN

Alkohol darf nicht an Jugendliche unter 18 Jahren verkauft werden. Hochprozentige Getränke (zu kaufen in »Vinmonopolet«) sogar erst ab 20. Jugendliche dürfen sich in Bars und Kneipen aufhalten, es darf jedoch kein Alkohol an unter 18-Jährige ausgeschenkt werden. Promillegrenze: 0,2 ‰.

SCHWEDEN

Der Verkauf von Alkohol an Jugendliche unter 20 Jahren ist verboten. In Restaurants liegt die Altersgrenze bei 18. Die Altersbeschränkung in Clubs und Bars legen die Betreiber selbst fest. Sie liegt in der Regel bei 18 Jahren. Das staatliche Alkoholgeschäft heißt »Systembolaget«. Promillegrenze: 0,2 ‰

#ANGELN

Das Angeln fällt nicht unter das Jedermannsrecht – es gelten in jedem Land eigene Bestimmungen über Schonzeiten, Mindestmaße, Ausrüstung und deren Einfuhr, sodass man sich im Vorfeld beim jeweiligen Landesverband informieren muss.

DÄNEMARK

8.750 Kilometer Küste, 200 Auen und über 500 Seen locken in Dänemark zum Angeln. Der dänische Angelschein ist obligatorisch für Personen zwischen 18 und 65 Jahren. Man erhält ihn in Postämtern, Angelferienzentren, Angelgeschäften, Fremdenverkehrsbüros und online unter **www.fisketegn.dk**. Der Angelschein kostet für ein Jahr 185 DKK, für eine Woche 130 DKK und für einen Tag 40 DKK. Personen unter 18 und über 65 Jahren brauchen keinen Angelschein. Das Fischrecht in Seen und Flüssen ist privat, deswegen muss für das jeweilige Gewässer eine Angelkarte gekauft werden (Preis pro Tag 20-300 DKK; 100–800 DKK/Woche). Das geht auch online auf der Seite des Danmarks Sportsfiskerforbund: **de.fiskekort.dk**. Führer von Fischerbooten in Dänemark sind verpflichtet, sich vor dem Auslaufen des Bootes zu vergewissern, dass alle Teilnehmer an Bord, die angeln wollen, einen gültigen Angelschein und Personalausweis dabeihaben. Das Spezialheft »Angelurlaub in Dänemark« gibt es kostenlos beim Dänischen Fremdenverkehrsamt.

FINNLAND

Für das Angeln mit Haken und Leine, für das Eisfischen und für das Angeln auf Ostseehering mit einem Paternoster und einer Rute wird kein Angelschein benötigt. Für alle anderen Angeltechniken werden Angelscheine benötigt. Zusätzlich müssen alle Personen zwischen 18 und 64 Jahren eine staatliche Fischereiabgabe zahlen. Diese bekommt man unter anderem in R-Kiosks oder online für 6 €/Tag, 15 €/Woche bzw. 45 €/Jahr. Wer Stippfischen oder Eisangeln will, hat mit der Fischereiabgabe meistens schon alles, was er braucht. Nur an bestimmten Orten, mit bestimmter Ausrüstung, in fließenden Gewässern oder beim Reusenfischen muss man zusätzlich noch die Fanggenehmigung des jeweiligen Gewässerbesitzers erwerben. Angelscheine kosten für ein Jahr und einen See etwa 30-60 Euro. Tagesangelscheine an Stromschnellen kosten zwischen 5 und 30 Euro. Genehmigungen von Eigentümern erhält man in Angelgeschäften, an Tankstellen oder in Informationszentren oder über das Internet unter **verkkokauppa.eraluvat.fi/en**. Vor allem in Ost- und Nordfinnland werden Angelgebiete von der Forstbehörde betreut und bieten umfassende Service-Einrichtungen wie Schutzunterstände, Feuerstellen, Zeltplätze, teilweise sogar den Verleih von Ruderbooten.
Für die Åland-Inseln gelten eigene Regeln, die auf **fiskekarta.ax** verzeichnet sind.

- Kalatalouden Keskusliitto
  Tel. +358-20 69 24 24
  kalastus@ahven.net
  www.eraluvat.fi/en

ISLAND

Die Lachsangel-Hauptsaison dauert vom 20. Juni bis Mitte September. Dabei ist zu beachten, dass Lachsangellizenzen, die zum Teil sehr teuer sind, rechtzeitig vorbestellt werden müssen. Saison für das Hochseeangeln ist Ende Mai bis Ende August. Forellen werden in der Regel von April/Mai bis Ende September geangelt. Hier sind Lizenzen auch kurzfristig buchbar und billiger. Eine Karte für 36 Seen kostet 8.900 ISK (ca. 60 €) und kann bei N1, Olís, in Angelgeschäften oder online gekauft werden. **www.veidikortid.is**
Achtung: Nach Island dürfen bereits benutzte Angelgeräte nur eingeführt werden, wenn sie den amtlichen Vorschriften entsprechend desinfiziert wurden und eine Bescheinigung darüber mitgeführt wird.

- Federation of Icelandic River Owners
  Tel. +354-563 03 00,
  info@icelandangling.is
  www.angling.is/en

NORWEGEN

Die 83.300 Kilometer lange Küstenlinie, 200.000 große und kleine Seen sowie sehr viele Flüsse bieten zahlreiche Angelmöglichkeiten. Meeresangeln ist überaus populär, kostenlos, aber ausschließlich mit Handangeln erlaubt. Wer im Süßwasser angelt (»innlandsfiske«), muss die lokal festgesetzte Angelgebühr entrichten, was man normalerweise vor Ort in der Touristeninformation, im Postamt oder am nächsten Campingplatz oder Hotel erledigen kann. Eine Übersicht findet sich unter inatur.no. Wer in einem Fluss oder See Lachs, Meerforelle oder Saibling angeln möchte (»laksefiske«) und das 18. Lebensjahr vollendet hat, muss zusätzlich zur lokalen Genehmigung eine staatliche Angelgebühr (ab 272 NOK/Jahr) entrichten. Diese kann auch online unter **fiskeravgift.miljodirektoratet.no** bezahlt werden.

- Norges Jeger- og Fiskerforbund
  Tel. +47-66 79 22 00
  njff@njff.org
  www.njff.no

SCHWEDEN

In Schweden wird man vor allem Meeresfische sowie Hecht, Barsch, Forelle und Lachs vom Haken nehmen können. Bekannte Lachsreviere sind die Flüsse Ätran und Mörrum. In Küstengewässern und in den Seen Vättern, Vänern, Mälaren, Hjälmaren und Storsjön ist das Angeln kostenlos. Für alle anderen Seen und Flüsse braucht man den Angelschein (»fiskekort«), der in Touristenbüros, Sportgeschäften, zum Teil auch an Tankstellen, erhältlich ist. Über **fiskekort.se** kann man sich den Angelschein auch aufs Handy schicken lassen. Zu bekommen sind Tages-, Wochen- oder Saisonkarten. Die Preise liegen je nach Angelgebiet zwischen 25–200 SEK/Tag.

- Sportfiskarna,
  Sveriges Sportfiske- och Fiskevårdsförbund
  Tel. +46-8410 80 600
  info@sportfiskarna.se
  www.sportfiskarna.se

#AUSFUHRBESTIMMUNGEN

Aus Norwegen, Schweden und Finnland dürfen Kunst- und Kulturgüter wie Antiquitäten, Gemälde und volkskundliche Artefakte nur mit einer Genehmigung ausgeführt werden. Aus Norwegen dürfen maximal 10 Kilogramm selbstgefangener Fisch und ein Trophäenfisch mitgenommen werden.

#AUTOFAHREN

Siehe auch: »Alkohol«, »Mautgebühren«, »Pannenhilfe«, »Parken«, »Tanken«. Das Straßennetz in Skandinavien ist hervorragend ausgebaut, allerdings muss man damit rechnen, dass manche kleine Nebenstrecken geschottert und nicht asphaltiert sind. In diesem Fall sollte man den Fuß vom Gas nehmen. Vor allem in Norwegen ist man an der Küste trotz vieler Tunnel und Brücken zum Teil immer noch auf Fähren angewiesen. Hier muss man in der Hauptverkehrszeit auf den viel befahrenen Strecken bisweilen mit Wartezeiten rechnen. Auch in Dänemark, Schweden und Finnland sollte man bei Fahrten entlang der Küste, die Fährüberfahrten beinhalten, immer ein wenig zusätzliche Zeit einplanen. Die erlaubten Höchstgeschwindigkeiten auf Autobahnen, Schnellstraßen und Landstraßen sind im Allgemeinen niedriger als in Deutschland und sollten aufgrund der drohenden horrenden Bußgelder unbedingt eingehalten werden. Kontrollen sind auch auf den einsamsten Straßen möglich! Hinzu kommt, dass gerade an der Küste oder im Bergland die Strecken oft sehr kurvenreich sind. All das sollte man bei der Routenplanung berücksichtigen.

Alle Verkehrssünden, nicht nur zu schnelles Fahren, auch zu dichtes Auffahren oder unerlaubtes Überholen, werden hart geahndet. Es gibt keine Toleranzgrenze für Geschwindigkeitsüberschreitungen. Falschparken kann in Norwegen 90 € kosten, tagsüber ohne Licht zu fahren kostet ab 250 €, und Geschwindigkeitsübertretungen von 20 km/h erleichtern die Urlaubskasse um rund 500 €. Neben festen Radarstationen muss man in ganz Skandinavien mit mobilen Kontrollen rechnen.

Achtung, Wild! Elche und Rentiere überqueren die Straßen vor allem bei Dämmerung. Es ist also dringend geraten, die Warnschilder zu respektieren und die Fahrweise anzupassen. Elchwarnschilder sind keine Souvenirs, sondern eine überlebenswichtige Information! Ein ausgewachsener Elch kann bis zu 800 Kilogramm wiegen; Zusammenstöße sind fatal. Auch Schafe, Kühe und Ziegen sind – je nach Region – häufig auf der Straße anzutreffen. Nach einem Unfall mit einem Tier ist unverzüglich die nächste Polizeidienststelle zu informieren (Notruf 112).

Vorsicht auch bei Fahrten abseits der üblichen Verkehrswege! Das Jedermannsrecht gilt nicht für Motorfahrzeuge. Das Fahren im Gelände und auf Feldwegen ist für Autos, Motorräder und Wohnmobile grundsätzlich nicht gestattet. Parken am Straßenrand ist erlaubt, sofern der Verkehr dadurch nicht behindert wird und es keine Verbotsschilder gibt. Für Islands Hochlandpisten gelten gesonderte Regeln, die dringend einzuhalten sind.

Im Winter bis weit in das Frühjahr hinein muss mit Schnee und Eis auf den Straßen gerechnet werden. Winterreifen sind daher Pflicht und Schneeketten und Schaufel im Kofferraum beruhigend. Je nach Reiseziel sind Reifen mit Spikes zu empfehlen, die vor Ort gekauft werden können. Motoröl, Kühlwasser und Scheibenwischerflüssigkeit müssen für die Kälte geeignet sein.
Warnhinweise zur Verkehrssituation entnimmt man dem Radio und den folgenden offiziellen Diensten:

■ DÄNEMARK

Vejdirektoratet bietet Live-Informationen zur Lage auf den Straßen und den großen Brücken: **trafikkort.vejdirektoratet.dk**

■ FINNLAND

Liikennetilanne gibt Straßenverhältnisse, Baustellen, Staus und Wettermeldungen auch auf Englisch übersichtlich auf Karten bekannt: **liikennetilanne.tmfg.fi**

■ ISLAND

Der isländische Straßenbauverband Vegagerðin gibt telefonisch Auskunft über Sperrungen und Warnungen: Tel. +354 52 21 100. Karten mit aktuellen Verkehrsinformationen finden sich bei **www.road.is/travel-info**

■ NORWEGEN

Statens Vegvesen verzeichnet Baustellen, Wintersperrungen, aber auch ganz aktuelle Vorkommnisse wie Stau oder Sperrungen aufgrund widriger Witterungsverhältnisse auf **www.vegvesen.no/trafikkbeta**

■ SCHWEDEN

Trafikverket (Tel. +46-77 19 21 921) zeigt auf einer Karte Sperrungen, Unfälle und Straßenzustände an: **www.trafikverket.se/trafikinformation/vag**. Detaillierte Informationen zu Göteborgs und Stockholms Verkehrssituation inkl. Maut gibt es bei **trafiken.nu**

#AUTOVERMIETUNGEN

Mietstationen gibt es in allen größeren Orten und an den Flughäfen. Die Firmen verlangen bei der Buchung eine Kreditkarte. In den Touristenorten kann es in der Hauptsaison zu Engpässen kommen. Es empfiehlt sich daher eine rechtzeitige Vorbuchung.
In den größeren Städten wird Carsharing immer beliebter. Vor allem E-Autos in den Hauptstädten (»bybil«) können nicht nur flexibel gebucht, sondern auch flexibel wieder abgestellt werden. Um verfügbare Autos zu finden und zu reservieren –

das geht bis 15 Minuten vor der geplanten Fahrt – nutzt man die App des Anbieters. Bezahlt wird nur für die Zeit, die man fährt.
In Helsinki: 24Rent, **www.24rent.fi/en**;
in Kopenhagen: Green Mobility, **www.greenmobility.com/dk/en**; SHARE NOW, **www.share-now.com/dk/en**;
in Stockholm: Aimo, **aimosolution.com**;
in Oslo (geplant): Green Mobility, **www.greenmobility.com/no/en**. Greenmobility ist auch in Malmö, Göteborg und Helsinki präsent.
Weitere Carsharing-Anbieter sind LetsGo in Dänemark, Go Now in Finnland und Move About und Sunfleet (Volvo) in Schweden.

#BADEN/BADESTRÄNDE

In **Dänemark** sind die meisten der 8.750 Küstenkilometer zum Baden geeignet. Über knapp 170 Stränden und 16 Marinas (Stand November 2021) wehen Blaue Flaggen, Europas Gütesiegel für gute Wasserqualität – dort dürfen aber keine Hunde ins Wasser und keine Autos an den Strand. 50 weitere, oft kleinere Strände und Badeseen sind mit der nicht ganz so strengen, hundefreundlicheren Badepunkt-Flagge des dänischen *friluftsrådet* zertifiziert.

Sandstrände und Dünenland sind an **Finnlands** Westküste zu finden. In geschützten Buchten kann das Wasser schon mal 20 °C und mehr erreichen. Das Wasser in den meisten Seen ist im Sommer relativ warm (Südfinnland 18–20 °C, im Norden 16–18 °C).

Durch seine heißen Quellen verfügt **Island** über zahlreiche, mit natürlichem heißem Quellwasser beheizte Frei- und/oder Hallenbäder. Nicht zu vergessen natürlich die »heißen Pötte«, deren Wassertemperatur zwischen 36 °C und 44 °C liegt.

Die Südküste **Norwegens** bietet in ihrer einzigartigen Vielfalt zahllose Bademöglichkeiten. Die Wassertemperatur kann im Sommer rund 20 °C erreichen, vor allem in den Gewässern der Telemark und im Großraum Oslo. Sandstrände und Badeplätze sind auch an den meisten Binnenseen und an der Westküste zu finden. Auf den Lofoten und Vesterålen gibt es Sandstrände; die Wassertemperatur liegt jedoch deutlich unter 20 °C.

Kilometerlange Sandstrände wie zum Beispiel in Halland an der Kattegattküste gibt es in **Schweden** ebenso wie unzählige kleine Inseln, Schären und glattgeschliffene Badeklippen. Auch an den vielen Binnenseen finden sich idyllische Strände, an denen das Baden in der Regel im Rahmen des Jedermannsrechts erlaubt ist. Die Wassertemperatur kann dabei schon mal 20 °C und mehr betragen.

#BARRIEREFREIHEIT

Die skandinavischen Länder sind seit Jahren vorbildlich organisiert, wenn es um besondere Vorkehrungen für Menschen mit Behinderungen geht. Nahezu alle öffentlichen Gebäude verfügen über behindertengerechte Toiletten, und auch viele Campingplätze und Hotels bieten entsprechend ausgestattete sanitäre Anlagen und Zimmer.
In öffentlichen Verkehrsmitteln wird Menschen mit Handicap und deren Begleitperson in der Regel eine Ermäßigung bzw. eine Freifahrt gewährt, aufgrund der europaweit uneinheitlichen Situation mit dem Schwerbehinderten-Ausweis (Merkzeichen »B«) ist es aber vom Wohlwollen der örtlichen Mitarbeiter abhängig, ob man im Ausland eine Ermäßigung bekommt oder nicht. Hier kann es sich lohnen, die Fahrkarte in dem Land zu kaufen, in dem die Behinderung amtlich dokumentiert ist. Weitere Informationen und Links findet man auf wheelmap.org.

■ DÄNEMARK

Mehr als 700 zertifizierte Einrichtungen, die Menschen mit unterschiedlichen körperlichen oder geistigen Einschränkungen die Zugänglichkeit erleichtern, findet man auf der Website **www.godadgang.dk** (auch auf Deutsch). In der Suchmaske **www.godadgang.dk/de/search/search.asp** kann auch nach Orten in Schweden und Island gesucht werden.

■ FINNLAND

Auf **www.nationalparks.fi/en/accessibledestinations** sind rollstuhlgerechte Parks und Naturerlebnisse aufgelistet. Das Flow Festival (12.–14.8.2022) ist vollständig auf Rollstuhlfahrer eingestellt.

■ ISLAND

Infos zu Unterkünften, barrierefreien Transportmitteln, Reiseveranstaltern bis hin zu rollstuhlgeeigneten Whale-Watching-Touren findet man unter **www.thekkingarmidstod.is/adgengi/accessible-tourism-in-iceland**.

■ NORWEGEN

Visit Norway hat unter **www.visitnorway.de/reiseplanung/barrierefreies-reisen** umfangreiche Infos zum Thema zusammengestellt. Weitere Infos und ggf. Ansprechpartner gibt es beim norwegischen »Handikapforbund« (Tel. +47-24 10 24 00, **www.nhf.no**).

SCHWEDEN

Auf **visitsweden.de/uber-schweden/zuganglichkeit/** findet man Infos zu Reisen mit Rollstuhl, Rollstuhlvermietung u. v. m. Die Online-Datenbank **www.t-d.se/de** führt auch auf Deutsch mehr als 7.000 barrierefreie Museen, Restaurants und Hotels in ganz Schweden auf. Allgemeine Infos gibt es bei »Delaktighet Handlingskraft Rörelsefrihet« (+46-8 685 80 00, **www.dhr.se**).

#COVID-19

Auf der Webseite **www.skandinavien.de** haben wir Ihnen zahlreiche Links zusammengestellt, unter denen Sie mehr über die aktuellen Reise- und Sicherheitshinweise in den einzelnen Ländern erfahren. Änderungen der Pandemielage können weiterhin zu kurzfristigen Einschränkungen bei Grenzübertritten und im Reiseverkehr führen, die sich trotz aller Sorgfalt nicht immer zeitnah in unsere Übersicht einfügen lassen. Informieren Sie sich deshalb immer aktuell vor Reiseantritt bei allen für Ihre Tour relevanten Verkehrs- und Beherbergungsbetrieben.

#DIPLOMATISCHE VERTRETUNGEN

- Nordische Botschaften Berlin
  Felleshus/Gemeinschaftshaus
  Rauchstr. 1
  10787 Berlin
  Tel. 030-50 50 0
  www.nordischebotschaften.org

DÄNEMARK

- Deutsche Botschaft
  Tel. 35 45 99 00, Notfall-Tel. 40 17 24 90,
  www.kopenhagen.diplo.de.
- Österreichische Botschaft
  Tel. 39 29 41 41, Notfalltelefon außerhalb der normalen Dienstzeiten Tel. 21 72 79 41,
  www.bmeia.gv.at/oeb-kopenhagen.
- Schweizer Botschaft
  Tel. 33 14 17 96; in konsularischen Fragen ist das Regionale Konsularcenter Stockholm zuständig, Tel. 00 46 8 676 79 00, 24-Std.-Helpline in der Schweiz Tel. +41 800 24-7-365,
  www.eda.admin.ch/copenhagen.

FINNLAND

- Deutsche Botschaft
  Krogiuksentie 4b
  FIN-00340 Helsinki
  Tel. +358-94 58 580
  helsinki.diplo.de/fi-de
- Österreichische Botschaft
  Unioninkatu 22
  FIN-00130 Helsinki
  Tel. +358-96 81 86 00
  www.bmeia.gv.at/oeb-helsinki
- Schweizerische Botschaft
  Kalliolinnantie 16 A 2a
  FIN-00140 Helsinki
  Tel. +358-96 22 95 00
  www.eda.admin.ch/helsinki

ISLAND

- Deutsche Botschaft
  Laufásvegur 31
  IS-101 Reykjavík
  Tel. +354-5 301 100
  www.reykjavik.diplo.de
- Österreichisches Honorargeneralkonsulat
  Orrahólar 5
  IS-111 Reykjavík
  Tel. +354-55 75 464
- Schweizerisches Generalkonsulat
  Laugavegur 13
  IS-101 Reykjavík
  Tel. +354-551 71 72
  reykjavik@honrep.ch

NORWEGEN

- Deutsche Botschaft
  Oscars gate 45
  N-0258 Oslo
  Tel. +47-23 27 54 00
  oslo.diplo.de
- Österreichische Botschaft
  Thomas Heftyes gate 21
  N-0264 Oslo
  Tel. +47-22 54 02 00
  www.bmeia.gv.at/oeb-oslo
- Schweizerische Botschaft
  Oscars gate 29
  N-0352 Oslo
  Tel. +47-22 54 23 90
  www.eda.admin.ch/oslo

SCHWEDEN

- Deutsche Botschaft
  Skarpögatan 9
  S-11527 Stockholm
  Tel. +46-8 670 150 0
  stockholm.diplo.de/se-de
- Schweizerische Botschaft
  Valhallavägen 64
  S-11427 Stockholm
  Tel. +46-86 76 79 00
  www.eda.admin.ch/stockholm
- Österreichische Botschaft
  Kommendörsgatan 35/V
  S-11458 Stockholm
  Tel. +46-8 665 177 0
  www.bmeia.gv.at/oeb-stockholm

#EINREISE UND AUFENTHALT

Um als Bürger der Europäischen Union in eines der skandinavischen Länder einzureisen, benötigt man einen gültigen Reisepass, Kinderreisepass oder Personalausweis, der die Nationalität deutlich kennzeichnet. Ein deutscher Personalausweis ist also ausreichend, nur für Grönland braucht man einen Reisepass. Als EU-Bürger darf man sich bis zu drei Monate ohne Aufenthaltsgenehmigung in einem der Länder aufhalten. Für längere Aufenthalte benötigt man in der Regel eine Genehmigung. Für Studenten und Arbeitssuchende gelten Sonderregelungen. Informationen und Formulare zur Beantragung einer Aufenthalts- oder Arbeitsgenehmigung gibt es unter **www.nyidanmark.dk** (DK), **enterfinland.fi** (FI), **www.utl.is** (IS), **www.udi.no** (NO) und **migrationsverket.se** (SE).

#ELEKTRIZITÄT

Die Stromnetze in allen nordischen Ländern führen 220-Volt-Wechselstrom. Für deutsche Stecker werden keine Adapter benötigt. Beim Kauf von Elektrogeräten in Dänemark sollte man allerdings beachten, dass je nach Stecker-Typ in Deutschland Steckdosen-Adapter benötigt werden.

#ESSEN UND TRINKEN

Selbstbedienung ist in Skandinavien, vor allem in Cafés, aber auch in kleineren Speiselokalen, oftmals die gängige Art zu bestellen. Dafür ist es auch keine Seltenheit, dass man den Kaffee kostenlos wieder auffüllen darf. Achten Sie auf Kaffeespender oder Hinweise, wie zum Beispiel »påfyllning«, »påtår« (schwedisch), »påfyll« (norwegisch) oder »ábót« (isländisch). Die Speisen eines Buffets sind nur für den Verzehr vor Ort und keinesfalls zum Einpacken gedacht. Trinkgeld zu geben ist nicht überall üblich. Der Betrag kann jedoch aufgerundet werden.

#FERIEN UND FEIERTAGE

Neben den auch in Deutschland üblichen Ferien und kirchlichen Feiertagen wie Weihnachten, Ostern und Pfingsten gibt es in Skandinavien länderspezifische Ferien- und Feiertage. Die Ferienzeiten können je nach Land und Region variieren.

■ DÄNEMARK

In Dänemark wurden die festen Schulferientermine abgeschafft. Das Bildungsministerium setzt nur den Starttermin für die Sommerferien fest. Außerhalb der Sommerferien bestimmen die einzelnen Schulen ihre Ferien selbst. Kernzeiten 2022: Winterferien Kalenderwoche 7 (13.–20.2., in einigten Regionen auch KW 6 und 8), Osterferien: 10.4.–18.4., Store bededag: 13.5., Grundlovsdag (fällt 2022 auf Pfingsten): 5.6., 2. Pfingsttag 6.6., Sommerferien Kernzeit Kalenderwochen 26–31 (25.6.–7.8.), Herbstferien immer Kalenderwoche 42 (16.–23.10.), Weihnachtsferien: 24.12.2022–2.1.2023

■ FINNLAND

In Finnland wird nur die Anzahl der Ferientage staatlich festgelegt. Jede Schule entscheidet selbst über die genauen Termine. Vorgegeben ist nur eine ungefähre Zeitspanne, in der die Ferien liegen sollten. Osterferien: 15.–18.4., Auffahrtsferien: 26.–29.5., Sommerferien: 5.6.–9.8., Mittsommertag: 25.6., Unabhängigkeitstag: 6.12., Weihnachtsferien: 23.12.2022–8.1.2023

■ ISLAND

Bis auf die Winterferien (Februar) und Herbstferien (Oktober) sind die Schulferien in Island einheitlich geregelt. Osterferien: 9.–18.4., Erster Sommertag: 21.4.2022, Sommerferien: 8.6.–23.8., Nationalfeiertag: 17.6., Handelsfeiertag: 1.8.2022

■ NORWEGEN

Die Ferientermine in Norwegen variieren je nach Region. Winterferien: ca. 21.2.–25.2./28.2.–4.3., Osterferien: 11.4.–18.4., Nationalfeiertag: 17.5., Sommerferien: ca. 24.6.–21.8., St. Olavs-Tag (Region Trøndelag) 29.7., Herbstferien: 3.–7.10./10.–14.10., Weihnachtsferien: 22.12.2022–4.1.2023

■ SCHWEDEN

In Schweden sind die Sommer-, Herbst- und Weihnachtsferien national identisch. Die Winterferien dauern eine Woche und variieren je nach Region: Woche 7: Mittelschweden, Woche 8: Südschweden, Woche 9: Stockholm, Woche 10: Nordschweden; Osterferien: 11.–18.4., Walpurgisnacht (»Valborgsmässoafton«): 30.4., Nationalfeiertag: 6.6., Mittsommertag: 25.6., Sommerferien: 11.6.–17.8., Herbstferien: 31.10.–4.11., Lucia: 13.12., Weihnachtsferien: 23.12.2022–10.1.2023

#GELD

Nur Finnland hat den Euro. In Skandinavien ist das bargeldlose Zahlen mit Kreditkarte viel üblicher als in Deutschland. Wer sein Geld vor Ort wechseln will, kann u. a. am Geldautomaten Geld abheben. Hier sollte man sich vorher bei seiner Bank nach den Gebühren erkundigen, die üblicherweise zwei Prozent betragen. Empfehlenswert sind die Wechselstuben von Forex, da die Gebühren niedrig sind und die Öffnungszeiten lang. Mehr über die »Geldangelegenheiten« vor Ort erfahren Sie im KURS der jeweiligen Länderteile.

Wechselkurse (Stand: November 2021)

- **Dänische Krone:** 100 DKK = 13,44 €
- **Isländische Krone:** 100 ISK = 0,66 €
- **Norwegische Krone:** 100 NOK = 10,30 €
- **Schwedische Krone:** 100 SEK = 10,00 €

#GOLF

In **Dänemark** gibt es rund 200 Golfplätze, die normalerweise nur die Mitglieder nutzen können. Auf rund der Hälfte der Anlagen können jedoch auch Gäste spielen. **www.dansk.de/daenemark/golf**
In **Finnland** ist auch Eisgolfen möglich. **www.golf.fi**
Island verfügt über mehr als 60 Golfplätze, die von Mai bis September geöffnet haben und von ausländischen Golfern benutzt werden dürfen. Eine besondere Attraktion ist Mitternachtsgolf in Akureyri. **golficeland.org**
Zurzeit gibt es in Norwegen circa 150 Golfplätze. Die Saison dauert von Mai bis September, erstreckt sich aber mit Ausnahmen auch bis zum Spiel auf Eis und Schnee. **www.golfforbundet.no/en**
Golf ist in Schweden Volkssport und auf vielen Plätzen darf ohne Mitgliedschaft gespielt werden. Mehr als 400 Golfplätze sind dem Schwedischen Golfverband angeschlossen. **www.golf.se**

#HAUSTIERE

Die Regelung für die private Einfuhr von Haustieren ist nach EU-Verordnung Nr. 576/2013 weitestgehend einheitlich geregelt. Die Verordnung umfasst Hunde, Katzen und Frettchen. Von einer Mitnahme von Haustieren nach Island ist dringend abzuraten, da man eine vorher erteilte Einfuhrgenehmigung benötigt und das Tier nach der Einreise vier Wochen in Quarantäne muss. Auf den Färöer-Inseln ist eine vorübergehende Einfuhr von Tieren verboten. Für die übrigen Länder gilt: Das Tier muss vom Besitzer selbst transportiert werden, muss mit einem Mikrochip gekennzeichnet oder vor Juli 2011 gut lesbar tätowiert worden sein und benötigt einen EU-Heimtierpass sowie eine darin dokumentierte Tollwutimpfung, die bei der Einreise mindestens 30 Tage zurückliegen muss. 120 bis 24 Stunden vor der Einreise nach Norwegen und Finnland müssen Hunde unter tierärztlicher Aufsicht gegen Fuchsbandwurm behandelt werden (alternativ zweimal innerhalb von 28 Tagen vor Einreise mit Wiederholung bei längerem Aufenthalt im Land). Die Behandlung muss im Pass vermerkt sein. In Dänemark und Norwegen ist die Einreise mit Hunden bestimmter Rassen (auch Mischlingen), sogenannten Listenhunden, verboten. Informationen auf **tyskland.um.dk/de/reise-und-aufenthalt/reisen-mit-tieren** (für DK), **www.jordbruksverket.se** (S) oder **www.mattilsynet.no** (N) In allen Ländern gilt Anleinpflicht. In Schweden dürfen Hunde in der Zeit vom 1.3. bis 20.8. auch in der Natur nicht frei laufen, außer Jagd- und Hütehunde bei ihrer Arbeit. Dafür gibt es über 200 Wanderhütten, in denen Hunde willkommen sind. Eine Übersicht bekommt man bei Svenska Turistforeningen, **stfturist.se**.

#IMPFSCHUTZ

Abgesehen von eventuell notwendigen Nachweisen einer Corona-Schutzimpfung oder aktueller Tests (s. #Covid-19) braucht man für die skandinavischen Länder keine speziellen Impfungen. Für einige Reisegebiete (Norwegens und Finnlands Südküste, Åland-Inseln, Süd- und Ostschweden inkl. Öland und Gotland, Bornholm) empfiehlt sich jedoch eine FSME-Impfung gegen die von Zecken übertragene Frühsommer-Meningoenzephalitis: **www.fit-for-travel.de**

#INTERNET

Viele Hotels, Ferienwohnungen, Campingplätze und Züge bieten ihren Gästen WLAN, das in der Regel kostenlos genutzt werden kann. Auf Fähren gibt es jedoch oft eigene, sehr hohe Tarife. Wer hässliche Überraschungen vermeiden will, schaltet sein Gerät auf der Fähre in den Flugmodus. Zahlreiche öffentliche Einrichtungen präsentieren sich auch in den sozialen Medien, beispielsweise werden Nahverkehrsmeldungen in Kopenhagen via Twitter verbreitet.

#JEDERMANNSRECHT

Das Jedermannsrecht gilt in Finnland, Norwegen, Island und Schweden und räumt jedem Menschen Rechte und Pflichten bei der Nutzung der Natur ein. Schriftlich fixiert ist es nur in Norwegen. In den anderen Ländern sind die Regelungen durch das Naturschutzgesetz und Strafgesetz festgelegt. Das Jedermannsrecht erlaubt es jedem, sich in der Natur frei zu bewegen, vorausgesetzt, man ist nicht motorisiert(!), nicht in größeren Gruppen unterwegs, hinterlässt keine grob fahrlässig verursachten Schäden und nimmt Rücksicht auf andere Menschen, Flora und Fauna. Tore, die geöffnet werden, müssen wieder geschlossen werden. Der Bereich um ein Wohnhaus (Hausfriedenszone), Schonungen und landwirtschaftlich bestellte Flächen sind vom Jedermannsrecht ausgenommen, egal ob sie umzäunt sind oder nicht, genau wie Nationalparks, Naturreservate, Vogelschutz- und Militärgebiete. Ansonsten darf in der freien Natur auch übernachtet und gezeltet werden. In stärker besiedelten Gebieten ein bis zwei Nächte, ansonsten unbegrenzt (Ausnahme Island: Hier darf das Zelt nur eine Nacht am selben Ort stehen). Befindet man sich auf einem Privatgrundstück, muss eine Genehmigung des Besitzers eingeholt werden, und in der Regel zu Häusern ein Abstand von mindestens 150 Metern eingehalten werden. Prinzipiell ist es erlaubt, ein Feuer zu machen. Hierzu darf aber nur herumliegendes Holz verwendet werden. Vor allem in den Sommermonaten ist auf Warnschilder wegen erhöhter Brandgefahr zu achten. Lagerfeuer sind schon bei der geringsten Brandgefahr strengstens untersagt. Löschmaterial sollte man immer zur Hand haben. Nicht unter Naturschutz stehende Beeren und Pilze dürfen zum unmittelbaren Verzehr gepflückt werden. Tiere dürfen nicht gefangen oder gejagt werden, auch Eier dürfen nicht gesammelt werden. Das Jedermannsrecht gilt auch für das Befahren von und Anlegen in Gewässern, wobei hier Schilder auf eventuelle Anlege-Verbote hinweisen und Brutzeiten zu beachten sind. Zusätzlich sollte man sich über die gesetzlichen Regelungen des jeweiligen Landes zum Beispiel beim Fremdenverkehrsamt informieren. Das Jedermannsrecht wird gelegentlich stark strapaziert und allzu frei ausgelebt, steht deshalb auch immer wieder zur Diskussion. Es ist geboten, sorgsam mit der Natur umzugehen und keinen Müll an den Übernachtungsplätzen zu hinterlassen.

#KANUFAHREN

In **Dänemark** gibt es 40 befahrbare Wasserläufe, eine Vielzahl von Seen, Kanälen und natürlich das Meer. **www.kano-kajak.dk**

In **Finnland** ist das Saimaa-Seengebiet das beliebteste Kanuwandergebiet des Landes. Kanuflüsse gibt es überall im Land. Die Stromschnellen sind international klassifiziert. An den Flussrouten gibt es oft Feuerstellen und Unterkünfte. Kanutouren und Kanuverleihe finden sich auf **www.canoeguide.net/finland**

Wer sein Boot zu Hause lässt, kann an geführten Kajak- und Kanuexpeditionen in Island, Grönland und Spitzbergen teilnehmen. Sie werden zum Beispiel organisiert von Ultima Thule Expeditions (**www.ultimathule.is**). In den kalten Gewässern rund um Südgrönland kann man mit Club Aktiv (**www.club-aktiv.de**) auf Tour gehen.

Beliebt bei Seekajakfahrern sind in **Norwegen** die Südküste und Ryfylke, aber auch der Geirangerfjord oder das Inselreich rund um Vega sowie die Lofoten und das Gebiet rund um Tromsø. **www.padling.no**

In ganz **Schweden** gibt es zahlreiche Paddelmöglichkeiten im Süß- und Salzwasser. Für Seekajakfahrer sind die Schären der Bohuslänküste und die Ostküste zwischen Öland und Stockholm geeignet. Süßwasserpaddler kommen in Småland oder Dalsland auf ihre Kosten. **www.kanot.com**

#KARTENMATERIAL

Natürlich kann man bequem auf digitale Karten (Auto-Navigationsgeräte, Smartphone-Apps, GPS-Geräte) zurückgreifen. Für Wanderungen in der Natur ist eine Wanderkarte aber auch auf markierten Wegen ein Muss. Für längere Autoreisen empfiehlt sich ein Paket aus mehreren Einzelkarten oder ein guter aktueller europäischer Straßenatlas (zum Beispiel von ADAC, Falk oder Michelin). Für finnische Regionen hat Karttakeskus (**www.karttakauppa.fi**) gute Outdoorkarten im Angebot. Isländische Karten kann man über mapoficeland.com bestellen. In Norwegen empfiehlt sich je nach Region die Tur- oder Fjellkart (von Nordeca bzw. Cappelen Damm), in Schweden ist 2017 eine aktualisierte Version der »Fjällkartan« herausgekommen, die althergebrachte »Terrängkartan« wird durch die Sverigeserien ersetzt. Beim schwedischen Landvermessungsamt Lantmäteriet (**www.lantmateriet.se**) kann man topografische Karten im Maßstab 1:50.000 kostenlos ausdrucken, beim norwegischen Pendant **www.norgeskort.no** sogar im Maßstab 1:5.000. Eine große Auswahl an Karten hat die Geobuchhandlung Kiel, Tel. 0431 910 02, **geobuchhandlung.de**

#KLEIDUNG

Am besten verfährt man wegen möglicher Wetterwechsel nach dem »Zwiebel-Prinzip«. Festes, gut eingelaufenes Schuhwerk und Regenkleidung sind zu jeder Jahreszeit unverzichtbar. Langärmelige Oberbekleidung und Hosen bieten Schutz vor Mücken und Zecken. In Island, im Fjäll und im Winter sind Handschuhe, Mütze und Schal unerlässlich. Für winterliche Outdoortouren sollte man neben robusten Winterstiefeln und einer für Minusgrade und Schnee geeigneten Winterjacke und -hose auch Thermounterwäsche, wärmende Funktionsbekleidung und eine Sonnenbrille gegen Schneeblindheit dabeihaben.

#KLETTERN

Für viele Gebiete gibt es Kletterführer, die vor Ort erhältlich sind. Die Einteilung der Schwierigkeitsgrade in Mittel- und Nordeuropa stimmt bei den höheren Graden nicht überein!

■ NORWEGEN

Valle im Setesdal ist unter Kletterprofis das Gebiet Nr. 1 in Norwegen. Eine echte Herausforderung sind die Granitwände, außerdem ist Valle Norwegens bestes Plattenklettergebiet. Circa 50 Routen ziehen sich durch die atemberaubende Landschaft. Im Rogaland gibt es zahlreiche Täler (unter anderem Oltedal, Espedal, Dirdal, Hunnedal), deren Klettergebiete erst vor relativ kurzer Zeit entdeckt worden sind; junges, teilweise noch unerschlossenes Revier. Auch für Sportkletterer sehr geeignet. Die Hurrungane (West-Jotunheimen) sind Norwegens klassisches Klettergebiet – alpiner Charakter mit vielen Gletschern und schmalen Graten, fester Fels. Die Wände sind bis zu 750 Meter hoch, man findet Klettertouren und kombinierte Routen in allen Schwierigkeitsgraden. Info und Übernachtung im Turtagrø Hotel, Tel. +47-576 80 80 0, **www.turtagro.no**. Beliebtes Klettergebiet in der Nähe von

Oslo ist Kolsås mit über 200 Touren. Kolsås Klatreklubb, **www.kolsaas.no**. Allgemeine Informationen zum Klettern in Norwegen: Norges Klatreforbund, klatring@klatring.no, **www.klatring.no**

■ SCHWEDEN

Rund um Göteborg bieten sich viele gute Klettermöglichkeiten. Bei Vindön gibt es ein schattiges Gebiet mit 10–20 Meter langen Touren im Schwierigkeitsgrad 6–8. Gut ist auch Hönö. Bei Dungen findet man auch leichtere Führungen im Schwierigkeitsgrad 6–9. Sehr schöne Felsen mit relativ großen Griffen gibt es bei Dammen (Schwierigkeitsgrad 8–9). Die Felsen am Hylteberget sind südexponiert und daher sehr warm. Hier gibt es Klettereien im Schwierigkeitsgrad 7–9. Göteborgs Klätterklubb, **www.gbgkk.nu**. Auch in Stockholm müssen Kletterer nicht auf ihr Hobby verzichten. Das beste Klettergebiet Stockholms ist bei Örnberget mit Touren im Schwierigkeitsgrad 7–9. Ebenfalls nicht zu verachten sind die beliebten, zentral gelegenen Felsen bei Nacka kvarn (Schwierigkeitsgrad 7–9). Das Mekka für Experten ist Hells Cave mit Touren im Schwierigkeitsgrad 7–9. Stockholms KK-Klättring, **www.klatterklubben.com**. Allgemeine Informationen zum Klettern in Schweden: Svenska Klätterförbundet, Tel. +46-86 99 65 20, kansliet@klatterforbundet.se, **bergsport.se**

#LEBENSMITTEL

Die Lebensmittelpreise sind teilweise höher als in Deutschland. Landestypische Nahrungsmittel wie Fisch, Lamm oder Elch sind günstiger. Es gibt bestimmte Supermarktketten mit hauseigenen Marken, die erschwinglich sind. Hierzu zählt zum Beispiel die Hausmarke von ICA (SE). Weitere günstige Supermärkte sind Kiwi (NO), Rema 1000, ABC Lavpris (DK), WiLLY:S (SE) und Bónus (IS). Einige landestypische Spezialitäten:

■ DÄNEMARK

Smørrebrød: Butterbrot auf dänische Art. Die belegten Brote sind ein beliebtes »Gericht« in Skandinavien. Das Brot ist dünn geschnitten und der Belag üppig und mächtig. Rødgrød med fløde ist ein beliebter Nachtisch, rote Grütze mit Sahne. Beinahe an jeder Ecke bekommt man *pølser* (Würstchen), die gerne im Hotdog-Brötchen mit Röstzwiebeln, Gurken und Remoulade serviert werden.

■ FINNLAND

Die finnische Küche basiert vor allem auf Fleisch, Fisch und Kartoffeln. Karjalanpiirakka (karelische Pirogge) ist ein kleines Gebäck, dessen dünne Teighülle aus Roggenmehl mit Milchreis, Möhren- oder Kartoffelpüree gefüllt ist und das traditionell mit Butter oder Eiern gegessen wird. Eine regionale Spezialität aus Ostfinnland ist Kalakukko (Fischhahn): ein in Brot gebackener Fisch. In Karelien ist der Einfluss der russischen Küche zu spüren. In Lappland sollte man unbedingt einmal Rentierfleisch probieren. Eine typische Süßigkeit sind stark salmiakhaltige finnische Lakritz.

■ ISLAND

Typische Nahrungsmittel in Island sind Fisch und Lamm. Ein berühmt-berüchtigtes Fischprodukt ist hákarl, fermentierter Grönlandhai, der auf eine ganz spezielle Art zubereitet wird und sehr stark nach Ammoniak riecht. Beliebt sind außerdem Hangikjöt aus geräuchertem Lammfleisch und Skyr, ein Milchprodukt, das Quark ähnelt und mittlerweile auch in Deutschland überall erhältlich ist. Eine Weihnachtsspezialität ist Laufabrauð, dünne frittierte Fladen aus Teig.

■ NORWEGEN

Auch in Norwegen wird viel Fisch gegessen. Bekannte Fischgerichte sind Lutefisk (Trockenfisch) und Sild (eingelegter Hering). Ob frisch oder geräuchert – norwegischer Lachs ist nicht nur im eigenen Land sehr beliebt. Als Gravlaks wird er in einer Beize aus Salz, Pfeffer, Zucker und Dill oder einer Dill-Senfsauce serviert. Gepökelte Lammrippen (Pinnekjøtt) sind ein beliebtes Fleischgericht. Aber auch Wildfleisch (Rentier, Elch) findet in der Küche häufiger Verwendung. Zu besonderen Anlässen (Hochzeiten, Weihnachten) wird der Kransekake (Turmkuchen) aus Makronenringen gebacken. Eine leckere traditionelle Süßspeise ist die aus Schmand gekochte Rømmegrøt.

■ SCHWEDEN

Hausmannskost umschreibt die schwedische Küche am besten. Bekannt und beliebt sind die beiden »bullar«, Köttbullar (Fleischbällchen) und Kanelbullar (Zimtschnecken). Aber auch Krabben und marinierter Lachs (gravad lax) sowie unterschiedlich eingelegter Hering werden gerne bei einem Smörgåsbord (schwed. Büfett) aufgetischt. Dazu verschiedene Kohl- und Kartoffelgerichte, natürlich Elch und im Norden Rentier mit Preiselbeeren. Im August werden Flusskrebse mit einem eigenen »Kräftkalas« (Krebsfest) gefeiert. Und zu Weihnachten dürfen Pepparkakor (Pfefferkuchen) und Lussekatter (Lucia-Hefegebäck) nicht fehlen.

#MAUTGEBÜHREN

Auf einigen Straßen, Brücken und Tunneln in Skandinavien müssen Mautgebühren bezahlt werden. Auch Privatstraßen im Gebirge und die Fahrt in einige größere Städte (Oslo, Göteborg, Stockholm, »trängselskatt«) können kostenpflichtig sein. Fährt man dieselbe Strecke öfter als einmal, kann sich eine Rabattkarte bereits rechnen (z. B. »BroPass« über die Öresundbrücke). Bezahlt wird je nach Mautstation am Automaten oder einer Tankstelle hinter der Mautstelle. In Norwegen wird nur noch mit automatischer Erfassung abgerechnet. Die Rechnung wird dann an die heimische Adresse geschickt. Einen kleinen Rabatt gibt es, wenn man das Kennzeichen vorab unter **www.autopass.no** registriert. Ein ausführliches Kapitel über das Thema »Maut in Skandinavien« sowie das automatische Bezahlen finden Sie in unserer Sonderpublikation »NordCamper – Camping-Guide Skandinavien«. Erhältlich im Nordis Verlag sowie im Nordis-Web-Shop unter **www.skandinavien.de**.

#MEDIZINISCHE VERSORGUNG

Das medizinische Versorgungsniveau in Skandinavien ist mit dem in Deutschland vergleichbar. Innerhalb der EU und auch zwischen Island, Norwegen und Deutschland bestehen Sozialversicherungsabkommen. Bei Vorlage der europäischen Krankenversicherungskarte (European Health Insurance Card, EHIC) hat man Anspruch auf kostenlose Behandlung in öffentlichen Krankenhäusern, Gesundheitszentren und bei bestimmten Vertragsärzten. Wegen der vergleichsweise hohen Arzt- und Krankenhauskosten ist es empfehlenswert, eine private Auslandsreisekrankenversicherung abzuschließen, die Zusatzmaßnahmen oder Kosten eines Rücktransports abdeckt. In Island, Norwegen und Schweden hat man bei jedem Arztbesuch zusätzlich einen Eigenanteil zu leisten, der zwischen 7 und 28 € beträgt. Zahnarztbesuche können in Schweden und Norwegen noch teurer werden. Hier trägt der Patient bis zu 70 Prozent der Behandlungskosten. Bei Reisen nach Spitzbergen ist außerdem zu beachten, dass die EHIC nicht anerkannt wird. Weitere Informationen sind bei der Deutschen Verbindungsstelle für Krankenversicherung im Ausland (**www.dvka.de**) zu erhalten.

#MEDIKAMENTE

Viele Arzneimittel sind in Skandinavien, anders als in Deutschland, verschreibungspflichtig. Medikamente, die regelmäßig eingenommen werden müssen, sollten also in ausreichenden Mengen mitgenommen werden. Es wird empfohlen, das Rezept des Medikaments oder eine Rechnung der Apotheke mitzuführen, um sie im Zweifelsfall vorlegen zu können.

#MOTORSCHLITTEN

Mit dem Motorschlitten oder »Scooter« kommt man im Winter an Orte, die ansonsten unzugänglich sind. Touren werden in zahlreichen Winterdestinationen angeboten. Mit dem Motorschlitten im Gelände zu fahren, ist in Norwegen nur auf dem eigenen Land, mit Sondererlaubnis oder im Rahmen einer organisierten Tour möglich, auf Straßen ist es verboten.

#MÜCKEN

Vor allem in der Nähe von Seen können Mücken zwischen Ende Juni und Mitte August in Schwärmen auftreten, müssen aber nicht. Die Zahl der Plagegeister ist von Region zu Region sehr unterschiedlich und variiert von Jahr zu Jahr sehr stark. Dichte Kleidung und Mückenspray, eventuell auch ein Mückennetz, sollten mit ins Reisegepäck oder können vor Ort gekauft werden. Ein Tipp: Häufiges Duschen soll helfen, die Mücken abzuhalten, da sie auch auf Buttersäure (Körperausdünstungen) reagieren. Süße Deos oder Parfums sollen sie dagegen eher anlocken.

#NATIONALPARKS

Nationalparks haben zum Ziel, das jeweilige Gebiet und seine Tier- und Pflanzenwelt möglichst unberührt zu erhalten. In vielen Parks finden sich Informationszentren, die Hintergrundwissen zur Landschaft und ihren tierischen und pflanzlichen Bewohnern vermitteln, über Naturschutz aufklären und Kartenmaterial für Besucher bereithalten. Denn ob Küste, Fjäll oder Wald – die meisten Nationalparks darf man auf gekennzeichneten Wander- und Radwegen betreten. Oft gibt es sogar Feuerstellen, Zeltplätze und Hütten, in denen Wanderer für eine Nacht Unterschlupf finden.

DÄNEMARK

- **Miljøstyrelsen**
  Tel. +45-72 54 40 00
  mst@mst.dk
  www.danmarksnationalparker.dk

FINNLAND

- **Metsähallitus**
  Tel.+358-206 39 4000
  kirjaamo@metsa.fi
  www.nationalparks.fi

ISLAND

- **Umhverfisstofnun (Umweltamt)**
  Tel. +354-591 2000
  ust@ust.is
  www.ust.is

NORWEGEN

- **Miljødirektoratet**
  +47-3400 73 58 05 00
  post@miljodir.no
  www.miljødirektoratet.no
  www.nasjonalparkstyre.no

■ SCHWEDEN

- **Naturvårdsverket**
  Tel. +46-10 698 10 00
  kundtjanst@naturvardsverket.se
  www.sverigesnationalparker.se/de

#NOTRUFNUMMERN

Die EU-weite Notrufnummer 112 funktioniert auch in den skandinavischen Ländern für alle Polizei-, Brand-, Rettungs- und Unfallnotrufe. In Norwegen funktionieren zusätzlich die 110 (Feuerwehr) und 113 (Notarzt). Siehe auch »Pannenhilfe«.

#ÖFFNUNGSZEITEN

■ DÄNEMARK

Kernöffnungszeiten sind Mo–Do 10–17.30, Fr 10–18/19 Uhr, Sa bis 14 Uhr. Da es aber kein relevantes Ladenschlussgesetz gibt, haben selbst in kleinen Orten Supermärkte oder in den Städten Kaufhäuser bis zu sieben Tage die Woche geöffnet, oft bis in den späten Abend hinein. Bäckereien, Kioske, Minimärkte an Tankstellen sowie Campingplatz- und Ferienpark-Shops bieten ebenfalls ein breites Sortiment bei sehr langen Öffnungszeiten.

■ FINNLAND

Die Ladenöffnungszeiten sind gelockert worden. Auch kleineren Läden steht es frei, die Öffnungszeiten zu wählen. Meist haben die Geschäfte von Montag bis Freitag zwischen 7–21 Uhr, samstags von 8–18 Uhr und sonntags zwischen 12 und 18 Uhr geöffnet. Einige Tankstellenshops haben zum Teil rund um die Uhr geöffnet.

■ ISLAND

In Island haben die meisten Geschäfte montags bis freitags zwischen 9–18 Uhr geöffnet, samstags von 11–16 Uhr. Große Supermärkte sowie Andenkenläden und Shops in Reykjavík haben häufig auch länger geöffnet, vor allem in den Sommermonaten.

■ NORWEGEN

In Norwegen haben die Geschäfte montags bis freitags von 10–18 Uhr, samstags bis 16 Uhr und in Großstädten bis 18 Uhr geöffnet. Supermärkte haben etwas länger offen. Wochentags bis 20 Uhr und in Großstädten bis 22 Uhr, samstags bis 18 und in Großstädten bis 20 Uhr. Einige Supermärkte haben rund um die Uhr geöffnet.

■ SCHWEDEN

Allgemein sind die Geschäfte wochentags von 9–18 Uhr geöffnet, einige Warenhäuser auch bis 22 Uhr. Samstags und sonntags haben die meisten Geschäfte bis 14 oder 16 Uhr geöffnet. Lebensmittelgeschäfte haben aufgrund der großzügigen Ladenschlussgesetze oftmals längere Öffnungszeiten und häufig auch sonntags zwischen 12–16 Uhr geöffnet.

#PANNENHILFE

Gegen Kosten u.a. für Pannenhilfe, Abschleppen, zusätzliche Übernachtungen, alternative Transporte oder Automiete bei einer Autopanne in den nordischen Ländern kann man sich durch einen Auslands-Schutzbrief absichern. Die kann man günstig bei Auto-Haftpflicht-Versicherungen zubuchen oder als Erweiterung der einfachen, nur im Heimatland wirksamen Mitgliedschaft bei seinem Automobilclub abschließen. Bei größeren Pannen oder Unfallschäden sollte man zuerst die in den Schutzbriefunterlagen genannte Notfall-Nummer im Heimatland anrufen, da bei selbständiger Wahl von Pannendiensten und anderen Leistungen die Ausgaben oft gedeckelt sind! Bewahren Sie auf jeden Fall alle Quittungen rund um die Panne auf. Beachten Sie: Einige der hier genannten nationalen Pannen-Notrufnummern sind kostenpflichtige Sondernummern!

■ DÄNEMARK

Pannenhilfe leisten ausschließlich private Dienste:

- **SOS Dansk Autohjælp**, zentraler Pannenruf +45 70 10 80 90
- **Falck**, zentraler Pannenruf +45 70 10 20 30

Bei Unfällen mit dänischen Fahrzeugen, deren Halter nicht feststellbar oder die unversichert sind, hilft DFIM, Tel. 41 91 90 69, **www.dfim.dk** (engl.).

■ FINNLAND

Pannenhilfe leistet der finnische Automobilclub:

- **AL autoliito**: +358 9 72 58 44 00, Pannennotruf in FIN 0200 8080

■ ISLAND

Pannenhilfe leistet der isländische Automobilclub:

- **F.Í.B.** zentraler Pannenruf +354 5 112 112

■ NORWEGEN

Pannenhilfe leisten private Dienste, auch in Kooperation mit dem Automobilclub NAF:

- **Falck**: Pannennotruf in N 02222
- **NAF Veihjelp**: +47 926 08505, Pannennotruf in N 08505 /
- **SOS Veihjelp**: +47 915 09505
- **Viking Redningstjeneste**: +47 22 08 6000, Pannennotruf in N 06000

SCHWEDEN

Pannenhilfe leisten private Dienste:

- **Assistancekåren**, zentraler Pannenruf +46-20-912 912
- **Falck Sverige**, zentraler Pannenruf +46-20 38 38 38
- **SOS International**, zentraler Pannenruf +46-771 866 866

#PARKEN

Das Auto im Norden einfach abzustellen, wo es einem gefällt, kann – wie alle Verkehrsvergehen – sehr teuer werden. »Knöllchen« von über 100 € sind möglich. Es kann schon reichen, wenn ein Rad außerhalb des markierten Parkbereichs steht. Man muss sich also immer im Klaren sein, welche Regeln für den gewünschten Parkplatz gelten. Schilder, die ein Parkverbot an einem bestimmten Tag markieren, behalten ihre Gültigkeit, auch wenn der besagte Wochentag auf einen Feiertag fällt. Der Parkscheinautomat akzeptiert häufig kein Bargeld mehr, sondern nur die Kreditkarte. Zunehmend wird per App abgerechnet. Eine nützliche Bezahloption (ohne Abo!) ist die App des schwedischen Dienstleisters EasyPark (easypark.de). Damit kann man per Smartphone das Parken sowohl im öffentlichen Raum als auch auf vielen privaten Parkplätzen bzw. in ausgewählten Parkhäusern bezahlen, vielerorts zudem das Aufladen von Elektrofahrzeugen. EasyPark ist in größeren Städten des Nordens weit verbreitet und wird in immer mehr Städten Mitteleuropas akzeptiert. Vorteilhaft: Wer sich z. B. in Deutschland als User registriert, kann die App im Norden ohne Extrakosten nutzen. Außerhalb der Euro-Zone wird zu fairem Wechselkurs abgerechnet.

#POST UND PORTO

Briefmarken erhält man meist überall dort, wo auch Postkarten zu kaufen sind, außerdem in Postämtern, Schreibwarengeschäften und vielen Kiosken. Das Versenden von Postkarten und Briefen aus den nordischen Ländern wird immer teurer. Dänemark schießt im Augenblick im »Rennen« um die höchsten Portopreise für Postkarten den Vogel im Norden ab. Allein fürs Porto zahlt man dort 33 Kronen, umgerechnet etwa 4,50 €. Aus Schweden und Norwegen werden umgerechnet jeweils knapp über 2 € fällig, aus Island ca. 1,80 € und aus Finnland 1,85 €. Eine Alternative sind Postkarten von Online-Anbietern wie MyPostcard (**www.mypostcard.com**), die man zwar am Laptop oder per App schreibt, die dann aber mit normaler Post – bei MyPostcard z. B. mit deutscher Briefmarke – weltweit den Empfänger erreichen. Man kann dazu eigene Bilder hochladen oder nutzt vorgegebene Motive. Einige hat u. a. Nordis-Autor und Dänemark-Spezialist Hans Klüche auf **www.mypostcard.com/designs/Hans_Klueche** (oder über Motivsuche [Dänemark] in der MyPostcard App) zur Verfügung gestellt (ab 2,49 € / Karte inkl. Porto).

#RADFAHREN

Die Schönheit Skandinaviens lässt sich wohl kaum besser als auf einem Fahrrad erfahren. Je nach Kondition und Streckenprofil sind Tagesetappen von 50 bis 100 Kilometern machbar. Das große und ausgeschilderte Radwegenetz in Skandinavien ist gut ausgebaut. Selbstverständlich können Individualisten ihre eigenen Strecken wählen, mit Schotterpisten und allem Drum und Dran. Allerdings sind z. B. in Norwegen Radfahrer nicht in allen Tunneln zugelassen. Eine Karte gibt es bei **www.cycletourer.co.uk/maps/tunnelmaplrge.shtml**. Für Touren ohne schweres Gepäck ist ein Rad mit sieben Gängen ausreichend, besser ist ein Mountainbike mit mindestens 21 Gängen. Mit Zelt und sonstiger Ausrüstung empfiehlt sich ein gutes Trekkingrad. Gutes Werkzeug und die gängigsten Ersatzteile sollten in keiner Ausrüstung fehlen. Sehr umfassende Informationen zu Radreisen allgemein und Fahrradreisen nach Skandinavien bietet der Allgemeine Deutsche Fahrradclub. **www.adfc.de**

DÄNEMARK

Es gibt ein einzigartiges Routennetz. 11 nationale Fahrradrouten bilden zusammen ein über 4.000 km langes Netz an Radfernwegen, die alle Landesteile miteinander verbinden. Das durchgängige Symbol ist ein weißes Fahrrad auf blauem Grund mit Namen oder Nummer (1–10). Zusammen mit regionalen Routen besteht ein ausgeschildertes Streckennetz von circa 12.000 Kilometern. Dänemark ist kartografisch in 13 Radkarten eingeteilt (Maßstab: 1:100.000). Das Mieten von Fahrrädern ist grundsätzlich in vielen örtlichen Fremdenverkehrsbüros und Fahrradgeschäften möglich; Kosten: 25–60 DKK pro Tag und circa 150–400 DKK pro Woche. Die Fahrräder sind meist in gutem Zustand. Bitte beachten Sie auch unseren Fahrradguide Dänemark, der im Nordis-Webshop unter **www.skandinavien.de** erhältlich ist.

FINNLAND

In Finnland bieten kleine und einsame Straßen sowie die geringen Höhenunterschiede beste Voraussetzungen für einen tollen Radurlaub. Via Finlandia ist eine verlockende Tour von Helsinki nach Vaasa. Vielseitige Landschaften wechseln sich ständig auf den 596 Kilometern ab. Kulturhistorische Sehenswürdigkeiten und große Städte im Süden, Wälder, Seen und Flüsse befinden sich im Norden der Strecke. Die Küstenroute von Turku nach Oulu ist 955 Kilometer lang und führt vorbei an den Sandsträn-

den Finnlands. Die Route ist auch für wenig geübte Radfahrer kein Problem.
Die Saimaa-Seentour ist eine schöne Rundtour um den größten See Finnlands. Die knapp 400 Kilometer lange Strecke führt unter anderem zur unbedingt sehenswerten Festung Savonlinna und den Punkaharju-Höhenrücken. Guter Startpunkt ist Lappeenranta. Die etwa 350 Kilometer lange Ostlappland-Tour führt von Sodankylä durch die einsamen Landschaften Ostlapplands zum Nationalpark Urho-Kekkonen. Von dort radelt man entlang der russischen Grenze und durch die Fjälls von Luosto zurück zum Ausgangspunkt. Der Schärengarten vor Turku ist als Radelregion bestens geeignet. Eine tolle Mehrtagestour (Saariston Rengastie / Skärgårdens Ringväg) führt auf der Ringstraße durch den Schärengarten, wobei man etliche Fähren nutzt. **visitparainen.fi/en/the-archipelago-trail/**
Die Åland-Inseln sind das klassische finnische Radfahrgebiet. Die einzelnen Etappen werden immer wieder durch Fährpassagen unterbrochen – und durch ein Bad an einem der vielen Badeplätze. Auf Berge wird man hier auch nicht stoßen.

- **Cycling Union of Finland**
  Tel. +358-452 32 26 44
  toimisto@pyoraily.fi
  www.pyoraily.fi

ISLAND

Wegen der schlechten Straßenverhältnisse und der unbeständigen Wetterverhältnisse ist mit besonderen Schwierigkeiten zu rechnen. Auf der Ringstraße, die zwar rundherum asphaltiert ist, bilden die unbefestigte Böschung und die schnellen Autos, im Hochland die Flussdurchquerungen eine nicht zu unterschätzende Gefahr. Straßensperrungen gelten immer auch für Fahrräder. Informationen zur Routenplanung bekommt man bei **cyclingiceland.is/en**.

- **Icelandic Mountain Bike Club**
  Tel. und Fax +354-562 00 99
  ifhk@fjallahjolaklubburinn.is
  www.fjallahjolaklubburinn.is

NORWEGEN

»Die Märchenstraße Hallingdal«: Der Radweg führt von Geilo oder alternativ von Hemsedal zum See Krøderen. Er verläuft 164 bzw. 144 Kilometer entlang an zahlreichen Museen und durch fruchtbare Täler. In Flå kann man den Vassfaret-Bärenpark besuchen und Elche und Bären in natürlicher Umgebung bestaunen.
Entlang des Fluss- und Seensystems des Telemarkkanals bietet sich eine tolle Tour mit meist moderaten, teilweise aber auch deftigen Steigungen. Die Strecke ist 115 Kilometer lang und kann mit einer Bootsfahrt auf historischen Schiffen kombiniert werden.
Ebenso kann man abwechslungsreiche 175 Kilometer in Røros und Umgebung durch Kiefern- und Birkenwälder, durch Gebirge und vorbei an Almdörfern radeln. In Røros, einer alten Bergarbeiterstadt und Weltkulturerbe, wird die Geschichte der Grubenarbeit in Museen anschaulich gemacht.
Der Rallarvegen ist die schon fast legendäre Route auf der ehemaligen Bahnarbeiterstrecke über die Hardangervidda. Teile der 80 Kilometer langen Strecke führen auf über 1.000 Meter Meereshöhe: Warme Kleidung nicht vergessen! Empfehlenswert ist außerdem ein stabiles Fahrrad – man fährt auf einer Schotterpiste. Start ist das 900 Meter hohe Haugastøl, Ziel das am Aurlandsfjord gelegene Örtchen Flåm. Entlang der Küste Rogalands verläuft der markierte Radweg der Nordseeroute über 300 Kilometer von Flekkefjord im Süden bis Haugesund im Norden. Auf dieser Strecke faszinieren Fjorde, Berge, Strände und hübsche Küstenstädtchen – ein echtes Erlebnis.
Der Vestfoldkysten-Radweg führt von Horten nach Helgerød durch eine abwechslungsreiche Küstenlandschaft. 105 Kilometer lang radelt man durch überwiegend flaches, teilweise hügeliges Gelände. **www.visitnorway.de/aktivitaten/freie-natur/rad fahren/radtouren/**

SCHWEDEN

Schweden ist wie geschaffen zum Radeln, schließlich liegt die Schönheit der Landschaft oft im Detail. Zahlreiche ausgeschilderte Routen erleichtern die Orientierung.
Kulturhistorisch und landschaftlich ist der Dalslandsleden eine sehr reizvolle Strecke durch eine der beliebtesten schwedischen Urlaubsregionen. Auf der Strecke von Vänersborg über Bengtsfors nach Mellerud fährt man unter anderem durch die Wildmark um den See Stora Lee oder die Höhen des Kroppefjälls. Die Gesamtstrecke beträgt 358 Kilometer.
Von Idre nach Sörvattnet führt eine Strecke für den anspruchsvollen Mountainbiker. Verpflegung muss man auf den 47 Kilometern durch wunderschöne Berggegenden selbst mitbringen. Läden oder Gaststätten sind Mangelware. Von der tundraartigen Landschaft her kann man im Westen auf norwegische Berge schauen.
Der Sydostleden erstreckt sich über 7 Etappen auf einer Strecke von 274 Kilometern zwischen Växjö in Småland durch Kronoberg, Blekinge und Skåne bis Simrishamn an der südschwedischen Küste. Entlang des Radweges »erfährt« man die Seenlandschaft des Åsnen, den Schärengarten von Blekinge, das Seenreich von Kristianstad, die malerische Åhus-Küste und die Apfelplantagen von Kivik. **www.sydostleden.se**
Im Sommer 2019 wurde der Sydkustleden (Südküstenweg) als dritter schwedischer Radfernweg

neben dem Sydostleden und dem Kattegattleden (zwischen Helsingborg und Göteborg, ca. 395 km) eingeweiht. Er führt über eine Gesamtstrecke von ca. 260 km von Simrishamn an der Südostküste über Ystad, Malmö und Landskrona bis nach Helsingborg an der Westküste. Der Sydkustleden ist in sechs Abschnitte unterteilt, jeder einzelne bietet eine Vielfalt an kulturellen Erlebnissen und eine abwechslungsreiche Natur. Sydkustleden, Sydostleden und Kattegattleden bilden so eine durchgehende Radwanderstrecke mit einer Gesamtlänge von ca. 900 km.
www.sydkustleden.se
Natur pur im Värmland im Grenzgebiet Schweden/Norwegen. 104 Kilometer radelt man an vielen Seen und Wasserläufen vorbei, erlebt die kleinen und feinen Unterschiede der beiden skandinavischen Länder auf einer Tour.

- **Svenska Cykelsällskapet**
  Tel. +46-87 51 62 04
  info@svenska-cykelsallskapet.se
  www.svenska-cykelsallskapet.se

#RAUCHEN

Im Grunde ist das Rauchen ausschließlich im Freien gestattet und auch dort nicht überall. In öffentlichen Einrichtungen, am Arbeitsplatz, in Verkehrsmitteln, an Haltestellen und anderen öffentlichen Plätzen darf grundsätzlich nicht geraucht werden. Auch in Hotels, Restaurants, Kneipen und Cafés herrscht Rauchverbot. Es dürfen jedoch separate Raucherzimmer eingerichtet werden. Viele Hotels und auch größere Restaurants bieten vor den Gebäuden spezielle Raucherbereiche an. Zur Einfuhr von Tabak siehe »Zollvorschriften«.

#REITEN

Gruppen-Reittouren, Reiterferien oder Pferde für individuelle Ausritte bieten viele Reiterhöfe in Dänemark. Populär sind Strandritte an den weiten Nordseestränden, meist auf Islandpferden. Da die Mitnahme von Pferden nach Dänemark unproblematisch ist, findet man leicht Unterkünfte, die das Einstellen von Pferden in Ställen oder auf eigenen Weiden erlauben (z.B. **www.hoselseogkeld.dk** auf Rømø). Mehr zum Thema: **www.visitdenmark.de/daenemark/erlebnisse/aktivurlaub/reiterferien-daenemark**
Es ist fast überall in Norwegen möglich, Pferde zu mieten oder Reitunterricht zu nehmen. Ebenso kann man an organisierten Tages- oder Wochentouren teilnehmen. **www.visitnorway.de/aktivitaten/freie-natur/reiten/**
Überall in Finnland sind Reitschulen zu finden, die außer Reitstunden auch Safaris und Reiturlaube organisieren. Beliebte Regionen sind die hügeligen ost- und nordfinnischen Landschaften sowie das Seenland Saimaa.
Viele Reiter- und Bauernhöfe in Island bieten Reitferien und Ausflüge an. Es gibt zahlreiche Veranstalter. Beim Reise- und Ferienhausportal Hey Iceland (**www.heyiceland.is**) sind zahlreiche Reiterhof-Adressen verzeichnet. Viele Island-Reiseveranstalter offerieren auch längere Reittouren (1–2 Wochen) in verschiedenen Landesteilen.
Viele Reitschulen in Schweden bieten Kurse und Camps an. Etwas Besonderes sind mehrtägige Geländeritte im Fjäll. Ein Verzeichnis der Reitcamps gibt es bei Sveriges Ridläger,
www.ridlager.se.

#SAUNA

Das einzige finnische Wort, das es in viele andere Sprachen geschafft hat. Die Sauna ist ein fester Bestandteil der finnischen Kultur und hat eine lange Tradition. Bis heute findet man in nahezu jedem Privathaus, jeder Wohnanlage, jedem Hotel und selbst der entlegensten Ferienhütte eine Sauna. Auch in den anderen nordischen Ländern hat sich die Sauna als wohltuende Schwitzkur etabliert. Anders als in deutschen Wellnesscentern ist der Saunagang im Norden jedoch ein alltäglicheres und eher schlichtes Ritual. Statt aufwendiger Duftölanwendungen schöpft man lieber eine Kelle Wasser auf die heißen Steine des Saunaofens oder nutzt einfache Birkenzweige, um die Durchblutung anzuregen. In öffentlichen Saunen, die Männer und Frauen gemeinsam besuchen, trägt man oft Badebekleidung. Beim geschlechtergetrennten Saunieren wird dies lockerer gehandhabt. Besonders in Finnland klettert man mancherorts nach der Sauna in das Eisloch eines zugefrorenen Sees oder Flusses.

#SEGELN

Die skandinavischen Gewässer mit ihren Buchten, Fjorden, vorgelagerten Schäreninseln und kleinen Küstenorten bieten sich als faszinierende Segelreviere an. Sie sind allerdings auch anspruchsvoll, denn es ist nicht einfach, zwischen den Schären den richtigen Weg und die Hafeneinfahrt zu finden. Sorgfältige Törnplanung ist unabdingbar. Kartenmaterial von Skandinavien bekommt man beim Nautischen Dienst Kapitän Stegmann, **www.naudi.de**. Wer ein Boot chartern will, muss meist im Besitz eines entsprechenden Bootsführerscheins sein. Da das Wetter sich schnell ändern kann, sollte man mehrmals täglich den ausführlichen Wetterbericht im Radio hören.

#SCHLITTSCHUHLAUFEN

Der lange und oft kalte Winter in Skandinavien lässt meist zu Beginn des Winters die Seen und auch das Meer zufrieren. Liegt dann noch kein Schnee oder ist dieser bereits wieder geschmolzen, ist die glatte Eisfläche das ideale Terrain für lange Ausflüge auf den schmalen und langen Kufen. Ideal dafür sind in Finnland die Seenregion um Kuopio und die Åland-Inseln, in Schweden der Schärengarten vor Stockholm sowie die Seen in Dalsland und Värmland. Allerdings gehört ein wenig Glück dazu, um gute Eis- und Wetterbedingungen zu erwischen. In jedem Fall sollte man sich nur mit einem erfahrenen Guide und der passenden Ausrüstung auf das Eis wagen, denn Strömungen können die Fläche instabil werden lassen und sogar zu gefährlichen Rissen führen.

#SICHERHEIT

Für keines der Länder bestehen derzeit landesspezifische Sicherheitshinweise. Die Kriminalitätsrate in Skandinavien ist sehr niedrig, trotzdem sollte man sich in den Sommermonaten an beliebten Ausflugszielen und in den Großstädten vor Taschendieben in Acht nehmen. Im Kopenhagener »Freistaat Christiania« kam es bereits zu Übergriffen, bei denen Wertgegenstände entwendet wurden. Durch die besondere rechtliche Situation in Christiania ermittelt die Polizei nur in Ausnahmefällen. Außerdem ist das Fotografieren in Christiania an einigen Stellen ausdrücklich verboten. In Mittel- und Südschweden kam es in den letzten Jahren häufiger zu Überfällen auf Wohnwagen- und Wohnmobilreisende, die entlang der Autobahnen übernachten. Es ist ratsam, zur Übernachtung einen Campingplatz oder bewachten Stellplatz anzusteuern. In Schweden wurden außerdem vermehrt Missbrauchsfälle von Kredit- und Bankkarten verzeichnet. Das Auswärtige Amt rät außerdem davon ab, an der dänisch-schwedischen Grenze Anhalter mit über die Grenze zu nehmen. Es häufen sich Fälle, in denen vor allem an Rastplätzen an der Öresundbrücke um Mitnahme nach Schweden gebeten wird. Sollte sich an der Grenze herausstellen, dass der unbekannte Mitfahrer keine gültige/n Reisedokumente/Aufenthaltserlaubnis besitzt, droht dem Fahrer des Fahrzeugs eine Anzeige wegen Menschenschmuggels.

#SKISPORT

Ob Tagesausflüge auf Langlaufloipen, längere Wintertrekkingtouren mit Pulka im offenen Gelände oder atemberaubende Abfahrten: Skandinavien ist ein Paradies für Skifahrer. Für Touren sollte man sich einem erfahrenen örtlichen Führer oder einem der Bergreiseveranstalter anvertrauen. Die Verhältnisse im Fjäll sind anders als in den Alpen, der Lawinenbericht noch lange nicht so ausgefeilt wie hierzulande. Infos dazu unter **www.varsom.no** (Norwegen) und **www.fjallsakerhetsradet.se/en** (Schweden). Um Missverständnisse zu vermeiden: In Skandinavien wird unter einer »Skitur« meistens der Gang mit breiten Langlaufskiern ins Gelände abseits der Loipen verstanden. Der alpine Skitour-Stil läuft mancherorts unter der französischen Bezeichnung »Ski randonnée« oder auf Norwegisch »Topptur«.

#SKI-LANGLAUF

FINNLAND

Im Seenland rund um Kuopio können sich Langläufer auf knapp 500 km präparierten Loipen austoben. Das bekannteste Langlaufgelände von Kuopio ist Puijo. Das größtenteils beleuchtete Loipennetz von 40 km umfasst Routen sowohl für Hobbyläufer als auch für Profis.
Rund um Kuusamo und Ruka werden in jedem Winter rund 500 km Loipen gespurt, sowohl für den Klassik- als auch für den Skating-Stil. Ruka selbst bietet mehr als 100 km Loipen.
Wo Langlaufprofis in jedem Winter in die Loipe gehen, dürften auch Freizeitsportler das geeignete Terrain finden – ein weit verzweigtes Loipennetz mit insgesamt 250 km in Muonio. Bekannt ist das Gebiet auch durch das jährlich im April stattfindende Lapponia Hiito – ein dreitägiges Etappenrennen im Pallas-Nationalpark!
Langläufern stehen im Wintersportzentrum Saariselkä über 200 km gespurte Loipen zur Verfügung, 140 km werden für Skater präpariert. Nachts sind mehr als 30 km der Loipen beleuchtet.

NORWEGEN

Rund 320 km Cross-Country-Strecken von grün bis rot hat Beitostølen zu bieten. Dabei kann man durch Wälder laufen, aber seine Spur auch im weiten Fjell finden.
Gålå bietet ein tolles Tourenskigebiet mit 230 km Loipen sowohl für Skating als auch den klassischen Stil. Die Tourenloipen, unter anderem die berühmte Peer-Gynt-Loipe, führen über Berge und Hochebenen, durch Fjellbirken- und Tannenwälder.
Im »Reich der Riesen« (Jotunheimen) kommen auf 220 gespurten Kilometern nicht nur Loipenfreunde, sondern auch Skifahrer auf ihre Kosten, die sich lieber ihre eigene Spur suchen. Und das im Schatten der höchsten Berge Skandinaviens – schlichtweg beeindruckend!
In der gesamten Nordmarka nördlich von Oslo gibt es rund 2.600 km Loipen. Mehr als 120 km sind dabei mit Flutlicht ausgestattet.
In der Fjordregion rund um Sunnfjord gibt es rund 70 km gespurte Loipen. Damit reicht das Gebiet

nicht an die großen Langlaufzentren heran, kann aber mit der einzigartigen Fjordlandschaft punkten.

SCHWEDEN

Rund 300 km gespurte Loipen machen Funäsfjällen zu einem der besten Langlaufgebiete Skandinaviens. Weitere 450 km ausgeschilderte Wege führen ins Fjäll.
Der Bergbauort Gällivare mitten in den schwedischen Wäldern ist ein fester Bestandteil des Wettbewerbskalenders der Langlauf-Weltelite. Hobbysportler finden hier viele Kilometer präparierter Loipen.
Mehr als 250 km gespurte Loipen und das berühmte Rennen »Vasaloppet« machen Sälen zu einer guten Adresse für Langläufer. Einige Loipen sind nachts beleuchtet. Hinzu kommen rund 200 km markierte Skiwanderwege durch das weite Fjäll.

#SKI ALPIN

FINNLAND

Ylläs/Levi ist das größte Skigebiet Finnlands mit den längsten Abfahrten vom 718 m hohen Yllästunturi.
Bis auf 492 m geht es im Skigebiet von **Ruka** hinauf. Die Höhendifferenz beträgt 201 m. Die längste Abfahrt ist 1,3 km lang. Mit mehr als 200 Skitagen pro Jahr gehört der Skiort dank seines kontinentalen Klimas und der Schneekanonen zu den schneesichersten Skigebieten in Europa.
Am finnischen Nationalberg **Koli** in Karelien gibt es eine Skianlage mit 4 Liften und 15 Abfahrten (bis zu 1,5 km).
Vihti ist die größte Skianlage in der Nähe der Hauptstadt Helsinki. 10 Lifte bringen die Skifahrer in dem familienfreundlichen Skigebiet zu den 14 Pisten.

NORWEGEN

Trysil ist das größte Skigebiet Norwegens und eine der populärsten Anlagen in ganz Skandinavien. In Trysil geht es bis auf 1.100 m hinauf. Die Höhendifferenz beträgt 625 m. Die längste Abfahrt führt über 5,4 km hinunter ins Tal. Kinder haben einen eigenen Skipark. Insgesamt können 68 Abfahrten in allen Schwierigkeitsgraden genutzt werden.
Hemsedal gehört zu den Topskigebieten in Skandinavien. Die längste Abfahrt führt 6 km ins Tal. Im Hemsedal Skisenter gibt es Norwegens größte Kinderskianlage mit insgesamt 7 Pisten und 8 Liften, zudem einen »Minipark«.
Lillehammer mit dem Hafjell und Kvitfjell ist Skifahrern spätestens seit den Olympischen Spielen ein Begriff. Lifte führen am Hafjell bis auf 950 m hinauf, der Höhenunterschied liegt bei 750 m. Die längste Abfahrt ist 7,5 km lang. Das Pendant dazu am Kvitfjell misst 3,5 km. Hier geht es bis auf 1.039 m Höhe. Am Kvitfjell kommt man auf 25 Pisten, darunter auch die schwierige Weltcup-Abfahrt, mit einer Gesamtlänge von 33 km.
Im Skigebiet von **Hovden** am Südrand der Hardangervidda führen 29 Abfahrten mit einer Pistenlänge von 34,4 km ins Tal.
Das Familienskigebiet von **Geilo** liegt in der Provinz Buskerud. Skifahrer können sich aus 40 Pisten die passenden Abfahrten auswählen. Die gesamte Pistenlänge beträgt 34 km.

SCHWEDEN

Åre ist eines der größten Skiresorts in Skandinavien. Das Skigebiet reicht fast bis zum Gipfel des 1.420 m hohen Åreskutan. Der Höhenunterschied beträgt 894 m und bei der längsten Abfahrt kommt man auf 6,5 km aus der Puste. Skifahrer können zwischen 103 Pisten in allen Schwierigkeitsgraden von grün bis schwarz wählen.
Das große und weitläufige Skigebiet **Sälenfjäll** besteht aus den Anlagen Lindvallen, Högfjället, Tandådalen und Hundfjället. Lindvallen ist vor allem für Familien interessant, während Tandådalen mit etlichen schwarzen Pisten aufwarten kann. Der Höhenunterschied beträgt 300 m, die längste Abfahrt schlängelt sich auf 2,5 km ins Tal.
Nur wenige Kilometer trennen die beiden Skigebiete **Björkliden/Riksgränsen** in Schwedisch Lappland westlich von Kiruna. Auf insgesamt 40 Pisten geht es hier ins Tal. Riksgränsen besitzt aufgrund der baumlosen Hänge bei Freeridern einen hervorragenden Ruf.
13 Skilifte und 50 Abfahrten warten auf Skifahrer im **Bydalsfjäll** in der Nähe von Östersund. Auch Off-Piste-Fahrer finden hier gute Möglichkeiten.
Das Skigebiet von **Isaberg** ist mit seinen 8 Liften die größte Anlage Südschwedens und von Deutschland aus bestens mit der Fähre zu erreichen (z. B. mit Stena Line von Kiel nach Göteborg).

ISLAND

Immerhin 75 Pistenkilometer, erschlossen von 44 Skiliften, kann man auf der Vulkaninsel genießen. Die größten Skigebiete bieten bis zu 15 Pistenkilometer (Bláfjöll). Das höchste Skigebiet reicht bis zu 1.500 m hinauf (Víking Heliskiing).

#SPRACHKURSE VOR ORT

Heimvolkshochschulen, die mehrwöchige **Dänisch**-Sprachkurse inklusive Aufenthalt anbieten, findet man u.a. auf **www.ipc.dk** und **www.askovhojskole.dk**.
Finnisch-Intensiv-Kurse bietet zum Beispiel die Helsinki Summer School. **www.helsinkisummerschool.fi**
Isländisch-Kurse online und an verschiedenen Universitäten findet man unter **study.iceland.is**

In **Norwegen** kann man an den Universitäten in Oslo (**www.uio.no**) und Bergen (**www.uib.no**) oder an den Volkshochschulen (**www.folkehogskole.no, www.fu.no**) Kurse buchen. Diese bieten auch Vorbereitungen auf den Bergenstest (www.bergenstest.com) an. Für Studenten interessant ist die Internationale Sommerschule Oslo (www.uio.no/english/studies/summerschool), die Kurse zu verschiedenen skandinavischen Themen im Programm hat.
Schwedisch-Kurse für Anfänger und Fortgeschrittene bieten die Uppsala International Summer Session (www.uiss.org) und die Volkshochschulen (www.folkuniversitetet.se) an.

#SURFEN

Dänemark ist ein ideales Surfland für Anfänger und Profis, denn die gewünschten Bedingungen sind meistens in Reichweite. Es gibt viele Surfschulen und etliche Surffachgeschäfte über das Land verteilt. Eines der größten Surfreviere ist der Ringkøbing Fjord an Jütlands Westküste.
Surfen ist in **Finnland** beliebt. Bretter werden bei Campingplätzen, Hotels oder in Feriendörfern/-zentren vermietet. Die Segelschulen des finnischen Yachtverbandes organisieren auch Surfkurse.
Wind- und Wellensurfen hat in **Norwegen** viele Freunde. An zahlreichen Stränden, Hotels und Campingplätzen kann man Surfausrüstungen leihen. Im Sommer werden auch Kurse und Regatten veranstaltet. Die nördlichsten Surfangebote der Welt befinden sich ganz sicher bei Longyearbyen auf Spitzbergen. Ein Neoprenanzug sollte immer dabei sein.

#TANKEN

Bleifrei 95 entspricht der Qualität des deutschen Super-Kraftstoffs. In einsameren Gegenden empfiehlt es sich, immer vollzutanken und einen Reservekanister mitzunehmen. Im isländischen Hochland gibt es keine Tankmöglichkeit. Tankautomaten akzeptieren oft kein Bargeld, sondern Kreditkarten.
LPG ist in Island, Dänemark und Finnland so gut wie unbekannt, kann aber unter der Bezeichnung »autogas« mit Bayonet- bzw. Dish-Adapter in Norwegen und mit Dish-Adapter in Schweden getankt werden. Diese beiden Länder haben ein dichtes LPG-Tankstellennetz. Listen der Tankstellen findet man auf **www.mylpg.eu**
Ladestationen für E-Autos gibt es viele in Dänemark und Norwegen – sogar bis hinauf in die Finnmark. Island hat derzeit 25 Stationen. In Schweden und Finnland ist der Süden gut abgedeckt, im Norden hält man sich am besten an die Küste. Eine detaillierte Karte für ganz Skandinavien bietet Norges Elbilforening, **ladekart.elbil.no/map**

#TAUCHEN

Skandinavien kann zwar nicht mit warmem Wasser locken, dafür aber mit interessanten Tauchspots und etlichen Wracks. In **Dänemark** findet man die beste Tauchsportinfrastruktur am Kleinen Belt (**www.visitlillebaelt.de/kleiner-belt/naturpark-lillebaelt/tauchen**) und im Øhavet vor Südfünen, wo vor dem Hafen Ballen sogar eine ausgediente Fähre als Tauchziel versenkt wurde, gut erreichbar auf 6–19 m Tiefe in (**www.dyk-sydfyn.dk**; auch dt.). Weitere gute Reviere sind das südliche Kattegat und Bornholms Felsküsten. Ein spannendes Taucherlebnis in Finnland ist der Puruvesi im Saimaa-Seengebiet, einer der klarsten Seen ganz Europas und rund 70 Meter tief. Infos beim **Finnischen** Tauchverband (Sukeltajaliitto ry, Tel. +358-934 81 22 58, **www.sukeltaja.fi**). In Island kann man unter anderem in der Silvia Spalte zwischen den Kontinenten tauchen. Allgemeine Infos zum Tauchen auf Island bei Héðinn Ólafsson (Tel. +354 888 80 80, **www.diveiceland.com**). Im gesamten Küsten- und Schärengebiet von **Norwegen** liegen zahlreiche »Dykkersenter« (Taucherzentren), die Kurse organisieren und Ausrüstung verleihen. Die norwegische Küste beherbergt außergewöhnlich viele Schiffswracks. Das Entfernen von Gegenständen aus den Wracks ist verboten. Luftflaschen müssen alle zwei Jahre auf ihre Sicherheit überprüft werden. Für eigene Luftflaschen muss ein Zertifikat mitgebracht werden, um sie auffüllen lassen zu können. Norges Dykkeforbund, **www.ndf.no**. In **Schweden** sind die Schären sowohl im Westen als auch im Osten für Tauchgänge geeignet. Auf den Koster-Inseln findet man sogar einen Unterwasserpfad für Schnorchler. Svenska Sportdykarförbundet, Tel. +46-86 99 65 15, **www.ssdf.se**

#TAXFREE

In den Nicht-EU-Ländern Norwegen, Island und Färöer kann man sich die Mehrwertsteuer bei der Ausreise erstatten lassen. Dafür müssen lediglich die Ware, Personalausweis und der im Laden beim Kauf ausgestellte »VAT Refund Check« vorgezeigt werden.

■ ISLAND

Voraussetzung ist ein Wert des Einkaufs von mindestens 6.000 ISK pro Quittung. Der Einkauf darf am Abreisetag nicht länger als drei Monate zurückliegen. Die Rückerstattungssumme liegt bei bis zu 15 Prozent und kann bei der Ausreise angefordert werden. Keflavík: Arion; Reykjavík: Information Desk; Akureyri: Duty Free; Seyðisfjörður: am Fährhafen. **icelandtaxfree.is**

■ **NORWEGEN**

Voraussetzung ist, dass die Ware unbenutzt ist und der Kauf nicht mehr als einen Monat zurückliegt. Der Gesamtwarenwert pro VAT Refund Check, ab dem zurückerstattet wird, liegt bei 350 NOK. Die Rückerstattung erfolgt an allen Grenzübergängen, Flughäfen und Häfen. **www.toll.no/en**

#TELEFONIEREN

Die Mobilfunk-Netzdeckung ist in Skandinavien in der Regel gut, in abgelegenen Gegenden darf man sich aber keinesfalls darauf verlassen, sondern sollte »Offline«-Hilfsmittel, z.B. Straßen- und Wanderkarten, parat haben. In Dänemark, Finnland, Island, Norwegen und Schweden, nicht aber auf den Färöern und auf Grönland gelten die verbraucherfreundlichen EU-Roaming-Regeln bei Telefon- und Datennutzung, im Detail, insbesondere beim Datenvolumen, ist Ihr individueller Mobilfunkvertrag aber ausschlaggebend! Informieren Sie sich sorgfältig vor Reiseantritt bei Ihrem Provider nach den für Sie geltenden Bedingungen! Achten Sie bei Fährfahrten darauf, dass sich Ihr Gerät nicht bei einem der teuren Anbieter für Marine-Telekommunikation einloggt (s. #Internet).

Für Internationale Telefonate müssen Sie vom Festnetz (mit 00) wie vom Mobiltelefon (mit +) immer die Ländervorwahl mitwählen, dafür fällt die Anfangsnull der Ortsvorwahl, soweit noch vorhanden, weg:

Deutschland: 0049 / +49; **Österreich**: 0043 / +43; **Schweiz**: 0041 / +41; **Dänemark**: 0045 / +45; **Färöer**: 00298 / +298; **Finnland**: 00358 / +358; **Grönland**: 00299 / +299; **Island**: 00354 / +354; **Norwegen**: 0047 / +47; **Schweden**: 0046 / +46.

#WALBEOBACHTUNG

Walsafaris sind sowohl in Island als auch in Norwegen ein Tourismusmagnet. Die meisten Anbieter legen dabei großen Wert darauf, ihren Gästen ein nachhaltiges und umweltfreundliches Erlebnis zu bieten. Eine gute Zeit für Whale-Watching-Touren ist Juni bis September, wenn viele der Wale in den Küstengewässern das reiche Krill- und Planktonangebot »abgrasen«. Orcas bekommt man dagegen häufiger in den Wintermonaten zu Gesicht. Entlang der mittel- und nordnorwegischen Küste kann man an vielen Orten zur Walbeobachtung starten. Je weiter nördlich man sich befindet, desto größer sind die Chancen, Wale zu sichten, z. B. auf den nordnorwegischen Inseln von Vesterålen. Auch vor den Küsten Islands bekommt man ganzjährig Wale zu Gesicht. Hier tummeln sich je nach Jahreszeit Minkwale, Zwergwale, Buckelwale, Finnwale, Orcas und auch Delphine. Günstige Ausgangspunkte neben der Hauptstadtregion sind die Städtchen Stykkishólmur im Westen und Húsavík im Norden sowie der Eyjafjörður. Die aus den deutschsprachigen Ländern nächstgelegenen Wal- und Delfinsafaris gibt es in Dänemark. Hot-Spots sind dort der Kleine Belt mit Touren ab Middelfart und das Städtchen Thyborøn an der Mündung des Limfjord in die Nordsee. Die Tiere, die man zu sehen bekommt, sind nur etwas kleiner: Schweinswale und Delfine.

#WANDERN

Von gut ausgebauten Fernwanderwegen für Familientouren bis zu unmarkierten Gebirgswanderstrecken ist in **Skandinavien** alles dabei. Für die Übernachtung stehen bewirtschaftete und unbewirtschaftete Hütten, Hochgebirgshotels, Wildnishütten und Zeltplätze zur Verfügung. Für Wanderer, die regelmäßig nach Skandinavien reisen, kann sich die Mitgliedschaft im DNT (Norwegischer Gebirgswanderverein) oder STF (Schwedischer Gebirgswanderverein) lohnen. Karte und Kompass sowie GPS sollten bei keiner Tour fehlen, genauso wie die Erste-Hilfe-Ausrüstung. Ebenso sinnvoll sind Sonnencreme, Taschenmesser und Insektenschutzmittel. Feste Wanderstiefel, Wanderstöcke und gute, am besten wasserdichte und atmungsaktive Regenkleidung sind empfehlenswert, bei anspruchsvolleren Touren unbedingt nötig. Bei Mehrtagestouren ohne feste Unterkunft ist ein gutes (!) Zelt, das auch bei Sturm und Regen dicht bleibt, unverzichtbar.

Mit seinen Küsten und weiten Hügel- und Heidelandschaften bietet **Dänemark** wunderschöne Wanderwege für leichte Tages- und anspruchsvollere Mehrtagestouren. Informationsbroschüren, Karten und Beschreibungen von allen öffentlichen Naturgebieten und deren Wanderwegen gibt es beim Dänischen Umweltverband. Einige dieser Wanderrouten stehen auch im Netz (teilweise auf Deutsch) zur Verfügung. **www.naturstyrelsen.dk/publikationer/oversigt-over-turfoldere/tysk/**

In ganz **Finnland** gibt es tolle Wandermöglichkeiten auch für Anfänger. Hohe Berge fehlen, Kletterfelsen gibt es wenige, dafür muss man darauf gefasst sein, in manchen Gegenden komplett auf sich selbst angewiesen zu sein. Übernachtungen in den Hütten des staatlichen Forstbetriebs, die man in den viel begangenen Gebieten findet, sind kostenlos, die Hütten aber manchmal voll belegt. Informationen bei Suomen Latu (Tel. +358 98 56 77 440, **www.suomenlatu.fi**) sowie beim Amt für Staatswälder (Metsähallitus, Tel. +358 20 63 94 000, **www.metsa.fi**)

Die raue Landschaft **Islands** begeistert Wanderer seit vielen Jahren. Laugavegurinn ist eine der beliebtesten Routen. Die 55 km lange Strecke führt zu Gletschern, Geysiren, Flüssen, Seen und Bergen und beeindruckt zudem mit einer enormen Farbenpracht. Informationen erteilt Ferðafélag Íslands (Tel. +354-568 25 33, **www.fi.is**).

In kaum einem anderen nordischen Land findet man so gute Wandergebiete wie in **Norwegen**. In Jotunheimen liegen die zwei höchsten Berge Skandinaviens (Galdhøpiggen: 2.469 Meter, Glittertind: 2.464 Meter), die – je nach Routenwahl – auch ohne Gletscherausrüstung bestiegen werden können. Weniger schroffe Gipfel finden sich in Hardangervidda, Europas größtem Hochfjell-Plateau, bestehend aus riesigen baumlosen Hochebenen mit vielen kleinen Seen. Mehrere Dutzend bewirtschaftete und unbewirtschaftete Hütten erlauben Mehrtagestouren ohne großes Gepäck. Informationen bekommt man beim norwegischen Wanderverband, Den Norske Turistforening (Tel. +47-40 00 18 68, **deutsch.dnt.no**).

Der Kungsleden ist ein Gebirgswanderweg in **Schweden**, der zwischen Sälen und Abisko verläuft. Er streift bzw. führt über Vindelfjällen, Pieljekaise, Stora Sjöfallet und den Kebnekaise (2.111 Meter, Schwedens höchster Berg). Entlang der Strecke befinden sich mehrere STF-Unterkünfte und Schutzhütten. Der Kungsleden ist kein Spazierweg, sondern sollte nur von erfahrenen Wanderern begangen werden! Siljansleden ist ein 340 Kilometer langer Wanderweg in Dalarna rund um den Siljan- und den Orsa-See. Die Strecke führt meist durch Wälder und folgt teilweise alten Sennwegen. Feuchte Partien werden auf Bohlen überquert. Entlang des Weges gibt es viele Übernachtungsmöglichkeiten und Windschutz. Informationen bei Svenska Turistföreningen (STF, **www.svenskaturistforeningen.se**).

i

#WETTER

Das Wetter in Skandinavien ist deutlich besser als sein Ruf. Es regnet weniger und ist deutlich wärmer als gemeinhin angenommen. Und ein Wintertag mit trockenen –10 °C ist angenehmer als Schmuddelwetter in Mitteleuropa.

■ DÄNEMARK

Höchsttemperaturen werden im Juli erreicht (ca. 22 °C). Die Wassertemperatur liegt im Sommer bei ca. 18 °C bis 20 °C. Die trockensten Monate sind der Mai und Juni. Das Wetter in Dänemark ist sehr wechselhaft, Dauerregen eine Seltenheit.

■ FINNLAND

Das finnische Klima ist kalt gemäßigt. Die Jahresdurchschnittstemperatur liegt bei 13 °C. In Süd- und Mittelfinnland können die Temperaturen im Sommer bis 25 °C steigen. Die kältesten Monate sind der Januar und Februar, in denen es in Helsinki durchschnittlich –6 °C kalt ist. Zeitweise können die Temperaturen vor allem in nördlichen Regionen bis deutlich in den zweistelligen Bereich sinken und sogar unter –30 °C erreichen.

■ ISLAND

Wegen des Golfstroms ist das Klima in Island milder, als man es von einem Land in diesen Breitengraden erwarten würde. Die Temperaturen schwanken im Winter durchschnittlich zwischen 0 °C und 3 °C, im Sommer zwischen 12 °C und 15 °C. Die wärmsten Monate sind der Juli und August. Wettervorhersage und Auskunft (englisch): Tel. +354-90 20 600, **en.vedur.is**

■ NORWEGEN

Juli und August sind die hellsten und wärmsten Tage. Hier können die Temperaturen auch einmal bis 30 °C steigen. Am stabilsten ist das Wetter in der Region zwischen Mandal und Oslo. Im Winter stürmt und regnet es in Norwegen öfter. Die Temperaturen sind in den südlicheren Regionen mild, im Norden können sie bis –40 °C sinken. **www.yr.no** und **www.varsom.no** (Warndienst für Naturgefahren)

■ SCHWEDEN

Das Wetter in Schweden ist je nach Region sehr unterschiedlich. Januar ist der kälteste Monat, mit Temperaturen je nach Region zwischen 0 °C und –30 °C. Juli und August sind die wärmsten Monate. Im Süden liegt die Durchschnittstemperatur bei 20 °C und im Norden bei 18 °C, aber auch 25 °C und mehr werden immer wieder erreicht.

#WOHNWAGEN/WOHNMOBILE

Skandinavien ist bei Campern sehr beliebt. Vor allem in Norwegen gibt es jedoch einige schmale und kurvenreiche, auch steile Strecken, die für Wohnwagengespanne nicht geeignet sind (Teilstrecken der Straßen 461, 465, 501, 92, 63, 758). Die zulässige Höchstbreite von Campingwagen ist 2,55 m. Die Gesamtlänge von Campinggespannen darf 18,75 m nicht überschreiten, die Höchstgeschwindigkeit ist 80 km/h (Infos bei **www.visitnorway.de**). Auf nachfolgende Fahrzeuge ist Rücksicht zu nehmen. Die Tendenz geht in den letzten Jahren eindeutig dahin, Wohnmobilen das Übernachten aus Umweltschutzgründen nur noch auf Campingplätzen oder speziellen Wohnmobilstellplätzen zu gestatten, wo auch Abfall und Abwasserentsorgung geregelt sind. Es ist generell verboten, Abwasser in die freie Natur und in Gewässer gelangen zu lassen. Ebenso wenig gehört es in öffentliche Toiletten oder gar in den Müll. Viele Campingplätze sind heute mit Entsorgungsstationen ausgerüstet. Wer sich die nötigen Informationen und Adressen zu Hause vor der Abreise von den Fremdenverkehrsämtern besorgt, kann seine Route so planen, dass keine sanitären Engpässe entstehen. Lektüreempfehlung zur Planung Ihres nächsten Skandinavien-Urlaubs mit dem Reisemobil: »NordCamper – Camping-Guide Skandinavien«. Erhältlich im Nordis Verlag sowie im Nordis-Web-Shop unter **www.skandinavien.de**.

#ZEITZONEN

Dänemark, **Norwegen**, **Schweden** benutzen die Mitteleuropäische Sommer- wie Winterzeit, sind also zeitlich gleichauf mit **Deutschland**, **Österreich** und der **Schweiz**. **Finnland** ist eine Stunde voraus, die **Färöer** eine zurück. **Island** stellt die Uhren nicht um, deshalb ist es im Sommer zeitlich zwei Stunden gegenüber Mitteleuropa zurück, im Winter eine. **Grönland** erstreckt sich mit seiner Größe eigentlich über 4 Zeitzonen, nutzt aber überall in den touristisch relevanten Regionen im Südwesten sowie in der Siedlung Kulusuk an der Ostküste dieselbe Zeit, immer vier Stunden zurück auf Mitteleuropa – das kann schon einen kleinen Jetlag geben! Ganz praktisch: Wäre es 12 Uhr mittags in Berlin, Kopenhagen, Oslo, Stockholm, Wien oder Zürich, ist es in Helsinki 13 Uhr, in Tórshavn 11 Uhr, in Reykjavík im Sommer 10 bzw. im Winter 11 Uhr und in Nuuk, Illulissat oder Kulusuk 8 Uhr.

#ZOLLVORSCHRIFTEN

Innerhalb der EU können Privatpersonen im Grunde so viel einkaufen und von einem Land in das andere mitnehmen, wie sie möchten, sofern die Waren für den Eigenbedarf bestimmt sind und nicht weiterverkauft werden. Das gilt auch für Pflanzen oder Pflanzenerzeugnisse wie Schnittblumen, Obst oder Gemüse, sofern sie in einem EU-Land angebaut wurden und frei von Schädlingen oder Krankheiten sind. Für den Privatgebrauch werden allgemein 10 Liter Spirituosen, 90 Liter Wein, 20 Liter andere Weingetränke bis 22 Prozent Alkoholgehalt (zum Beispiel Portwein) und 110 Liter Bier zugelassen, dazu 800 Zigaretten, 400 Zigarillos, 200 Zigarren und 1 Kilogramm Rauchtabak. Bei größeren Mengen an Alkohol und Tabak muss z. B. mittels Quittung oder Rechnung glaubhaft gemacht werden, dass die Waren tatsächlich zum Eigengebrauch bestimmt sind, ansonsten gelten diese als Produkte zum gewerblichen Gebrauch und unterliegen anderen Zollbestimmungen.

■ DÄNEMARK

Aus einem Nicht-EU-Land dürfen max. 200 Zigaretten oder 100 Zigarillos oder 50 Zigarren, ein Liter Starkalkohol über 22 Prozent oder zwei Liter weinhaltige Getränke bis 22 Prozent, 4 Liter Wein und 16 Liter Bier eingeführt werden. Die Einfuhr von Waffen ist grundsätzlich nur mit Ausnahmeerlaubnis (zum Beispiel Einladung zur Jagd, Sportwettbewerb) und entsprechendem Waffenschein gestattet. Gaspistolen, Luftgewehre und Messer mit feststehender Klinge länger als 12 Zentimeter sind generell verboten. Die Einfuhr von Tränengasspray, Feuerwerk und Knallkörpern jedweder Art sowie Wal- und Robbenfleisch ist ebenfalls nicht erlaubt. www.fvst.dk

■ FINNLAND

Personen aus Deutschland und den anderen EU-Ländern, die zwischen 18 und 20 Jahre alt sind, dürfen alkoholische Getränke nur bis zu 22 Prozent mit sich führen. Es dürfen nicht mehr als 30 Dosen Schnupftabak überführt werden. Der Schnupftabak muss aus einem anderen EU-Land stammen und darf nicht als Geschenk überführt werden. Die Einfuhr aus einem sogenannten Außengebiet der EU (z. B. Färöer, Åland) wird so gehandhabt wie die Einfuhr aus einem Nicht-EU-Land. Tierische Erzeugnisse (Fleisch- und Milchprodukte) dürfen nur aus EU-Ländern eingeführt werden. Für Norwegen, Island und die Schweiz gelten hierbei jedoch die gleichen Regeln wie für die EU-Länder. Einschränkungen gelten für Schweine- und Wildschweinfleisch. Personen unter 18 Jahren dürfen keine tabak- oder nikotinhaltigen Produkte einführen. Waffen und Feuerwerk müssen am finnischen Grenzübergang deklariert werden. Jagdausrüstung muss vorab gereinigt werden. www.tulli.fi werden. Die Einfuhr aus einem sogenannten Außengebiet der EU (z. B. Färöer, Åland) wird so gehandhabt wie die Einfuhr aus einem Nicht-EU-Land. Tierische Erzeugnisse (Fleisch- und Milchprodukte) dürfen aus Island, Grönland und den Färöern nur mit Gesundheitsbescheinigung eingeführt werden, aus Norwegen, der Schweiz und der EU jedoch ohne Einschränkung. Waffen und Feuerwerk müssen am finnischen Grenzübergang deklariert werden. **www.tulli.fi**

■ ISLAND

Der Import von rohem Fleisch (auch Schinken und Salami), Milch und rohen Eiern ist illegal. Fleisch- und Milchprodukte dürfen eingeführt werden, wenn sie aus dem Europäischen Wirtschaftsraum (EWR) stammen. Es dürfen nicht mehr als 200 Zigaretten oder 250 Gramm andere Tabakprodukte eingeführt werden. Alkohol darf nicht von Personen unter 20 Jahren eingeführt werden. Es dürfen maximal 18 Liter Bier oder 4,5 Liter Wein oder 1,5 Liter Spirituosen über 21 Prozent eingeführt werden. Kombinationen sind möglich. Es dürfen bis zu 10 Kilogramm Lebensmittel (inkl. Süßigkeiten) eingeführt werden, die den Gesamtwert von 25.000 ISK nicht überschreiten dürfen. Angelausrüstung und Reitkleidung muss nachweislich desinfiziert sein. Lederwaren können nur unbenutzt und in Originalverpackung überführt werden. **www.tollur.is**

NORWEGEN

Die Einfuhr von Tabak und Alkohol ist in Norwegen strenger begrenzt als innerhalb der EU-Länder. Einen guten Überblick über die wichtigsten Zollvorschriften bietet der norwegische Zoll (auf Deutsch): www.toll.no. Erwachsene dürfen einen Liter Spirituosen (22 bis max. 60 Prozent), 1,5 Liter Wein (2,5 bis 22 Prozent) und 2 Liter eines alkoholischen Getränks von 2,5 bis 4,7 Prozent – zum Beispiel Bier, Alcopops, Cidre – zollfrei ins Land mitbringen. Maximal 200 Zigaretten oder 250 Gramm Tabak und 200 Blatt Zigarettenpapier können überführt werden. Bier, Wein oder Tabak dürfen nur von Personen über 18 Jahren eingeführt werden. Alkoholika mit über 22 Prozent Alkoholgehalt dürfen nur von Personen über 20 Jahren eingeführt werden. Kartoffeln dürfen nur mit besonderer Genehmigung eingeführt werden. Es dürfen insgesamt 10 Kilogramm Fleisch und Fleischwaren sowie Käse aus dem EWR eingeführt werden. Auch für Waffen, Feuerwerkskörper, Säugetiere, Vögel, exotische Tiere sowie Pflanzen und Pflanzenteile, die zum Anbau bestimmt sind, braucht es eine besondere Genehmigung.

SCHWEDEN

Für die Einfuhr von Alkohol aus einem anderen EU-Land muss die Person mindestens 20 Jahre alt sein, für Tabak mindestens 18. Die Alkoholmenge, die aus einem Nicht-EU-Land zum Eigenbedarf mitgeführt werden darf, ist auf einen Liter Spirituosen, 4 Liter Wein und 16 Liter Bier beschränkt. Waffen und Harpunen müssen vor der Reise bei der schwedischen Polizei angemeldet worden sein. Lebensmittel von außerhalb der EU einzuführen, erfordert eine Genehmigung, wobei Ausnahmen für Grönland, Island und die Färöer gelten. **www.tullverket.se**

... Å

Schwedisches Wort für kleiner Fluss (z. B. in Piteå oder Umeå) und ein kleiner Ort auf den Lofoten mit rund 100 Einwohnern.

© Hans Klüche (www.hans-klueche.de)

Skandinavien mit dem Flugzeug

Angesichts großer Entfernungen oder Insellagen sind Flugreisen zu skandinavischen Zielen und innerhalb der nordischen Länder populär. Das gilt für Kurzreisen in die attraktiven Städte Südskandinaviens oder nach Reykjavík ebenso wie auf dem Weg zum Wander- oder Aktivurlaub in Nordnorwegens Küstenregionen, in Lappland oder auf Inseln im Nordatlantik und Eismeer.

Dutzende Flughäfen von Sønderborg gleich nördlich der deutsch-dänischen Grenze bis Longyearbyen auf Spitzbergen »kurz vorm Nordpol« werden mit Linienflügen bedient. Alle großen Airlines bieten diverse Business- und Economy-Tarife. Dabei gilt: Je weniger Gepäck man aufgibt und je strenger die Regeln beim Umbuchen und Stornieren sind, desto billiger das Ticket. Nicht immer gibt es die günstigsten Tickets auf Billigflug-Portalen, die sich bei jeder Internetsuche nach vorne drängen, sondern oft direkt bei den Airlines und das gerade im Sommer, wenn Gesellschaften, die sonst eher Geschäftsreisende befördern, ihre Maschine mit anderen Gästen füllen wollen. Sportgepäck wie Fahrräder – gesonderte Regeln bei E-Bikes müssen von Fall zu Fall geklärt werden – Ski, Snowboards oder Golf-Ausrüstung kann mitgenommen werden, sollte aber bei der Buchung angegeben werden und es muss ausreichend Platz vorhanden sein. Die Kosten von Sportgepäck sind meist abhängig vom sonstigen Gepäck, das man aufgibt. Details können von Airline zu Airline, manchmal von Route zu Route variieren.

Die wichtigsten Fluggesellschaften im Norden:

Scandinavian Airlines, kurz SAS, fliegt ab Mitteleuropa direkt bzw. mit Umsteigen in seinem wichtigsten Hub Kopenhagen alle wichtigen Airports im Norden an, inklusive Färöer, Island und Spitzbergen: **www.flysas.com/de-de/destinationen**. In Kooperation mit regionalen Partnerairlines kann man Tickets auch in kleinere Orte buchen. SAS bietet für alle zwischen 12 und 25 Jahren besonders günstige SAS Youth Tickets, Details: **www.flysas.com/de-de/fliegen-sie-mit-uns/jugendtickets**.

Finnair, eine der ältesten Fluggesellschaften der Welt, fliegt nicht nur zahlreiche finnische Städte international wie innerfinnisch an, sondern auch Ziele in anderen nordischen Ländern. Details, Preise und Gepäckkonditionen auf **www.finnair.com/de-de**.

Norwegian fliegt ab Berlin, Hamburg, München, Salzburg, Wien und Genf direkt oder mit Umsteigen in Oslo-Gardermoen über ein Dutzend Ziele in Norwegen inklusive Longyearbyen-Spitzbergen an, aber auch direkt Kopenhagen, Aalborg und Stockholm. Weitere Linien betreibt die norwegische Billig-Airline zwischen den nordischen Ländern: **www.norwegian.com/de/reiseziele**. Reisende von 2 bis 25 Jahren sparen mit besonders günstigen Jugendtickets!

KLM, die niederländische Airline, hat sich als ernstzunehmender Anbieter für Flüge in die nordischen Länder etabliert und bedient aktuell über ihr Drehkreuz Amsterdam mehr als ein Dutzend große und mittelgroße Städte in Dänemark (3), Finnland (1), Norwegen (6) und Schweden (3): **www.klm.com/destinations/de/de/search**

Aus Mitteleuropa fliegen Gesellschaften der Lufthansa Group – **Lufthansa**: **www.lufthansa.com**, **Austrian**: **www.austrian.com**, **Swiss**: **www.swiss.com**, **Air Dolomiti**: **www.airdolomiti.eu** und **Eurowings**: **www.eurowings.com** – zum Teil in Kooperation mit SAS die nordischen Länder an, auch Winterziele in Schwedisch (u.a. Arvidsjaur, Kiruna, Luleå) und Finnisch Lappland (u.a. Kittilä, Ivalo).

LowBudget-Airlines wie **Ryanair** (**www.ryanair.com/de/de** u.a. ab Berlin, Karlsruhe/Baden-Baden, Köln, Memmingen/München-West und Wien nach DK/FIN/S) **EasyJet** (u.a. ab Basel, Berlin und Genf nach DK/FIN/S) und **WizzAir** (u.a. ab Dortmund, Wien nach DK/IS/N/S) fliegen ganzjährig skandinavische Airports an. Die LowBudget-Airlines landen dabei nicht nur auf den Hauptflughäfen der großen Städte, sondern gern auf kleineren Airports wie Oslo-Torp (ca. 120 km von Oslo) oder Stockholm-Skavsta (ca. 100 km von Stockholm).

Corona hat den internationalen Flugverkehr verändert, Details haben deshalb kurze »Halbwertszeiten«. Wenn wir trotzdem einige nennen, sind sie ohne Gewähr und sollen eine Übersicht geben, was möglich sein kann. Mit diesen Angaben sollte es dann leicht fallen, aktuelle Flugdaten, Preise und Tarifkonditionen zu recherchieren. Auffällig ist, dass Airlines aktuell bei günstigen Tickets großzügiger als früher bei Umbuchungen sind (Angaben Stand Okt. 2021).

DÄNEMARK

Aalborg, Aarhus, Billund, Bornholm, Esbjerg, København, Midtjylland und Sønderborg sind Dänemarks Airports mit regelmäßigen Linienflügen. Das nationale Reiseportal www.rejseplanen.dk (u.a. auf dt.) bezieht auch Inlandflüge ein. Die wichtigsten Innerdänischen Airlines:

DAT, Dänemarks kreativste Airline und regelmäßig Carrier der dänischen Fußball-Nationalmannschaft, fliegt ganzjährig mehrmals am Tag zwischen Kopenhagen und Bornholm, Aalborg sowie Midtjylland nahe Herning und Holstebro (alle ca. 40-50 Min), außerdem Ostern bis Oktober von Aalborg, Aarhus, Billund und – geplant – Odense nach Bornholm (65–75 Min). Norddeutsche, die in Südnorwegen wandern wollen, können mit DAT mehrmals wöchentlich ab Esbjerg nach Stavanger fliegen, auch einmal pro Woche ab Billund: Die Flughäfen Billund und Esbjerg liegen jeweils nur etwa 80 Autominuten vom Grenzübergang auf der A7 bei Flensburg entfernt. Außerdem will DAT im Sommer 2022 zwischen Berlin und Bornholm direkt fliegen. Tickets gibt es in vier Kategorien je nach mitgeführtem Gepäck und Freiheiten beim Umbuchen/Stornieren, außerdem Ermäßigungen für Senioren, Studenten und Kinder von 2–15 Jahren, sowie kurzfristige Sonderangebote »kampagnebilletter« (nur Handgepäck, weiteres Gepäck zubuchbar): Infos und Buchungen auf **www.dat.dk** (dän.), Buchungen auch auf **www.flydat.de** (dt).

Alsie Express fliegt tägl. zwischen Sønderborg – 50 km ab A7-Grenzübergang Flensburg – und Kopenhagen. Verschiedene Standardtickets werden ergänzt durch günstige Kinder- (bis 11 Jahre), Jugend- (12–25 Jahre), Senioren- (ab 65 Jahre) und Minigruppentickets (3 oder 4 Pers.). Im Hochsommer mehrmals wöchentlich nach Bornholm und zur Skisaison (2022: 13.1.–27.2.) ins schwedische Wintersportgebiet Trysil & Sälen zum Flughafen Scandinavian Mountains Airport:
www.alsieexpress.dk

Nordic Seaplanes bedient mit einem Wasserflugzeug eine Route zwischen Kopenhagen Hafen – Terminal nicht weit von der Meerjungfrau – und Aarhus Hafen. So braucht man inklusive Check-in spätestens 20 Minuten vor dem Start kaum mehr als eine Stunde von Zentrum zu Zentrum der beiden größten Städte Dänemarks. Durch die geringe Flughöhe erlebt man Dänemark wie auf einem Sightseeingflug: Infos und Buchungen Tel. +45-70 20 00 60, www.seaplanes.dk. An einigen Terminen gibts ab beiden Städten Rundflüge und im Hochsommer ab Kopenhagen Sonderflüge zu Gourmetrestaurants in anderen Landesteilen oder in den hippen Badeort Skagen.

Mehrmals am Tag fliegen innerdänisch auch **SAS** (Kopenhagen – Aalborg, – Aarhus und – Billund: www.sas.dk) sowie **Norwegian** (Kopenhagen – Aalborg: **www.norwegian.com**). Beide Airlines fliegen zudem ab Kopenhagen und Billund, SAS auch ab Aalborg in andere nordische Länder.

GRÖNLAND

Grönland erreicht man per Flug aus Island und Dänemark direkt. **Icelandair** fliegt ab Reykjavík (nicht ab dem internationalen Airport Keflavík!) nach Kulusuk in Ost- und in die Hauptstadt Nuuk in Westgrönland sowie im Sommer nach Ilulissat (Disco Bay) und Narsarsuaq (Südgrönland): **www.icelandair.com**. Vom nordisländischen Akureyri sowie von Reykjavík aus startet die isländische **Norlandair** je einmal pro Woche zu einem der einsamsten Flugplätze der Welt: Nerlerit Inaat, Tor zur Welt für die kleine Siedlung Ittoqqortoormiit in Ostgrönland, zu der man dann noch einen Helikopterflug benötigt: **www.norlandair.is**.

Air Greenland verbindet Kopenhagen mit Kangerlussuaq und im Sommer mit Narsarsuaq: **www.airgreenland.com**. Weitere rund 40 Orte und Siedlungen auf der größten Insel der Welt fliegt die Gesellschaft dann mit kleinen Inlandsmaschinen oder Helikoptern an und bietet Sightseeingflüge ab Nuuk an. 2023 sollen Landebahnen in Nuuk und Illulissat so erweitert sein, dass große Maschinen auf internationalen Routen landen können.

FÄRÖER

Die färöische **Atlantic Airways** fliegt u.a. zwischen Dänemark (Kopenhagen, Billund und im Sommer Aalborg), Island (Keflavík), Norwegen (Oslo), Schottland (Edinburgh) und dem internationalen Airport der Inseln, Vágar. Außerdem betreibt die Gesellschaft auf den Färöern einen Helikopterdienst mit Heliports in der Hauptstadt Tórshavn, in Klaksvík sowie auf den meisten kleinen Inseln wie Skúvoy, Dímun, Suðuroy, Svínoy, Fugloy, Koltur und Mykines. Infos für nationale und internationale Flüge **www.atlanticairways.com**, Tel. +298-34 10 00. SAS fliegt aktuell nur ab Kopenhagen Vágar an. Besonders günstig fliegen bei beiden Airlines alle von 12-25 Jahren!

FINNLAND

In Finnland wird das inländische Streckennetz von **Finnair** bedient. Mit Finnair kann man Ivalo, Kittilä, Kuopio, Kuusamo, Mariehamn, Oulu, Rovaniemi, Tampere, Turku und Vaasa erreichen. Tel. +49-69 66 40 50 33, **www.finnair.com/de-de**

Die dänische **DAT** fliegt täglich zwischen Helsinki und Kajaani in Mittelfinnland. Infos und Buchungen **www.flydat.fi** (fi), nur Buchungen **www.flydat.de** (dt.). Die schwedische **Air Leap** bedient Strecken von Turku und Stockholm nach Mariehamn (Åland Inseln): **www.airleap.se**. Außerdem sind die schwedische **Ampola** und die norwegische **Norwegian** auf einzelnen innerfinnischen Routen unterwegs.

ISLAND

Icelandair bedient die kleineren Flughäfen in Island wie Ísafjörður oder Egilsstaðir, fliegt aber auch nach Grönland und zu den Färöern. Die meisten Flüge starten in Reykjavík.
www.icelandair.com
Norlandair verbindet Akureyri, Grímsey, Vopnafjörður und Þórshöfn und fliegt im Sommer auch nach Grönland (Nerlerit Inaat). Tel. +354-41 46 960, **www.norlandair.is**
Die Flugplätze auf den Westmännerinseln, in Höfn, Húsavík, Bíldudalur und Gjögur (im Osten der Westfjorde) werden von **Eagle Air** angesteuert. Cessna-207-Maschinen der Eagle Air können auch gechartert werden, zum Beispiel für Fotosafaris oder Sightseeing. Tel. +354-56 24 200, **www.eagleair.is**
Sightseeing vor allem im wilden Nordosten ist die Spezialität von **Mýflug**, einer Fluggesellschaft, die ihre Basis am Mývatn hat. Dettifoss, Askja, Grímsey am Polarkreis und Vatnajökull sind einige der Sehenswürdigkeiten, die angesteuert werden. Tel. +354-46 44 400, **www.myflug.is**

NORWEGEN

Die größten Flughäfen haben in absteigender Reihenfolge die Städte Oslo, Bergen, Stavanger und Trondheim, aber zahlreiche kleine Flugplätze machen auch die entlegeneren Orte problemlos erreichbar. Die Norweger sind daher Europas Vielflieger. Die Anflüge auf Svolvær, Ørsta–Volda oder Røst sind ein Erlebnis für sich.
Widerøe, 1934 gegründet, ist die älteste norwegische Fluggesellschaft. Als Spezialist für Norwegens besonders kleine Flugplätze (»kortbaneflyplass«) verbindet Widerøe über vierzig Ziele im ganzen Land. Drehkreuz sind dabei die Flughäfen Alta, Bergen, Bodø, Oslo, Sandefjord und Tromsø. **www.wideroe.no**
FLYR ist Newcomer am norwegischen Himmel und fliegt dort aktuell sieben Airports an sowie Kopenhagen und Orte in Südeuropa, ab Anfang 2022 wohl auch München und Salzburg: **www.flyr.com**. Mit der schwedischen **Air Leap** kommt man außerdem von Oslo nach Røros, Ørland und Stockholm: **www.airleap.se**.
Die dänische **DAT** bedient Routen zwischen Oslo und den Küstenorten Stord und Florø an der Westküste südlich bzw. nördlich von Bergen. Außerdem fliegt DAT ab den von Norddeutschland gut erreichbaren Flughäfen Esbjerg und Billund nach Stavanger: Infos und Buchungen **www.stordflyet.no** (no), nur Buchungen **www.flydat.de** (dt.).
Von den einleitend genannten Airlines im nordischen Flugverkehr sind auf zahlreichen innernorwegischen Routen sowie nach Spitzbergen **SAS** und **Norwegian** unterwegs.

SCHWEDEN

Amapola startet vom Drehkreuz Stockholm-Arlanda vor allem zu kleineren Airports, zum Teil mit Zwischenlandungen: Hagfors und Torsby (beide Värmland), Höga Kusten (Ångermanland Küste), Lycksele und Vilhelmina (beide Västerbotten/Süd-Lappland) und Hemavan/Tärnaby, das Skigebiet in Nordwestschweden nahe der norwegischen Grenze: **www.amapola.nu**.
BRA hat Stockholm-Bromma als Drehkreuz und bedient von dort über ein Dutzend Routen u.a. nach Malmö, Göteborg, Kalmar, Visby auf Gotland, Umeå und ins Skigebiet Sälen/Trysil sowie ins dänische Aarhus: **www.flygbra.se**
Air Leap fliegt über ein Dutzend Airports in Schweden, Norwegen und Finnland an, zum Teil grenzüberschreitend u.a. Göteborg, Halmstadt, Mariehamn (Åland), Oslo, Stockholm (Bromma und Arlanda) sowie Visby: **www.airleap.se**
Jonair bedienst im Linienverkehr neben Stockholm (Arlanda) fünf Städte in Mittel- und Nordschweden u.a. Luleå, Umeå und Pajala. Ab Umeå werden zudem Helikopter-Sightseeingflüge angeboten: **www.jonair.se**
SAS bedient innerschwedisch gut ein Dutzend Airports, meist direkt ab Stockholm-Arlanda u.a. Ängelholm/Helsingborg, Göteborg, Malmö, Ronneby, Visby (Gotland), Kiruna (Lappland) aber auch Trondheim und Bergen in Norwegen oder Billund und Kopenhagen in Dänemark:
www.sas.se

Skandinavien mit der Bahn

Mit dem Zug durch Skandinavien zu reisen bedeutet zum Beispiel das E-Bike, den Hund oder sogar das Auto mitzunehmen, während man sich gemütlich zurücklehnt, um die teils meditativen, teils aufregenden und immer wieder wechselnden Anblicke zu genießen. Das Bahnreisen ist in ganz Skandinavien – außer Island, wo es keine Eisenbahn gibt, – eine hervorragende Reiseform für alle, die gut erholt am Reiseziel ankommen und unterwegs nicht nur landschaftliche Eindrücke sammeln, sondern auch gleich mit Einheimischen in Kontakt kommen wollen. Die finnische Kultur erschließt sich einem Reisenden viel leichter, wenn er mit schweigenden Finnen im Zug sitzt.

FLEXIBEL ZUG FAHREN

Der »Interrail Global Pass« gilt längst nicht mehr nur für junge Menschen, ist für diese Altersgruppe (12–27 Jahre) aber ebenso wie für Senioren über 60 preislich etwas günstiger. Es gibt verschiedene Tarife: Man kann entweder an 4, 5 oder 7 Tagen innerhalb eines Monats so weit fahren, wie man will, oder an 10 bzw. 15 Tagen innerhalb zweier Monate. Außerdem gibt es den Interrail Global Pass auch für 15 oder 22 Tage am Stück oder sogar für 1–3 Monate. Wegen der unterschiedlichen Spurweiten verkehrt zwar kein Zug direkt zwischen Finnland und Schweden bzw. Norwegen, »Interrail Global Pass«-Inhaber können die finnische Grenze jedoch ohne zusätzliche Kosten mit dem Bus überqueren.

i Wer sich konkret für nur ein Land interessiert, wird mit dem »Interrail One Country Pass« glücklich. Dieser ermöglicht das Zugfahren in einem Land an 3, 4, 5, 6 oder 8 Tagen im Zeitraum von einem Monat. Bis zum 28. Lebensjahr gibt es Ermäßigungen, genau wie für Kinder und Senioren. Der One Country Pass kostet nicht in jedem Land dasselbe, sondern in Schweden – was ja auch die längsten Strecken hat – am meisten und ist in Finnland und Dänemark am günstigsten. Zwar erlaubt der Interrail-Pass die Benutzung von fast jedem Zug, in bestimmten Zugkategorien jedoch ist eine Reservierung zwingend erforderlich, z. B. im SJ-Hochgeschwindigkeitszug. Alle Informationen dazu gibt es auf **www.interrail.eu**

ERMÄSSIGUNGEN

Menschen mit Handicap erhalten im Norden prinzipiell Ermäßigungen, aber leider kann keine Aussage darüber getroffen werden, ob der deutsche Schwerbehinderten-Ausweis im Einzelfall als Nachweis akzeptiert wird. Deswegen muss man sich bis zu einer europäischen Vereinheitlichung immer noch mit den Mitarbeitern vor Ort absprechen, wenn es z. B. um die Freifahrt für eine Begleitperson oder die Mitnahme eines Assistenzhundes geht. Ermäßigungen für Kinder, junge Menschen und Senioren sind die Regel. Als Nachweis dient der Ausweis. Studenten erhalten meist nur dann Rabatt, wenn sie an einer inländischen Universität eingeschrieben sind. Es kann sich aber lohnen, einen internationalen Studentenausweis zu beantragen: **www.isic.de**

■ BAHN DÄNEMARK

Dänemark hat von allen skandinavischen Ländern das dichteste Eisenbahnnetz. Alle Fern- und viele Regionalzüge betreibt die Dänische Staatsbahn **DSB**, während **Arriva**, eine Tochter der Deutschen Bahn, etwa ein Fünftel des Streckennetzes bedient mit Schwerpunkt Regionalverkehr in Jütland. Zudem fahren aktuell 13 *privatbaner*, meist im Besitz regionaler Verkehrsgesellschaften, auf Nebenstrecken. Über die Øresundbrücke ist der ÖPNV im schwedischen Skåne mit dem im Großraum Kopenhagen verzahnt; der schwedisch-dänische Øresundståg verbindet mehrmals pro Stunde Helsingør entlang der Øresundküste via Kopenhagen mit Malmö. Direkte Schnellzüge – aktuell mit Ausweiskontrollen an der Grenze – erreichen in ca. 4 Std. 40 Min. Hamburg und in 5 Std. 20 Min. Stockholm. Die meisten Strecken sind im Interrail-Pass enthalten (Details: **www.interrail.eu**), der auch Rabatt im DSB Eisenbahnmuseum von Odense gewährt. In Fern- und Regionalzügen gibt es gratis WLAN, nicht jedoch in den Kopenhagener S-Bahnen – dort wurde es 2020 mangels Nachfrage abgestellt.

REISEPLANUNG LEICHT GEMACHT

Landesweit verkehren Fern-, Regional- und Lokalbahnen, in Kopenhagen eine Metro und bis weit ins Umland hinein eine S-Bahn (S-Tog). Die Fahrpläne für öffentliche Verkehrsmittel inklusive Bussen sind aufeinander abgestimmt und im gemeinsamen **Onlinefahrplan www.rejseplanen.dk** abrufbar (auch dt.). Tickets können online auf **www.dsb.dk** (dän./engl.), an Automaten, in **7-Eleven-Kiosken** aber nur noch an wenigen **DSB Salg & Service** Schaltern in den größten Bahnhöfen des Landes gekauft werden.

Tarife berechnen sich für alle Verkehrsmittel nach Zonen. Die 1. Klasse »**DSB 1'**« kann man auf Standard-Tickets unabhängig von der Entfernung zum Festpreis von 180 DKK im Fernverkehr, dann inkl. kostenlosen Zeitungen, Kaffee, Tee und Wasser, oder für 40 DKK in Regionalzügen zubuchen. In der Regel kann ein Erwachsener zwei Kinder bis 11 Jahre kostenlos mitnehmen, sonst bekommen Kids bis 15 Jahre 50 % Rabatt. Junge Leute von 16 bis 25 Jahren reisen mit dem **DSB Ungdomsbillet** günstig, Senioren ab 65 (Ausweis!) mit dem **DSB 65-billet**. Sparpreise **DSB Orange** (keine Stoßzeiten, Zugbindung, keine Erstattung) und **DSB Orange Fri** (immer, Zugbindung, Erstattung bis 30 Min. vor Abfahrt) geben Rabatt für alle, auch zusätzlich zum DSB 65-Billet. Infos zu allen Tickets: **www.dsb.dk** (dän./engl.).

Die **Rejsekort** (**www.rejsekort.dk**) ist eine landesweit gültige Prepaid-Bezahlkarte und bringt Ersparnisse gegenüber Einzeltickets. Für Touristen ist die übertragbare Rejsekort Anonymus gedacht (Details engl. **www.rejsekort.dk/Bestil/Rejsekort-anonymt**). Sie ist in zentralen Kiosken erhältlich und kann dort aufgeladen werden, allerdings nicht online! Die Rejsekort muss bei jedem Fahrtantritt und -ende über einen TouchPoint an der Haltestelle oder im Bus an- und abgemeldet werden.

InterCity- und InterCityLyn-Züge Kopenhagen – Fünen – Jütland sind häufig **platzkartenpflichtig**, dann besteht ohne Platzkarte kein Anrecht auf Beförderung!

Über die genannten **landesweiten Angebote** hinaus gibt es noch **regionale**, die auch Busse des ÖPNV einschließen. Mehr dazu im folgenden Abschnitt »Skandinavien mit dem Bus«.

Die DB-Tochter Arriva bietet für 195 DKK (26 €) das Tagesticket »Arriva Nordtyskland« für Reisen von Städten wie Esbjerg, Ribe, Skjern, Tønder oder Varde nördlich bis Schleswig, Kiel oder Hamburg-Altona südlich der deutsch-dänischen Grenze.: Infos und Ticketbestellung online auf **www.arriva.dk/kort-og-billetter/arriva-nordtyskland**.

WAS DARF MIT?

Ein **Kinderwagen** kann in alle Züge mitgenommen werden, in InterCity- / InterCityLyn-Zügen benötigt man eine kostenlose Kinderwagen-Platzreservierung (überall, wo es Tickets gibt s.o.). Kleine Tiere können kostenlos in einer Tasche oder einem Transportkorb mitgenommen werden. **Hunde**, die nicht mehr in eine Tasche passen, benötigen einen Kinderfahrschein und in platzkartenpflichtigen Zügen auch eine Reservierung. Es gilt Leinenpflicht und Tiere dürfen nicht auf die Sitze, ganz tierfrei sind »stillezoner«. Fahrräder (ohne Anhänger) können in S-Bahnen und einigen Lokalbahnen gratis mitgenommen werden, sonst ist ein »cykelbillet« nötigt und im Sommer in InterCity- / InterCityLyn-Zügen zudem ein kostenpflichtiges »cykelpladsbillet«, eine Platzkarte fürs Rad.

RECHTLICHES

Wenn man in den Zug einsteigt, muss man einen gültigen Fahrschein haben. Wird man ohne diesen angetroffen, drohen satte Strafen: Je nach Unternehmen 750–1.000 DKK (100–135 €)/Erwachsene, 375–500 DKK/Kinder und Hunde, 100–250 DKK/Fahrräder.

Es gibt eine Reisezeitgarantie, die greift, wenn ein Fern- oder Regionalzug oder eine S-Bahn mehr als 30 Minuten verspätet am Ziel ankommt. Gibt es eine Uneinigkeit mit dem Verkehrsbetrieb, kann man sich an *Ankenævnet for Bus, Tog og Metro* wenden. Beschwerden werden dort gegen eine Bearbeitungsgebühr von DKK 160 auch auf Englisch angenommen. Tel. +45-22 62 65 00, **www.abtm.dk** wenden.

■ BAHN FINNLAND

In Finnland verkehren die Züge der staatlichen VR (+358 923 192 902, **www.vr.fi**). Das weitmaschige Streckennetz deckt das ganze Land bis ins südliche Lappland ab, von Hanko im Süden bis Kolari im Norden. Will man noch weiter in den Norden, z. B. in die Skigebiete Levi oder Ruka, kann man die günstige Kombination »Train + Bus« buchen; allerdings geht das nicht online. In Lahti, Jyväskylä, Mikkeli, Vaasa, Seinäjoki und Lappeenranta bilden Bahnhof und Busbahnhof einen einzigen Verkehrsknotenpunkt, Umsteigen wird dadurch ein Kinderspiel.

Eine Besonderheit des finnischen Schienenverkehrs sind die Autozüge: Bahnhöfe, an denen das Auto aufgeladen werden kann, sind Helsinki-Pasila, Tampere, Turku, Oulu, Rovaniemi, Kemijärvi und Kolari. Die meisten Autozüge transportieren auch Motorräder, Ausnahmen sind dem Fahrplan zu entnehmen. Außerdem gibt es Nachtzüge mit

Schlafwagen. Hier kann man entweder ein Bett in einem Abteil oder das ganze Abteil mieten. Der finnische Hochgeschwindigkeitszug »Pendolino« fährt bis zu 220 km/h schnell und verbindet die Großstädte miteinander. Er ist im Fahrplan durch ein »S« markiert.

INTERNATIONALE VERBINDUNGEN

Grenzüberschreitenden Zugverkehr gibt es aufgrund der Spurweite (»russische Breitspur«) nur nach Russland: In viereinhalb Stunden reist man von Helsinki nach St. Petersburg mit dem »Allegro« oder über Nacht mit dem »Tolstoi« von Helsinki nach Moskau. Tipp: Früh buchen für günstige Ticketpreise. Auch bestimmte Reisetage und -zeiten bringen einen ordentlichen Rabatt. In diesen Zügen finden Zoll- und Passkontrollen statt, eine eventuelle Visumspflicht für Russland ist zu beachten.

REISEPLANUNG LEICHT GEMACHT

Einen hilfreichen Routenplaner für verschiedene Verkehrsmittel inklusive Mietfahrrädern in Städten findet man unter **opas.matka.fi**.

TARIFE

- Basic: Zugbindung, Änderung des Datums und des Zugs (nicht der Route) ist gegen Gebühr möglich, Ermäßigungen sind möglich.
- Multi mit 10 oder 30 Fahrten: Ermäßigungen sind möglich, der Fahrschein ist übertragbar und 6 Monate gültig, kann aber nicht umgetauscht werden.
- Saver: Zugbindung, günstiger Preis, keine Ermäßigungen, aber Kinder unter 3 Jahren ohne eigenen Sitz reisen kostenlos.

Für Familien mit Kindern unter 16 Jahren kann sich ein Familienticket lohnen. In den ICs gibt es spezielle Familienabteile. Kinder unter 4 Jahren, die keinen eigenen Sitz benötigen, reisen kostenlos; Kinder zwischen 4 und 16 Jahren erhalten 40 % Rabatt auf Einzelfahrscheine auf Langstrecken, 10-er- und 30-er- Mehrfachfahrscheine und Saisontickets. Im Pendelverkehr wird es für Kinder und Jugendliche sogar noch günstiger. In einem Schlafwagen können Kinder bis zu 10 Jahren kostenlos im Schlafabteil eines Elternteils mitreisen. Senioren bekommen 20 % Ermäßigung auf Langstrecken und 50 % im Nahverkehr. Die ICs sind rollstuhlgerecht ausgestattet, und wer eine Person im Rollstuhl begleitet, reist kostenlos mit (außer in Autozügen).

FAHRKARTEN

Fahrkarten kauft man am Bahnhof, online (**www.vr.fi/cs/vr/en/frontpage**), per App (mit Kreditkarte oder Maestro), am R-Kiosk, oder telefonisch (Tel. 0600 41 900 (2 € / answered call + LNC))
Im Voraus zu buchen lohnt sich, da es teils erhebliche Frühbucherrabatte gibt. Die erste Klasse heißt »Extra«.

WAS DARF MIT?

Wenn Tiere keinen eigenen Sitzplatz benötigen, zahlt man nur einen Aufschlag von 5 € – ansonsten bucht man für sie einen Sitzplatz. Im Nahverkehr fahren Tiere kostenlos mit.

Fahrradmitnahme kostet 5 € pro Rad und ist in ICs, den meisten Expresszügen und einigen regionalen Zügen möglich. Ob der gewünschte Zug Fahrräder transportieren kann, geht aus dem Fahrplan hervor. In ICs sollte man den Fahrradtransport im Voraus buchen.

RECHTLICHES

Eine Umbuchung ist für eine Gebühr von 5 € möglich, allerdings wird auch die Preisdifferenz zum neuen Fahrschein erhoben. Ist der neue Fahrschein günstiger als der ursprüngliche, wird die Differenz nicht erstattet. Für eine Gebühr zwischen 5 € und 13 € kann man eine Stornierungsversicherung abschließen, falls man zum gewünschten Zeitpunkt doch nicht reisen kann.

Ohne gültigen Fahrschein erwischt zu werden, kostet 80 € zuzüglich des fälligen Fahrpreises.

INTERESSANTE STRECKEN

- Architekturfreunde bekommen in Finnland einige schöne Bahnhofsgebäude zu sehen: Mit anderthalb Stunden Fahrt ist die Strecke Tampere – Pori nicht sehr lang, aber am Ende wartet ein Bahnhofsgebäude im funktionalen Design der 1930er-Jahre. Das hölzerne Bahnhofsgebäude in Kauniainen steht an der Rantarata-Strecke, also der Küstenbahn, die Helsinki und Turku verbindet. Es wurde 1908 erbaut. Der von Gustav Nyström entworfene Jugendstil-Bahnhof in Kajaani ist von Tampere oder Oulu aus zu erreichen. Weitere hübsche kleine Bahnhöfe finden sich in Kokkola, Iisalmi und Haapamäki, während der Hauptbahnhof in Helsinki zu den monumentalen Bauten des finnischen Jugendstils zählt.
- Aber auch, wenn man einfach nur die Natur genießen will, kommt man mit der Bahn in Finnland auf seine Kosten. Wer von Helsinki nach Savonlinna will, kann sich besonders auf den Abschnitt zwischen Parikkala und Savonlinna freuen: Ausblicke auf die Seenlandschaft und am Ende das Schloss Olavinlinna. Viele Seen zählen kann man auch zwischen Tampere und Jyväskylä. Rentiere wird man hingegen

eher auf der Fahrt von Tornio über Rovaniemi nach Kemijärvi sehen.

- Auf der 15 km langen Bahnstrecke Jokioinen – Humppila verkehrt heute die einzige Schmalspurbahn Finnlands, die »Jokioisten Museorautatie«, eine Museumsbahn. Humppila liegt an der Strecke Turku – Toijala.

BAHN NORWEGEN

An 334 Bahnhöfen kann man aussteigen, um die norwegische Landschaft und Kultur zu erkunden. Die meisten davon finden sich erwartungsgemäß im Süden, die längsten Strecken hingegen im Norden. Bis Bodø, von wo aus man mit der Fähre auf die Lofoten kommt, kann man auf den Gleisen von Bane NOR fahren. Narvik ist durch die Anbindung an das schwedische Streckennetz eine der nördlichsten Städte der Welt mit Eisenbahnanbindung. Rund zweieinhalbtausend Eisenbahnbrücken sorgen auf den 31 Strecken für Abwechslung, die schwierigen topografischen Verhältnisse bewirken aber auch, dass sich der Zug in Norwegen nicht für Reisende eignet, die es eilig haben: Die einzige Hochgeschwindigkeitsstrecke des Landes sind die 65 km zwischen Oslo und Eidsvoll.

Die über die Jahre kontinuierlich steigende Kundenzufriedenheit geht einher mit ebenfalls steigenden Passagierzahlen. Einige Züge haben ein Café an Bord, in den meisten finden sich Getränke- und Snackautomaten. Fast alle Regionalzüge haben kostenloses W-LAN. Es gibt Ruhezonen, Komfortplätze, Schlafwagen, Familienabteile und tierfreie Zonen für Allergiker.

Die Norwegische Staatsbahn NSB heißt heute Vy (»Aussicht«) und betreibt die meisten Züge auf norwegischen Eisenbahnstrecken. Das Streckennetz von Vy führt über 2.577 Brücken und durch 733 Tunnel in ganz Norwegen. Tel. +47-61 05 19 10, **vy.no**
Unter der Bezeichnung »Sørtoget« bedient das britische Unternehmen Go Ahead die Strecke Oslo–Stavanger (»Sørlandsbanen«). **go-ahead nordic.no**

INTERNATIONALE VERBINDUNGEN

Verbindungen in andere nordische Länder gibt es von Narvik Richtung Kiruna (mit der schwedischen »Malmbana«), von Trondheim Richtung Östersund, von Kongsvinger Richtung Arvika und von Kornsjø Richtung Göteborg, Malmö und Kopenhagen.

VERGÜNSTIGUNGEN DURCH INTERRAIL

Der Interrail-Pass ermöglicht in Norwegen einige Rabatte, z. B. 30 % auf die Strecken Kristiansand/ Langesund – Hirtshals, Sandefjord – Strömstad und Hirtshals – Stavanger – Bergen der Fjord Line (**www.fjordline.com/eurail**), 50 % auf Busfahrten mit FRAM von Åndalsnes nach Molde bzw. Ålesund (www.frammr.no). Außerdem fährt man verbilligt mit Flåmbanen, hat kostenlosen Eintritt ins Eisenbahnmuseum in Hamar und bekommt die Bergen Card 20 % günstiger.

REISEPLANUNG LEICHT GEMACHT

Das staatliche Reiseportal EnTur, **www.en-tur.no**, ermöglicht die Routenplanung auch mit anderen Verkehrsmitteln. Fahrkarten für Vy und Ruter können darüber direkt gebucht werden, die anderen Verkehrsmittel bucht man (noch) bei den jeweiligen Unternehmen.

TARIFE

- Enkeltbillet: Für Einzelfahrten oder Hin- und Rückfahrten kann bis zur Abreise umgebucht oder storniert werden. Ermäßigungen (s. u.) können in Anspruch genommen werden.
- Lavpris: Dies sind Sparpreis-Kontingente, die je nach Verfügbarkeit und Nachfrage angeboten werden. Lavpris kann nicht umgebucht oder erstattet werden, und weitere Ermäßigungen sind nicht möglich.
- Periodebillett: Kann für einen Zeitraum von 7, 30 oder 365 Tagen gekauft werden und gilt für unbegrenzte Fahrten auf einer festgelegten Strecke.

Kinder unter 6 Jahren reisen kostenlos, zwischen 6 und 17 Jahren erhalten sie 50 % Ermäßigung, ebenso wie Schwerbehinderte, deren Begleiter und Senioren über 67 Jahre. Studenten bekommen 25 %, die Ermäßigung für Gruppen variiert.
In den Regionalzügen auf den kürzeren Strecken des Østlands ist eine Sitzplatzreservierung auf Wunsch möglich, auf längeren Strecken, in Raumabanen und Rørosbanen ist die Sitzplatzreservierung im Preis inbegriffen.
Es gibt keine 1. Klasse in norwegischen Zügen. Stattdessen gibt es die Sitzplatzkategorie »Komfort« überall da, wo eine Sitzplatzreservierung möglich ist. Man kann den Komfort-Sitzplatz – der Tisch, Steckdose, Kaffee, Tee und Zeitungen bietet – für einen Aufschlag von 100 NOK buchen, entweder bei der Buchung über die Website, über die App oder beim Zugpersonal, sofern noch entsprechende Plätze frei sind.
Auf den Strecken Oslo – Trondheim über Dovre, Oslo – Kristiansand – Stavanger, Oslo – Bergen und Trondheim – Bodø gibt es Familienwagen und in den Nachtzügen Schlafcoupés. Gibt man bei der Buchung an, dass man einen Kinderwagen dabei hat, bekommt man automatisch einen Platz im Familienwagen.

Für den Aufpreis von 950 NOK kann man ein eigenes Schlafcoupé mit zwei Betten, Steckdose und kleinem Waschplatz buchen. Bis zu zwei Erwachsene und zwei Kinder dürfen ein Schlafcoupé nutzen, aber keine Tiere. Will man die Fahrt im Nachtzug lieber auf seinem Sitz verbringen, kann man sich im Café gratis ein Paket mit Kissen, Decke, Augenmaske und Ohrenstöpseln abholen, das man nach der Fahrt behalten darf.

FAHRKARTEN

Fahrkarten können frühestens 90 Tage vor der Abfahrt gekauft werden, und zwar auf der Website **vy.no**, in der Vy-App, am Automaten am Bahnhof, am Schalter an einem bemannten Bahnhof, in einer der 370 Narvesen-Kioske oder an Bord des Zugs: In Wagen mit der Aufschrift »betjent« kann ein Fahrschein an Bord gekauft werden, steht »ubetjent« darauf, muss der Fahrschein vor dem Einstieg gekauft werden. Bei der Online-Buchung erhält man ein PDF und einen Buchungscode und kann seinen Fahrschein entweder selbst ausdrucken oder unter Angabe von Buchungscode und Name auch an den oben genannten Stellen.

WAS DARF MIT?

Maximal drei Gepäckstücke mit einem Gesamtgewicht von 30 kg sind inklusive. Auf einer Reise zwischen Oslo und Bergen bzw. Trondheim kann ein Porter in Anspruch genommen werden: **www.porterservice.no**. Für Ski und Snowboards entstehen keine weiteren Kosten. Kanus dürfen nicht mit in den Zug. Für Rollstühle muss ein Platz reserviert werden.

Für das Fahrrad kauft man in Lokalzügen einfach ein Fahrradticket im Zug. In Regionalzügen muss man den Platz fürs Fahrrad im Voraus buchen. In der Regel kostet das Fahrrad 50 % des Erwachsenentarifs, allerdings gelten Mindest- und Höchstgrenzen. Im Sommer gibt es in der Bergenbahn einen Festpreis für ein Fahrrad, unabhängig von der gefahrenen Strecke. Mopeds, E-Scooter und Lastenräder (»Christianiaräder«) können nicht transportiert werden.

Bestimmte Haustierarten dürfen mitreisen, der Platz für sie ist aber begrenzt. Ein Tier unter 40 cm Schulterhöhe reist ebenso gratis wie ein Blindenhund, der die entsprechende Dienstausrüstung trägt. Größere Hunde kosten 50 % des Erwachsenentarifs.

RECHTLICHES

Ein Fahrschein trägt den Namen der Person, die ihn gekauft hat. Solange diese Person mitreist, ist es kein Problem, wenn ihr Name auch auf den Fahrscheinen anderer Passagiere steht. Reist die Person nicht mit, muss der Name geändert werden. Das erledigt der Kundenservice. Tel. +47-61 05 19 10

Bis 24 Stunden vor Abfahrt kann der Fahrschein gratis umgebucht oder storniert werden, innerhalb von 24 Stunden vor der Abfahrt wird dafür eine Gebühr berechnet. Die ersten vier Stunden nach Fahrscheinkauf kann man, sofern die Abfahrtszeit noch nicht erreicht ist, den Fahrschein ohne weitere Gebühren stornieren.

Wer ohne gültigen Fahrschein angetroffen wird (dazu zählt auch, ein elektronisches Ticket nicht beim Einsteigen zu aktivieren), muss 1.150 NOK Kontrollgebühr entrichten. Akzeptiert und zahlt man die Gebühr an Ort und Stelle, reduziert sie sich auf 950 NOK.

INTERESSANTE STRECKEN

- Flåmsbanen wird regelmäßig von Reisemagazinen zur schönsten Zugstrecke der Welt gewählt, obwohl sie nur 20 km lang ist. Der Aufstieg auf 867 m macht sie auch zu einer der steilsten Strecken (max. Neigung 55 ‰).
- Bergensbanen steht ebenfalls auf vielen Top-10-Listen der schönen Bahnstrecken. Über sieben Stunden ist man unterwegs durch atemberaubende norwegische Landschaft und erreicht dabei auch Norwegens höchstgelegenen Bahnhof in Finse (1.222 m) in der Nähe des Gletschers Hardangerjøkul. Bergensbanen ist das ganze Jahr über ein Vergnügen: Die Zeiten, als der Zug eingeschneit liegen blieb und erst vier Monate später ausgegraben war und weiterfahren konnte, sind vorbei. Heute wird die Zugstrecke durch ein Dach und Schutzzäune vor Schneefall geschützt. Im Rekordwinter 1991 bildeten sich daran bis zu 17 m hohe Schneewehen.
- Raumabanen verbindet Dombås mit Åndalsnes und überquert dabei u. a. die fotogene Kylling-Brücke und die 100-jährige Steinbrücke über den Fluss Jora. An den Sommerwochenenden verkehrt ein mit einer Dampflokomotive bespannter Museumszug zwischen Åndalsnes und Bjorli.
- Für Eisenbahnbegeisterte ist Setesdalsbanen ein Muss. Hier fährt die Bahn noch auf der ursprünglichen norwegischen Schmalspur von 1.067 mm. Im Sommer sind acht Kilometer der Strecke für Fahrten nutzbar.

BAHN SCHWEDEN

Fast elftausend Kilometer Schienen ermöglichen ein entspanntes Schwedenerlebnis. Das Eisenbahnnetz erstreckt sich von Trelleborg im Süden bis nach Haparanda im Norden, allerdings fahren Personenzüge aktuell nur bis Luleå. Engmaschig ist das Netz nur im Süden. In den Norden führen nur drei Strecken. Aufgrund der Anbietervielfalt und den häufiger wechselnden Betreibern der

Strecken oder sogar Betriebseinstellungen ist es allerdings nicht immer einfach, den Überblick über Tarife und Beförderungsbedingungen (»resevillkor«) zu behalten. Immerhin gibt es neben den vielen einzelnen Verkaufsstellen und Websites auch einen zentralen Service wie **resrobot.se**, um die Buchung zu vereinfachen.
»X2000« heißt ein Hochgeschwindigkeitszug der SJ, der durch Neigetechnik eine Höchstgeschwindigkeit von 210 km/h erreicht. »Stambana« bezeichnet eine Hauptverkehrsstrecke. Nachtzüge mit Schlaf- und Liegewägen machen die langen Strecken attraktiver. Nicht billig, aber sehr komfortabel ist die Möglichkeit, ein ganzes Schlafwagencoupé (bis zu 6 Personen) zu mieten. SJ hat eine 1. Klasse, in der man bei Abfahrten vor 9 Uhr Frühstück und später weitere Mahlzeiten bekommen kann.

INTERNATIONALE VERBINDUNGEN

Von Deutschland aus fahren Deutsche Bahn und DSB mit dem EC von Hamburg über Jütland/Odense nach Kopenhagen. Dort hat man Anschluss an die Züge der schwedischen Bahn (SJ) oder des Öresundtåg über die Öresundbrücke nach Malmö und weiter Richtung Stockholm.
Der Bahnbetreiber Snälltåget eröffnete in 2021 eine neue Nachtzugverbindung von Schweden über Dänemark nach Deutschland. Mit der neuen, für die Sommermonate täglich angebotenen Verbindung Berlin–Hamburg–Kopenhagen–Malmö–Stockholm verkehrt erstmals seit 30 Jahren ein Nachtzug auf dieser Strecke zwischen den drei Ländern. Für 2022 plant Snälltåget, die Strecke zwischen April und September 2022 nahezu täglich zu bedienen. **www.snalltaget.se**
In der zweiten Jahreshälfte 2022 wird eine weitere Nachtzug-Strecke starten: SJ hat den Zuschlag für den Nachtzugverkehr zwischen Stockholm und Hamburg erhalten. Dieser Nachtzug wird als »EuroNight« betrieben.
FlixTrain bietet seit Mai 2021 mit sechs schwedischen Zielen erstmals Verbindungen außerhalb Deutschlands an, darunter auch die Strecke Göteborg – Stockholm. Buchbar über **www.flixbus.de**

Wegen des Spurweitenwechsels gibt es keine direkte Verbindung der Nachbarländer Schweden und Finnland. Schwedische Gleise führen bis Tornio auf finnischem Boden, dort müssen Güter dann aber umgeladen werden. Nach Norwegen gibt es mehrere Verbindungen, von Kiruna, Östersund, Karlstad und Göteborg aus; Dänemark ist über die Öresundbrücke erreichbar.

VERKEHRSUNTERNEHMEN

Der Zugverkehr in Schweden wird von verschiedenen Unternehmen betrieben: Das größte und bekannteste davon ist SJ (**www.sj.se**) – ursprünglich »Sveriges Järnvägar«, ein staatlicher Betrieb, der den Fernverkehr übernimmt. Darüber hinaus übertragen die Provinzen den Bahnverkehr an verschiedene regionale und private Eisenbahnunternehmen, sodass sich der Betreiber einer Strecke regelmäßig ändern kann.

- Das Netz von Storstockholms Lokaltrafik (Tel. +46 8 600 10 00, sl.se) erstreckt sich von Nynäshamn bis Uppsala und ermöglicht auch das Benutzen von Fähren im Schärengarten.
- Inlandsbanan (Tel. +46-771 53 53 53, **inlandsbanan.se**) befährt die gleichnamige – über 1.200 Kilometer lange – Strecke von Mora in Dalarna über Östersund im Jämtland bis Gällivare in Lappland. Die Strecke wird nicht ganzjährig befahren, die Sommersaison läuft von Mitte Juni bis Ende August. Im Winter (19.12.2021 – 22.04.2022) fährt die Bahn als »Schneezug« (Snötåget). Neben individuellen Fahrten bietet Inlandsbanan auch Pauschalangebote mit einzigartigen Reiseerlebnissen. **res.inlandsbanan.se/package-tours/classic**
- Pågatågen und Öresundståg werden von Skånetrafiken betrieben, das bedeutet das Bahnnetz von Kopenhagen im Westen bis Halmstad im Norden und Karlskrona im Osten. **www.reseplaneraren.skanetrafiken.se**, auch auf Deutsch.
- Östergötland wird von Östgötatrafiken bedient, **www.ostgotatrafiken.se**, Västra Götaland von Väst Trafik, **www.vasttrafik.se**.
- Vy Tåg ist der Nachfolger von Tågkompaniet und in norwegischem Besitz. Vy befährt aktuell die Strecken in Värmland und für Norrtåg in Norrbotten. Platzreservierungen sind inklusive, und es gibt keine 1. Klasse. Buchungen laufen über das Portal **www.tagkompaniet.se** und Tel. +46-77 14 44 111.

REISEPLANUNG LEICHT GEMACHT

resrobot.se ist ein Buchungsportal, mit dem nahezu alle Verkehrsverbindungen abgedeckt sind. Bevor man sich für eine Anbieter-Kombination entscheidet, sollte man die winzigen Hinweise auf die Beförderungsbedingungen unter die Lupe nehmen. Muss reserviert werden (»obligatorisk platsbokning«)? Sind Reservierungen ausgeschlossen (»ej reservering«)?

TARIFE

Auf der Website von SJ wird ein personen- und zuggebundenes, besonders günstiges Last-Minute-Ticket innerhalb der letzten 24 Stunden vor Abfahrt für junge Menschen und Senioren angeboten.
Am günstigsten sind personengebundene Fahrkarten, bei denen eine Umbuchung bzw. Rückga-

be ausgeschlossen sind (»kan inte återbetalas/ombokas«). Der Fahrpreis wird gegen Vorlage eines ärztlichen Attests allerdings erstattet, wenn man aufgrund einer Erkrankung nicht fahren konnte. Will man die Möglichkeit zur Umbuchung (»kan ombokas«) haben, bezahlt man einen Aufschlag und kann die Fahrt dann bis zu 180 Tage nach hinten verlegen. Wenn man die Fahrkarte sogar komplett stornieren können möchte (»kan återbetalas«), wird es noch teurer.
Reservierungen für SJ-Highspeed-Züge sind zwingend erforderlich.
Im Sommer kann man mit »Inlandsbanekort« in einem Zeitraum von 14 Tagen unbegrenzt auf der Strecke von Inlandsbanan fahren (Preis: 2.200 SEK, Verlängerungswoche: 500 SEK). Zwei Kinder bis zu 15 Jahren fahren kostenlos mit. Junioren bis 25 Jahre erhalten 25 %, Senioren 10 % Rabatt. Eine Platzreservierung ist empfehlenswert (Preis: 50 SEK).
Mit dem Arctic Circle Pass kann man entlang der Zugstrecke zwischen Kiruna und Narvik unbegrenzt ein- und aussteigen. Der Zug hält an 14 Orten entlang der Strecke. Die Strecke wird zweimal täglich in beide Richtungen befahren.

FAHRKARTEN

Im Internet über SJ bestellte Fahrscheine werden entweder als PDF zugestellt und müssen im Zug auf dem Smartphone, dem Laptop oder als Papierausdruck vorgezeigt werden, oder sie werden am Vortag der Reise als SMS gesendet. SJ stellt außerdem eine App für das Smartphone zur Verfügung. Da die Fahrscheine gescannt werden, ist es ungünstig, wenn das Display geknackt ist.
Fahrscheine können außerdem an SJ-Fahrkartenautomaten oder in SJ-Reisebüros ausgedruckt werden oder gegen eine Servicegebühr in Pressbyrån oder 7-Eleven. Regionale Anbieter haben oft auch eigene Reisezentren in größeren Städten. Außerdem können manche Fahrscheine auch in Supermärkten gekauft werden.
Skånetrafiken bietet ebenfalls Fahrkarten auch via App an. Der darüber gekaufte Fahrschein muss dann beim Einstieg aktiviert werden.

WAS DARF MIT?

Die Mitnahme von Fahrrädern in Zügen der SJ ist nicht gestattet, außer von Klapprädern und demontierten Rädern in entsprechender Transporttasche (es gelten Größenbeschränkungen). Inlandsbanan jedoch nimmt das Fahrrad mit, wenn man zeitgleich mit der Buchung einen Platz für das Fahrrad bucht (100 SEK pro Strecke und Fahrrad). Öresundtåg nimmt bis zu 9 Fahrräder pro Wagen mit. Man muss dafür einen Fahrradfahrschein kaufen (zwei für ein Tandem). Sonderregeln gelten für Fahrradanhänger. Klappräder gelten als Handgepäck. Um sicherzustellen, dass das Fahrrad mitkann, wird empfohlen, die Fahrscheine für sich und das Rad kurzfristig am Bahnhof zu kaufen, denn diese sind nicht zuggebunden.

Die Gepäckregeln bei SJ sind ansonsten großzügig. Zusätzlich zu zwei Reisetaschen darf noch ein Spezialgepäckstück mit, beispielsweise ein Musikinstrument, eine Golftasche, ein zusammengeklappter Kinderwagen, eine Skitasche usw.

Haustiere fahren mit Inlandsbanan auf dem Boden sitzend kostenlos mit; man muss aber bei der Buchung einen Platz auswählen, an dem die Tiermitnahme gestattet ist. In Zügen von Vy Tåg dürfen bis zu zwei Haustiere kostenlos mitreisen, jedes weitere kostet 100 SEK. Bei SJ dürfen Tiere nur in speziellen Wagen der 2. Klasse mitreisen – entweder bucht man den Sitzplatz im Voraus, oder man wählt am Bahnsteig einen Wagen mit »Djur tillåtet«. Ist der Hund sehr groß, braucht er einen Jugend-Fahrschein, muss aber trotzdem auf dem Boden bleiben. Auch Öresundtåg nimmt Haustiere mit. Wenn sie nicht in einer Tasche auf dem Schoß sitzen, benötigen sie einen Kinder-Fahrschein.

RECHTLICHES

Ohne gültigen Fahrschein darf man nicht in den Zug einsteigen, ansonsten wird ein Zuschlag von 1.200 SEK (rd. 120 €) erhoben.

Fahrscheine von lokalen Anbietern wie SL, Västtrafik oder Skånetrafiken werden nicht umgetauscht oder erstattet, wenn sie über SJ gekauft wurden.

Für Inlandsbanan gekaufte Fahrkarten werden bis zu 30 Tage vor der Abreise für eine geringe Gebühr komplett erstattet. Rückt der Zeitpunkt der Abfahrt näher, wird weniger erstattet: 30–15 Tage vor Abfahrt 85 %, 14 Tage–24 Stunden vor Abfahrt 50 %. Weniger als 24 Stunden vor Fahrtantritt gibt es keine Erstattung mehr. Für 300 SEK kann man eine Reiserücktrittsversicherung für den Krankheitsfall zubuchen (kostenlos für Kinder unter 16 Jahren).

Die »Ankunftsgarantie« von Resplus, schwedisch »Kom-fram-garanti«, für den Fall, dass der gewünschte Zug nicht abfährt, nicht bis dahin fährt, wohin man will, oder mehr als 60 Minuten zu spät am Ziel ankommt, besagt, dass man in solchen Fällen das Recht auf Umbuchung, Stornierung oder Unterbrechung der Reise hat.

Fahrpreiserstattungen aufgrund von Verspätung gibt es grundsätzlich bei dem Anbieter, auf dessen Strecke die Verspätung eingetreten ist.

INTERESSANTE STRECKEN

»Malmbanan« verbindet die Ostsee mit dem Europäischen Nordmeer; sie führt von Luleå in Schweden in die norwegische Hafenstadt Narvik. Ihr Abschnitt zwischen Torne träsk und Riksgränsen wurde mit überwältigender Mehrheit von den Eisenbahnangestellten zur schönsten Strecke Schwedens gewählt. Auf Platz 2 landete Frykdalsbanan zwischen Kil und Torsby nördlich des Vänernsees in Värmland. Den Vänern im Blick hat man auch auf der Strecke von Lidköping nach Mariestad, oder man fährt gleich die gesamte Kinnekulle-Linie von Håkantorp über Mariestad nach Gårdsjö – ein hübsches Mittelstück einer Reise von Göteborg nach Stockholm.

Eine Zugfahrt lohnt sich auch, um mit Freunden im Winter eine Skitour zu machen. Nachmittags in Malmö in Snälltåget eingestiegen, die Nacht im Zug verbracht – evtl. im eigenen Coupé – und morgens in Åre angekommen. Sperriges Gepäck kann in einem extra Gepäckwagen verstaut werden.

Eine einzige Schmalspurstrecke ist noch in Betrieb; »Roslagsbanan« verbindet Stockholm mit Näsbypark, Österkär bzw. Kårsta.

Einige Museumsbahnen fahren zu speziellen Anlässen, z. B. in der Weihnachtszeit, oder an Wochenenden im Sommer. Ganz im Süden in Österlen verkehrt ein restaurierter Speisewagen aus dem Jahr 1946, von einer Dampflok gezogen, zwischen Brösarp und St Olof. **www.skanskajarnvagar.se**

Ein ganz spezielles Schienenerlebnis ist das Radeln mit einer Draisine, was in Schweden auf 15 Strecken möglich ist, beispielsweise zwischen Björnstorp und Veberöd in Schonen (**www.dressincykling.se**), zwischen Mora und Vansbro in Dalarna (**www.visitdalarna.se/dressin**) oder ganz im Norden zwischen Morjärv und Haparanda – die Strecke führt u. a. zu den Stromschnellen Kukkolaforsen im Torne älv (**riipibo.se**). Zwei Erwachsene und ein Kind passen auf eine Draisine. Die Fahrzeuge werden an ehemaligen Bahnhöfen vermietet, eine Vorausbuchung ist empfehlenswert.

Skandinavien mit dem Bus

Das Liniennetz mit Überlandbussen ist in allen skandinavischen Ländern hervorragend ausgebaut.

Busse von **Eurolines** (**www.eurolines.de/de/bustickets/unser-streckennetz**) fahren durch ganz Europa auch zu Zielen in Dänemark, Schweden und Norwegen. Frühbucherrabatte, 20 % Studentenermäßigung und günstige Familientarife locken.

FlixBus (**www.flixbus.de / .dk / .se**) betreibt neben grenzüberscheitenden Linien von Mitteleuropa nach Dänemark und weiter nach Schweden und Oslo eigene Netze in Dänemark (**www.flixbus.dk/bus**) und Schweden (**www.flixbus.se/bussresor**), dort an der Ostküste bis hinauf nach Umeå. Je früher vorab man bucht, desto günstiger der Preis. Man kann auch direkt beim Fahrer zahlen, sofern noch Platz im Bus ist. Fahrräder bis maximal 20 kg werden in begrenzter Anzahl gegen einen geringen Festpreis mitgenommen.

■ DÄNEMARK

Sechs regionale Verkehrsverbünde organisieren den ÖPNV im Land. Alle Verbindungen inkl. alternativer Verkehrsmittel wie Car-Sharing, Bike-Sharing und Scooter-Leihe sind in den **Online-Fahrplan www.rejseplanen.dk** (auch dt.) eingebunden. Über die Rejseplanen-App kann man viele Ticket-Varianten direkt kaufen. Kinder 12–15 Jahre und Senioren ab 65 bekommen Rabatte bis 50 %. Jeder zahlende Erwachsene kann bei den meisten Tickets 2 Kinder bis 11 Jahre kostenlos mitnehmen. Neben klassischen Linienbussen gibt es bedarfsorientierte »Flextur« oder »Plustur« in dünn besiedelten Regionen und zu wenig nachgefragten Zeiten, die auf Bestellung im Stil von Sammeltaxis verkehren und mindestens zwei Stunden im Voraus bestellt werden.

Unabhängig von nationalen Zonentarifen verkehren tgl. Fernbusse von **Kombardo Expressen** zwischen vielen Städten in Jütland und dem Großraum Kopenhagen zu Preisen ab ca. 50 DKK unter Nutzung der Schnellfähren von Molslinjen zwischen Aarhus und Sjællands Odde sowie unter Nutzung der Bornholmslinjen Katamarane auch von Kopenhagen nach Bornholm via Ystad: **www.kombardoexpressen.dk**

Gråhundbus - Linie 866 fährt von Haltestellen am Kopenhagen Hbf über Flughafen Kastrup in die schwedische Hafenstadt Ystad zum Anleger der Bornholmfähren, Tickets für Bus allein oder Bus + Fähre gibt es online auf **www.bornholmerbussen.dk**.

Johns-Bus - Rute 800 verbindet Nykøbing Falster mit Odense via Lolland, Langelandslinjen-Fähre, Langeland, Tåsinge, Svendborg. Tickets auf **www.johnsbus.dk/ruter/1/rute800**

Hier alle Verkehrsverbünde und ihre Angebote für Touristen:

BAT (**www.bat.dt dän./engl.**) betreibt den ÖPNV auf **Bornholm** und bietet neben Einzeltickets, die auch im Bus verkauft werden, Mehrfachtickets »klippekort« und die für Touristen praktischen »Dageskort« für 1 oder 7 Tage (150/500 DKK) unbegrenztes Reisen auf allen Routen. Die meisten Tickets können über die Rejseplanen-App gekauft werden, das 7-Tage Ticket jedoch nur an ausgewählten Verkaufsstellen (Liste auf **www.bat.dk/rejs-med-bussen/kortsalgssteder**).

Als **DOT – Din Offentlige Transport** (**www.dinoffentligetransport.dk;** dän., Kurzfassung dt.) firmiert der Verkehrsverbund **Seeland-Lolland-Falster-Møn** inklusive Hauptstadtbereich Kopenhagen. Er bietet fünf »CityPass«-Netzkarten von »small« für den Stadtbereich Kopenhagen bis »X-Large« für die ganze Region. Zwei Kopenhagen-Varianten gibts wahlweise für 24, 48, 72, 96 oder 120 Stunden unbegrenztes Fahren an ausgewählten Kiosken, Automaten oder über die DOT-App, alle anderen nur mit 24 Stunden Gültigkeit ausschließlich auf der DOT-App oder über **www.dinoffentligetransport.dk/citypass**. In Kopenhagen sind »Havnebusser«, die elektrischen Hafenfähren der Linien 991/992, Teil des ÖPNV – eine Alternative zu Hafenrundfahrten! Fahrräder werden kostenlos mitgenommen.

FynBus (**www.fynbus.dk**; dän., Kurzfassung dt.) steht für den Busverkehr auf Fünen, Langeland und Tåsinge, Preise richten sich nach durchfahrenen Zonen. Während dänischer Ferien werden 24 oder 72 Stunden gültige »Turistbilleter« angeboten (50/150 DKK/1 Pers., 125/375 DKK/4 Pers.). »Eventbilleter« erlauben An- und Abreise bei großen Events und Festivals zum Festpreis von derzeit 59 DKK. Alle Tickets über **www.webshop.fynbus.dk** oder die FynBus-Mobilbillet-App.

Midttrafik (**www.midttrafik.dk**; dän./engl.) bedient Mitteljütland von Ost- bis Nordsee inklusive Großraum Aarhus. Standardtickets richten sich nach Zonen, daneben gibt es einige Spezialtickets wie das »Aarhus Dagsbillet« oder das »Midtjyllands Dagsbillet« jeweils für den Rest des Tages ab Kauf (49 bzw. 99 DKK) oder 24-/72-Std.-Tickets nur für Aarhus bzw. für die ganze Region Midtjylland (80–160 bzw. 162–320 DKK, nicht in Arriva- und DSB-Zügen), alle auf **webshop.midttrafik.dk/fixedpricetickets** oder via Midttrafik-App.

Sydtrafik (**www.sydtrafik.dk**) ist das Pendant in Sydjütland von der deutsch-dänischen Grenze bis etwa Höhe Vejle im Norden. Hier gibt es neben den Standard-Tickets sogenannte »Kampagnebilletter« für Hin- und Rückfahrt zu verschiedensten Events in der Region.

NT – Nordjyllands Trafikselskab (**www.nordjyllandstrafikselskab.dk**) ist für den ÖPNV in Nordjütland etwa ab Höhe Mariager Fjord – Westlicher Limfjord bis Skagen zuständig, inklusive Großraum Aalborg. Der NT Travel Pass, den es als SMS- oder App-Ticket auf www.ntbillet.dk bzw. in der NT App gibt, erlaubt 24 bzw. 72 Stunden unbegrenztes Fahren in Bussen und Bahnen in ganz Nordjütland, auch in den populären Saisonbussen »sommerbusser« zu Stränden und Attraktionen (160/260 DKK bzw. 80/130 DKK/unter 16 und ab 65 Jahren).

FINNLAND

Auch in Finnland kann man mit den Überlandbussen der lokalen Gesellschaften bequem das Land bereisen. Der Matkahuolto-Verbund bündelt den Fahrscheinverkauf für die einzelnen Unternehmen im ganzen Land. Mit welchem Unternehmen man am Ende fährt, spielt vor allem eine Rolle bei den Beförderungsbedingungen: beispielsweise beim Nachtzuschlag oder den Bedingungen für die Fahrradmitnahme. Manche Sonderpreise (»Tarkan Tiketti«) erfordern bei manchen Busunternehmen auch, dass man an exakt der im Vorfeld gewählten Haltestelle einsteigt. Insgesamt ist das Verbundsystem aber transparent und einsteigerfreundlich, auch wegen der guten Informationen auf Englisch.

Ein- und aussteigen kann man an allen Busstationen und markierten Haltestellen, sogenannten Express-Haltestellen. Will man an einer Express-Haltestelle aussteigen, sollte man der Busfahrerin oder dem Busfahrer rechtzeitig Bescheid geben. Auf der Website von ExpressBus (**www.expressbus.fi**) gibt es für jede Strecke eine Liste der Haltestellen und für die großen Städte auch Karten. Prinzipiell soll jeder Busreisende einen Sitzplatz bekommen können, es kann aber Ausnahmesituationen geben. In Helsinki ist der vollständig überdachte Busbahnhof (Kamppi, **www.kamppi.fi**) fußläufig vom Hauptbahnhof zu erreichen.

OnniBus (**www.onnibus.com**) ist ein Unternehmen, das seit 2011 unabhängig von ExpressBus operiert. Die Busse von OnniBus verbinden vor allem Stadtzentren und halten deswegen nicht an Express-Haltestellen. Die Fahrkarten können auch über die Matkahuolto-Infrastruktur gekauft werden, aber das Tarifmodell ist anders: Fahrkarten können prinzipiell nicht storniert oder umgebucht werden. Die Busfahrer können zwar Fahrkarten verkaufen, aber kein Bargeld annehmen. Online-Buchung ist günstiger.

EXPRESSBUS

Es wird zwischen Kurzstrecken und Langstrecken unterschieden, wobei eine Langstrecke bedeutet, dass die einfache Fahrt länger als 60 km ist. Auf Langstrecken gelten bestimmte Rabatte: Wer seine Rückfahrt gleich mitbucht, spart 10 %. Dies gilt für Fahrten, die online, am Busbahnhof oder (außer auf der Strecke Helsinki – Turku) an Bord gebucht werden. Personen, die älter als 65 Jahre sind, erhalten 30 % Ermäßigung, Junioren (12 – 16 Jahre) sogar 50 %. Um den Junioren- oder Seniorentarif in Anspruch zu nehmen, kauft man den Fahrschein am Busbahnhof oder direkt beim Fahrer. Ein Erwachsener, der mit mindestens drei zahlenden Mitreisenden unterwegs ist, bekommt noch einmal 25 % Ermäßigung, die Fahrscheine müssen dafür aber am Busbahnhof gekauft werden. Sind mehr als 9 Reisende gemeinsam unterwegs, müssen Sitzplätze reserviert werden.

Zwei Kinder unter 4 Jahren in Begleitung einer mindestens 12 Jahre alten Person reisen kostenlos mit. Kinder im Alter von 4–11 Jahren erhalten, unabhängig von der Länge der Strecke, 50 % Ermäßigung.

Eine günstige Variante, die Urlaubern die unbegrenzte Nutzung aller Überlandbuslinien für entweder eine oder zwei Wochen ermöglicht, ist der »Bus Pass«, der 149 € bzw. 249 € kostet. Der Bus Pass ist personengebunden. Hierfür benötigt man zuerst eine Matkahuolto Travel Card, die man in einem beliebigen Servicezentrum von Matkahuolto bekommt. Die 7- bzw. 14-Tages-Frist beginnt ab dem Zeitpunkt, an dem man die

Bus-Pass-Funktionalität zur Travel Card hinzufügen lässt. Auch ohne Bus Pass ist die Travel Card, die etwa 7 € kostet, praktisch: Man kann verschiedene Fahrkarten darauf laden (die auch erstattet werden, wenn man die Travel Card verliert, sofern man die Reisen noch nicht angetreten hat). Die Karte kann an allen R-Kiosks für weitere Fahrten aufgeladen werden. Das »eBus Ticket« kann nicht auf die Travel Card geladen werden.

Ausschließlich online verfügbar sind die Fahrscheine vom Typ »Tarkan Tiketti«, die eine Busfahrt für Schnäppchenpreise ab 2 € bieten. Die ersten Fahrkahrten für eine Fahrt sind hierbei die günstigsten, danach werden sie progressiv teurer. Man kann sie nur für Einzelfahrten buchen und findet sie bei der Suche nach Abfahrten auf der Website expressbus.fi. Reist man mit Länsilinjat Oy, Väinö Paunu Oy oder Pekolan Liikenne Oy – was man bei der Buchung sehen kann –, muss man zwingend an der auf dem Fahrschein angegebenen Haltestelle einsteigen.

Eine Besonderheit ist das online gekaufte »eBus Ticket«, das frühestens 32 Tage und spätestens 20 Minuten vor der Abfahrt gekauft werden kann. Es ist besonders günstig, kann aber weder storniert, umgebucht oder ersetzt werden. Fährt der Bus nachts ab (zwischen 23 und 4 Uhr), kann je nach Unternehmen im Bus ein Zuschlag in Höhe von 5 € erhoben werden.

Fahrkarten können online gekauft werden, am Busbahnhof, in R-Kiosks oder direkt im Bus. ExpressBus kann bezahlt werden mit Bargeld, Kreditkarte (aber nicht Visa Electron) oder Matkahuolto Travel Card (s.o.), OnniBus mit Kreditkarte oder Überweisung (im Webshop).

Fahrräder, Mehrgepäck und Haustiere werden von ExpressBus generell mitgenommen, evtl. ist eine geringe Gebühr fällig. Man muss sich aber vor der Fahrt bei dem jeweiligen Busunternehmen erkundigen, ob Platz dafür ist. Reisen eine Person mit Haustier und eine Person, die allergisch gegen das Tier ist, im gleichen Bus, muss eine davon ganz vorn, die andere ganz hinten sitzen. Im Zweifelsfall hat die Person Vorrecht, die zuerst eingestiegen ist. Blinden- und Diensthunde jedoch dürfen immer mitreisen. Onnibus nimmt Fahrräder nur im neuen Onnibus FLEX mit und verlangt eine gebührenpflichtige Reservierung für das Rad bis 16 Uhr am Vortag. Die Reservierung wird telefonisch vorgenommen (Tel. +358-06 00 02 010) und die Gebühr beim Fahrer entrichtet. Auch Hunde dürfen nur im Onnibus FLEX mitreisen (außer Diensthunde).

ISLAND

Islands Überlandbusse fahren nicht mehr nur die Ringstraße, sondern mittlerweile – im Sommer – auch in unbesiedelte Gegenden wie Hrauneyjar, Askja oder Þórsmörk. Abgeschnitten vom Busnetz ist nur der Nordostzipfel mit Vopnafjörður. Einen guten Überblick über die Busstrecken, die mittlerweile auch praktische Nummern haben, verschafft man sich bei **www.publictransport.is** auch auf Deutsch.

Das größte Busunternehmen ist Strætó, **www.straeto.is**. Fahrkarten können im Voraus online oder per App gebucht werden, man kann aber auch im Bus mit Bargeld (abgezählt, denn es gibt kein Wechselgeld!) oder Kreditkarte bezahlen. Gepäck wird kostenlos mitgenommen. Die erlaubte Menge bemisst sich daran, wieviel eine Person tragen kann. 3 – 4 Fahrräder können in der Regel pro Bus transportiert werden, ob aber weitere Räder eingeladen werden können, liegt im Ermessen der Busfahrerin oder des Busfahrers. Strætó transportiert keine Fahrräder auf der Linie 55 (Flughafen Keflavík – Reykjavík).

Einzelne Linien in entlegenen Gegenden fahren nur auf Bestellung. Um diese Linien nutzen zu können, muss man spätestens zwei Stunden vor Abfahrt unter Tel. +354-54 02 70 0 den Bus bestellt haben.

In den Ostfjorden fährt SVAust, **www.austurfrett.is/svaust**, die Westfjorde und Snæfellsnes haben kleinere Busunternehmen. Das Zonenmodell von SVAust legt die Anzahl Fahrscheine fest, die man für eine Strecke braucht (Beispiel: Egilsstaðir – Djúpivogur 11 Fahrscheine). Reduzierte Preise gelten für Personen unter 18 oder über 67 Jahren (grüner Fahrschein) und Kinder (oranger Fahrschein), alle anderen nutzen die blauen Fahrscheine.

Die Sicherheit der Passagiere hat Vorrang vor Pünktlichkeit. Das bedeutet, dass der Bus bei Glatteis oder Sturm auch mitten auf der Strecke stehen bleiben kann.

NORWEGEN

Mit dem Bus lässt sich Norwegen gut erfahren. Innerhalb der einzelnen Fylke gibt es regionale Verkehrsbetriebe, die den öffentlichen Nahverkehr ausschreiben; darüber hinaus findet man überregionale Anbieter von Fernbussen. Um sich zu orientieren, ist der staatliche Reiseplaner EnTur (**www.en-tur.no**) ein guter Einstieg.

Vy Buss (ehemals Nettbuss) hat mehr als eintausend Haltestellen in Südnorwegen. Zwei Gepäckstücke sind pro Person inklusive (Ski oder Snowboard gelten als ein Gepäckstück), ein Kinderwagen fährt kostenlos mit. Platz für Fahrrad (auch wenn es in einer Tasche verpackt ist), Mehr- oder Spezialgepäck muss bei der Buchung vorbestellt werden. Fahrkarten sind nicht stornierbar, außer man schließt bei der Buchung gleich eine »avbestillingsforsikring« mit ab. **vybuss.no**

Nor-Way hat zwischen Kristiansand im Süden und Trondheim im Norden ein dichtes Netz aufgebaut. Die einzelnen Strecken werden von Linien wie Kystbussen, JVB oder Konkurrenten befahren. Bucht man im Voraus online, gibt es bis zu 30 % Rabatt, und die Fahrkarte kann trotzdem bis 24 Stunden vor der Abfahrt storniert werden. Fahrräder werden in der Regel mitgenommen – sofern der Platz reicht – und kosten so viel wie ein Kinderfahrschein (Ausnahme Konkurrenten: Ein Fahrrad mitzunehmen kostet immer 250 NOK). Ski und Snowboard gelten wie so oft in Norwegen als normales Gepäck. **www.nor-way.no**

Unibuss bedient das Hauptstadtgebiet, Vestfold, Oppland, betreibt mehrere Flughafenzubringer und Lavprisekspressen, der zwischen Oslo, Kristiansand und Stavanger verkehrt. Lavprisekspressen nimmt keine Fahrräder mit, wohl aber Ski oder Snowboard. Man kann im Bus nicht mit Bargeld bezahlen. **www.lavprisekspressen.no**

SCHWEDEN

Viele regionale Verkehrsverbünde decken den Nahverkehr (»länstrafik«) ab. Innerhalb dieser kann man oft mit einem Fahrschein auch verschiedene Verkehrsmittel nutzen, beispielsweise Bus und Fähre oder Zug und Straßenbahn. Fahrscheine erhält man im Webshop des Verkehrsverbunds und oft auch mittels App. Ferner gibt es Verkaufsstellen an Busbahnhöfen und im Einzelhandel, z. B. in Pressbyrån, 7-eleven und ICA (oft kann man sich diese auf der Homepage des Verkehrsverbunds auf einer Karte anzeigen lassen, so z. B. bei Västtrafik, www.vasttrafik.se). Häufig kann man einen Fahrschein auch im Fahrzeug kaufen, allerdings kann dabei nicht überall mit Bargeld bezahlt werden. Es lohnt sich, nach Ermäßigungen für Junioren, Senioren, Studenten und Gruppen zu fragen, sofern man den entsprechenden Nachweis erbringen kann.

Im Fernverkehr gibt es neben FlixBus, zu dem mittlerweile auch SweBus gehört, wenige überregionale Anbieter. Härjedalingen hat eine Kooperation mit FlixBus, die ermöglicht, mit einem Fahrschein zwischen Malmö und Funäsdalen bzw. Östersund zu reisen. **www.flixbus.se**, **harjedalingen.se**

Das Netz von Vy Buss, ehemals Nettbuss, erstreckt sich von Kopenhagen im Süden über Oslo im Westen, Ludvika im Norden bis Stockholm im Osten. Die Fahrkarte muss zwingend vor der Abfahrt gekauft werden, entweder online (die billigste Variante), telefonisch (Tel. +46-77 11 51 515), oder an Fahrkartenautomaten in den großen Städten. Vy Buss nimmt keine Fahrräder mit. **www.bus4you.se**

Ybuss fährt von Stockhom bis in den Norden nach Umeå. Das Unternehmen hat auf der Website eine Übersicht über niedrige Preise (»billiga platser«) und bietet auch Last-Minute-Angebote. Fahrräder werden nur mitgenommen, wenn sie zusammengefaltet in einer Tasche stecken und gelten dann als ein Gepäckstück, von denen zwei pro Person zugelassen sind. **www.ybuss.se**

Verbindungen über mehrere Verkehrsverbünde und auch Verkehrsmittel hinweg zu recherchieren ermöglicht der Reiseplaner **reseplanerare.resrobot.se**. Über Resrobot getätigte Buchungen sind weder umbuch- noch stornierbar, es sei denn, man bucht die Option »kan återbetalas« für eine Gebühr hinzu. Bei anderen Unternehmen heißt dasselbe Konzept dann z. B. »om-/avbokningsskydd«.

© Molslinjen / Kombardo Expressen

#impressum

Gesamtherstellung
Nordis Verlag GmbH
Maxstr. 64 | D-45127 Essen
Tel. +49-201 87 22 90
Fax +49-201 894 25 11
verlag@nordis.com
www.nordis.de
www.skandinavien.de

Geschäftsführung
Jörn Backhaus

Herausgeber
Frank Dittmann

Gesamtprojektleitung
Susanne Schernewski

Redaktion
Hans Klüche
Martin Schmidt
Andrea Ullius
Rasso Knoller
Erik Van de Perre
Liz Cooper/Visit Greenland
Sina Kaiser
Bianca Phan-Ban

Fotos
Hans Klüche
Martin Schmidt
Andrea Ullius
Rasso Knoller
Erik Van de Perre
Visit Greenland
Tourismusdestinationen

Titelbild
Der Aussichtsturm Näsinneula
in Tampere, Finnland
© Tuukka Kaski/Visit Finland

Karten
Kartographiestudio
Jochen Fischer

Artwork/Grafik/DTP
Merlin Digital GmbH
Maxstr. 64 | D-45127 Essen

Konzept
Hans Klüche

Lektorat
Marie-Luise Schwarz

Anzeigen
Jörn Backhaus
Martin Elmentaler

Druck
Lensing Druck GmbH & Co. KG,
Dortmund

Vertrieb
GeoCenter, Stuttgart

Wir danken den Nordischen Fremdenverkehrsämtern und Touristeninformationen für ihre freundliche Mitarbeit und Hilfe!

Nordis Verlag GmbH
ISBN 978-3-00-067429-7